LE GRAND LIVRE DES FLEURS, PLANTES ET JARDINS D'INTÉRIEUR

Ont participé
à la conception
et à la réalisation
de cet ouvrage :

Richard Gilbert
Elizabeth Eyres
Jane Owen
Sophie Mitchell/Tim Hammond
Cheryl Pitchall/Ann Cannings
Anne-Marie Bulat
Alan Buckingham

Titre original de cet ouvrage :
THE INDOOR GARDEN BOOK
Traduction-adaptation française
de Valérie Garnaud

© 1986, Dorling Kindersley Ltd. Londres
© 1986, John Brookes, pour le texte original
© 1986, Éditions Solar, Paris,
pour la traduction-adaptation française
ISBN édition originale : 0-86318-172-4
ISBN édition française : 2-263-01131-5
Numéro d'éditeur : 1421

Composition
par Nord Compo,
Villeneuve-d'Ascq

Imprimé en R.F.A.
par Mohndruck, Gütersloh

Sommaire

Introduction 6

·1·
CARACTÈRES DÉCORATIFS DES PLANTES

Silhouette des plantes 12 Taille des feuilles 14
Forme des feuilles 16 Couleur des feuilles 18
Texture des feuilles 20 Taille des fleurs 22
Forme des fleurs 24

·2·
UTILISATION DES PLANTES D'INTÉRIEUR

Assortir plantes et cache-pot 28
Principes de disposition 32
Éclairer les plantes 36
Le style par les plantes 40
Plusieurs plantes dans un même récipient 46
Palisser les plantes grimpantes 50
Corbeilles et paniers suspendus 54
Des bulbes à l'intérieur 59
Des fenêtres-jardins 62
Des jardins en bouteille 66
Serres d'appartement 68
Cactées et plantes grasses 70
Des mini-pièces d'eau dans la maison 72
L'entretien des bonsaï 74

·3·
COMPOSITIONS DE FLEURS COUPÉES

La roue des couleurs 78
Cueillette et préparation des fleurs 80
Supports pour arrangements floraux 82
Les principes de la composition 83
Une composition florale printanière 86
Une composition florale estivale 88
Une composition florale d'automne 90
Une composition florale hivernale 92

·4·
COMPOSITIONS DE FLEURS SÉCHÉES

Le séchage des fleurs 96 Composition séchée dans un panier 100 D'autres idées de bouquets secs 103 Des arbres couverts de fleurs 104 Pot-pourri décoratif dans une corbeille 106 Des fleurs séchées en couronnes 108 Encore des fleurs séchées 110

·5·
D'UNE PIÈCE A L'AUTRE

Les microclimats dans la maison 114
Pièces de séjour 116 Salles à manger 130
Cuisines 136 Chambres à coucher 140 Salles
de bains 144 Entrées et vestibules 148 Escaliers
et paliers 152 Serres et vérandas 154

·6·
CHOIX DES PLANTES

Comment utiliser ce guide 160 Plantes dressées 162
Plantes arquées 168 Plantes en rosette 172
Plantes buissonnantes 176 Plantes grimpantes 184
Plantes retombantes 188 Plantes rampantes 192
Bulbes 194 Cactées et plantes grasses 196
Guide en couleurs des plantes à fleurs d'intérieur 202
Les plantes à fleurs d'intérieur, saison par saison 208
Guide des fleurs coupées 209 Fleurs printanières 210
Fleurs estivales 214 Fleurs et fruits d'automne 218
Fleurs et fruits d'hiver 222 Feuillages 224
Guide des fleurs séchées 229 Fleurs séchées 230
Feuillages et graminées séchés 236
Fruits séchés 238

·7·
ENTRETIEN DES PLANTES

Pour avoir des plantes en bonne santé 242
Lumière 244 Température et humidité 246
Arrosage 248 Apport d'engrais 252 Pots et mélanges
de rempotage 254 Empotage et rempotage 256
Culture des plantes sous lumière artificielle 258
Culture hydroponique 260 Taille 262 Multiplication 264
Problèmes, parasites et maladies 270

Glossaire 278 Index 282

Introduction

Pour ceux d'entre nous qui vivent dans les régions froides de l'hémisphère Nord, le long hiver dure d'octobre à avril, soit près de la moitié de l'année. Si certains amateurs de jardin se contentent, durant cette période, de penser au prochain printemps en feuilletant des catalogues de pépiniéristes, d'autres recherchent des façons plus concrètes de jardiner ou se réjouissent tout simplement à la vue d'un peu de verdure et de fleurs dans la maison. Pour les citadins, cette soif de contact avec la nature est perpétuelle, quelle que soit la saison. C'est à tous ceux-là que s'adresse ce livre.

Les plantes d'intérieur sont des êtres vivants, qui nous offrent à domicile un contact avec la nature. Elles contribuent en outre à la décoration de la maison par leurs formes, leurs teintes et leurs parfums. Dispersées au hasard, elles sont donc rarement mises en valeur. Les professionnels de la décoration connaissent bien les qualités décoratives des plantes et la façon de les utiliser pour compléter l'aménagement d'une pièce. Avec un peu de pratique et en apprenant à apprécier les qualités esthétiques des différentes plantes, chacun peut s'initier à cet art de la décoration intérieure et de la mise en valeur des plantes. Cet ouvrage a pour but de vous faire connaître les plantes d'appartement, à fleurs ou à feuillage décoratif, afin que vous utilisiez au mieux leurs formes, teintes, tailles et textures.

Comment utiliser les plantes d'intérieur

Pour décorer votre intérieur, commencez par penser à l'espace que vous voulez « meubler » avec des plantes. Préférez-vous une grande plante isolée attirant le regard ou un groupe de plantes plus petites, de formes, de couleurs et de textures contrastées ? Peut-être n'y a-t-il que peu de place pour un panier suspendu devant la fenêtre ou pour une plante palissée

Ambiance victorienne
Cet intérieur classique de la fin du siècle dernier est assombri par de lourdes draperies et un abondant mobilier. Plusieurs grands kentias *(Howea belmoreana)* pourraient être placés dans cette pièce, ainsi que des groupes de gloxinias *(Sinningia* sp.*)* sur les petites tables. Ici, une série de paniers suspendus atténuent la monotonie des vitres et éclairent les boiseries sombres des murs latéraux.

Période romantique
Une approche plus romantique est apparue dans les maisons du début du siècle, avec la redécouverte de fleurs toutes simples. Ce buste est entouré d'un groupe de poinsettias *(Euphorbia pulcherrima),* dont la floraison luxuriante est en harmonie avec la teinte de la sculpture, dégageant un sentiment de volupté.

Style campagnard traditionnel
Bien que moderne, cette pièce est une version plus petite des belles demeures provinciales traditionnelles, avec des couleurs claires, une cheminée, des sièges capitonnés et un bouquet de fleurs du jardin. Des plantes exotiques très colorées ne seraient pas à leur place ici, bien qu'on ait placé des orchidées *(Cymbidium* sp.*)* devant la cheminée. Leurs teintes sont en effet assez délicates pour s'harmoniser au décor.

• INTRODUCTION •

contre un meuble. Les exemples décrits étape par étape dans le chapitre sur l'utilisation des plantes d'intérieur vous montreront comment mettre ces idées, et bien d'autres, en pratique. Un simple bouquet de fleurs coupées égaie tout de suite l'atmosphère d'une pièce. Vous trouverez dans le chapitre sur les arrangements de fleurs coupées une sélection de fleurs et de feuillages coupés, comprenant des végétaux à acheter chez les fleuristes et d'autres que l'on peut cultiver au jardin, utilisés pour toute une série de compositions florales au gré des saisons. En hiver, les fleurs coupées sont chères, aussi pensez à utiliser des fleurs séchées pour garder dans la maison les couleurs de l'été et de l'automne. Le chapitre sur les arrangements de fleurs séchées vous expliquera comment réaliser des arbres, couronnes et toutes sortes de compositions de fleurs séchées. Dans « Le Choix des plantes », vous apprendrez comment utiliser au mieux les qualités décoratives des plantes décrites, tandis que le chapitre « D'une pièce à l'autre » est consacré à la mise en valeur des plantes et des fleurs, de mille et une façons différentes, dans toutes les pièces de la maison.

Plantes en harmonie avec le style de la maison

Les styles d'intérieurs sont actuellement plus variés qu'ils ne l'ont jamais été. Tous, cependant, jusqu'aux plus modernes, sont influencés par notre passé. Vous trouverez plus facilement les plantes qui s'harmoniseront avec un décor d'intérieur si vous connaissez les principales composantes de ce style de décoration. Pour illustrer cette approche des décors intérieurs, j'ai choisi et analysé une série de styles de décoration contemporains, pour montrer comment les plantes contribuent à l'harmonie d'une pièce.

Style colonial américain
Les maisons coloniales d'Amérique du Nord ont fortement influencé un certain style d'intérieur. Les premiers propriétaires étaient des jardiniers, trait que l'on retrouve dans la façon dont sont utilisés plantes aromatiques, légumes et fleurs des champs pour la décoration des pièces. Les bouquets d'anthémis (*Chrysanthemum frutescens*) disposés dans des paniers en osier sont tout à fait typiques de ce style.

Style rustique
La nostalgie d'un passé rural a connu un certain renouveau dans les années 60, avec la mode du mobilier en pin et des tissus imprimés à petites fleurs. C'est un style confortable et sans prétention, proche de ses origines rurales. Des fleurs comme les narcisses (*Narcissus* sp.) et des bouquets secs y trouvent leur place.

Une touche d'exotisme
Le mouvement hippie des années 60 a rapproché l'Orient de l'Occident et de nombreux tissus, tapis et objets d'Asie sont entrés dans nos maisons. Les motifs géométriques et les teintes vives des textiles traditionnels se marient bien aux silhouettes et aux couleurs franches des plantes tropicales.

• INTRODUCTION •

L'histoire des plantes d'intérieur

Les plantes contribuent depuis des siècles à la décoration des maisons. L'intérêt des peintres hollandais pour les tableaux d'intérieurs et de bouquets allait de pair, dans le monde occidental, avec un intérêt croissant pour les plantes cultivées. De même, l'engouement pour les tulipes de Hollande, vers 1630, a certainement influencé les pays voisins, mais les grands voyageurs rapportaient aussi des Croisades des plantes qu'ils faisaient pousser à l'intérieur, avant l'apparition des serres. On sait également que les herbes médicinales et aromatiques étaient très utilisées dans les maisons dans un but thérapeutique ou culinaire. Au XVIIe siècle furent bâties les premières orangeries, des structures en brique ou en pierre avec de grandes fenêtres s'ouvrant vers le sud, pour abriter les orangers pendant l'hiver. Mais ce ne fut qu'avec l'apparition des premières serres chauffées qu'on put véritablement cultiver toutes sortes de plantes à l'intérieur.

Les fruits tropicaux furent d'abord cultivés dans des serres chauffées par des moyens rudimentaires : ananas, goyaves et citrons, ainsi que les premiers camélias. Plus tard suivirent le palmier-dattier et le bananier. Des plantes grasses comme l'agave et l'aloès étaient cultivées à des fins médicinales et pour décorer les terrasses en été. Au cours du XIXe siècle, la serre devint un prolongement des grandes maisons bourgeoises. La culture des plantes de serre devint à la mode, les serres de fougères, celles de palmiers ou de plantes exotiques étant le comble du luxe. Quelques plantes en pot s'échappèrent des serres et vérandas pour décorer les intérieurs lourds et sombres de la fin du siècle dernier. La fumée des cheminées leur était souvent fatale. Enfin, l'art floral devint un passe-temps féminin très en vogue. Par

L'influence des années 30
Cette salle de bains contemporaine rappelle les années 30 par son décor dans une seule teinte et son miroir géométrique à encadrement métallique. La simplicité des formes demande, en contrepartie, des plantes d'allure remarquée, comme ces dracaenas *(D. marginata)* qui adoucissent une structure qui, sinon, rappellerait le milieu hospitalier.

Un air japonais
Cet intérieur moderne est très influencé par l'austérité des maisons japonaises traditionnelles. La dominante de teintes neutres est compensée par des taches de couleur vive astucieusement disposées. Les bords roses des feuilles du dragonnier *(Cordyline terminalis)*, au premier plan, rappellent la couleur des coussins. Les branches nues ont été choisies pour leur silhouette sculpturale.

Des lignes austères
L'évolution du mouvement moderniste en architecture et en décoration intérieure est complexe, soumise à des influences japonaise, scandinave, italienne et américaine. Ce style se distingue cependant toujours par des formes linéaires sévères et sobres, une absence de motifs répétés et un mobilier « design », à base de bois, métal et cuir. Cette sobriété est adoucie et animée par de grandes plantes vertes, comme ces kentias *(Howea belmoreana)* qui assurent aussi la liaison entre la pièce et l'extérieur.

réaction se développa un autre courant, tourné vers une tradition campagnarde moins sophistiquée, avec des plantes peu rustiques hivernant dans la maison et des herbes séchées accrochées aux poutres. Au début de ce siècle, un mouvement plus moderniste utilisait pour la décoration intérieure certaines plantes très spécifiques, parmi lesquelles le lis était favori. Ce n'est cependant qu'après la Seconde Guerre mondiale que les plantes entrèrent définitivement dans les maisons. Les pays scandinaves sont à l'origine de cette utilisation des plantes à l'intérieur. Elles étaient traditionnellement cultivées pour atténuer un peu la tristesse des longs hivers. C'est dans ces pays qu'ont fait leur apparition les plantes d'appartement telles que nous les connaissons aujourd'hui, avec des espèces originaires d'Asie, d'Afrique et d'Amérique du Sud. Depuis, de nombreuses variétés ont été sélectionnées, pouvant être cultivées dans des intérieurs chauffés et ne demandant qu'un minimum de soins.

Le choix des plantes

Le choix des plantes susceptibles ou non de convenir dans votre intérieur dépendra surtout du style de décoration que vous avez adopté. Votre choix doit, bien sûr, être basé sur vos goûts personnels, mais vous devez aussi tenir compte des facteurs restrictifs pour la croissance des plantes que sont les températures diurne et nocturne, la lumière, les courants d'air, la présence d'enfants et d'animaux et, bien sûr, la place disponible.

Style industriel
Dans les années 70 est apparu un nouveau style de décoration, faisant appel à des objets très fonctionnels, d'inspiration industrielle. Les lignes nettes et les couleurs crues de ce style demandent en complément des plantes de forme originale et des fleurs de couleurs vives et aux contours simples.

Une approche plus douce
Dans les années 80, l'austérité du style moderne s'est adoucie avec l'introduction de teintes pastel. Ici, les pièces se mêlent l'une à l'autre pour créer une impression d'espace et de lumière. De grandes plantes comme ces figuiers pleureurs *(Ficus benjamina)* lient les différents volumes.

Éclectisme classique
Voici un autre style de décoration en vogue, faisant appel à des teintes et des motifs discrets et à des meubles aux formes simples, modernes ou traditionnels. Les compositions de plantes sont simples et franches. Elles font partie du décor, mais elles ponctuent plutôt qu'elles dominent l'ensemble.

1

CARACTÈRES DÉCORATIFS DES PLANTES

Les photos de ce premier chapitre illustrent bien l'incroyable diversité des formes des plantes — des plus architecturales, au feuillage comme sculpté, aux plantes tapissantes, plus discrètes. Il en existe une palette étonnamment variée par le port, la taille, la forme, la couleur et la texture des feuilles et des fleurs. Les fleurs coupées offrent également toute une gamme de teintes, éclatantes et franches ou douces et nuancées. Les inflorescences, grandes ou petites, aplaties, en épi, en boule... suggèrent par elles-mêmes mille façons de les utiliser pour les mettre en valeur.

Gardez à l'esprit ces aspects décoratifs quand vous choisissez plantes et fleurs, afin que leurs caractéristiques viennent souligner l'atmosphère et le style de votre maison. Pensez à la taille et à la silhouette d'une plante si vous voulez qu'elle s'intègre au mobilier de votre chambre ou serve de liaison entre les différents coins d'une pièce. Lorsque vous envisagez de petits groupes de plantes ou des arrangements floraux, prenez en compte leurs teintes et leur texture, qui doivent s'accorder à celles des murs et des tissus choisis, afin que l'ensemble dégage une impression d'harmonie et de repos.

Une infinie variété
La variété des caractères décoratifs des plantes contribue largement au plaisir qu'elles nous apportent dans la maison. Ici, une association de fleurs coupées, de feuilles et de fruits pêle-mêle donne une idée de la palette des teintes, textures, tailles et formes qui existent.

• CARACTÈRES DÉCORATIFS DES PLANTES •

Silhouette des plantes

De toutes les caractéristiques des plantes, c'est sans doute leur forme d'ensemble qui donne la première impression visuelle. Les contours de la plante entrent dans la description de sa silhouette, mais aussi d'autres caractéristiques, comme la densité du feuillage, la taille et le nombre de tiges ou de ramifications, la façon dont sont disposées feuilles ou folioles. Bien sûr, la forme change au fur et à mesure de la croissance de la plante, mais on peut tout de même définir globalement un système de classement des plantes en huit grandes catégories selon leur silhouette : dressée, arquée, pleureuse, en rosette, buissonnante, grimpante, retombante et rampante. Vous retrouverez ces distinctions dans le chapitre consacré au *choix des plantes*. Voici des exemples de plantes illustrant bien ces différents cas.

Cocotier
Cocos nucifera (voir p. 169)
Cette plante a une silhouette *arquée,* comme la plupart des palmiers et des fougères ; ses frondes en forme de fer de lance ont des contours stricts.

Aralia
Fatsia japonica (voir p. 181)
La forme d'ensemble de cette plante est *buissonnante,* mais ses grandes feuilles palmées ont une forme originale.

Figuier nain ou rampant *Ficus pumila* (voir p. 193) Avec son allure étalée, cette plante à port *rampant* forme un tapis vert si on la laisse à plat, mais elle peut aussi être retombante ou grimpante.

• SILHOUETTE DES PLANTES •

Philodendron
Philodendron scandens (voir p. 188)
Les plantes présentent généralement différents éléments de forme intéressante. Ainsi ce philodendron *retombant* a des feuilles en cœur et des tiges qui retombent joliment. Il peut être grimpant si on le palisse.

Yucca
Yucca elephantipes (voir p. 167)
Les plantes à port *dressé* et à feuilles en lanières pointues ont une forme simple et nette.

Lierre des Canaries
Hedera canariensis (voir p. 184)
C'est la forme du support qui dicte la silhouette d'une plante *grimpante*, mais ce sont les feuilles qui dessinent des contours délicatement découpés ou entiers.

Pied d'éléphant
Beaucarnea recurvata (voir p. 171)
La forme douce de cette plante *pleureuse* tient à ses nombreuses feuilles linéaires retombantes.

Nidularium innocentii (voir p. 175)
La plupart des plantes à port en *rosette* ont des contours rigides qui attirent l'attention.

• CARACTÈRES DÉCORATIFS DES PLANTES •

Taille des feuilles

Dans de nombreux domaines, la réussite d'un dessin est liée à la répétition d'éléments de même taille. Ce principe est valable en ce qui concerne les associations de plantes, mais on peut aussi souligner les différences de taille pour attirer le regard. Par exemple, le tracé délicat de petites plantes grimpantes peut être accentué par la juxtaposition d'un feuillage luxuriant aux formes simples.

Cocotier nain
Microcoelum weddellianum
(voir p. 170)
Associez ses fines frondes découpées à des palmiers plus grands.

Kentia
Howea belmoreana (voir p. 170)
Isolez les grands spécimens ou groupez-les avec des plantes à feuilles pointues.

• TAILLE DES FEUILLES •

Chaîne-des-cœurs
Ceropegia woodii (voir p. 201)
C'est une plante qui fait plus d'effet isolée ; laissez tomber ses tiges en cascade, d'un panier suspendu ou d'une étagère.

Philodendron oreille d'éléphant
Philodendron hastatum
(voir p. 187)
Plante grimpante à grandes feuilles, à isoler en spécimen ou à associer à des plantes basses.

Philodendron grimpant
Philodendron scandens
(voir p. 188)
A planter dans un panier suspendu ou à faire grimper au pied d'une autre espèce de philodendron à grandes feuilles.

• CARACTÈRES DÉCORATIFS DES PLANTES •

Forme des feuilles

La forme de la feuille constitue l'une des principales caractéristiques visuelles de la plante. On peut faire des associations très réussies uniquement par juxtaposition de feuillages de formes contrastées ou en harmonie. Le choix est grand : feuilles ovales, en fer de lance, en cœur, à bord ondulé... La forme des feuilles peut être le principal élément décoratif d'une plante, ou bien constituer seulement un charme supplémentaire.

Pothos
Scindapsus pictus « Argyraeus »
(voir p. 188)
Feuilles en forme de cœur et pointues au bout.

Fleur de la Passion
Passiflora caerulea
(voir p. 185)
Feuilles en éventail, à nombreux lobes profonds.

Monstera
Monstera deliciosa
(voir p. 187)
Ses grandes feuilles ovales se découpent et se perforent avec l'âge.

Fausse vigne
Cissus rhombifolia
(voir p. 184)
Feuilles à trois folioles pointues et dentées au bord.

Philodendron bipennifolium
(voir p. 169)
Les jeunes feuilles, de forme irrégulière, prennent ensuite une forme de violon, avec deux lobes à la base.

Asparagus plumosus
(voir p. 183)
Ses tiges filiformes portent un feuillage triangulaire composé de petits rameaux plumeux.

• FORME DES FEUILLES •

Dieffenbachia exotica
(voir p. 163)
Longues feuilles ovales à bords ondulés, à extrémité pointue.

Figuier pleureur
Ficus benjamina
(voir p. 171)
Petites feuilles ovales à bords recourbés vers l'intérieur et pointues au bout.

Yucca
Yucca elephantipes
(voir p. 167)
Longues feuilles étroites et pointues à bord finement denté.

Grevillea robusta
(voir p. 166)
Ses feuilles profondément divisées lui donnent l'aspect délicat d'une fougère.

Fougère de Boston
Nephrolepis exaltata
« Bostoniensis »
(voir p. 170)
Ses frondes divisées en folioles étroites lui donnent un aspect léger.

Faux aralia
Dizygotheca elegantissima
(voir p. 165)
Des folioles étroites découpées en dents de scie sont disposées en rayons à l'extrémité des pétioles.

• CARACTÈRES DÉCORATIFS DES PLANTES •

Couleur des feuilles

La palette de couleurs des feuilles est impressionnante : de toute la gamme des verts, on passe aux feuilles de teinte blanc argenté à pourpre foncé, sans oublier toutes celles qui portent des taches ou des rayures de couleurs contrastées. On peut réaliser des compositions très réussies de plantes à feuillage en jouant sur les effets combinés de deux ou au plus trois teintes.

Misère
Zebrina pendula
(Voir p. 189)
Ses feuilles sont finement marquées de deux zébrures vertes translucides.

Fittonia vershaffeltii
(voir p. 193)
Le limbe vert olive veiné de rouge carmin offre un contraste de couleurs saisissant.

***Caladium hortulanum* hybride**
(voir p. 182)
Cette plante a des feuilles très fines, marbrées de rouge, rose, blanc et vert.

Coleus blumei
(voir p. 177)
Les teintes et les motifs du feuillage varient dans des tons chauds de jaune, rouge, orangé, vert et brun.

Croton
Codiaeum variegatum pictum (voir p. 164)
Des feuilles aux teintes exotiques chaudes en marbrures, en taches ou en veines de couleur.

Neoregelia carolinae
« Tricolor » (voir p. 174)
Feuilles rayées de vert et de crème, qui se teintent de rouge carmin à la base juste avant la floraison.

• 18 •

• COULEUR DES FEUILLES •

Plante paon
Calathea makoyana
(voir p. 165)
Des feuilles qui semblent avoir été peintes de touches sombres dessinant des folioles.

Lierre
Hedera helix hybride
(voir p. 190)
Les feuilles vert tendre portent des taches plus foncées et sont bordées de crème.

Dragonnier
Cordyline terminalis
(voir p. 163)
Ses feuilles rayées de vert et de crème sont soulignées de rose vif.

Caladium hortulanum
hybride (voir p. 182)
Cette jeune feuille, issue de la même plante que celle de gauche, montre les variations de teintes que l'on peut trouver chez une même plante.

Aglaonema crispa
« Silver Queen »
(voir p. 164)
Belles feuilles vert foncé abondamment marbrées de taches vert argenté.

Begonia « **Tiger Paws** »
(voir p. 193)
Les taches rouge vif de la face inférieure des feuilles vert émeraude apparaissent brunes par transparence à la face supérieure.

Saxifrage araignée
Saxifraga stolonifera
« Tricolor » (voir p. 190)
Feuilles vert olive bordées de rose et portant de fins poils roses.

Herbe aux éphélides
Hypoestes phyllostachya
(voir p. 179)
Petites feuilles vert olive foncé tachetées de rose.

• 19 •

• CARACTÈRES DÉCORATIFS DES PLANTES •

Texture des feuilles

On trouve autant de diversité dans la texture des feuilles que dans leurs formes, leurs teintes et leurs tailles.
La texture peut être brillante à mate, pubescente à gaufrée, coriace à cannelée, chaque variation apportant une touche d'intérêt à la plante concernée. Ici encore, on peut créer de subtiles associations en juxtaposant des plantes de texture contrastée.

Pin de Norfolk
Araucaria heterophylla
(voir p. 166)
Des strates de branches couvertes d'aiguilles donnent un ensemble très léger.

Plante de belle-mère
Aspidistra elatior
(voir p. 165)
Des rides marquées dans la longueur caractérisent ces feuilles coriaces.

Fougère nid d'oiseau
Asplenium nidus
(voir p. 173)
Ses frondes en fer de lance sont très fines et luisantes, avec une nervure centrale marquée.

Peperomia caperata
(voir p. 180)
Les feuilles cordiformes vert très foncé sont gaufrées et cireuses en surface.

Begonia rex-cultorum
(voir p. 183)
Ce feuillage très décoratif est couvert de petites pustules lui donnant une curieuse texture grossière.

• TEXTURE DES FEUILLES •

Capillaire
Adiantum raddianum
(voir p. 183)
Les feuilles ont une texture
très délicate et sont
disposées sur des frondes
gracieusement arquées.

Gynura orangé
Gynura aurantiaca
(voir p. 191)
Feuilles irrégulièrement
dentées couvertes d'un
duvet pourpre, fin et doux.

Corne de cerf
Platycerium bifurcatum
(voir p. 191)
Ses frondes de forme
caractéristique sont couvertes
d'une fine couche pruineuse
argentée.

Dormeuse
*Maranta leuconeura
erythroneura* (voir p 178)
Des veines rouge carmin
sont marquées en relief
à la surface des feuilles
satinées.

***Columnea* « Banksii »**
(voir p. 189)
Paires de feuilles vert
foncé, charnues et
de texture cireuse.

• 21 •

• CARACTÈRES DÉCORATIFS DES PLANTES •

Taille des fleurs

La beauté des fleurs n'est pas seulement fonction de leur couleur, même si c'est un critère essentiel. La taille contribue au charme spécifique de chaque fleur et représente un élément important à prendre en compte dans la réalisation d'une composition florale. Associez des fleurs de dimensions comparables et, lorsque vous choisissez le vase, assurez-vous que ses dimensions conviennent aux fleurs.

Mimosa
Acacia longifolia
(voir p. 222)
Cet arbuste à feuillage persistant donne des bouquets serrés de fleurs jaune d'or, parfumées, de la taille d'un pois.

Delphinium
Delphinium grandiflorum
(voir p. 216)
Les longs épis superbes de ces fleurs coupées trouvent leur place dans toutes les compositions de grande taille.

• TAILLE DES FLEURS •

Chrysanthème
Chrysanthemum hybride
(voir p. 223)
Ces fleurs, parmi les plus
grandes des nombreuses
variétés de chrysanthèmes,
ont presque la taille
de pamplemousses.

Poinsettia
Euphorbia pulcherrima
(voir p. 179)
Ces plantes d'intérieur
particulièrement décoratives ont
de grandes bractées rouge vif
qui forment une corolle très
colorée autour des vraies fleurs,
insignifiantes.

Bleuet
Centaurea cyanus
(voir p. 217)
Les petites inflorescences
sphériques du bleuet ont
la taille d'une balle
de ping-pong.

Anémone
Anemone coronaria
(voir p. 222)
Ces fleurs de couleur vive
rappellent les coquelicots,
avec leur corolle aplatie
assez large.

• CARACTÈRES DÉCORATIFS DES PLANTES •

Forme des fleurs

Les fleurs peuvent prendre mille formes différentes, de la fleur à simples pétales de la primevère jusqu'aux fleurs exotiques et sans pétales de *Leucospermum nutans*. La réussite d'une composition florale est surtout basée sur l'utilisation des formes, et la silhouette des fleurs permet de choisir la forme d'ensemble de la composition. Faites appel à de longs épis fins pour dessiner les grandes lignes des bouquets assez vastes et à des formes arrondies pour attirer l'œil vers le centre.

Clochette d'Irlande
Molucella laevis
(voir p. 104)
Ce sont de longs épis de petites fleurs blanchâtres, entourées de bractées vertes évasées.

Anthurium andreanum
(voir p. 182)
Ces fleurs de forme étrange sont constituées d'une grande bractée cireuse en forme de palette d'où émerge un épi cylindrique de petites fleurs.

Kalanchoé de Blossfeld
Kalanchoe blossfeldiana
(voir p. 196)
Les petites fleurs de cette plante d'appartement forment des bouquets denses qui peuvent être coupés et mis en vase.

Gypsophile
Gypsophila paniculata
(voir p. 213)
Les bouquets lâches de ces minuscules fleurs simples ou doubles sont aériens et particulièrement mis en valeur lorsqu'ils sont disposés seuls dans un vase transparent.

Pensée
Viola wittrockiana
(voir p. 213)
Ces jolies fleurs cordiformes ont des pétales lobés, de texture douce.

Gerbera jamesonii
(voir p. 217)
Ces grandes fleurs simples ou doubles existent dans des tons doux ou chauds et attirent le regard dans les bouquets composés.

Oiseau de paradis
Strelitzia reginae (voir p. 164)
Ces fleurs de forme caractéristique sont composées d'une bractée verte portant des fleurs orange et bleu dressées comme la crête d'un oiseau tropical.

Géranium
Pelargonium domesticum
hybride (voir p. 179)
Ces bouquets arrondis de petites fleurs sont souvent veinés ou tachés de couleur sombre.

• FORME DES FLEURS •

Orchidée
Dendrobium sp.
(voir p. 223)
Ces fleurs qui durent longtemps sont portées par des rameaux arqués qui fleurissent jusqu'en bas de la tige.

Alstroemère du Chili
Alstroemeria pelegrina
(voir p. 213)
Les fleurs en forme de trompette apparaissent à l'extrémité de longues tiges.

Glaïeul
Gladiolus sp.
(voir p. 215)
Ces fleurs coupées élégantes forment de longs épis de fleurs simples tournées dans la même direction.

Violette du Cap
Saintpaulia hybride
(voir p. 182)
Les fleurs simples ou doubles de ces plantes d'intérieur sont groupées en bouquets sur de courts pédoncules.

Gentiane
Gentiana sp.
(voir p. 217)
De toutes petites fleurs en entonnoir et évasées en haut.

Exacum affine
(voir p. 178)
Les petites fleurs délicates de cette plante d'appartement sont composées d'une simple rangée de pétales en coupe.

Bégonia
Begonia tuberhybrida
(voir p. 176)
Ces plantes d'appartement portent des fleurs simples ou doubles qui rappellent de petites roses.

Leucospermum nutans
(voir p. 221)
Ces fleurs globuleuses peu courantes sont couvertes d'aiguillons en relief.

Oeillet des fleuristes
Dianthus caryophyllus
(voir p. 214)
Ces fleurs doubles bien connues sont portées par des tiges ramifiées.

Primevère
Primula obconica (voir p. 181)
Cette plante d'intérieur porte des bouquets de fleurs aux couleurs tendres sur une tige unique.

·2·
UTILISATION DES PLANTES D'INTÉRIEUR

La façon d'arranger, de grouper et de disposer plantes et fleurs est un art, et non une science. C'est avant tout une question de goût et non un domaine régi par des règles strictes. Il est cependant bon de suivre quelques conseils pour réaliser des compositions florales ou des associations de plantes réussies. Ainsi la chose la plus importante à garder en mémoire est que tout arrangement de plantes doit être intégré à son contexte. Cela signifie qu'il faut prendre en compte non seulement l'aspect de la plante elle-même, mais aussi le pot dans lequel elle sera, le décor en arrière-plan et les principaux éléments de la pièce dans laquelle vous l'installerez. Un arrangement peut consister en une simple plante dans un pot, en un groupe de plantes associées de façon formelle, en une pièce transformée en jungle, en une véranda regorgeant de verdure, ou encore en un simple bouquet de fleurs coupées de couleurs vives.

Dans chaque cas, la première chose à faire est de regarder plantes et fleurs et de les détailler en termes de caractères décoratifs décrits au chapitre précédent. Ce n'est qu'après qu'intervient le choix du pot ou du vase. Faites ce choix non seulement en fonction de la taille adéquate, mais aussi en fonction de l'esthétique, afin que le conteneur apporte un plus à la composition, en la soulignant et en s'harmonisant avec l'atmosphère de la pièce.

Marier plantes et récipients
Les teintes des plantes d'intérieur fleuries peuvent être reprises et soulignées dans le choix des cache-pot. Ici, la couleur des récipients relie les différentes plantes tout en les mettant en valeur, car le rose est plus pâle que celui des fleurs.

• UTILISATION DES PLANTES D'INTÉRIEUR •

Assortir plantes et cache-pot 1

Les critères à garder à l'esprit lors du choix du cache-pot d'une plante sont aussi nombreux que complexes et il n'est pas une règle à laquelle on ne puisse trouver une exception ! Dans tous les cas, la décision sera influencée par le goût personnel, mais on peut tout de même énumérer quelques principes généraux à respecter.

La première considération importante concerne les proportions du cache-pot et de la plante. En général, plus la plante est petite, plus sa hauteur doit être égale à celle du conteneur. Pour trouver les associations les plus réussies, le mieux est d'essayer plusieurs récipients, en prenant le temps de prendre un peu de recul à chaque fois pour apprécier l'effet. Une fois que vous avez sélectionné le cache-pot aux proportions adéquates, assurez-vous qu'il sera bien mis en valeur à la place que vous avez prévue. Pour que la composition soit réussie, il est en effet essentiel que non seulement le cache-pot, mais aussi la plante conviennent à l'emplacement choisi, pour des raisons pratiques et esthétiques.

Il est capital de choisir un style de récipient et un type de plante qui s'intègrent et soulignent l'atmosphère de la pièce à laquelle ils sont destinés. Le style du cache-pot est fonction du matériau, de sa forme, de sa couleur et de sa texture. On peut analyser de la même façon le type de la plante : le yucca, par exemple, aux lignes strictes, a une allure moderne, tandis qu'un bégonia aux lignes douces et aux fleurs vives est plus indiqué dans un intérieur traditionnel. Aussi ne soyez pas tenté d'acheter un yucca dans un pot en aluminium si vous habitez une maison de style tapissée de chintz !

Des cache-pot pour toutes les formes de plantes

Guzmania lingulata

Coupe en verre conique
Les formes nettes et linéaires de cette coupe se marient bien avec les fleurs rouges et les lignes architecturales de ces plantes en rosette.

Pothos
Scindapsus pictus « Argyraeus »

Pot sphérique en céramique
Le pothos retombe joliment au-dessus des bords de ce cache-pot tout rond. La simplicité de forme et de teinte du récipient met en valeur les panachures du feuillage.

Lierre
Hedera helix hybride

Poterie haute
Ce lierre à feuillage panaché demande un pot très haut pour souligner ces guirlandes pendantes. En revanche, ce cache-pot n'irait pas du tout avec une grande plante à port dressé.

Fougère de Boston
Nephrolepis exaltata

Pellaea rotundifolia

Pied d'éléphant
Beaucarnea recurvata

Une urne classique
La hauteur de cette imitation d'urne en plomb met en relief les frondes arquées de la fougère de Boston. L'ensemble a un aspect formel que renforcent les lignes classiques du vase.

Pot arrondi en céramique
La forme simple de ce cache-pot souligne les motifs délicats des frondes retombantes de cette fougère. Sa teinte bleutée se marie bien également au vert foncé mat du feuillage.

Plat en poterie peu profond
La forme étrange de cette plante à port pleureur doit être contrebalancée par un récipient sobre, comme ce pot en poterie. Ses racines aimant être à l'étroit dans le pot, celui-ci est très petit pour une plante de cette taille.

• ASSORTIR PLANTES ET CACHE-POT •

Caladium hortulanum hybride

Aralia
Fatsia japonica

Plumbago auriculata

Cache-pot en céramique vernissée
Les tiges nues de ce caladium buissonnant sont soulignées par la forme très décorative de ce pot vert, dont la teinte discrète fait ressortir les motifs colorés des feuilles.

Panier à poignées
Ce vigoureux aralia à grandes feuilles palmées et à port buissonnant est bien mis en valeur dans ce panier simple, mais d'aspect robuste.

Panier à arceau
L'anse en arceau de ce panier rustique forme le support idéal pour ce *Plumbago auriculata* grimpant.

Soleirolia soleirolii

Plat en terre cuite
La forme large et plate de ce récipient convient à merveille au port rampant de cette petite plante. L'aspect rustique de la terre cuite se marie agréablement au vert frais de ces feuilles minuscules.

Cactus raquette
Opuntia microdasys

Yucca
Yucca elephantipes

Faux aralia
Dyzygotheca elegantissima

Cache-pot cubique en plastique
La silhouette plutôt austère de ce yucca s'accorde bien à l'extrême simplicité du cache-pot en plastique blanc.

Tonneau en bois rustique
La forme originale de ce cactus dressé demande en contrepartie un récipient de forme simple. Ce demi-tonneau en bois grossier s'harmonise avec la texture épineuse de la plante.

Grand cache-pot en poterie
La réussite de cette association tient dans le contraste entre l'aspect massif de la poterie et la légèreté de cette plante au feuillage bronze finement ciselé.

• UTILISATION DES PLANTES D'INTÉRIEUR •

Assortir plantes et cache-pot 2

Des plantes groupées

Vous pouvez ajouter un intérêt à la disposition d'une pièce en groupant des plantes en pot, pour créer de nouveaux centres d'intérêt. Utilisez des récipients de même couleur pour faire un lien entre les plantes et créer une certaine atmosphère dans la pièce. Des regroupements de ce type sont rarement assez importants pour attirer l'œil dans une très grande pièce, mais ils suffisent à animer un volume plus petit.

Lorsque vous choisissez les cache-pot, veillez à ce qu'ils mettent bien les plantes en valeur et que l'ensemble soit assez homogène pour s'intégrer à l'environnement.

Contraste de couleurs, *à droite*
Ces cache-pot ont été choisis pour créer un agréable contraste de couleurs entre eux ainsi qu'avec les plantes. Le rouge et le noir rappellent et complémentent les teintes du feuillage des deux plantes.

Begonia rex-cultorum

Croton
Codiaeum variegatum pictum

Cache-pot noir en aluminium

Récipient rouge en plastique

Cache-pot en terre cuite, *ci-dessus*
L'association simple de cache-pot de même couleur et de forme identique crée un équilibre avec les styles de plantes très différents, offrant ainsi une composition équilibrée et intéressante.

Grand et petit, *à droite*
Ici, le contraste de la forme et de la taille des deux récipients sert à rehausser les deux plantes de même espèce. L'association de teintes monochromatiques des pots crée une certaine homogénéité et rappelle les mouchetures gris argenté du pothos.

Pothos
Scindapsus pictus « Argyraeus »

Pot blanc en céramique

Soleirolia soleirolii

Pots en terre cuite

Effets d'échelle, *ci-dessus*
Le principal attrait de ce groupe de plantes réside dans la répétition de la forme et de la texture des pots qui permettent de jouer sur les différences de taille. L'emploi de la même plante dans chaque pot contribue à l'unité du tout.

Répétition, *ci-dessous*
Une petite plante dans un petit pot peut être davantage remarquée si elle est accompagnée d'un spécimen plus grand de la même plante, dans un pot également plus grand. Ces cache-pot sont en harmonie avec le feuillage vert très foncé des plantes, tout en contrastant à merveille avec les panachures rose vif.

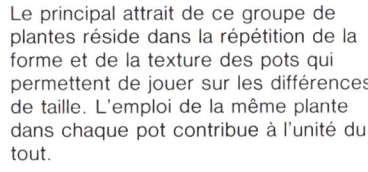

Pot gris en céramique

Plante aux éphélides
Hypoestes phyllostachya

Pots noirs en céramique

Cache-pot originaux

L'achat de nombreux cache-pot revient cher, surtout si vous voulez les grouper. Aussi n'est-il pas inutile de jeter un coup d'œil sur des objets de tous les jours les trésors du grenier, comme corbeilles à papier, vieilles soupières, seaux à charbon, arrosoirs, saladiers en porcelaine ou cuvettes émaillées, pour leur donner une nouvelle jeunesse et les mettre en valeur de façon un peu originale. Il n'y a pas de règle en la matière, il suffit que ces récipients s'harmonisent avec les plantes et l'environnement. Essayez ainsi de placer des bulbes en pot dans un panier en osier, un lierre ou une autre plante retombante dans un seau à glace, de petites cactées dans des pots à crayons colorés... Même un vieux pot de cheminée peut servir de cache-pot rustique (placez la plante au-dessus, dans son propre cache-pot, ou dedans, en la rehaussant avec des briques). Si vous utilisez un récipient sans trous de drainage et si vous plantez directement dedans, pensez à garnir le fond d'une couche de graviers ou d'argile expansée.

Une cage à oiseau, *à droite*
Le fin grillage de cette belle cage offre un support élégant au figuier grimpant *(Ficus pumila)*. Cette plante peut à la fois grimper, ramper et retomber, comme on le voit ici.

Un cache-pot animal, *ci-dessous*
Voici un récipient sortant de l'ordinaire, qui attire l'attention et apporte une touche d'humour, permettant d'accroître l'impact d'une simple plante comme cette fougère de Boston dans son pot rhinocéros.

Un buste en porcelaine, *à droite*
Vous pouvez utiliser un objet particulier comme cache-pot et créer ainsi une atmosphère originale. Ici, l'association des tiges retombantes du lierre et de cette figurine classique rappelle les statues antiques envahies par la végétation.

• UTILISATION DES PLANTES D'INTÉRIEUR •

Principes de disposition 1
Disposition équilibrée

Il s'agit ici de voir comment associer plusieurs plantes en pot, comme on le fait par exemple sur un guéridon ou une étagère, et comment les placer dans la pièce. Vous trouverez, dans le chapitre « D'une pièce à l'autre », des conseils particuliers pour disposer les plantes dans les différentes pièces de la maison, mais il est plus facile de commencer par s'intéresser à l'arrangement de plusieurs plantes et de leurs cache-pot. La clé du succès réside dans la création d'un équilibre agréable à l'œil. Il va de soi qu'une grande plante a plus de « poids » au premier regard qu'une petite. Certaines plantes attirent cependant l'œil non par leur taille, mais par une teinte, une silhouette ou une texture particulières. Un petit spécimen d'une telle plante attirera alors le regard tout autant qu'une plante plus grande mais aux qualités décoratives moins marquées.

Disposition symétrique

Disposition asymétrique

Symétrie
Deux figuiers rampants *(Ficus pumila)* identiques placés de chaque côté d'un sapin de Norfolk *(Araucaria heterophylla)* offrent un exemple de composition symétrique. Si l'on trace une verticale imaginaire au centre, chaque moitié se superpose à l'autre.

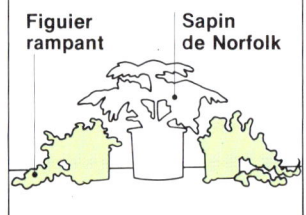

Asymétrie
L'araucaria a un impact visuel plus fort que le figuier rampant, aussi faut-il deux figuiers pour équilibrer l'ensemble. L'espace peut être mis à profit pour réaliser cet équilibre : ensemble, les deux petites plantes ont plus de poids que si elles étaient séparées.

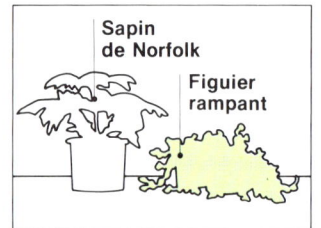

• PRINCIPES DE DISPOSITION •

Équilibre entre plantes et objets, *à gauche*
Deux magnifiques broméliacées en fleur entourent une vasque centrale sur cette console. Pour plus d'unité et pour souligner la symétrie du groupe, on a placé deux cendriers de chaque côté de la vasque. L'effet est d'autant plus réussi que le rouge des fleurs et le vert de la vasque se retrouvent dans le tableau placé derrière.

Symétrie dans un cadre formel, *ci-dessus*
De façon générale, une disposition parfaitement symétrique convient à des plantes de forme très régulière et d'allure assez classique, comme ces myrtes *(Myrtus communis)* qui encadrent ce grand miroir. Des lauriers ou des orangers s'intégreraient également bien dans ce contexte. La sobre composition sur la table groupe une unique fleur d'anthurium et une fronde de kentia.

• UTILISATION DES PLANTES D'INTÉRIEUR •

Principes de disposition 2
Utilisez les contrastes

Si un arrangement réussi doit être équilibré à l'œil, qu'est-ce qui le rend non seulement réussi, mais aussi remarquable ? Réponse : les contrastes — en associant des choses très différentes pour les mettre en valeur. Vous pouvez faire appel à des contrastes flagrants de formes et de tailles, ou plus subtiles, de textures et de teintes. Créez ces contrastes en essayant avec plusieurs plantes différentes tout en veillant à ce qu'elles demandent les mêmes conditions de température et de lumière. Dans une telle composition, le contraste est mieux mis en valeur s'il est axé sur un ou deux éléments seulement. L'effet est en outre d'autant plus marqué que l'ensemble de la composition donne une impression d'ordre et d'harmonie.

Formes
Le yucca (Yucca elephantipes) dressé, à feuilles linéaires et pointues, contraste avec les formes arrondies et basses des cactées. La silhouette marquante du yucca demande à être contrebalancée par plusieurs petites cactées. L'introduction de l'agave, à feuilles pointues mais à port ramassé, sur la gauche, crée un lien entre les deux éléments dominants.

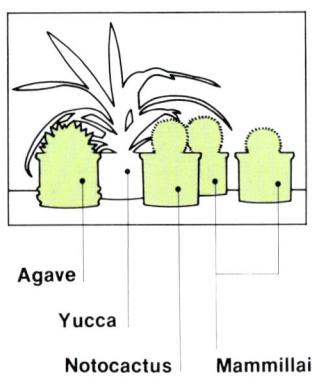

Texture, à gauche
La grâce aérienne de ce grand capillaire (Adiantum raddianum) a autant d'impact que la masse dense des feuilles du peperomia (Peperomia caperata), malgré la différence de taille. Ces plantes s'équilibrent en étant placées l'une à côté de l'autre.

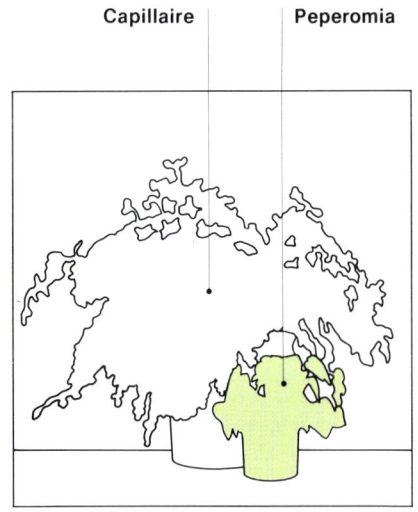

• PRINCIPES DE DISPOSITION •

Échelle
Les trois plantes de ce groupe ont en commun le même genre de silhouette et de texture, avec leurs feuilles pointues. Elles varient cependant considérablement par leur taille. Le petit agave *(Agave victoriae-reginae)* ne dépasse pas quelques centimètres de hauteur, tandis que le grand yucca *(Yucca elephantipes)* atteint près de 1,50 m de hauteur. Leur ressemblance par la forme et la texture, et le fait qu'ils soient dans des pots blancs unis ne font que souligner le contraste d'échelle. Une autre façon d'utiliser ce type de contraste consiste à grouper sur une même ligne — par exemple sur une étagère ou un dessus de cheminée — des plantes de même espèce mais de tailles différentes.

Couleur, *à droite*
Ces trois bégonias élatior (*Begonia* « Elatior » hybrides) roses sont mis en valeur par une potée seule à fleurs blanches. En rapprochant les trois plantes roses et en écartant légèrement la blanche, aucune couleur ne prédomine mais chacune est renforcée par le contraste. Vous pouvez aussi jouer avec les couleurs en juxtaposant une plante à feuillage panaché et une plante fleurie se faisant l'écho de l'une des teintes du feuillage.

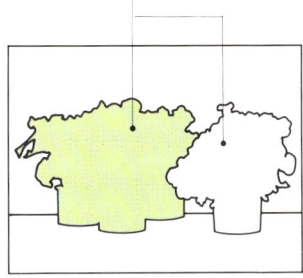

• UTILISATION DES PLANTES D'INTÉRIEUR •

Éclairer les plantes

On regarde généralement autant les plantes d'intérieur le soir, quand elles sont éclairées artificiellement, que dans la journée. Outre un éclairage en arrière-plan, vous pouvez utiliser un éclairage direct pour mettre en valeur plantes et fleurs. Ce type d'éclairage, par lequel un étroit rayon lumineux est axé sur un unique objet, met la plante en relief, soulignant forme, teinte et texture. On peut réaliser des effets saisissants par des jeux d'ombre et de lumière, grâce à des spots orientables : les plantes les plus ordinaires seront ainsi remarquées.

Il faut également prendre en compte la qualité de la lumière souhaitée. Les ampoules à incandescence au tungstène, les plus répandues, donnent une lumière chaude qui accentue les rouges et les jaunes, tandis que les lampes à halogène donnent une lumière plus crue et plus froide. Pour réchauffer la lumière, achetez des ampoules colorées ou des abat-jour translucides dans des tons chauds. Ne placez pas les plantes trop près de la source de lumière, car la chaleur risque de brûler les feuilles. Respectez une distance de sécurité de 60 cm environ pour une ampoule à incandescence de 100 watts.

Lumière naturelle

La lumière agit sur la chlorophylle, ce pigment vert présent chez toutes les plantes, pour déclencher le processus de photosynthèse. Les longueurs d'onde dans le bleu/violet et le rouge sont très importantes pour la croissance des plantes : le bleu stimule la formation des feuilles, et le rouge la floraison. Les lampes à incandescence émettent peu dans ces longueurs d'onde et ont donc peu d'effets sur la croissance des plantes. Il existe en revanche des lampes spéciales qui peuvent se substituer à la lumière du jour (voir pp. 244-245).

La quantité et la qualité de lumière dont a besoin une plante chaque jour sont fonction de son habitat d'origine. Certaines plantes se plaisent en plein soleil, tandis que d'autres préfèrent une lumière tamisée par des stores ou des voilages légers, ou encore un éclairage indirect. La qualité de la lumière naturelle dans une pièce vous dicte aussitôt l'endroit où vous pouvez placer vos plantes. Pensez également à la façon dont elles seront éclairées le soir, afin de choisir une position adéquate, avec assez de lumière naturelle dans la journée pour une bonne croissance et un éclairage orienté le soir pour les mettre en valeur.

Une fenêtre pour cadre, *à gauche*
La lumière filtrée par cette fenêtre minuscule convient tout à fait à cet aralia et redessine les contours de son feuillage lustré. Les dimensions de la plante et de l'ouverture sont tout à fait en rapport.

Du soleil sur un appui de fenêtre, *ci-dessous*
Une composition symétrique, avec un streptocarpus entouré de deux oiseaux en bois sculpté, est ici mise en valeur sur un large appui de fenêtre. La lumière souligne le blanc pur des fleurs et fait paraître translucides les feuilles que traversent les rayons de soleil.

• ÉCLAIRER LES PLANTES •

Effets d'éclairage 1

Éclairage vers le bas

Utilisez un spot dirigé vers le bas ou une suspension au-dessus d'une table pour mettre en valeur une décoration centrale, comme une composition florale ou un groupe de petites plantes.

Éclairage par une suspension, *ci-dessous*
Une suspension placée au-dessus d'une coupe en terre cuite couverte de Soleirolia soleirolii permet de mieux détailler le feuillage minuscule de cette plante.

ÉCLAIRAGE   Suspension

Un spot dirigé vers le bas, *à droite*
Un spot encastré dans le plafond jette un rayon de lumière intense sur les plantes et les objets disposés sur cette table. Il illumine une coupe d'œillets (*Dianthus* sp.), une grande broméliacée (*Portea petropolitana extensa*) et un érable (*Acer* sp.), qui a été placé à l'intérieur temporairement.

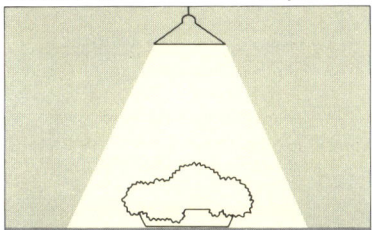

Éclairage vers le haut

L'éclairage d'une seule plante ou d'un groupe de plantes à partir du bas, avec un spot, par exemple, projette des ombres marquées sur les murs ou le plafond de la pièce. On peut jouer sur la netteté des ombres en modifiant la position de la source de lumière.

ÉCLAIRAGE (vu de côté)

Derrière   Devant

Éclairage vers le haut placé derrière
Une lumière dirigée vers le haut et placée derrière la plante dessine un motif abstrait d'ombres déformées au plafond et réduit la plante elle-même à une silhouette.

Éclairage vers le haut placé devant
Le fait de placer l'éclairage devant la plante accentue les détails et les teintes de celle-ci et donne une ombre plus fidèle des formes naturelles.

• UTILISATION DES PLANTES D'INTÉRIEUR •

Effets d'éclairage 2

Éclairage par l'avant ou par l'arrière

A l'aide d'un spot fixé sur une table ou une étagère, vous pouvez mettre l'accent sur un volume limité. Un faisceau lumineux arrivant face à la plante donne des ombres nettes qui soulignent les contours naturels, tandis qu'un faisceau venant de l'arrière a un effet plus doux.

ÉCLAIRAGE (vu de côté)

Derrière — Devant

Éclairage par l'arrière, *ci-dessus*. Il crée une touche de chaleur et fait paraître les fleurs presque translucides.

Éclairage par l'avant, *ci-dessous*. Les ombres projetées soulignent les formes des tulipes.

• ÉCLAIRER LES PLANTES •

Éclairage latéral
Utilisez un spot fixé au plafond ou sur un mur pour diriger un faisceau lumineux sur une plante ou une composition florale. Ce type d'éclairage orientable permet d'ajuster facilement l'angle du faisceau lumineux.

Éclairage latéral par le haut, *ci-dessous*
Cet éclairage en angle auréole la texture douce et le feuillage délicat du capillaire *(Adiantum raddianum)*.

ÉCLAIRAGE

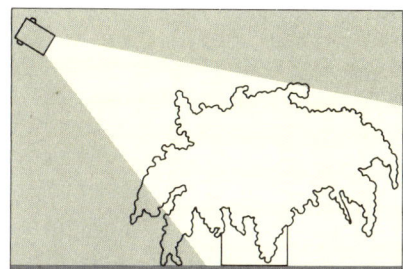

Latéral

Éclairage latéral pour fleurs séchées
Les cuisines sont des pièces qui demandent différents types d'éclairage : des lumières vives pour éclairer les plans de travail et d'autres, plus douces, pour le coin repas. Ici, deux spots dirigent leurs faisceaux lumineux obliques et convergents sur les fleurs séchées, révélant leurs teintes et leurs textures. Les bougies apportent une autre touche de lumière chaude.

• UTILISATION DES PLANTES D'INTÉRIEUR •

Le style par les plantes 1

Rares sont ceux qui ont l'occasion d'aménager une pièce en partant de zéro — c'est-à-dire en choisissant tous les meubles, tissus, objets et plantes qui permettent de créer un ensemble dans un style de décoration bien déterminé. Même si vous devez vous restreindre par rapport à votre imagination, prenez le temps de réfléchir à la façon d'utiliser les plantes dans votre intérieur.

Plantes et fleurs font partie intégrante de nombreux styles d'aménagement et sont d'ailleurs souvent source d'inspiration pour des motifs décoratifs de toutes sortes. Vous trouverez dans ces quelques pages une rapide analyse de quelques styles d'intérieur en vogue actuellement et des conseils concernant les plantes et fleurs à leur associer.

Style rustique

Ce style cherche souvent à faire entrer le jardin dans la maison. Les motifs floraux sont omniprésents sur le papier peint, les coussins, les rideaux, la vaisselle. La présence de vraies fleurs apporte une fraîcheur supplémentaire dans la maison. Ce style peut être formel ou décontracté, citadin ou campagnard. Les objets n'y ont pas de place attribuée, mais leur nombre contribue à rendre une atmosphère chaleureuse, « habitée ». La nostalgie d'un passé rural est très présente dans ce type d'intérieur, avec des meubles en bois ouvragés, des motifs simples, des textiles naturels et des teintes chaudes.

Des plantes pour cuisine rustique, *à droite*
De simples pots vernissés contiennent un ensemble sans prétention de lierre (*Hedera helix* hybride), thym (*Thymus vulgaris*) et asparagus (*Asparagus falcatus*).

Un style rustique plus formel, *à gauche*
Dans ce style d'intérieur, les couleurs sont plus importantes que les formes. Ici, des plantes vertes et fleuries aux formes douces complètent agréablement les motifs du papier peint, de la porcelaine et du tissu, tout comme les fleurs coupées qui rappellent les jardins de nos grands-mères. La composition est ici plus formelle que celle de la page ci-contre. La texture du chintz et de la porcelaine a en effet plus d'éclat que la terre cuite et le bois brut.

Géranium
Géranium à massif
Gypsophile
Anémone du Japon
Rose ancienne
Giroflée des jardins

• LE STYLE PAR LES PLANTES •

Décor floral flottant pour table fleurie, *ci-dessus*
Des fleurs de géraniums de toutes sortes (*Pelargonium* sp.) flottent dans l'eau de deux plats différents, formant un décor coloré, à disposer au centre d'une grande table, par exemple.

Des fleurs en écho aux motifs fleuris, *à gauche*
Les fleurs sont ici partout représentées, des tissus à la vaisselle, ou groupées en bouquets secs pour créer un effet de masse rappelant certains jardins campagnards exubérants.

Rustique et naturel, *à droite*
Ici encore, la silhouette des plantes et des fleurs a moins d'importance que leurs teintes. Ainsi les fleurs comme ces asters *(Aster nova-belgii)* ont des teintes chaudes sans être criardes. Les fruits séchés de la nigelle, aux teintes douces et à la texture plus grossière, se marient bien aux teintes et textures du bois, de la terre cuite et des paniers. Les fleurs séchées ont une connotation très champêtre et leurs tons doux de jaune et de bleu se retrouvent dans les couleurs des carreaux de céramique peints à la main.

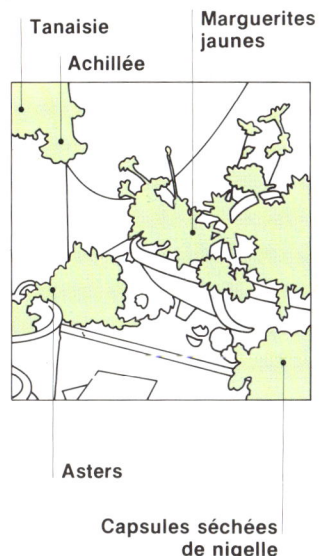

Tanaisie
Achillée
Marguerites jaunes
Asters
Capsules séchées de nigelle

• 41 •

• UTILISATION DES PLANTES D'INTÉRIEUR •

Le style par les plantes 2
Style folklorique

Ce style regroupe tout ce qui peut rappeler les cultures traditionnelles des groupes ethniques du monde entier. Les composantes principales sont des objets créés par des méthodes traditionnelles, en général caractérisés par des motifs colorés, qui peuvent être abstraits ou figuratifs.

Utilisation des textiles traditionnels, *ci-dessus*
Ce tapis aux motifs géométriques est le centre de cette composition, avec ses teintes que l'on retrouve dans le plat en céramique et dans les tons ocre du cœur des marguerites.

Inspiration sud-américaine, *à gauche*
Les fleurs vives et la forme caractéristique de ce cactus de Noël *(Rhipsalidopsis gaertneri)* se marient bien à la texture rude de cette dalle de pierre et de la sculpture en pierre également.

Mise en valeur des objets traditionnels, *à gauche*
Il faut choisir des plantes aux contours marqués et à silhouette originale pour qu'elles ne soient pas étouffées par les motifs colorés. Les cactées sont bien sûr tout indiquées, en particulier avec des objets d'origine sud-américaine comme ici. Recherchez des couleurs chaudes pour les marier aux teintures naturelles des textiles. Fleurs séchées, galets et bois blanchi pourraient par exemple s'intégrer dans le décor.

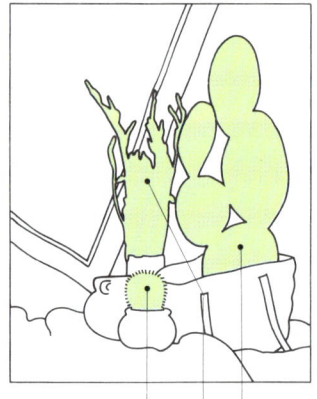

Mammillaire

Poivrons du Chili

Cactus oreille-de-lapin

• 42 •

• LE STYLE PAR LES PLANTES •

Style oriental

Il y a maintenant plusieurs siècles que l'Extrême-Orient est source d'inspiration pour les décorations intérieures en Occident. En fait, ce style englobe des tendances différentes, car chaque pays — Chine, Malaisie, Japon — a un style bien spécifique, influencé en partie par la flore indigène.

Textures contrastées, *à gauche.* Les feuilles du bonsaï ont une forme proche de celle des tokyos et la texture rugueuse de la roche contraste avec le plat blanc et lisse.

Simplicité orientale, *ci-dessus*
Un autre décor aux lignes sobres, basé sur des formes simples. L'iris *(Iris pallida)* et les éventails tout simples créent un tableau abstrait très oriental.

Des éléments de style oriental, *à droite*
La clé de la réussite réside ici dans le choix de quelques formes simples et de grandes surfaces de teintes neutres, égayées de touches de couleurs vives. Le contraste entre le store en bambou et la table laquée parfaitement lisse est typiquement oriental. Le papyrus au feuillage découpé *(Cyperus* sp.) rappelle le bambou tandis que *Aeschynanthus lobbianus* est un apport de la Malaisie tropicale.

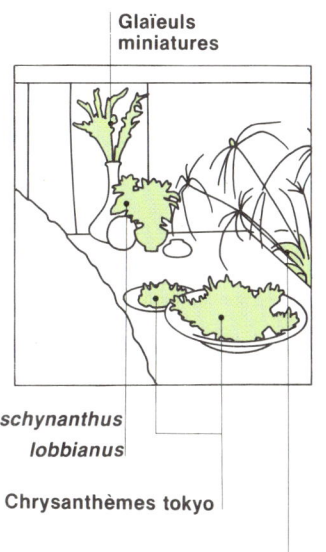

Glaïeuls miniatures

Aeschynanthus lobbianus

Chrysanthèmes tokyo

Papyrus

• 43 •

• UTILISATION DES PLANTES D'INTÉRIEUR •

Le style par les plantes 3
High tech

Ce style est basé sur des formes et des matériaux utilitaires contemporains. Il y a peu d'objets décoratifs et l'effet d'ensemble est très sobre, voire froid. C'est l'antithèse d'un style vivant et coloré. Pour y trouver leur place, les plantes doivent avoir des formes à la fois simples et sculpturales, et les fleurs des teintes vives pour ne pas être « écrasées » par les surfaces métalliques réfléchissantes et les couleurs primaires crues.

Choix de couleurs vives, *ci-dessus*
Utilisez des fleurs aux couleurs éclatantes, mais de forme sobre, comme cet anthurium. Ces fleurs semblent presque artificielles, tant la texture des bractées d'un rouge soutenu rappelle un plastique luisant.

Des silhouettes affirmées et originales, *à gauche*
La forme agressive de ce cactus se découpe au premier plan. La lumière crue et les revêtements réfléchissants demandent à être contrebalancés par de grandes plantes à silhouette marquée, comme le papyrus, à l'arrière-plan.

Quelques éléments de ce style, *à droite*
Choisissez des plantes qui aient un certain poids visuel, comme de grands agaves, des yuccas ou des cactées. Ici, les plantes ont des lignes nettement dessinées et un feuillage d'un vert franc qui s'harmonise avec le cache-pot en plastique rouge et le revêtement de sol, rouge également.

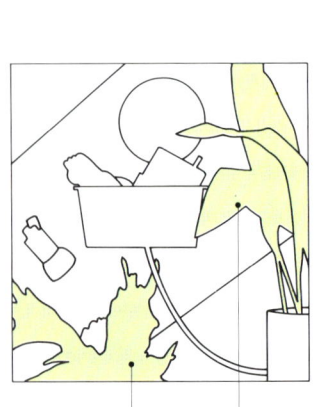

Fougère corne-de-cerf

Plante de belle-mère

• LE STYLE PAR LES PLANTES •

Art déco

Le style art déco des années 20 et 30 revient périodiquement à la mode pour la décoration intérieure. Il est caractérisé par des formes géométriques sobres, des couleurs monochromatiques et des surfaces lisses et réfléchissantes, comme le chrome ou le bois laqué.

Le style art déco traité de façon informelle, ci-dessus
Les tulipes (*Tulipa* sp.), aux formes simples et pleines, conviennent tout à fait dans ce décor, par exemple en bouquet fourni dans un vase de ce style, comme ici.

Le style art déco traité de façon formelle, à droite
Cette photo montre les formes géométriques, les textures lisses et brillantes et les couleurs monochromatiques qui sont les signes distinctifs de ce style. Les lis *(Lilium regale)*, dans le vase de forme ronde, et le pied-d'éléphant *(Beaucarnea recurvata)*, à la silhouette dénudée, sont en harmonie avec les lignes sobres des fauteuils.

Quelques éléments du style art déco, à gauche
Ici aussi, il faut des plantes aux formes simples et nettes qui s'associent aux lignes strictes de ce style. La sculpture aux angles aigus est en parfaite harmonie avec le tube étroit des lis, et la teinte blanche s'intègre dans ce décor monochromatique. Le port caractéristique de *Ceropegia woodii*, placé dans cette applique murale en céramique, se découpe sur le mur gris.

Lis

Ceropegia woodii

• 45 •

• UTILISATION DES PLANTES D'INTÉRIEUR •

Plusieurs plantes dans un même récipient 1

Pour que les plantes fassent plus d'effet, vous pouvez les grouper dans un même grand pot ou récipient. Les plantes poussent mieux lorsqu'elles sont groupées, car un microclimat s'établit entre elles, l'humidité dégagée par chacune d'elles pouvant être utilisée par les autres. Les différents éléments ont tendance à s'enchevêtrer et à se mettre en valeur les uns les autres.

On peut choisir des plantes de la même espèce ou d'espèces différentes, mais demandant les mêmes conditions de culture. On les dépote pour les planter toutes dans le même mélange terreux ; s'il s'agit d'un regroupement temporaire, il suffit de les laisser dans leurs pots et de les entourer de tourbe humide.

Si vous plantez directement dans le récipient, prévoyez-le assez profond, afin que le mélange de rempotage ne sèche pas trop vite, et étalez une couche de matériau de drainage au fond du récipient si celui-ci n'est pas muni de trous de drainage. L'avantage de cette méthode est que les plantes ont alors un système racinaire plus développé, mais il est plus difficile d'enlever un sujet malade ou de regrouper des plantes ayant des besoins différents en matière d'arrosage.

Il sera parfois indispensable d'associer les deux méthodes, pour pouvoir apporter un traitement spécial à l'une des plantes, qui n'a pas les mêmes exigences que les autres.

Une potée originale de bégonias
Cette composition de bégonias à feuillage décoratif *(Begonia rex-cultorum)* ne passe pas inaperçue. Ces plantes ont en effet un feuillage très coloré, aux motifs variés, dans des tons de rouge, argent, vert et noir. Choisissez des spécimens à motifs et textures différents, pour créer un subtil mélange de couleurs et de formes. Plantez-les dans un mélange de rempotage à base de tourbe et placez-les dans une pièce chaude, avec un éclairage indirect.

Outils et matériaux

Récipient en faïence

Plantoir

Mélange de rempotage à base de tourbe

Aechmea fasciata (voir p. 173)

Charbon de bois

Argile expansée

• 46 •

• PLUSIEURS PLANTES DANS UN MÊME RÉCIPIENT •

Plantation dans un grand pot

Les arrangements de ce type les plus réussis sont souvent les plus simples. Parfois, en effet, l'association de plantes différentes pèche par une trop grande diversité des formes et des textures. Il est alors difficile de trouver une place dans la maison pour mettre cette composition en valeur. Ici, il s'agit tout simplement d'un groupe de trois broméliacées d'allure exotique. Leur silhouette originale doit être mise en valeur par un conteneur simple, comme celui-ci, dont la teinte blanche se retrouve dans le reflet blanchâtre du feuillage.

La composition terminée
Pour garder ces broméliacées en bonne condition, placez-les dans un endroit chaud et sec, et remplissez toujours d'eau la coupe formée par le cœur de la rosette. De petites fleurs bleu pâle apparaîtront parmi les bractées roses ; elles sont éphémères, mais les bractées restent belles pendant plusieurs mois.

Préparation de cette plantation de groupe

1. Commencez par tapisser le fond du récipient d'une couche de 2 cm d'épaisseur de billes d'argile expansée, sur laquelle vous saupoudrerez un peu de charbon de bois. Ensuite, remplissez à demi avec du mélange terreux, puis placez l'une des plantes dans le mélange pour vous assurer que la surface de la motte arrive bien un peu en dessous du bord du récipient.

2. Pour sortir l'aechméa de son pot, arrosez-le bien, puis, en tenant la plante entre le pouce et l'index, retournez le pot et tapez quelques petits coups secs au fond pour détacher la motte.

3. Amassez de la terre vers le fond du récipient et placez les plantes l'une après l'autre en les inclinant légèrement vers l'avant de façon que l'on voie mieux les rosettes de feuilles et les inflorescences.

PLANTES
Microclimat 1
Chaud, ensoleillé

Une autre solution pour le même récipient : un groupe d'aphélandras
Voici une autre plantation de groupe simple, mais faisant de l'effet, avec des aphélandras *(Aphelandra squarrosa* « Louisae »). Les dessins bien marqués des feuilles et la teinte des inflorescences sont amplifiés par le nombre de sujets utilisés.

• 47 •

• UTILISATION DES PLANTES D'INTÉRIEUR •

Plusieurs plantes dans un même récipient 2
Plantes groupées dans un panier

Le choix d'un panier comme cache-pot limite dans une certaine mesure les types de plantes qui peuvent être utilisées. Pour un panier en osier, il faut des plantes non sophistiquées, comme des cinéraires *(Senecio cruentus)*, des *Exacum affine,* ou encore des plantes comme celles qui sont utilisées ici. Vous pouvez y disposer des bulbes forcés au printemps, en les groupant en masse dans le panier, juste avant qu'ils ne fleurissent. Les plantes choisies sont destinées à former un arrangement temporaire, pendant la période de floraison ou lorsque le feuillage est le plus décoratif. Cet apogée étant assez court, il est inutile de dépoter les plantes. En outre, les plantes étant dans des pots séparés, vous pouvez associer des spécimens dont les besoins en arrosage sont différents, pourvu qu'ils aient les mêmes exigences en lumière et en chaleur.

Une composition de choux d'ornement
Ces choux décoratifs *(Brassica oleracea acephala)* forment un bouquet de fleurs géantes. Leurs feuilles, pourpres ou ivoire, toujours bordées de vert, sont plissées ou lisses et rivalisent dans cet arrangement pour attirer l'œil. On peut se procurer ces choux d'ornement à la fin de l'été ou en automne. Ils resteront beaux plusieurs semaines si vous prenez soin de les tenir dans un endroit frais et de leur donner beaucoup de lumière.

PLANTES
Microclimat 5
Frais, soleil tamisé

Outils et matériaux

Panier en osier

Feuille de plastique

Billes d'argile expansée

Tourbe

Ciseaux

Lierre
Hedera helix hybride
(voir p. 190)

• PLUSIEURS PLANTES DANS UN MÊME RÉCIPIENT •

Réalisation d'un panier de primevères et lierre

1 Tapissez le fond du panier d'une feuille de plastique (par exemple un sac poubelle) pour le rendre étanche. Coupez le plastique au bord, en le laissant un peu dépasser pour pouvoir ensuite le replier. Étalez au fond une couche d'environ 3 cm de billes d'argile expansée.

2 Remplissez ensuite de tourbe humide sur environ 6 cm d'épaisseur. Placez les pots en les disposant comme vous l'entendez. Ici, les trois plus grandes primevères rose saumon forment l'arrière-plan, puis le lierre est placé d'un côté pour apporter une forme douce et retombante à l'ensemble. Entourez les pots de tourbe au fur et à mesure.

3 Placez les autres primevères au premier plan. Assurez-vous que les pots sont bien droits, car il faudra les arroser : les primevères, notamment, demandent à être bien arrosées. Pour que la composition garde belle allure, éliminez les fleurs fanées au fur et à mesure, ainsi que les feuilles jaunies. Dans un endroit frais, ces primevères devraient durer six à huit semaines.

Primevère
Primula obconica
(voir p. 181)

Même panier pour un assortiment de bégonias
Voici une autre façon de mettre cette corbeille en valeur, avec une collection de bégonias (*Begonia* « Tiger Paws ») à feuillage décoratif, qui devront être placés dans une pièce plus chaude. Les marbrures vert et bronze du feuillage sont assez marquées pour que ces plantes constituent en elles-mêmes une décoration.

• UTILISATION DES PLANTES D'INTÉRIEUR •

Palisser les plantes grimpantes 1
Préparation d'une colonne de mousse

Les plantes grimpantes ont besoin d'un support pour se développer verticalement. Les plantes utilisant des racines aériennes pour grimper, comme les philodendrons, monsteras *(Monstera deliciosa)* et pothos *(Scindapsus pictus « Argyraeus »)*, apprécient de pouvoir croître sur un support humide en permanence. Une colonne faite de grillage métallique et remplie de mousse de sphaigne constitue le support idéal pour ces plantes grimpantes à tiges épaisses et à grandes feuilles. Les plantes grimpantes s'accrochant par l'intermédiaire de vrilles, comme la passiflore *(Passiflora caerulea)* ou le lierre *(Hedera sp.)*, peuvent être palissées sur un jeu de tuteurs, sur des boucles de fil métallique ou sur un treillage.

Outils et matériaux

Vous pouvez acheter tout préparé un petit pilier garni de mousse, mais si vous le faites vous-même, la mousse sera plus fraîche et plus humide pour les racines des plantes grimpantes. Prévoyez trois ou quatre petites plantes pour garnir une colonne d'environ 90 cm de hauteur. N'oubliez pas de maintenir la mousse humide en permanence, sans quoi les racines aériennes ne s'y développeront pas.

- Baguettes de bambou
- Mousse de sphaigne
- Pot en terre cuite, large et peu profond
- Baguette de bois pour bourrer la mousse
- Cisaille pour le fil métallique
- Soucoupe
- Grillage fin
- Rouleau de carton ondulé
- Transplantoir
- Mélange de rempotage à base de tourbe
- **Philodendron grimpant** *Philodendron scandens* (voir p. 188)
- **PLANTES** Microclimat 3 Chaud, ombragé
- Morceaux de fil métallique

Réalisation

1 Pour donner sa forme à la colonne, prenez un rouleau de carton ondulé et entourez-le de grillage. Coupez le grillage en le laissant dépasser de 5 cm par rapport à la largeur du rouleau. Rapprochez les bords du grillage pour former une colonne.

2 Coupez deux longueurs de baguette de bambou, passez-les en croix dans le grillage, à environ 3 cm du fond du pot. Fixez-les ensemble au point d'intersection, ainsi qu'au grillage, puis mettez-les en place dans le pot.

• PALISSER LES PLANTES GRIMPANTES •

Plantes grimpantes dans la maison
Les plantes grimpantes peuvent être palissées sur un mur nu pour l'habiller, ou autour de miroirs, de portes ou de fenêtres, pour les encadrer de verdure. Préparez un support en tendant des ficelles ou du fil de nylon solide entre des clous ou des vis, puis fixez les plantes en place avec des liens souples pour leur donner la forme voulue.

Plante palissée contre un mur, *à droite*
On emploie souvent l'asparagus *(Asparagus densiflorus « Sprengeri »)* comme plante retombante, mais on peut aussi, comme ici, le faire grimper pour entourer un cadre de son feuillage fin.

Autour d'un miroir, *ci-dessus*
Cette vigne d'appartement *(Cissus rhombifolia)* offre un cadre inhabituel à ce miroir. Elle s'accroche à n'importe quel support avec ses vrilles et pousse rapidement — d'environ 60 à 90 cm par an. C'est en outre une plante très tolérante, qui se plaît un peu partout.

3 Remplissez le pot aux deux tiers de mélange de rempotage. Commencez à remplir la colonne creuse de mousse de sphaigne, en utilisant la baguette de bois pour bien tasser, et cela jusqu'en haut de la colonne.

4 Plantez les philodendrons grimpants et fixez leurs tiges à la colonne de mousse, avec des longueurs de fil métallique repliées en épingle à cheveux.

5 Arrosez bien la mousse et le mélange terreux avant de placer le pot dans un endroit chaud et ombragé. Pulvérisez quotidiennement de l'eau sur la sphaigne pour qu'elle demeure bien humide.

• UTILISATION DES PLANTES D'INTÉRIEUR •

Palisser les plantes grimpantes 2
Préparation d'un support métallique

De nombreuses plantes d'intérieur sont dans la nature des plantes grimpantes ou rampantes. L'orsqu'on les achète, elles sont souvent palissées sur un support métallique, qui devient rapidement insuffisant. Vous pouvez alors détacher la plante et préparer un support plus grand sur lequel vous la palisserez, mettant mieux en valeur fleurs et feuillage. Essayez de trouver le juste équilibre entre la taille de la plante et la taille du support. Ici, j'ai palissé une passiflore sur des arceaux métalliques qui soulignent bien le tracé délicat du feuillage.

Outil et matériaux

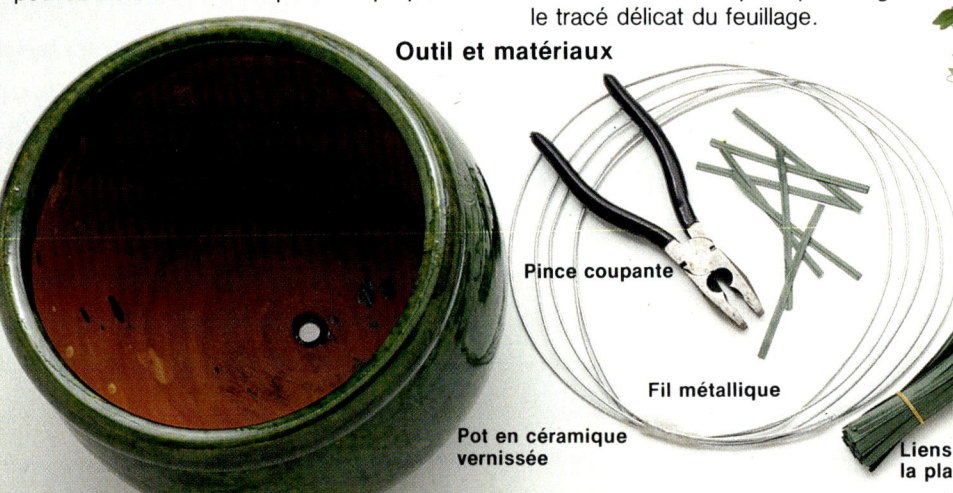

Pot en céramique vernissée

Pince coupante

Fil métallique

Liens pour fixer la plante

Mélange ordinaire à base de terre

Billes d'argile expansée ou vermiculite

Passiflore
Passiflora caerulea
(voir p. 185)

PLANTES
Microclimat 1
Chaud, ensoleillé

L'arrangement terminé
Un arceau moins garni que les autres apporte une touche d'intérêt supplémentaire à cet arrangement. La composition est en outre ainsi plus aérée, ce qui mettra mieux en valeur les fleurs éphémères. Il faut continuer à palisser régulièrement les pousses en croissance, pour que la plante conserve une jolie forme d'ensemble. Si vous rabattez la plante jusqu'aux tiges principales au début de l'hiver et que vous la placiez dans un endroit frais, mais protégé du gel en hiver, elle repartira au printemps.

• PALISSER LES PLANTES GRIMPANTES •

Réalisation

1. Coupez deux longueurs identiques de fil métallique pour former les deux arceaux. Placez-les dans le pot pour vous assurer qu'ils sont à bonne échelle, puis retirez-les. Ils seront maintenus en place par le mélange terreux une fois que vous aurez commencé la plantation.

2. Si le pot est muni d'un trou de drainage, placez un tesson de pot au-dessus, puis couvrez le fond d'une couche de 2 à 3 cm de vermiculite ou d'argile expansée, et remplissez le pot aux trois quarts de mélange terreux ordinaire. Détachez la passiflore de son support précédent et rempotez-la, en tassant bien le mélange autour des racines. Insérez le premier arceau dans le pot et fixez les tiges de la plante autour.

3. Placez l'autre arceau perpendiculairement au premier et fixez les deux ensemble avec un lien métallique. Éliminez les feuilles séchées et les pousses indésirables au fur et à mesure que vous palissez la plante. Mettez le deuxième pied en place, en palissant une tige sur la moitié du deuxième arceau, et les autres tiges sur l'autre moitié.

Autres supports décoratifs

Bambou, rotin et fil métallique permettent de réaliser de nombreux supports de formes différentes. Les tuteurs en bambou constituent des treillages élégants. Le rotin a l'avantage d'être flexible et peut donc donner des formes arrondies.

Un treillage appétissant, ci-dessous

Ce fraisier (*Fragaria vesca* « Alpine ») porte de petits fruits et offre un spectacle aussi décoratif qu'appétissant.

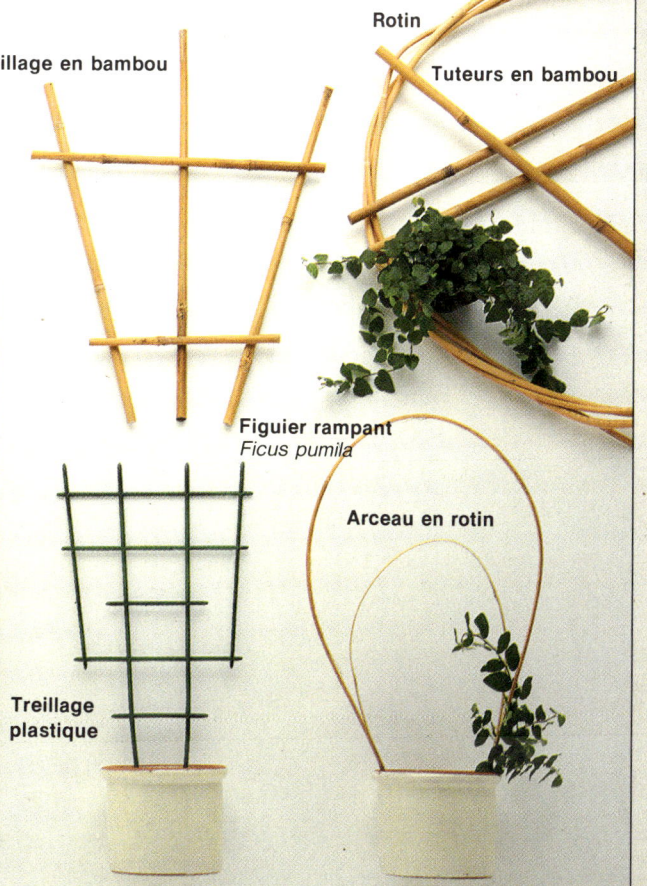

Treillage en bambou

Rotin

Tuteurs en bambou

Figuier rampant
Ficus pumila

Treillage plastique

Arceau en rotin

• UTILISATION DES PLANTES D'INTÉRIEUR •

Corbeilles et paniers suspendus 1

La plupart d'entre nous sont familiers des paniers suspendus placés sur les terrasses et les balcons, qui sont cependant assez rares dans les appartements. Lorsque vous choisissez le panier à suspendre, réfléchissez à son emplacement final : une armature de fil métallique ne convient que dans une pièce dont le revêtement de sol ne craint pas l'eau, comme une salle de bains. Un solide panier en plastique, à réserve d'eau, est une solution certes moins décorative mais plus sage dans les autres pièces. Il existe également des modèles à soucoupe incorporée. Vous pouvez utiliser un récipient en terre cuite ou un panier en osier si vous faites vous-même les attaches, en macramé par exemple.

Veillez à ce que la suspension soit solidement fixée au mur ou au plafond, car l'ensemble devient lourd une fois imbibé d'eau.
Les chaînes ou les liens en corde doivent être suspendus à un crochet bien ancré, par exemple dans une poutre, et non dans du plâtre.
Soyez modeste dans le choix des plantes, qui doit être fait en fonction du décor de la pièce.
En général, mieux vaut se limiter à une seule espèce, à moins que la pièce ne soit assez neutre. Si le panier est destiné à être placé à l'extérieur, vous pouvez vous permettre plus de fantaisie avec les couleurs, mais il faut choisir des espèces supportant la chaleur et les effets desséchants du vent.

Plantation d'une corbeille grillagée

L'intérêt d'une corbeille grillagée est qu'elle forme une belle masse sphérique de fleurs ou de feuillage, une fois que les plantes sont bien implantées. Vous trouverez ici un exemple de touffe très fleurie avec des campanules blanches et bleues. Par temps chaud, et bien arrosées, elles devraient fleurir de l'été au mois de novembre. Ainsi, elles se plairont tout à fait dans une véranda.

Schéma en coupe du panier garni de plantes

Des paniers suspendus de toutes sortes pour une véranda

Cette véranda claire offre un cadre idéal à cette collection de suspensions garnies de plantes.
Une superbe fougère corne-de-cerf est le point central du décor. Elle est accompagnée, à sa gauche, d'une vigne d'appartement (Cissus rhombifolia) dans une vannerie et d'une impatiens (Impatiens sp.), et, sur sa droite, de plusieurs chlorophytums. Remarquez également les paniers en osier accrochés au mur — l'un avec des fleurs séchées, l'autre avec une vigne d'appartement.

• CORBEILLES ET PANIERS SUSPENDUS •

Réalisation

1. Posez la corbeille sur le fond d'un seau ou d'un grand saladier. Tapissez le fond d'une couche de 5 cm de sphaigne humide. Découpez ensuite la feuille de plastique aux dimensions de la corbeille, en la laissant dépasser de 10 cm en haut. Percez des trous sur un cercle à environ 5 cm de hauteur à partir du fond de la corbeille.

2. Il vous faudra sans doute diviser certaines des plantes pour pouvoir les planter dans les trous. Arrosez les plantes avant de les sortir de leurs pots. Divisez les touffes en tenant les plantes à deux mains puis en enfonçant les pouces dans la terre pour séparer les deux moitiés de la motte. Mettez les plantes en place en faisant passer les racines à travers la mousse et les trous du plastique.

3. Après avoir planté une rangée de plantes au fond de la corbeille, couvrez les racines de mélange terreux, tassez fermement. Placez d'autres plantes un peu plus haut, pour bien garnir le fond. Ensuite, plantez en surface quelques touffes plus larges de campanules blanches.

4. Terminez de garnir le haut de la corbeille avec des campanules bleues, puis rabattez le plastique qui dépasse. Arrosez bien avant de remettre les chaînes et de suspendre l'ensemble dans un endroit ensoleillé.

PLANTES
Microclimat 4
Frais, ensoleillé

Étoile de Bethléem
Campanula isophylla
(voir p. 191)

Outils et matériaux

Ciseaux

Mélange de rempotage à base de tourbe

Transplantoir

Mousse de sphaigne

• UTILISATION DES PLANTES D'INTÉRIEUR •

Corbeilles et paniers suspendus 2
Une vannerie pour accueillir des plantes vertes

Les paniers suspendus apportent fraîcheur et couleurs dans une pièce, surtout si l'espace au sol est limité. Déterminez l'endroit où vous accrocherez le panier suspendu et choisissez des plantes en fonction de l'effet décoratif que vous recherchez, mais aussi en fonction des conditions de culture (lumière, température, humidité). La couleur du récipient doit également s'accorder à celle des plantes. Le panier en vannerie choisi ici convient tout à fait à une composition à base de fougères et d'asparagus, accentuant les contrastes entre les silhouettes et les formes de feuillage.

Outils et matériaux
Corbeille en vannerie
Mousse synthétique
Papier d'aluminium
Billes d'argile expansée
Transplantoir
Mélange de rempotage à base de tourbe
Charbon de bois

PLANTES
Microclimat 2 Chaud, soleil tamisé
Microclimat 3 Chaud, ombragé

Asparagus
Asparagus setaceus
(voir p. 183)

Asparagus
Asparagus densiflorus
(voir p. 191)

Fougère de Boston
Nephrolepis exaltata
(voir p. 170)

Guzmania
Guzmania lingulata
(voir p. 174)

Ptéride
Pteris cretica
(voir p. 183)

Fougère nid d'oiseau
Asplenium nidus
(voir p. 171)

Capillaire
Adiantum raddianum (voir p. 183)

Mousse de sphaigne

• CORBEILLES ET PANIERS SUSPENDUS •

La composition terminée
La touche finale des guzmanias apporte une note de couleur et se fait l'écho des coquelicots du tableau à l'arrière-plan. Après la plantation, la corbeille a été placée dans un filet de cordage et suspendue au plafond devant une fenêtre orientée au nord. Si possible, faites en sorte de pouvoir tourner la corbeille de temps à autre afin que toutes les plantes soient bien éclairées.

Réalisation

1 Tapissez le fond de la vannerie de papier d'aluminium pour qu'il ne pourrisse pas, puis découpez de la mousse synthétique afin d'en faire un matelas au fond. Placez quelques cailloux vers l'arrière pour surélever le fond de la surface de plantation. Étalez des billes d'argile expansée au fond.

2 Remplissez la vannerie de mélange de rempotage à base de tourbe, en ajoutant environ une poignée de charbon de bois pour éviter que le mélange ne s'acidifie. Laissez assez d'espace en haut pour arroser le mélange. Placez la première plante là où la terre a été rehaussée par des graviers.

3 A ce stade, déterminez l'emplacement des autres plantes en les laissant dans leurs pots afin de pouvoir les déplacer. Ici, deux asparagus retombants encadrent une autre espèce à port dressé.

(suite page suivante)

• CORBEILLES ET PANIERS SUSPENDUS •

4 Pour donner plus d'ampleur à l'arrière-plan de la composition, ajoutez deux fougères de Boston qui encadreront l'asparagus. Au moment de la plantation, tournez les fougères un peu vers l'extérieur pour que leur frondes retombent par-dessus les bords du panier.

5 Plantez un capillaire et un ptéris pour garnir le premier plan. Les feuilles délicates du capillaire et les frondes ramifiées du ptéris apportent d'autres contrastes dans la forme et la teinte du feuillage.

6 Ajoutez une fougère nid d'oiseau, dont le feuillage luisant et entier se détache sur un fond de feuilles plumeuses. Enfin, plantez les deux guzmanias, couvrez de mousse de sphaigne la surface de mélange terreux encore visible et arrosez bien le tout avant de suspendre la vannerie.

Asparagus

Fougère nid d'oiseau

Fougère de Boston

Guzmania

Asparagus

Ptéride

Capillaire

Des bulbes à l'intérieur 1

On peut réaliser de belles compositions avec des groupes de plantes bulbeuses fleuries, notamment quand il y a encore peu de fleurs dans les jardins. La plupart des bulbes peuvent être cultivés dans des récipients sans trous de drainage, ou dans des pots traditionnels. Plantez-les dans des soupières, des saladiers, des petites coupes, des cache-pot en porcelaine ou encore des vases larges en verre, dans un mélange terreux ou encore en culture hydroponique, dans des gravillons et de l'eau.

Les bulbes de jardin cultivés dans la maison doivent subir une période de froid artificiel pour pouvoir fleurir. Ils ne fleuriront pas s'ils ne sont pas placés à l'obscurité et au frais (6-8 °C) pendant quelques semaines. Vous pouvez également acheter des bulbes « forcés », qui n'ont pas besoin d'être maintenus dans l'obscurité (mais au frais tout de même), mais ils sont plus chers. Achetez les bulbes dès qu'il sont en vente — en général au début de l'automne — et plantez-les aussitôt. Placez dans des coupes des crocus hâtifs, blancs, jaunes, bronze, mauves ou pourpres. Plantez des jacinthes pour vous régaler de leur parfum capiteux et de leurs fleurs roses, bleues ou blanches. Choisissez des narcisses pour leurs teintes fraîches et gaies, des tulipes à fleurs de lis pour leur forme originale.

Des bulbes sur un appui de fenêtre, *ci-dessus*
Amaryllis, narcisses et jacinthes s'alignent sur cet appui de fenêtre. C'est un emplacement qui leur convient, car plus ils seront au frais, plus longtemps ils fleuriront.

Des crocus dans un panier, *ci-dessous*
Cette touffe de feuillage et de crocus débordant d'un panier ne passe pas inaperçue. Des crocus d'un blanc pur ont été associés au feuillage élégant et graminiforme du jonc des chaisiers.

• UTILISATION DES PLANTES D'INTÉRIEUR •

Des bulbes à l'intérieur 2

Vous pouvez certes acheter des bulbes chez votre grainier, mais la gamme des hybrides commercialisés est telle qu'il est toujours intéressant de consulter le catalogue d'un spécialiste pour dénicher des plantes un peu moins courantes, dont les teintes et les formes vous plairont tout particulièrement. Penchez-vous sur les narcisses, si vous aimez les couleurs fraîches et les parfums délicats. Certaines variétés, comme *Narcissus* « Cragford » présenté ici, peuvent être cultivées sur des graviers, remplaçant le mélange terreux. Plantez-les dans des récipients en verre, pour que la texture et la disposition des gravillons soient visibles. Si vous plantez les bulbes de narcisse en octobre et si vous les « préparez » comme indiqué ci-dessous, ils devraient être en fleur pour Noël. Parmi les bulbes à floraison plus tardive, au printemps ou en été, il faut citer les amaryllis (*Hippeastrum* hybrides), aux grosses fleurs en trompette caractéristiques, et plusieurs lis, dont *Lilium longiflorum*, blanc et parfumé.

Réalisation

1. Mélangez du gravier et environ vingt petits morceaux de charbon de bois, après avoir débarrassé le gravier des saletés qui pourraient obscurcir l'eau. Remplissez le récipient aux trois quarts environ, et commencez à planter les premiers bulbes en faisant un trou avec vos doigts pour y placer chaque bulbe.

2. Placez les bulbes en bonne position, l'extrémité pointue émergeant des graviers. Vous pouvez mettre environ neuf bulbes dans un récipient de cette taille, mais veillez à ce qu'ils ne se touchent pas. Ajoutez des graviers entre les bulbes et versez de l'eau pour que le niveau soit juste un peu en dessous de la base des bulbes.

3. Si vous utilisez des bulbes déjà forcés, vous pouvez les laisser à la lumière. Si ce n'est pas le cas, mettez-les à l'obscurité. Coupez en deux un sac plastique noir, fixez-le autour du récipient avec de la ficelle et placez le tout dans un endroit frais et sombre. Jetez-y un coup d'œil un mois après environ, pour voir s'il faut rajouter de l'eau.

• DES BULBES A L'INTÉRIEUR •

4 Au bout de huit à dix semaines, les bulbes doivent avoir produit des pousses de 1 à 2 cm et ils peuvent être ramenés à la lumière. Quand les narcisses auront atteint leur taille définitive, certains auront peut-être besoin d'un tuteur. Fixez les feuilles ou les tiges qui retombent à des tuteurs fins, avec des liens lâches. Vous pouvez également mettre les tuteurs plus tôt, quand les plantes mesurent environ 10 cm, afin de les soutenir pendant la croissance.

5 Les narcisses aiment une température plutôt fraîche. S'il fait trop chaud, leurs tiges s'allongent et leurs feuilles se ramollissent. Quand les fleurs sont fanées, éliminez-les et plantez les bulbes à l'extérieur.

Autres potées de bulbes pour les appartements

Mieux vaut se limiter à une même couleur par potée, car des teintes différentes risquent d'avoir des périodes de floraison décalées. Les bulbes de jacinthes présentent souvent de telles variations qu'il est préférable de ne planter qu'un bulbe par pot de 6 à 8 cm. Une fois que les fleurs apparaissent, groupez les pots qui sont au même stade de développement.

Des jacinthes en pleine floraison, à gauche
Les fleurs forment de grosses grappes qui attirent l'œil et parfument une pièce lorsqu'elles sont groupées.

Des pots de jonquilles, ci-dessus
De jolies touffes de jonquilles dans des pots en terre. Pour obtenir plus d'effet, on a semé des graines de graminées en surface.

• UTILISATION DES PLANTES D'INTÉRIEUR •

Des fenêtres-jardins 1

En général, les jardinières sont conçues comme des bacs à placer dehors, mais vous pouvez très bien les installer sur un appui de fenêtre à l'intérieur, pourvu que vous puissiez toujours ouvrir la fenêtre. Les matériaux proposés sont variés : le plastique, léger et bon marché, peut être utilisé à l'intérieur et sera vite caché si vous plantez des espèces retombantes ; la fibre de verre permet des imitations réussies de la pierre, elle est très légère, mais aussi assez chère ; la pierre est bien sûr décorative, mais généralement trop lourde pour la plupart des supports, elle doit plutôt être posée par terre ; la terre cuite convient bien aux intérieurs de style assez formel ; le bois est très utile car il peut être découpé sur mesure et, qui plus est, si la jardinière est doublée d'un récipient étanche, il est facile de renouveler les plantations.

Il faut prévoir des trous de drainage à la base de la jardinière afin que le fond du bac ne soit pas gorgé d'eau, ce qui entraînerait le pourrissement des racines. Les récipients en bois, en pierre ou en terre cuite sont en général percés de trous. Quant à ceux en plastique, ils présentent des indentations que l'on peut détacher pour les percer. Adaptez un plateau d'égouttage au fond du bac pour éviter de répandre l'eau en excès. Que ce soit pour l'intérieur ou pour l'extérieur, choisissez une jardinière assez profonde. Le mélange terreux séchera moins vite, même s'il faut malgré tout des arrosages fréquents en été. Si la jardinière est placée en hauteur et qu'elle risque de tomber, fixez-la à une armature solide ou sur un support en équerre. Ne posez jamais une jardinière sur un appui peu solide ou pourri.

Le choix de la jardinière

Le matériau de la jardinière doit s'accorder au style de la maison — si elle est destinée à l'extérieur — ou à celui de la pièce — si elle doit être placée à l'intérieur. Quoi qu'il en soit, choisissez de préférence une teinte sombre, qui mettra mieux les plantes en valeur. Si vous utilisez une jardinière en bois sur mesure, vous pouvez la peindre en harmonie avec la couleur des murs. Le choix des plantes est fonction de la saison de plantation et de l'orientation de la fenêtre.

Une jardinière en bois de cèdre, *à gauche*
Cette jardinière en bois, profonde, est confortablement installée sur son appui de fenêtre. Un décor tout simple de géraniums écarlates (*Pelargonium hortorum* hybrides) offre sa floraison quasi ininterrompue et ressort bien sur le mur d'un jaune soutenu.

Une jardinière en bois peint, *ci-dessous*
Cette jardinière en bois peint est presque entièrement dissimulée par les lobélies pourpres (*Lobelia erinus pendula*) à port retombant. Des pétunias rose foncé (*Petunia* hybrides) et des anthémis (*Chrysanthemum frutescens*) forment un décor estival coloré, joliment souligné par le rebord en fer forgé.

Une jardinière en cuivre, *ci-dessus*
L'aspect brillant de cette jardinière intérieure en cuivre ressort bien sur le fond assez austère, de teinte neutre, de la fenêtre. Elle est plantée de plusieurs *Exacum affine* dont les étamines dorées rappellent la teinte du cuivre. Dans cette même jardinière, on pourrait aussi planter des bégonias à feuillage bronze (*Begonia sempervirens-cultorum*) ou des impatiens (*Impatiens wallerana* hybrides), des chrysanthèmes de teinte rouille (*Chrysanthemum morifolium* hybrides) ou un groupe de coleus au feuillage très coloré.

• DES FENÊTRES-JARDINS •

Mise en place d'une jardinière d'intérieur

Commencez par chercher des plantes qui se plairont sous l'exposition prévue et qui ont des besoins proches en matière de température et d'humidité. On a choisi ici, pour un décor estival, une jardinière blanche en plastique, des *Achimenes grandiflora* roses et pourpres, et une misère à feuillage panaché de rose s'harmonisant à la teinte des fleurs. Pour le printemps, on aurait pu choisir des plantes bulbeuses, ou des jonquilles pour une floraison hivernale.

Réalisation

1 Tapissez le fond de la jardinière de tessons de pots, en les plaçant face bombée vers le haut afin qu'ils ne retiennent pas l'eau. Étalez ensuite une couche de mélange de rempotage sur environ 5 cm d'épaisseur, un peu plus vers l'arrière de la jardinière pour surélever légèrement l'arrière-plan.

2 Disposez les plantes dans le bac de façon à obtenir un arrangement équilibré. Commencez par planter six achimènes pourpres dans le sens de la longueur, en laissant des espaces pour les roses et pour la misère.

3 Mettez la misère en place vers le milieu, en laissant certaines tiges retomber par-dessus de bord de la jardinière et en mêlant les autres aux plantes fleuries. Enfin, remplissez les espaces vides avec les achimènes roses et éventuellement une autre misère.

La composition terminée
Ces plantes aiment le soleil et se plairont sur l'appui d'une fenêtre donnant vers le sud. Les achimènes fleuriront de juin à octobre, s'étaleront et retomberont joliment au fur et à mesure de leur croissance.

Outils et matériaux

PLANTES
Microclimat 1
Chaud, ensoleillé

Tessons

Misère
Tradescantia fluminensis
« Variegata »
(voir p. 189)

Mélange de rempotage

Jardinière avec plateau d'égouttage

Transplantoir

Achimène
Achimenes grandiflora
(voir p. 181)

Sécateur

• UTILISATION DES PLANTES D'INTÉRIEUR •

Des fenêtres-jardins 2
Préparation d'une jardinière d'extérieur fleurie

L'hiver est la saison où l'on manque de verdure et de fleurs. Vous pouvez cependant enjoliver la vue de vos fenêtres, surtout si vous habitez en ville, en plantant une jardinière de plantes persistantes à feuillage décoratif ou à baies colorées.

La réalisation présentée ci-dessous doit être protégée du gel, car les chrysanthèmes et les pommiers d'amour ne sont pas rustiques. Placez-les sur une fenêtre où vous pourrez facilement les rentrer par temps froid, ou bien à l'intérieur, dans une pièce fraîche.

Réalisation

1 Tapissez le fond de la jardinière d'une couche de 3 cm de billes d'argile expansée (des tessons ou des graviers feront aussi bien l'affaire), pour faciliter le drainage. Étalez ensuite le mélange de rempotage sur environ 6 cm d'épaisseur.

2 Recherchez la composition la plus réussie en laissant les plantes dans leurs pots, par exemple avec les pommiers d'amour au milieu et les chrysanthèmes sur les bords. Voyez où les tiges retombantes du lierre feront le plus effet.

3 Sortez les plantes de leurs pots et secouez l'excès de terre. Plantez deux pommiers d'amour au centre, les chrysanthèmes sur les côtés. Répartissez les quatre petits lierres retombant en cascade. Tassez le mélange terreux autour des plantes et arrosez bien avant de mettre la jardinière en place.

Chrysanthèmes des fleuristes
Chrysanthemum morifolium hybrides (voir p. 181)

Outils et matériaux

Billes d'argile expansée

Transplantoir

Mélange de rempotage à base de tourbe

Lierre
Hedera helix hybride
(voir p. 190)

Jardinière en poterie

• DES FENÊTRES-JARDINS •

PLANTES
Microclimat 4
Frais, ensoleillé

Microclimat 5
Frais, soleil tamisé

Pommier d'amour
Solanum capsicastrum
(voir p. 180)

D'autres idées de fenêtres-jardins

Il n'y a pas que les jardinières pour décorer les fenêtres. Vous pouvez disposer des rangées de plantes sur des étagères superposées placées devant la fenêtre, en prévoyant un matériau qui ne craint pas l'eau. Le choix des espèces dépendra bien sûr de l'orientation de la fenêtre. Devant une fenêtre exposée au sud, placez des cactées des régions désertiques, des plantes grasses ou des espèces tropicales. Sur les fenêtres orientées à l'est ou à l'ouest, disposez des plantes fleuries et sur les fenêtres exposées au nord, des plantes qui apprécient un éclairage indirect. Vous pouvez aussi installer une structure spéciale devant la fenêtre, pour faire une mini-serre.

Des étagères de plantes, *à droite*

Ces rangées de plantes alignées sur des étagères en verre obscurcissent certes la vue, mais elles offrent un tableau superbe (surtout si la vue extérieure est peu attrayante). Le fait de placer toutes les plantes dans le même type de pot donne une certaine unité à l'ensemble. La plupart de ces plantes sont habituées à un éclairement intense dans la nature. Les espèces à feuillage panaché, comme *Hypoestes phyllostachya* (sur l'étagère du bas), se plairont aussi en pleine lumière et les marbrures de leur feuillage seront plus intensément colorées.

Une serre miniature, *ci-dessous*

Les plantes apprécient d'être groupées et pousseront d'autant mieux qu'elles seront bien éclairées. Dans une mini-serre comme celle qui orne cette fenêtre, il faut prévoir un ombrage en été, une bonne aération et des arrosages fréquents pour accroître l'humidité. Vous pouvez par exemple placer les pots sur des soucoupes remplies de gravillons trempant dans l'eau.

• UTILISATION DES PLANTES D'INTÉRIEUR •

Des jardins en bouteille

Les jardins en bouteille offrent des conditions optimales aux plantes qui se plaisent en atmosphère humide. Plantez des espèces à croissance lente si vous voulez que cet arrangement très décoratif puisse rester en place au moins un an, avant que les plantes aient tout envahi. Aussi tentant soit-il de planter des violettes du Cap (*Saintpaulia* hybrides), ce n'est pas une bonne chose car le feuillage est souvent terne après la floraison. Mieux vaut rechercher des effets de couleurs par des feuillages panachés et jouer sur les contrastes de forme et de texture du feuillage des différentes espèces. N'importe quelle bonbonne ou bouteille s'y prête, pourvu que vous puissiez passer les plantes par le col. Si le verre est coloré, les plantes seront moins éclairées, aussi placez la bouteille dans un endroit bien éclairé pour que les plantes aient une lumière assez vive.

Outils et matériaux : Éponge, Bobine de fil pour tasser, Fourchette, Cuillère

Feuille de papier, **Entonnoir**, **Bonbonne en verre**

Capillaire *Adiantum raddianum microphyllum* (voir p. 183)

Mousse de sphaigne, **Argile expansée**, **Mélange à base de tourbe**, **Petit transplantoir**, **Charbon de bois**

Fittonia *Fittonia verschaffeltii argyroneura* « Nana » (voir p. 193)

Fittonia *Fittonia verschaffeltii* (voir p. 193)

Capillaire *Adiantum hispidulum* (voir p. 183)

PLANTES
Microclimat 3
Chaud, ombragé

Réalisation

1 Découpez en rond une feuille de papier de la taille de la surface de plantation et prévoyez la disposition des plantes : les plus grandes vers le fond, les petites au premier plan.

2 Versez une couche de 3 cm de billes d'argile expansée, par l'entonnoir de papier. Ajoutez une poignée de charbon de bois, puis une couche de 5 à 7 cm de mélange humide à base de tourbe.

• DES JARDINS EN BOUTEILLE •

3 Amassez plus de mélange terreux vers le fond de la bouteille, afin de donner plus de hauteur à la présentation. Utilisez la cuillère rallongée par une baguette pour niveler la surface et faire le trou pour les racines de la première plante.

4 Sortez un capillaire de son pot et secouez la terre en excès. Enfoncez la fourchette dans la motte et descendez la plante dans le trou préparé à cet effet. Recouvrez les racines de mélange de rempotage et tassez autour avec la bobine.

5 Placez un autre capillaire à l'arrière-plan, puis l'*Adiantum hispidulum,* au feuillage différent. Veillez à ce que les plantes ne soient pas trop proches les unes des autres. Laissez environ 3 cm d'intervalle pour leur permettre de se développer.

6 Placez les plus petits fittonias au premier plan. Leurs feuilles veinées d'argent créent un joli contraste avec la masse de feuillage fin qui les surplombe. Puis, pour apporter une touche de couleur, plantez le fittonia veiné de rouge au centre. Enfin, s'il reste des endroits nus, garnissez-les de mousse et versez un verre d'eau dans la bouteille, en faisant ruisseler l'eau le long des parois. Vous pouvez fermer la bouteille avec un bouchon pour que l'atmosphère soit saturée d'humidité, mais il y aura plus rapidement de la condensation sur les parois (à essuyer avec la petite éponge).

• 67 •

• UTILISATION DES PLANTES D'INTÉRIEUR •

Serres d'appartement

Les serres d'appartement sont des maisonnettes vitrées qui offrent aux plantes la même atmosphère humide que les jardins en bouteille. L'humidité dégagée par les feuilles se condense sur les parois et ruisselle jusqu'au sol. Comme il est beaucoup plus facile de sortir les plantes que dans le cas des jardins en bouteille, on peut y placer des espèces à croissance plus rapide, comme les mousses et les hypoestes utilisés ici. Pour la même raison, on peut aussi utiliser de petites plantes fleuries, comme des gloxinias miniatures (Sinningia pusilla) et les remplacer après la floraison. Ici, on a choisi des palmiers nains pour souligner l'air un peu vieillot de cette minuscule serre.

Outils et matériaux

Serre d'appartement

Graviers

Sélaginelle
Selaginella kraussiana
(voir p. 192)

Charbon de bois

Petit transplantoir

Mélange de rempotage à base de tourbe

Éponge

Sélaginelle
Selaginella martensii
(voir p. 192)

Palmier nain
Chamaedorea elegans « Bella »
(voir p. 171)

Bégonia
« Tiger Paws »

Plante aux éphélides
Hypoestes phyllostachya
(voir p. 179)

PLANTES
Microclimat 2
Chaud, soleil tamisé

D'autres serres d'appartement

C'est au XIXe siècle qu'est apparue la mode des serres d'appartement, que l'on plantait de fougères. Aujourd'hui, il en existe de toutes formes et de toutes tailles. Mieux vaut éviter celles en verre teinté et choisir une serre en verre ou en plastique transparent, ayant une jolie forme pour mettre les plantes en valeur.

Une pagode, *ci-dessus*
Plusieurs spécimens de la même espèce créent un effet de groupe.

Une véritable petite serre, *à gauche*
Des cailloux recouverts de mousse apportent une touche d'originalité à cette composition.

• SERRES D'APPARTEMENT •

Réalisation

1 Étalez au fond une couche d'environ 2 cm de graviers, sur laquelle vous parsèmerez des morceaux de charbon de bois, puis une couche de 5 à 6 cm de mélange de rempotage humide. Placez quelques-unes des plantes à l'intérieur, afin de préparer l'agencement des différentes espèces.

2 Faites un trou et plantez le palmier nain le plus grand, en étalant ses racines horizontalement et en les recouvrant délicatement de terre. La plante n'en souffrira pas, mais poussera ainsi moins vite.

3 Plantez un autre palmier nain dans le fond, sur la gauche. Ensuite, placez à ses pieds le bégonia à feuillage tacheté et, à côté, la sélaginelle vert clair assortie au feuillage du bégonia.

Palmier nain — Sélaginelle *Selaginella kraussiana* — Hypoestes — Sélaginelle — Bégonia

4 Ajoutez une autre sélaginelle claire sur le devant, et une autre plus sombre derrière le grand palmier, de façon à l'étoffer un peu. Complétez le tableau avec les hypoestes et décorez de gravillons les surfaces restant nues. Vaporisez de l'eau sur les plantes et le mélange et fermez toutes les ouvertures.

Nettoyage des vitres
Utilisez une petite éponge fixée au bout d'une baguette en bambou pour éliminer la condensation ou les algues apparaissant sur les parois internes.

• UTILISATION DES PLANTES D'INTÉRIEUR •

Cactées et plantes grasses

Les cactées et les plantes grasses qui présentent les mêmes exigences peuvent être associées pour former des paysages désertiques miniatures. N'ayant pas un système racinaire profond, elles peuvent être plantées dans des récipients assez plats. Si le plateau ou la coupe n'est pas muni de trous de drainage, étalez au fond une bonne couche de matériau poreux pour éviter que les racines ne pourrissent, et arrosez les plantes plus modérément que d'habitude.

Outils et matériaux

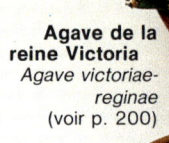
Agave de la reine Victoria
Agave victoriae-reginae
(voir p. 200)

Mitre d'évêque
Astrophytum myriostigma
(voir p. 198)

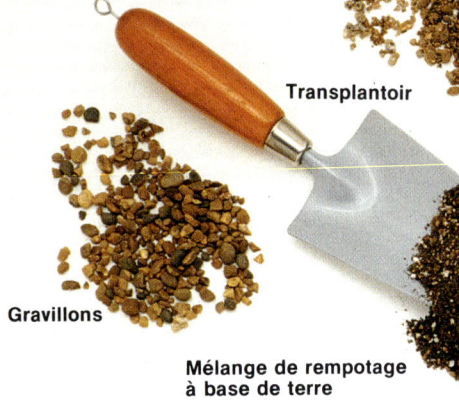

PLANTES Microclimat 4
Frais, ensoleillé

Mammillaire
Mammillaria bocasana
(voir p. 199)

Plat en terre cuite

Réalisation

1 Étalez une couche de 3 cm de gravillons au fond du plat. Mélangez terre de rempotage et sable grossier, à raison d'une part de sable pour deux parts de terre, et ajoutez-en une couche de 3 cm dans le plat.

2 En laissant les plantes dans leurs pots, recherchez comment vous allez les associer. Choisissez éventuellement des gravillons décoratifs à répandre en surface du mélange terreux.

Mammillaire
Mammillaria sp.
(voir p. 199)

3 Entourez le cactus épineux d'une feuille de papier pliée en deux et tirez la plante d'une main, en retenant le pot de l'autre.

4 Sortez l'agave de son pot et placez-le à l'arrière-plan. Plantez les deux mitres d'évêque et le mammillaire, en répartissant délicatement la terre entre les racines.

Papier d'emballage

• CACTÉES ET PLANTES GRASSES •

Une finition décorative
De nombreuses jardineries proposent toute une gamme de graviers et gravillons de textures différentes, qui peuvent servir à dissimuler la terre en surface. On peut parfois se procurer de petits éclats de marbre auprès de tailleurs de pierre et des gravillons colorés dans les magasins d'aquariophilie. Cette garniture de gravillons convient tout particulièrement aux cactées et plantes grasses, car elle rappelle l'habitat naturel aride ou semi-aride de ces plantes, mais vous pouvez essayer avec d'autres espèces.

Galets

Coquillages

Morceaux de verre bleuté, assez gros

Gravillons

Fins morceaux de verre de teinte verte

Décoration d'un jardin de cactus
Une importante surface de terre visible entre les plantes n'a rien de très décoratif. Couvrez-la d'éclats de pierre et de quelques galets ou cailloux de forme intéressante et vous obtiendrez un paysage miniature aride et tourmenté pour ces plantes de désert.

Coquillages

Éclats de marbre

Gravier

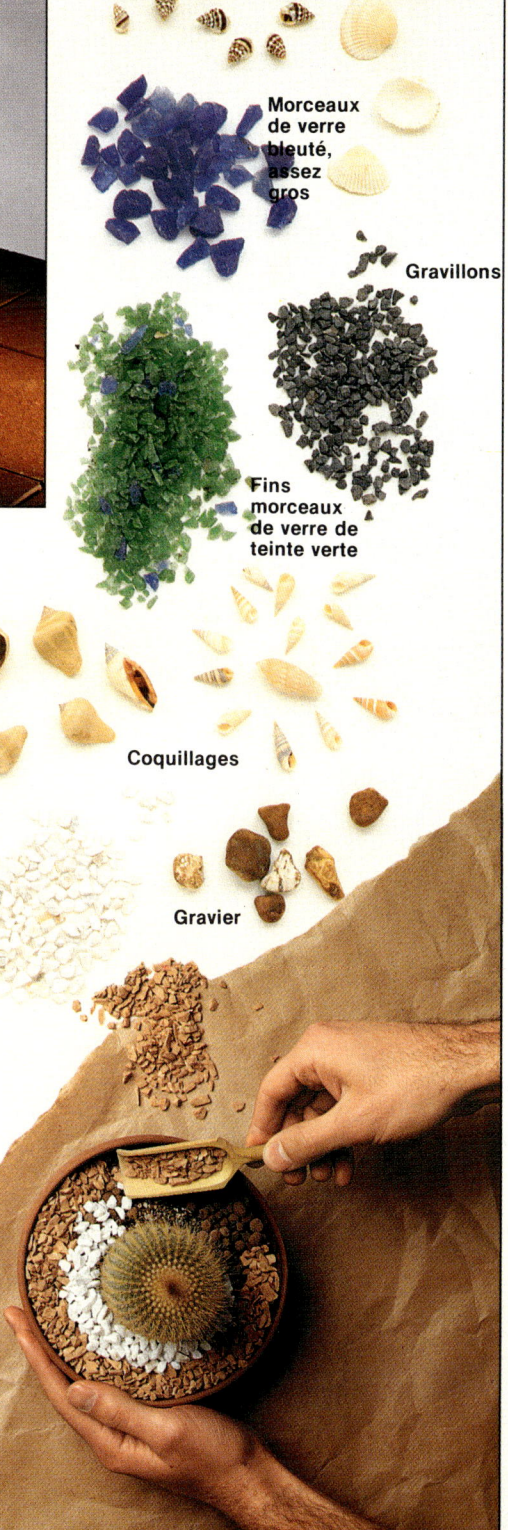

Motifs et textures, ci-dessus
Pour faire de l'effet très simplement, dessinez des anneaux concentriques avec des matériaux de teintes et de textures contrastées. Les petits coquillages coniques et pointus sont disposés de façon rayonnante, comme les épines du cactus.

Une touche décorative pour finir, à droite
Avec une petite spatule ou une cuillère, étalez une fine couche de gravillons décoratifs à la surface du mélange de rempotage.

• UTILISATION DES PLANTES D'INTÉRIEUR •

Des mini-pièces d'eau dans la maison

L'hydroculture est un terme assez récent désignant une pratique ancienne qui consiste à cultiver les plantes dans des récipients remplis d'eau et d'agrégats, auxquels on ajoute des engrais liquides. Au lieu de terre, les plantes sont maintenues en place par du gravier ou des galets. Il existe des pots spéciaux destinés à cette utilisation, mais vous pouvez aussi choisir de jolis récipients en verre.
Il faut de préférence employer des plantes ayant déjà développé leurs racines dans l'eau, car les racines formées en milieu liquide sont différentes de celles formées dans la terre. Vous trouverez dans le commerce des plantes « préparées » à cet effet. Vous pouvez aussi bouturer dans l'eau des plantes à tige molle. Si vous transférez une plante de la terre à l'eau, il faut l'encapuchonner dans un sac plastique pour la maintenir en atmosphère chaude et humide le temps que les anciennes racines soient remplacées par de nouvelles, adaptées à ce nouveau milieu, ce qui demande de huit à douze semaines.

Outils et matériaux

Récipients en verre

Pothos *Scindapsus pictus* « Argyraeus » (voir p. 188)

PLANTES Microclimat 1 Chaud, ensoleillé

Misère *Tradescantia albiflora* « Albovittata » (voir p. 187)

Galets

Charbon de bois

Agrégats

Petit transplantoir

Réalisation

1 Versez au fond du récipient une couche de 2 à 3 cm de graviers ou de billes d'argile expansée après les avoir lavés de leurs impuretés. Recouvrez d'un lit de galets et de charbon de bois pour que l'eau reste douce.

2 Remplissez le récipient aux deux tiers d'agrégats. Versez de l'eau jusqu'à mi-hauteur et laissez les agrégats absorber l'eau.

3 Placez la plante dans le récipient et ajoutez des graviers entre les racines pour bien l'ancrer. Si vous transplantez une plante sortant de terre, lavez soigneusement toutes traces de terre auparavant.

• DES MINI-PIÈCES D'EAU DANS LA MAISON •

La réalisation terminée
Un pothos et une misère ont été ainsi plantés dans des graviers alternant avec des galets, pour créer des couches de textures différentes dans ces récipients transparents. On apporte l'engrais sous forme de poudre ou de sachet qui libère les éléments nutritifs dans l'eau au fur et à mesure des besoins (voir p. 260).

Autres possibilités
Presque toutes les plantes se prêtent à l'hydroculture. C'est une technique qui offre plusieurs avantages par rapport à la culture traditionnelle : il n'est pas besoin de remuer de la terre dans un appartement, arrosages et apports d'engrais sont plus faciles, la croissance des plantes est plus vigoureuse, les plantes échappent aux parasites présents dans la terre.

Un potager miniature, *ci-dessus*
La patate douce *(Ipomoea batatas)* est généralement cultivée pour ses racines tuberculeuses comestibles. Ici, la racine se développe dans l'eau et produit des feuilles cordiformes très décoratives.

Un petit air oriental, *à gauche*
Ce papyrus *(Cyperus* sp.) se plaît, à l'état naturel, dans les marécages et est de ce fait le sujet idéal pour l'hydroculture. Ici, la face avant du récipient est tapissée de galets blancs, le reste est rempli de graviers.

• UTILISATION DES PLANTES D'INTÉRIEUR •

L'entretien des bonsaï

Le terme de bonsaï signifie littéralement « plante sur un plateau ». C'est une technique par laquelle n'importe quel arbre ou arbuste est transformé en spécimen nain, en limitant sa croissance et en taillant racines et branches. Développée par les Chinois et les Japonais, cette technique s'appliquait à tous les arbres rustiques, comme érables, bouleaux, mélèzes, pins. Pour ces espèces, on parle aujourd'hui de « bonsaï d'extérieur », car ils doivent passer la plus grande partie de l'année dehors. En hiver, il ne faut pas les placer dans une pièce chauffée plus de quelques jours, mais, en été, quand les températures intérieure et extérieure sont proches, on peut les rentrer plus fréquemment. On voit aussi apparaître des « bonsaï d'intérieur » : ce sont des espèces tropicales ou semi-tropicales qui se plaisent en intérieur toute l'année.

Tous les bonsaï demandent beaucoup de lumière et, leurs racines étant dans un pot très petit, ils doivent être arrosés fréquemment, surtout par temps chaud.

Outils et matériaux

Pots à bonsaï en grès vernissé
Fil métallique vert
Perlite et graviers de silex
Fil spécial pour ligatures
Petit râteau pour démêler les racines
Ciseaux pour tailler les racines
Ciseaux pour couper les feuilles
Sécateur pour tailler les branches
Ficelle de jardin
Mélange de rempotage pour bonsaï

Espèces d'intérieur et d'extérieur

Les bonsaï peuvent être obtenus à partir de semis ou de boutures, ou encore achetés jeunes ou de taille adulte. S'ils sont bien soignés, ils vivent de nombreuses années. Leur prix est essentiellement fonction de leur âge et de la complexité de leur forme. On les cultive dans des récipients peu profonds, résistant au gel et munis de grands trous de drainage. Ces pots spéciaux sont souvent importés du Japon et existent dans un vaste choix de formes différentes et de teintes douces qui mettent bien les arbres en valeur.

Un bonsaï d'extérieur
Cet érable du Japon (*Acer palmatum* « Dissectum ») a un tronc double tordu et une silhouette d'ensemble très gracieuse. Ses feuilles prennent à l'automne une belle teinte rose cuivré.

Un bonsaï d'intérieur
Ce *Ficus retusa* a un tronc à racines apparentes de forme intéressante. Placez-le derrière une fenêtre orientée à l'est ou à l'ouest, à l'abri du soleil de fin d'après-midi.

• L'ENTRETIEN DES BONSAÏ •

Taille et mise en forme

Les Japonais distinguent de nombreux styles différents de bonsaï, dont l'appellation est fonction de la forme du tronc et de son inclinaison par rapport au pot. On donne à l'arbre la forme voulue en ligaturant le tronc ou les branches et en taillant branches et feuilles. Pour ligaturer les branches, mieux vaut vous procurer du fil spécial, importé, qui est très rigide et maintient bien les branches ou le tronc en position. Taille et mise en forme sont des opérations à mener au tout début du printemps, juste avant le démarrage de la croissance de l'année. L'effeuillage peut avoir lieu n'importe quand durant la période de croissance, pour stimuler la croissance de feuilles plus petites.

Des formes complémentaires, *à gauche*
Avant de commencer à tailler et à mettre l'arbre en forme, décidez de la silhouette que vous voulez lui donner. Si vous comptez le placer à côté d'un autre, rapprochez-les. Ici, le plus petit sujet va être taillé en éventail avec une cime aplatie pour faire le pendant du sujet plus grand placé derrière.

1. Fixez le fil spécial pour ligature en l'entourant autour du tronc et placez-le en maintenant la branche dans la position désirée. Fixez la branche à l'armature formée par le fil spécial avec un fil métallique plus fin.

2. Rabattez la tige presque jusqu'au point où elle est attachée. Coupez juste au-dessus de l'attache d'une feuille car c'est à partir de ce point que se développera la branche.

3. Continuez à tailler l'arbre, en éliminant les branches indésirables et en rabattant de moitié celles qui sont trop longues. Raccourcissez toutes les tiges et ne laissez qu'une pousse là où il y en a plusieurs partant du même point.

Taille des racines et rempotage

Les bonsaï adultes doivent être rempotés tous les trois ou quatre ans, au printemps, pour rafraîchir le mélange terreux et retailler les racines. On ne les rempote pas dans un pot plus grand, car cela stimulerait leur croissance. Utilisez un mélange terreux spécial, léger et assez riche pour garantir une croissance active. Si vous prévoyez également de tailler l'arbre, laissez passer trois semaines entre les deux opérations, afin que l'arbre ait le temps de bien reprendre après le rempotage.

1. Sortez la plante de son pot. Enlevez la terre en excès en démêlant délicatement les racines avec un petit râteau spécialement conçu à cet effet ou avec une fourchette.

2. Taillez les racines avec une paire de ciseaux spéciaux, en les rabattant de moitié environ et en supprimant toutes celles qui sont abîmées.

3. Étalez de la perlite et des graviers de silex au fond du pot. Liez la motte de racines avec de la ficelle de jardin et passez le bout de la ficelle dans les trous de drainage pour ancrer la plante.

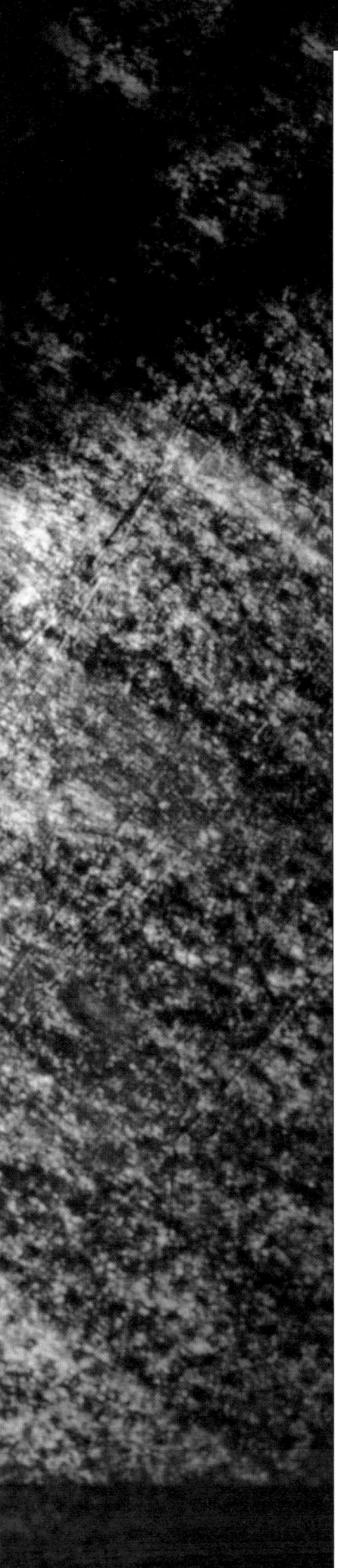

·3·
COMPOSITIONS DE FLEURS COUPÉES

C'est toujours une joie de disposer des fleurs coupées dans la maison. Elles ont en effet une fraîcheur que les plantes vertes égalent rarement. De nombreux ouvrages ont été écrits sur l'art et la manière de composer des bouquets mais, mis à part l'art traditionnel japonais de l'ikebana — où les différentes associations de végétaux ont une signification symbolique bien précise —, il n'y a pas de règles strictes à suivre.

La beauté d'un bouquet tient aux fleurs elles-mêmes, et la façon de les disposer doit mettre en valeur leurs qualités propres plutôt que leur imposer une structure formelle qui ne serait pas en harmonie avec leur aspect naturel. Ma préférence dans ce domaine va aux bouquets simples, qui permettent le mieux d'apprécier les formes, textures et couleurs naturelles des fleurs.

Bien que la composition des bouquets n'obéisse pas à des règles figées, vous constaterez qu'à force de pratique, vous découvrirez les différentes qualités des fleurs et des feuillages coupés et que vous acquerrez une sorte d'instinct pour les arranger. La réalisation d'un bouquet est basée d'une part sur l'appréciation des formes, teintes et textures, d'autre part sur l'organisation judicieuse de ces différents caractères en un groupe harmonieux.

Pensez toujours à l'endroit où vous allez placer le bouquet avant de choisir les fleurs, et décidez aussi à l'avance si ce sera un bouquet de fête, pour une occasion spéciale, ou un arrangement floral de tous les jours. Ces considérations vous aideront à définir les grandes lignes et les couleurs dominantes de la composition, afin qu'elle se marie bien au décor environnant.

Un simple bouquet d'orchidées
Les couleurs lumineuses de ces orchidées (*Cymbidium* sp.) sont bien mises en valeur par ce vase noir. Ses lignes sobres soulignent en outre les formes complexes et curieuses de ces fleurs peu ordinaires.

• COMPOSITIONS DE FLEURS COUPÉES •

La roue des couleurs

Une association de couleurs harmonieuse est la base de toute composition florale réussie. Avec l'expérience, on apprend comment marier les couleurs. C'est en essayant vous-même d'associer les couleurs que vous percevrez intuitivement comment les utiliser. Mais il peut aussi être utile de connaître un peu la théorie des couleurs. Ci-contre, une sélection de fleurs et feuillages coupés disposés en cercle, l'ordre des teintes reprenant celui du spectre lumineux — c'est ce qu'on appelle la roue des couleurs.

Association de trois couleurs
Orange, violet et vert sont des couleurs secondaires obtenues par l'association dans les mêmes proportions des deux couleurs primaires les entourant dans la roue des couleurs. Utilisées ensemble, elles forment une association équilibrée, étant équidistantes les unes des autres sur le cercle. Vous pouvez ainsi grouper rouge, bleu et jaune dans un bouquet très vif ou des tons d'orangé, violet et vert pour un effet plus subtil.

BLEU Primaire

VERT Secondaire

JAUNE Primaire

La roue des couleurs
Cette roue est composée de couleurs primaires et secondaires, chaque segment de couleur représentant toute une famille de teintes différentes, avec les tons de la couleur associée au blanc, les tons de la couleur associée au noir et les tons de la couleur associée au gris.

• LA ROUE DES COULEURS •

VIOLET
Secondaire

ROUGE
Primaire

ORANGE
Secondaire

Les couleurs complémentaires
Chaque couleur secondaire est complémentaire de la couleur primaire dont elle n'est pas issue. Ainsi, le violet, issu du rouge et du bleu, est la couleur complémentaire du jaune. Vous pouvez par exemple associer dans un bouquet deux couleurs complémentaires dans toute une gamme de nuances différentes.

Association de couleurs proches
Les couleurs voisines sont issues de deux segments adjacents de la roue des couleurs. Si vous trouvez les rouges vifs, les orangés et les jaunes trop criards, utilisez les mêmes couleurs, mais dans des tons plus doux, pour créer des camaïeux plus subtils. Les bouquets monochromatiques associent des tons différents d'une même couleur. On peut par exemple réaliser des compositions très sophistiquées et très réussies en associant simplement différents végétaux dans les tons de gris ou de vert.

Œillet · Rose · Gerbera · Lis · Chrysanthème · Chrysanthème · Rose · Jonquille · Cyprès · Fougère · Iris · Brodiaea · Jacinthe · Statice · Anémone

• COMPOSITIONS DE FLEURS COUPÉES •

Cueillette et préparation des fleurs

N'oubliez jamais, quand vous cueillez des fleurs, qu'elles sont vivantes et en pleine croissance. Le matin est le meilleur moment pour la cueillette, quand les fleurs sont gorgées d'eau. Si ce n'est pas possible, cueillez-les le soir, quand la plante aura produit toute la journée des éléments nutritifs, les fleurs disposant donc d'une réserve qui les aidera à survivre en vase. Aussitôt cueillies, fendez les tiges, trempez-les dans l'eau et placez-les quelques heures dans un endroit frais. Lorsque vous choisissez des fleurs chez le fleuriste, assurez-vous que les pétales sont fermes et les couleurs fraîches, que le feuillage est bien vert et ne commence pas à sécher. L'examen des étamines est un bon moyen de s'assurer que les fleurs sont fraîches. Si elles sont rigides, c'est signe que la fleur vient de s'ouvrir.

Comment couper les tiges molles

Quand une fleur fraîchement coupée est hors de l'eau, les canaux qui transportent la sève commencent à s'obturer. C'est pourquoi il faut couper les tiges molles aussi proprement que possible, avec des ciseaux de fleuriste ou un couteau bien aiguisé, pour qu'elles puissent à nouveau absorber l'eau. Si vous n'avez que quelques fleurs à disposer, recoupez les tiges dans l'eau, pour que de l'air n'y remonte pas.

1 Recoupez la tige selon un angle d'environ 45° pour qu'elle présente une surface maximale d'absorption de l'eau. Cela permet aussi d'éviter que la tige ne soit collée contre une paroi du vase, ce qui la priverait de tout apport en eau.

2 Coupez une fente verticalement sur 5 cm environ, pour accroître encore la surface d'absorption. Plongez les tiges dans une bonne profondeur d'eau pendant quelques heures avant de préparer le bouquet. Elles se gonfleront ainsi d'eau, et tiendront plus longtemps en vase.

Comment couper les tiges ligneuses

Recoupez les tiges ligneuses des fleurs et des feuillages selon un angle de 45° environ, avec un sécateur. Si la tige est très dure, enlevez également l'écorce sur environ 5 cm à la base. N'écrasez pas les tiges, car cela réduit leur capacité d'absorption en eau. Enfin, éliminez toutes les feuilles qui seraient immergées dans le vase, afin qu'elles ne pourrissent pas et ne salissent pas l'eau.

1 Dans le cas de tiges particulièrement lignifiées, comme celles des roses, du lilas ou de certains feuillages, arrachez l'écorce sur environ 5 cm de hauteur avec un couteau bien aiguisé avant de fendre les tiges.

2 Fendez les tiges sur environ 5 cm avec le sécateur ou un couteau, pour accroître la surface d'absorption en eau.

• CUEILLETTE ET PRÉPARATION DES FLEURS •

Pour stopper les pertes de sève

Les narcisses, les euphorbes, les pavots et de nombreuses autres plantes perdent, aussitôt coupées, un suc laiteux ou collant (le suc laiteux des euphorbes peut irriter la peau). Cette perte de sève correspond à une perte de la fleur en éléments nutritifs. Ce suc répandu dans l'eau des fleurs va bloquer les vaisseaux conducteurs de la tige et favoriser le développement de bactéries. Ces fleurs demandent donc quelques soins supplémentaires pour être préparées avant de faire un bouquet.

1. Stoppez les pertes de sève des tiges en les recoupant d'abord à 45° puis en plongeant leur extrémité dans l'eau bouillante ou en la passant 30 secondes sur une flamme.

2. Placez ensuite les tiges qui perdent du suc dans l'eau chaude jusqu'à ce que l'hémorragie soit stoppée. Vous pouvez alors les associer à d'autres dans une composition florale.

Quelques trucs à connaître

● Pour prolonger la vie des fleurs à tige creuse, comme delphiniums (*Delphinium* sp.) ou crinoles (*Crinum* sp.), remplissez chaque tige d'eau puis bouchez l'extrémité avec un bout de coton.

● Pour rendre plus rigides les tiges molles, ajoutez à l'eau une solution nutritive de conservation (que vous trouverez chez les fleuristes), et placez les fleurs dans un endroit assez sombre où les pertes d'eau par transpiration seront réduites.

● Préparez le jeune feuillage en l'immergeant totalement dans l'eau pendant environ 2 heures avant de composer le bouquet.

● Pour enlever les épines des roses, frottez vigoureusement les tiges avec le dos de la lame des ciseaux. Il est ensuite beaucoup plus facile d'arranger les roses dans un bouquet.

● Ajoutez une ou deux gouttes d'eau de Javel à l'eau du vase, pour éviter le développement de bactéries. Faites dissoudre une cuillerée à café de sucre dans de l'eau chaude pour apporter aux fleurs une source de glucose utilisable.

● Rajoutez chaque jour un peu d'eau dans le vase. Vous remarquerez que certaines fleurs, comme dahlias (*Dahlia* hybrides), asters (*Aster novi-belgii*) et giroflées (*Matthiola incana*) salissent l'eau très vite. Dans ce cas, il est souvent nécessaire de la renouveler tous les jours.

● Éliminez les fleurs fanées au fur et à mesure, car elles dégagent de l'éthylène qui accélère le flétrissement des autres fleurs.

● Ne placez pas vos bouquets en plein soleil, à la chaleur ou dans un courant d'air. Tous ces facteurs raccourcissent la durée de vie des fleurs, car ils augmentent la transpiration.

● Chaque jour, pulvérisez finement les fleurs à l'eau tiède : elles dureront plus longtemps.

Pour éliminer une poche d'air

Si vos fleurs sont restées hors de l'eau pendant un moment, il est possible que les vaisseaux soient bouchés par une poche d'air. Les bulles d'air empêchent la monté de l'eau dans la tige, ce qui entraîne un flétrissement prématuré des fleurs.

Préparation des tulipes

Les tulipes forcées ont des tiges molles qui ont tendance à ployer inélégamment. On peut leur redonner de la tenue en les enveloppant dans du papier et en les plaçant dans de l'eau chaude contenant une solution nutritive conservatrice.

Pour éliminer l'air d'une tige

Pour éliminer l'air bloquant éventuellement la tige, stérilisez une aiguille sur la flamme et percez la tige juste sous la fleur pour faire sortir l'air.

1. Après avoir recoupé et fendu les tiges et enlevé quelques feuilles, enroulez les tulipes dans du papier d'emballage brun ou du papier journal, qui maintiendra leur rigidité dans l'eau.

2. Placez les fleurs pendant quelques heures dans l'eau chaude. Pour redonner de la rigidité aux tiges, ajoutez à l'eau une solution conservatrice spéciale (que vous trouverez chez les fleuristes). Cette solution contient un antiseptique et des éléments nutritifs.

• COMPOSITIONS DE FLEURS COUPÉES •

Supports pour arrangements floraux

Utilisation du grillage

Le grillage métallique plissé est l'un des moyens les plus couramment utilisés pour maintenir les tiges en place, en particulier les tiges ligneuses ou celles des fleurs lourdes. On peut l'utiliser seul, et c'est la meilleure façon d'ancrer les fleurs qui demandent une hauteur d'eau importante, ou en couverture d'une mousse synthétique. On achète le grillage au mètre, dans différents calibres. Choisissez un petit calibre pour les tiges fines, un plus gros pour les feuillages et les tiges plus robustes. Pour maintenir en place une ou plusieurs tiges très lourdes, placez-les sur un pique-fleurs fixé au fond du vase par de la cire florale adhésive et utilisez le grillage en complément si nécessaire.

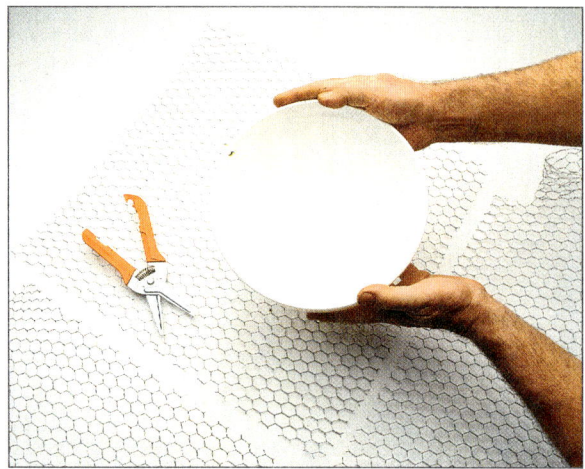

1 Découpez un morceau de grillage avec des pinces coupantes pour obtenir un carré plusieurs fois plus large que le récipient à garnir. Vous pouvez utiliser comme récipient un objet très ordinaire, tel ce saladier, et le placer à l'intérieur d'un autre, plus décoratif, comme un panier en osier par exemple.

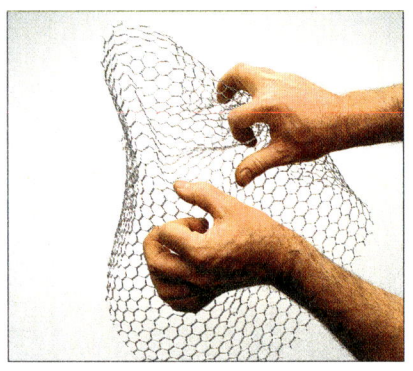

2 Plissez le grillage entre vos mains pour qu'il s'adapte à l'intérieur du récipient et présente une surface à mailles rétrécies. Faites attention à ne pas vous écorcher aux bords coupants du grillage.

3 Placez l'armature de grillage dans le récipient. Pour les grands bouquets, il est parfois nécessaire de maintenir le grillage en place par des morceaux de ruban adhésif incolore fixés sous le récipient.

4 Placez le saladier garni de grillage dans le panier et commencez à disposer les premières fleurs à travers les mailles du grillage qui vont les maintenir.

Utilisation de la mousse synthétique

La mousse synthétique à forte capacité d'absorption en eau est un autre matériau de support intéressant. Elle existe en différentes formes et différentes tailles, en général sous forme de briques pour les grands bouquets, de cylindres ou de cubes pour les plus petits arrangements.

Il faut laisser la mousse s'imbiber d'eau pendant une demi-heure environ avant de disposer le bouquet, sans quoi elle pomperait l'eau des fleurs. Si vous utilisez des fleurs à tige particulièrement longue ou lourde, fixez la mousse avec un ruban adhésif transparent.

1 Placez la mousse dans le récipient. Pour un arrangement bas (présenté terminé p. 85), taillez la mousse de façon qu'elle ne dépasse pas le haut du récipient. Si vous voulez cependant placer des fleurs à un angle tel qu'elles pointent vers le bas, laissez le bloc de mousse dépasser de quelques centimètres.

2 Après avoir laissé la mousse s'imbiber d'eau, insérez délicatement les tiges dans le bloc. Ensuite, remplissez le récipient d'eau, une fois que toutes les fleurs sont en place.

Les principes de la composition 1

Par où commencer la composition d'un bouquet ? Tout d'abord, pensez à l'emplacement que vous avez choisi pour le bouquet et préparez-le en gardant cet environnement à l'esprit. Voyez comment il sera éclairé et sous quel angle on le regardera. Ensuite, cherchez un vase qui convient à la situation choisie. Avant de commencer à disposer les fleurs, penchez-vous sur leurs formes, leurs textures et leurs couleurs et élaborez un ensemble basé sur une forme simple. Préparez les fleurs comme indiqué pages 80-81 et choisissez les fleurs principales qui dessineront les grandes lignes de la composition. Puis complétez le décor en plaçant les fleurs et feuillages les plus volumineux vers le bas et les plus fins en haut. Placez les éléments les plus remarquables au centre du bouquet.

Un grand bouquet panaché, *à droite*
Évitez de donner une forme trop rigide aux grands arrangements floraux. Cherchez plutôt à mettre en valeur les lignes naturelles des végétaux. Ici, les contours du bouquet sont dessinés avec les feuillages, le lilas blanc (*Syringa* sp.) et le gypsophile, tandis que les fleurs rouges attirent le regard vers le centre du bouquet.

Une composition triangulaire
Remplissez le vase de mousse synthétique ou de grillage. Commencez par dessiner le sommet du triangle et ses deux côtés avec des chrysanthèmes. Accentuez les lignes avec des branches de houx, en les choisissant de forme agréable et portant des baies colorées. Ajoutez des épis d'ornithogale pour étoffer l'ensemble, et terminez par quelques gros chrysanthèmes vers le centre de la composition.

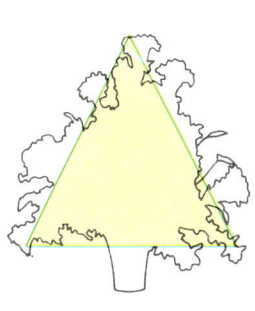

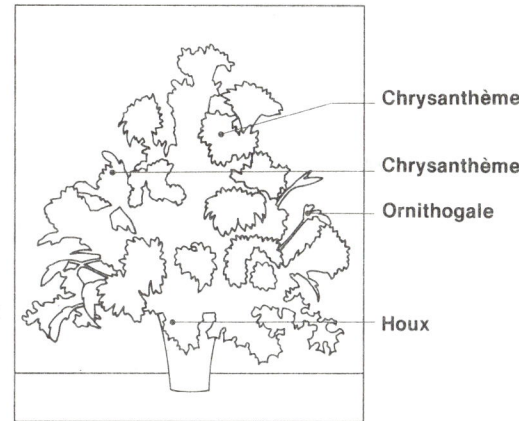

- Chrysanthème
- Chrysanthème
- Ornithogale
- Houx

• COMPOSITIONS DE FLEURS COUPÉES •

Les principes de la composition 2

Un bouquet rond

Ce type d'arrangement convient à toutes les « fleurettes » ou fleurs peu sophistiquées. Placez de la mousse synthétique dans le vase de façon qu'elle affleure juste en haut. Tracez les grandes lignes avec le gypsophile, puis soulignez-les de lilas blanc. Ajoutez ensuite quelques branches de chrysanthèmes à petites fleurs, des lis orangés et des alstroemères du Chili roses et verts.

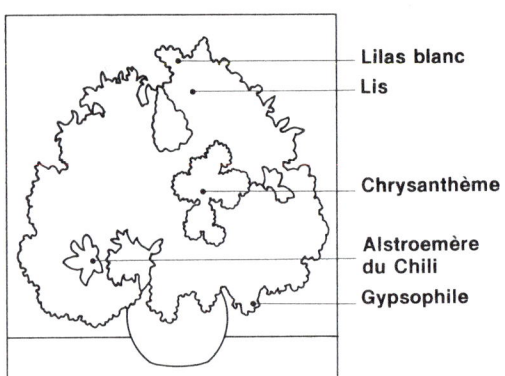

- Lilas blanc
- Lis
- Chrysanthème
- Alstroemère du Chili
- Gypsophile

Un bouquet semi-circulaire, en éventail

Ce vase fin, en losange, et ces branches nues suggèrent aussitôt une note moderne. Insérez du grillage en haut du vase, en le laissant un peu dépasser afin de pouvoir bien incliner les tiges. Tracez une forme semi-circulaire avec les rameaux, en faisant retomber le bouquet d'un côté. Placez ensuite les orchidées de façon qu'elles suivent le dessin des rameaux de cornouiller.

Cornouiller | Orchidée

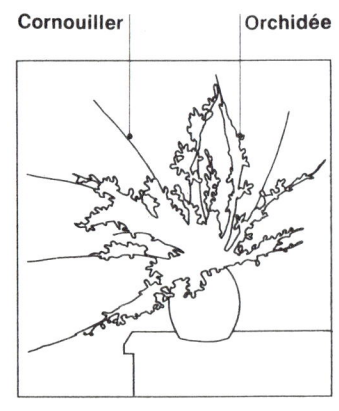

• LES PRINCIPES DE LA COMPOSITION •

Une composition verticale

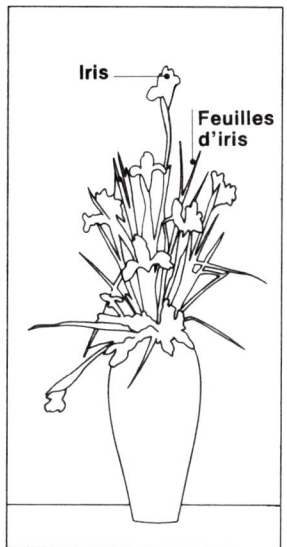
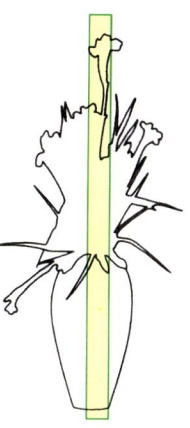

Les lignes nettes, linéaires, des iris et ce vase haut rappellent un style oriental. Remplissez le vase de mousse synthétique jusqu'à environ 3 cm en dessous du bord. Insérez une tige qui définira la hauteur de l'arrangement et complétez avec les autres éléments, en utilisant des angles et des hauteurs différents.

Une composition triangulaire aplatie

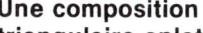
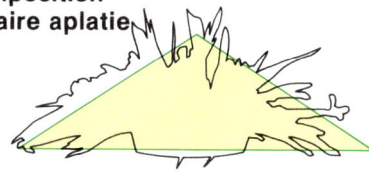

Dessinez les contours du triangle avec des fleurs bleues, puis ajoutez des feuilles d'iris pour les étoffer. Coupez plus court les tiges des iris blancs et insérez-les vers le milieu, à différentes hauteurs, pour attirer l'œil vers le centre de la composition.

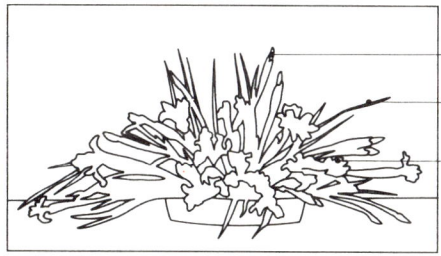

• COMPOSITIONS DE FLEURS COUPÉES •

Une composition florale printanière

Les narcisses sont des fleurs champêtres toutes simples qui demandent à être disposées de façon informelle. Ils se marient difficilement à d'autres fleurs en un bouquet plus formel. une disposition légère, avec leurs tiges recourbées vers l'extérieur, reproduit bien la façon dont ils se développent en touffes dans la nature. Groupez-les dans une simple corbeille en osier et ajoutez un peu de leur feuillage pour insister sur l'aspect naturel de l'ensemble. Disposez ce bouquet sur un guéridon ou comme décoration centrale sur une table de cuisine rustique. Si vous les placez dans un endroit frais, ces fleurs dureront beaucoup plus longtemps.

Réalisation

Outils et matériaux

Grillage

Corbeille en osier

Saladier

1 Placez un petit saladier en verre à l'intérieur de la corbeille en osier et découpez un bloc de mousse pour qu'il arrive juste au ras. Coupez un grand morceau de grillage, plissez-le grossièrement et fixez-le sur les bords de la corbeille.

Jonquilles
Narcissus
« Barrii »

Narcisses
à grande couronne
Narcissus « Fermoy »

Narcisses
à petite couronne
Narcissus
« Soleil d'or »

Narcisses à grande
couronne
Narcissus
« Armada »

Mousse synthétique

Ciseaux
de fleuriste

Pinces coupantes

Narcisses trompettes
Narcissus
« Golden Harvest »

Jonquilles
Narcissus
medioluteus
hybrides

Narcisses
à grande couronne
Narcissus
« Ice Follies »

• UNE COMPOSITION FLORALE PRINTANIÈRE •

2 Les narcisses ont des tiges qui exsudent un suc collant, aussi faut-il d'abord stopper cette perte de sève (voir p. 80). Avec quelques fleurs munies de leur feuillage, commencez à dessiner les contours en demi-cercle.

3 Continuez à garnir la corbeille, en utilisant des fleurs plus grandes et en recoupant les tiges à la longueur désirée. Faites tourner le bouquet au fur et à mesure que vous le préparez, pour vous assurer qu'il est bien fourni partout, car il sera visible sous tous les angles s'il est posé sur une table.

4 Utilisez les petites et délicates jonquilles pour remplir les interstices. Ajoutez aussi des grandes fleurs et feuilles pour étoffer l'ensemble ; faites pencher vers le bas les tiges les plus basses, afin d'obtenir une forme un peu plus sphérique. Vous pouvez ensuite recouper d'autres fleurs pour les placer vers le centre de la composition. Pour finir, coupez très court les plus petites tiges et insérez-les sur les bords de la corbeille afin de bien masquer le grillage.

• COMPOSITIONS DE FLEURS COUPÉES •

Une composition florale estivale

La profusion de fleurs est telle en été qu'il est tout particulièrement important de prévoir l'emplacement et le style du bouquet, l'effet que l'on veut obtenir, avant d'acheter ou de cueillir des fleurs. Il s'agit ici de créer une composition assez légère, à placer sur un guéridon ou dans une petite alcôve.

J'ai choisi d'opposer des teintes vives dans les tons de bleu et de jaune d'or, sur un fond plus doux de fleurs grises et blanches et de feuillages verts. La forme d'ensemble est un triangle asymétrique, et le récipient un plat creux, blanc, de forme ovale, qui sera dissimulé sous les fleurs.

Réalisation

1. Découpez un bloc de mousse synthétique, de façon qu'il dépasse légèrement la hauteur du plat, et fixez-le au fond avec de la cire florale. Dessinez les contours du bouquet avec les végétaux aux formes les plus affirmées.

2. Remplissez latéralement le triangle avec de l'eucalyptus et, sur le devant de la composition, enfoncez des rameaux de feuillage pour qu'ils retombent sur le bord du plat. Placez les fleurs d'or du millepertuis pour créer des touches de couleur.

Outils et matériaux

- **Ciseaux de fleuriste**
- **Sécateur**
- **Anthémis des teinturiers** *Anthemis tinctoria*
- **Fil de fer fin**
- **Millepertuis** *Hypericum androsaemum*
- **Eucalyptus** *Eucalyptus gunnii*
- **Anthémis** *Anthemis cupaniana*
- **Achillée jaune** *Achillea filipendulina*
- **Plat creux**
- **Panicaut géant** *Eryngium giganteum*
- **Agapanthe** *Agapanthus*
- **Achillée blanche** *Achillea sp.*
- **Mousse synthétique**
- **Boule bleue** *Echinops ritro*
- **Arbre aux papillons** *Buddleia davidii*

• UNE COMPOSITION FLORALE ESTIVALE •

3 Élargissez ensuite les taches jaunes en disposant, cette fois vers le centre, des inflorescences d'achillée. Recoupez la tige de chaque fleur avant de la placer pour respecter la forme d'ensemble. Placez l'inflorescence la plus grande juste au centre, en coupant sa tige très court pour attirer l'œil sur le cœur du bouquet. Ajoutez quelques rameaux d'achillée blanche, afin de garnir la base de la composition.

4 Les plus grosses fleurs doivent être placées à la base du bouquet. Utilisez ainsi les longues inflorescences délicatement parfumées de l'arbre aux papillons devant et sur les côtés. Au fur et à mesure que la composition prend de l'ampleur, la mousse et le plat sont peu à peu dissimulés sous la masse délicate des fleurs et du feuillage.

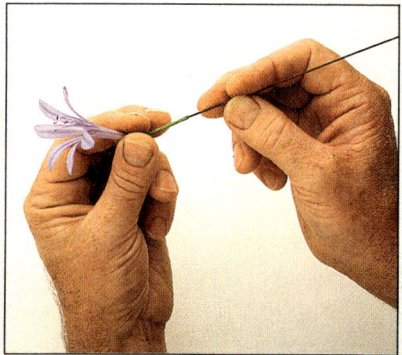

5 Une inflorescence entière d'agapanthe étant disproportionnée par rapport aux autres fleurs, détachez des fleurons et soutenez-les en faisant passer un fil de fer fin dans la longueur du pédoncule.

6 Ajoutez des touches claires avec quelques anthémis blanches et jaunes. Terminez par les fleurons d'agapanthe, en les concentrant sur la droite de la composition pour équilibrer les anthémis groupées sur la gauche.

• COMPOSITIONS DE FLEURS COUPÉES •

Une composition florale d'automne

Les teintes de l'automne sont beaucoup plus sombres que celles du printemps et de l'été. J'ai choisi ici de faire jouer le contraste entre des fleurs et des baies de teinte rouille et dorée et des feuillages pourpre foncé, le tout illuminé de dahlias écarlates et de cynorrhodons. C'est un arrangement horizontal destiné à être vu de dessus — par exemple sur une table basse ou au centre d'une table — et la présence des baies souligne d'autant plus la saison. Cette composition pouvant être placée sur une table de salle à manger, elle doit être assez basse pour ne pas gêner les conversations. J'ai choisi une corbeille en bois dont la teinte s'harmonise avec celle des fleurs, un plat à four en verre sert de récipient étanche à l'intérieur de la corbeille.

Outils et matériaux

- Corbeille
- Plat creux
- Mousse synthétique
- Fil de fer fin
- Sécateur
- Ciseaux de fleuriste
- Cotoneaster — *Cotoneaster* sp.
- Sureau — *Sambucus nigra* « Aurea »
- Orpin — *Sedum spectabile* « Atropurpureum »
- Boule-de-neige — *Viburnum opulus* « Fructo luteo »
- Pommier d'ornement — *Malus* « Golden Hornet »
- Dahlia — *Dahlia* hybrides
- Épine-vinette — *Berberis thunbergii*
- Cynorrhodons — *Rosa* sp.
- Cynorrhodons — *Rosa moyesii*
- Rudbeckia — *Rudbeckia fulgida deami*
- Ligulaire — *Ligularia dentata*

Réalisation

1 Découpez un bloc de mousse aux dimensions du plat, en le laissant dépasser légèrement en hauteur pour pouvoir placer des tiges à l'horizontale. Posez deux branches de sureau et deux feuilles rondes de ligulaire pourpre sur la mousse, pour définir la forme d'ensemble qui est fonction, bien sûr, de l'endroit où vous allez placer le bouquet.

2 Une fois définies les grandes lignes, prévoyez l'arrangement selon qu'il sera vu de dessus ou de côté. Enfoncez les tiges de feuillage dans la mousse et, pour donner plus d'ampleur, ajoutez les inflorescences d'orpin.

• UNE COMPOSITION FLORALE D'AUTOMNE •

3 Disposez les rudbeckias dorées vers le centre pour attirer le regard, et étoffez la composition avec les branches d'épine-vinette, en respectant les axes dessinés avec le sureau. Placez un bouquet de baies de cotoneaster sur le devant pour boucher un trou. Les tiges des fleurs et les rameaux utilisés doivent avoir été coupés en biseau et fendus pour présenter une plus grande surface d'absorption en eau. Veillez également à ne pas coller l'extrémité d'une tige contre une paroi du plat, car elle aurait du mal à s'alimenter en eau.

4 Liez ensemble plusieurs tiges de pommier d'ornement et ajoutez ce petit bouquet à la composition. Apportez quelques touches de couleur avec les dahlias et soulignez leur teinte écarlate avec quelques tiges portant des cynorrhodons groupés à une extrémité de la composition. A ce stade, remplissez le plat d'eau fraîche et mettez le bouquet en place. Il vous faudra compléter en eau chaque jour car la mousse absorbe beaucoup de liquide.

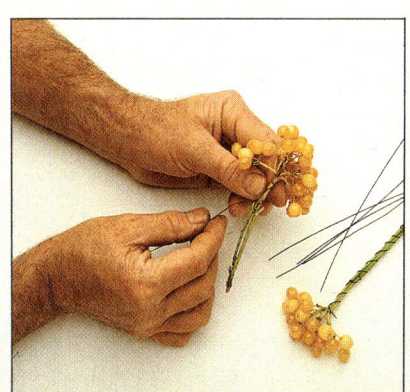

5 Les baies de boule-de-neige étant assez éparses, liez deux rameaux ensemble pour faire plus d'effet. Collez les deux tiges et enroulez autour un fil de fer galvanisé fin. Ce petit bouquet est ensuite facile à enfoncer dans la mousse.

6 Disposez quelques petits bouquets de baies de boule-de-neige pour bien remplir l'avant de la composition et renforcez la dominante rouge sur la droite par un autre bouquet de cynorrhodons. Pour finir, posez une grappe de raisins et quelques petites pommes à côté de la corbeille.

• 91 •

• COMPOSITIONS DE FLEURS COUPÉES •

Une composition florale hivernale

Les fleurs sont toujours très recherchées en hiver, mais on peut trouver au jardin une quantité étonnante de matériaux pouvant entrer dans la composition de bouquets. Ainsi, il reste encore des baies de l'automne, il y a souvent de beaux feuillages panachés, de petits bourgeons commencent à se développer sur arbres et arbustes et les premiers hellébores s'ouvrent après Noël. Ici, j'ai composé un arrangement à dominante verte, en jouant avec les formes des feuillages et en ajoutant des fleurs blanches et jaunes et des baies orangées pour donner de la couleur. Une vieille jarre en poterie convient tout à fait à ce type de composition sans sophistication.

Réalisation

1. Taillez un bloc de mousse synthétique pour qu'il entre dans la jarre et arrive à ras du bord. Commencez la composition en disposant les branches de cyprès et d'hamamélis.

Outils et matériaux

- Mousse synthétique
- Sécateur
- Jarre en poterie
- Lierre — *Hedera colchica*
- Mahonia — *Mahonia sp.*
- Hellébore — *Helleborus corsicus lividus*
- Iris puant — *Iris foetidissima*
- Arum — *Arum italicum « Pictum »*
- Garrya elliptica
- Cyprès — *Cupressus glabra*
- Hamamélis — *Hamamelis mollis*
- Cerisier d'automne — *Prunus subhirtella « Autumnalis »*
- Laurier-tin — *Viburnum tinus*

• UNE COMPOSITION FLORALE HIVERNALE •

2. Placez une grande branche de mahonia au centre, et en arrière-plan un rameau de *Garrya elliptica,* couvert de jeunes chatons. Vous obtenez ainsi la hauteur et la base triangulaire de la composition.

3. Disposez un petit bouquet d'hellébore au centre de l'arrangement, de façon à donner un point d'intérêt central, après avoir éliminé toutes les feuilles basales et quelques-unes des feuilles supérieures. Placez ensuite un rameau de laurier-tin pour garnir l'arrière-plan.

4. Disposez les feuilles jaune et vert du lierre et placez en hauteur les fruits orangés de l'iris. Ajoutez des feuilles linéaires et pointues d'iris pour contraster avec la forme des autres feuillages. Sur la gauche, derrière la branche de cyprès, piquez une branche de cerisier d'automne. Enfin, placez les feuilles aux motifs peu ordinaires de l'arum vers la base de la composition. Ce bouquet devrait avoir belle allure pendant au moins deux semaines, pourvu qu'il soit placé dans un endroit frais et que le niveau d'eau soit complété chaque jour.

·4·
COMPOSITIONS DE FLEURS SÉCHÉES

Les plantes vivantes demandent des soins réguliers et un environnement favorable pour s'épanouir. Quant aux fleurs coupées, leur beauté et leur fraîcheur ne durent au mieux que quelques semaines. Les fleurs séchées, au contraire, ne demandent ni eau ni lumière et, une fois arrangées, ne perdent pas leurs pétales et ne baissent pas tristement la tête. Les arrangements de fleurs séchées peuvent être placés n'importe où dans la maison et rappellent pendant tout l'hiver, quand la verdure se fait rare, la luxuriance de l'été. Comme pour les fleurs coupées, les principes de proportions et d'utilisation des teintes, textures et formes sont valables pour chaque composition. Les récipients utilisés sont importants également : vanneries, poteries ou vases en verre permettent de mettre les fleurs séchées en valeur. Ne vous limitez pas aux bouquets secs : guirlandes et couronnes sont faciles à monter avec des matériaux séchés. Réalisez un arbre en fleurs séchées ou un pot-pourri dont le parfum capiteux vous rappellera une prairie au printemps ou une chaude nuit d'été. Dans la cuisine, herbes et bouquets séchés retiendront aussi les odeurs de l'été. Si les arrangements séchés stimulent votre imagination, voyez les multiples formes qu'ils peuvent prendre. Vous pouvez y inclure non seulement des fleurs, mais aussi des feuillages, des graminées, des baies, des fruits de toutes sortes... pour disposer d'une infinie variété de couleurs et de textures. Vous serez vite aux aguets pour repérer dans les jardins, les champs et les haies les matériaux que vous pourrez faire sécher et utiliser ensuite dans vos compositions.

Une composition bien fournie et colorée
Tout un ensemble de fleurs séchées, de graminées et de fruits aux formes décoratives a été disposé ici dans une simple coupe en poterie. L'unité de la composition tient à ses tons d'automne, que complémentent agréablement les citrouilles placées à côté.

• COMPOSITIONS DE FLEURS SÉCHÉES •

Le séchage des fleurs 1

Le séchage des fleurs ne demande ni beaucoup de temps ni un équipement sophistiqué. Il suffit le plus souvent de récolter les plantes au bon moment, de les attacher en bouquets et de les suspendre pour les faire sécher. Selon leur forme, d'autres peuvent sécher dressées ou à plat. Les fleurs plus délicates peuvent être placées dans une boîte hermétique et recouvertes de dessiccatifs, poudres qui absorbent l'humidité.

Bien que les techniques à suivre pour faire sécher les plantes ne présentent pas de difficultés particulières, vous constaterez que, aussi soigneux que vous soyez, les résultats varient d'une année à l'autre, en fonction des conditions atmosphériques. Ne cueillez les fleurs que lorsqu'elles sont sèches et préparez-les pour le séchage le plus rapidement possible. Évitez de les exposer au soleil direct, car il fait passer les couleurs.

Séchage à l'air

Cette technique s'applique à la plupart des fleurs, graminées et fruits. Faites de petits bouquets, en accrochant séparément les grosses fleurs comme les hortensias (*Hydrangea* sp.) pour qu'elles ne se touchent pas. Au bout d'un jour ou deux, assurez-vous que les plantes commencent à sécher. Dans le cas de fleurs à tiges charnues, comme les delphiniums (*Delphinium* sp.), il peut être nécessaire de chauffer légèrement la pièce.

Séchage en bouquets

1 Effeuillez la tige jusqu'au niveau de l'inflorescence, à moins que les feuilles ne forment naturellement une rosette autour de la fleur, comme chez les immortelles (*Helichrysum bracteatum*). Dans ce cas, laissez-les pour que la tige ne semble pas trop nue.

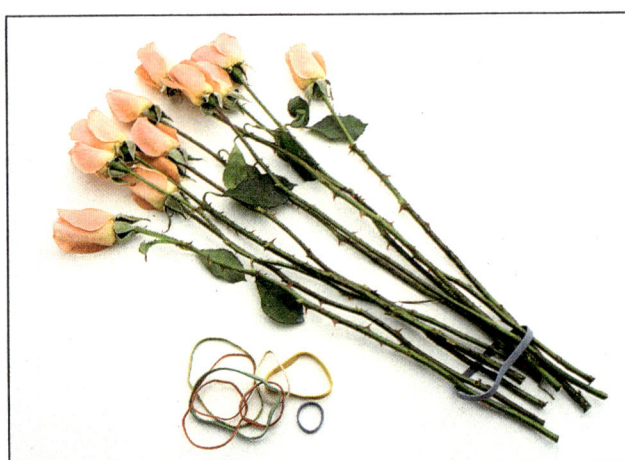

2 Attachez les tiges à la base avec un élastique, afin que le bouquet soit maintenu. Ne faites pas de trop gros bouquets, sans quoi les fleurs du centre ne sécheront pas bien et risqueront de pourrir.

Pieds-d'alouette — Statices — Roses — Tanaisies — Immortelles — Gypsophiles

3 Suspendez ces petits bouquets dans un endroit tiède et sec, bien ventilé, comme un grenier, une cave, une armoire à linge ou un cagibi. Laissez-les jusqu'à ce que les fleurs soient bien sèches et raides avant de les disposer dans une pièce dont l'atmosphère est plus humide.

• LE SÉCHAGE DES FLEURS •

Séchage en position dressée

La plupart des fleurs qui sèchent à l'air peuvent aussi sécher la tête en haut. Utilisez cette méthode pour les fleurs ou les herbes particulièrement délicates, car elles se conserveront mieux ainsi. Placez les fleurs dans un petit peu d'eau, jusqu'à ce qu'elles l'aient entièrement absorbée et qu'elles soient bien sèches au toucher.

Séchage à plat La plupart des fruits et graminées peuvent sécher à plat, dans des boîtes ouvertes ou sur du papier journal ou du papier d'emballage.

Utilisation des dessiccatifs

C'est un procédé un peu plus compliqué, mais qui est particulièrement intéressant pour les fleurs les plus délicates et les roses qui perdent de leur couleur en séchant. Il vous faut des récipients hermétiques, comme des boîtes à biscuits ou des boîtes en plastique. Il suffit qu'elles soient assez grandes pour y placer les fleurs à plat car on fixe des tiges en fil de fer une fois qu'elles sont sèches.

1 Étalez au fond de la boîte une couche de 3 cm d'un mélange de borax et d'alun en parts égales. Passez le mélange au four pour éliminer toutes traces d'humidité.

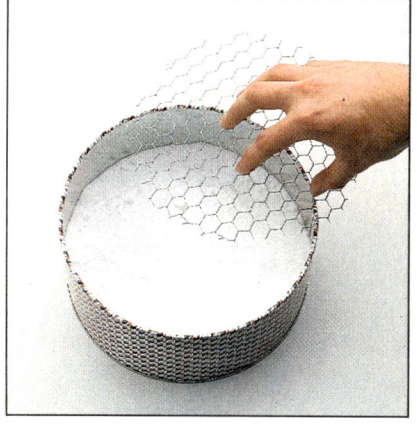

2 Découpez un morceau de grillage aux dimensions de la boîte et posez-le sur la couche de poudre. Il permettra de maintenir les fleurs bien à plat.

3 Prenez une fleur, comme un gerbera (*Gerbera* sp.), et coupez sa tige à environ 2 cm sous la fleur, pour pouvoir l'enfoncer délicatement à travers les mailles du grillage.

4 Placez les fleurs sur le grillage, en veillant à ce qu'elles ne se touchent pas. Ne mettez ensemble que des fleurs demandant le même temps de séchage.

5 Rajoutez du dessiccatif sur les fleurs, en le tamisant pour ne pas les abîmer. Recouvrez-les ainsi d'environ 2 cm de poudre.

6 Fermez bien la boîte et placez-la dans un endroit chaud et sec sans y toucher, pendant quatre jours à deux semaines, selon la taille des fleurs.

Le séchage des fleurs 2
Conservation par la glycérine

Il s'agit plus d'un moyen de conservation que de séchage proprement dit. Cette méthode peut être utilisée pour des branches de feuillage, des baies et de grandes feuilles. Elle convient aussi pour les longs épis de fleurs, comme les digitales (*Digitalis* sp.). Les tiges sont plongées dans un mélange de glycérine et d'eau presque bouillante, jusqu'à ce qu'elles aient absorbé une grande partie de la solution. Cela peut prendre une semaine pour les feuillages fins, de six à huit semaines pour les feuillages plus épais. Les feuilles deviennent plus sombres et satinées et, lorsque des gouttelettes de glycérine apparaissent sur le limbe, c'est qu'elles ont absorbé assez de solution. Sortez-les alors du mélange, car un excès de glycérine les ferait faner, et essuyez-les légèrement.

1 Éliminez les feuilles inférieures des tiges au sécateur. Recoupez celles-ci à 45°, éliminez l'écorce des tiges très lignifiées et fendez le bas des tiges sur 5 cm pour accroître la surface d'absorption.

2 Mélangez un volume de glycérine pour deux volumes d'eau dans un récipient étroit et remuez bien.

3 Versez ensuite cette solution dans une cruche calorifuge sur environ 10 cm de hauteur, afin de recouvrir la partie retaillée des tiges.

4 Plongez les tiges dans cette solution et placez le tout dans une pièce fraîche et sombre jusqu'à ce que les tiges aient absorbé suffisamment de glycérine.

Fleurs et feuillages pressés

La presse à fleurs peut servir à faire sécher de nombreuses feuilles, comme celles des fougères, des arbustes à feuillage gris et des érables (*Acer* sp.). Les grandes feuilles et les fougères demandent une pression faible, sinon elles deviennent trop cassantes pour être utilisées dans des arrangements. Prises entre deux épaisseurs de papier buvard ou de papier journal, placez-les sous un tapis ou sous un matelas et laissez-les sécher une semaine environ. Les feuilles plus petites, les bractées et les délicates fleurs sauvages peuvent être placées dans une presse à fleurs spécialement conçue à cet effet, pendant deux semaines environ.

• LE SÉCHAGE DES FLEURS •

Préparation d'un pot-pourri

Le vrai pot-pourri était à l'origine un mélange de pétales séchés et de sel, qui fermentait en dégageant un fort parfum. Si son parfum est plus fugitif, le pot-pourri à sec est plus facile à réaliser.

Pétales de rose

Pied-d'alouette
Delphinium consolida

Trèfle jaune
Trifolium agrarium

Baies de genévrier

Essence de pot-pourri

Pétales de rose pour la décoration

Feuilles de laurier
Laurus nobilis

Panicaut
Eryngium maritimum

Écorce de citron séchée

Poudre de racine d'iris

Feuilles de géranium odorant
Pelargonium crispum

Delphinium
Delphinium consolida

Lavande
Lavandula sp.

1 Faites sécher pétales, feuilles et écorce de citron sur une grande surface, permettant à l'air de circuler entre les divers éléments. Il faut compter environ dix jours.

2 Mélangez bien pétales et feuilles. Écrasez l'écorce de citron en petits morceaux et ajoutez-la au mélange avec les épices et quelques gouttes d'essence.

3 Ajoutez des inflorescences séchées et des pétales de rose séchés dans du borax pour la décoration. Fermez bien le récipient et laissez reposer le tout pendant environ six semaines.

Les ingrédients du pot-pourri

Des sachets ont été remplis avec les fleurs et les feuilles séchées des bols en terre cuite. Ces bols contiennent quelques-uns des ingrédients les plus couramment utilisés pour composer les pots-pourris. La lavande, bien sûr, a un parfum très prononcé. Les roses parfumées servent souvent de base au pot-pourri et des fleurs entières peuvent, comme ici, servir à la décoration. Les fleurons du muscari (*Muscari* sp.) sont d'un bleu intense et apportent une touche de couleur au pot-pourri.

• COMPOSITIONS DE FLEURS SÉCHÉES •

Composition séchée dans un panier

La place choisie pour la composition en suggère d'elle-même la taille et les grandes lignes. Ici, il s'agit d'un appui de fenêtre, où les fleurs seront joliment soulignées par les lignes géométriques qui constituent l'arrière-plan. Avec un tel emplacement, où le bouquet ne sera pas vu sous tous les angles, j'ai opté pour une forme triangulaire asymétrique et aplatie.

Le bouquet est composé dans les tons de bleu, blanc, crème et jaune, avec des graminées et des fruits décoratifs pour donner du volume et de la texture à l'ensemble. Laissez s'exprimer la silhouette naturelle des plantes et des fleurs. Ici, les courbes gracieuses de l'orge reposent sur l'appui de fenêtre, contrastant avec les épis de blé plus rigides, qui dessinent les axes du triangle.

Outils et matériaux

- Panier ou corbeille
- Mousse synthétique
- Couteau
- Ciseaux de fleuriste
- Fil de fer
- Mousse séchée

Blé — *Triticum vulgare*
Pied-d'alouette — *Delphinium consolida*
Statice blanc — *Limonium sinuatum*
Orge — *Hordeum vulgare*
Acroclinium — *Helipterum roseum*
Lavande de mer — *Limonium latifolium*
Statice bleu — *Limonium sinuatum*
Alchémille — *Alchemilla mollis*
Gypsophile — *Gypsophila paniculata*
Mahonia — *Mahonia aquifolium*
Fruits de pavot — *Papaver sp.*
Panicaut — *Eryngium maritimum*
Avoine — *Avena sp.*
Bruyère — *Erica sp.*
Rose — *Rosa sp.*
Immortelle — *Helichrysum bracteatum*
Gypsophile teint — *Gypsophila paniculata*
Fruits de nigelle — *Nigella damascena*

• COMPOSITION SÉCHÉE DANS UN PANIER •

Le bouquet terminé
Cette composition légère et délicate se détache bien sur ce fond de fenêtre à petits carreaux. Ayez en tête le décor de la pièce avant de choisir des fleurs et un support, afin que les teintes et le style de l'arrangement soient en harmonie avec l'environnement.

Réalisation

1. Découpez un bloc de mousse pour le centre de la corbeille, et deux plus petits pour compléter sur les côtés. Pressez bien la mousse, mettez-la en place et recoupez les angles avec le couteau. Recoupez quelques longueurs de fil de fer en trois et donnez-leur la forme d'épingles à cheveux. Recouvrez la mousse synthétique de mousse séchée en la fixant avec ces épingles. Placez les épis de blé pour dessiner les grandes lignes de la composition.

2. Après avoir déterminé la hauteur de l'arrangement en vous basant sur le panier — celui-ci doit faire environ le tiers de la hauteur totale —, placez les rameaux de lavande de mer. Lorsque vous coupez la mousse, veillez à ce qu'elle dépasse bien des bords de la corbeille pour pouvoir piquer des fleurs vers le bas.

(suite page suivante)

• COMPOSITIONS DE FLEURS SÉCHÉES •

3 Introduisez des notes de couleurs avec les pieds-d'alouette et le statice bleu sur la gauche, avec le statice blanc sur la droite. Déplacez un peu sur la droite quelques fleurs bleues pour lier les deux côtés de la composition.

4 Prolongez les formes avec l'orge et les acrocliniums liés en petits bouquets (voir p. 110). Piquez l'alchémille et le gypsophile et réservez pour le centre les fruits de pavot et les panicauts.

5 Parsemez l'arrangement de fruits de nigelle et donnez plus de volume aux endroits un peu creux avec de l'avoine. Remplissez les espaces restants avec des éléments plus sombres — mahonia, gypsophile teint et bruyère. Ajoutez les roses et les immortelles après les avoir tigées pour leur donner plus de longueur. Enfin, mettez la composition à sa place définitive et rectifiez quelques détails si besoin est.

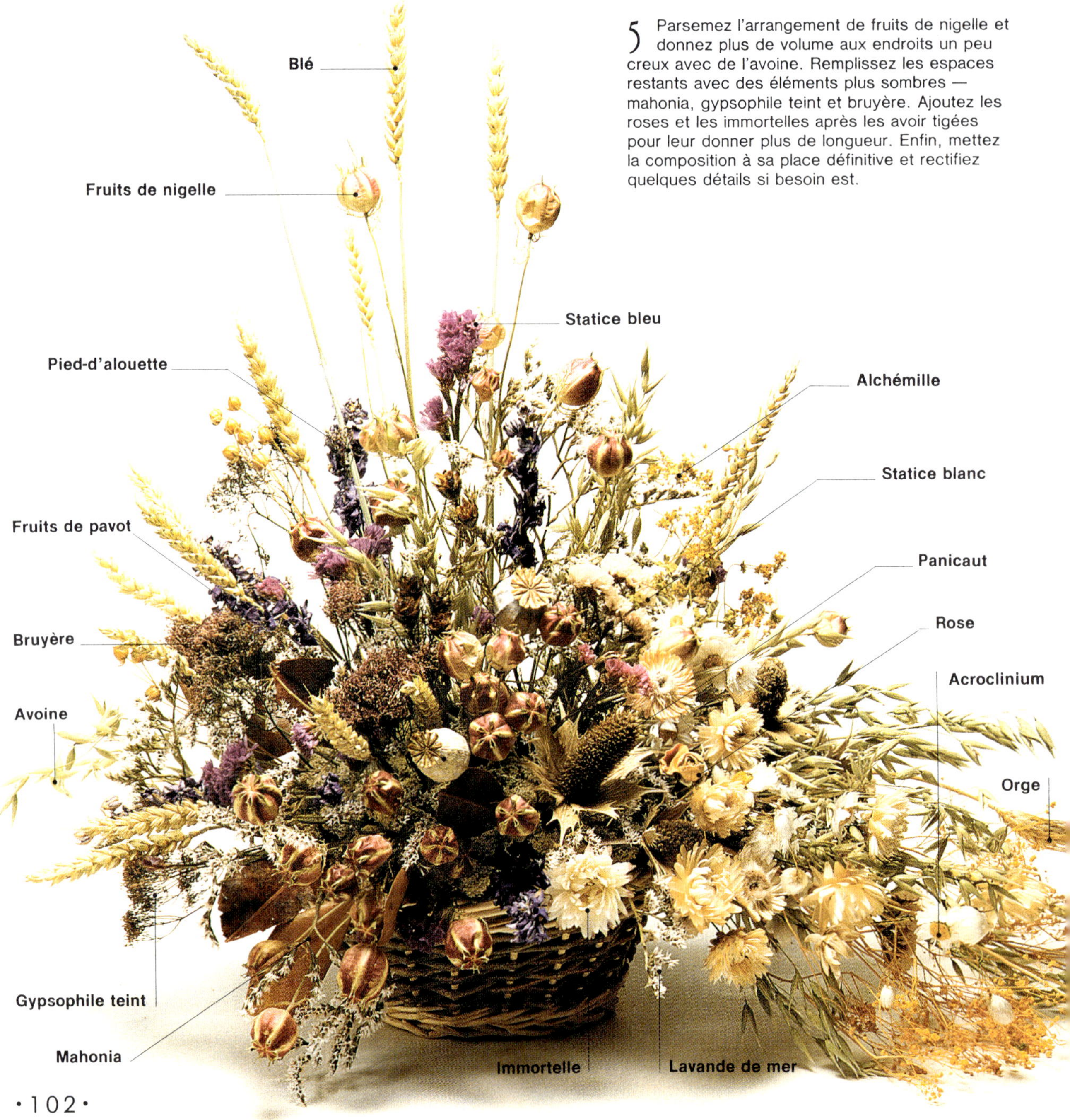

Blé

Fruits de nigelle

Statice bleu

Pied-d'alouette

Alchémille

Statice blanc

Fruits de pavot

Panicaut

Rose

Bruyère

Acroclinium

Avoine

Orge

Gypsophile teint

Mahonia

Immortelle

Lavande de mer

D'autres idées de bouquets secs

Il y a plus de mille façons d'arranger les fleurs séchées. Pour des bouquets sans prétention, utilisez toutes sortes de vanneries ou de poteries comme support. Essayez, par exemple, de remplir un grand panier d'herbes, de céréales et de fruits dans les tons de crème, beige et vert pâle, en plaçant les tiges de telle sorte qu'elles semblent rayonner depuis le centre. Vous pouvez aussi remplir une vasque en poterie de brassées de fleurs séchées.

Des tons neutres, *ci-dessous*
Un vase haut peut mettre en valeur un bouquet rond et le verre dépoli masque les tiges et les fils de fer. Ici, les tons discrets des vases font bien ressortir les fleurs délicates de la lavande de mer *(Limonium latifolium),* sur la droite, et de l'ail sauvage *(Allium* sp.), sur la gauche.

Un véritable tableau, *ci-dessus*
Quelques têtes d'hortensia dans un vase simple suffisent, par la douceur de leurs tons et de leur texture, à former un arrangement très décoratif. Les figues, raisins et grenades complètent ici un tableau digne d'être peint.

Des brassées de fleurs, *à gauche*
Dans un environnement adéquat, des brassées de fleurs disposées dans des paniers peuvent faire beaucoup d'effet. Ici, les tons neutres et les textures rugueuses de la nigelle et des pavots s'accordent bien avec ces paniers à texture grossière. Une gerbe de grosses gousses cannelées au premier plan fait écho à la vannerie des paniers.

• COMPOSITIONS DE FLEURS SÉCHÉES •

Des arbres couverts de fleurs

Les arbres en fleurs séchées sont plus faciles à réaliser qu'on ne se l'imagine en général. Une fois que vous maîtrisez les techniques de base, vous pouvez essayer avec différents types de fleurs et différentes formes d'arbres. Ici, des fleurs blanches, roses et bleues associées à des fruits aux teintes douces forment un arbre léger et délicat.

Outils et matériaux

Pied-d'alouette bleu
Delphinium consolida

Clochette d'Irlande
Molucella laevis

Statice
Limonium sinuatum

Lavande de mer
Limonium latifolium

Ammobium
Ammobium sp.

Fruits de pavot
Papaver sp.

Acroclinium
Helipterum roseum

Immortelle
Helichrysum bracteatum

Pied-d'alouette rose
Delphinium consolida

Pinces coupantes

Ruban

Gypsophile
Gypsophila paniculata

Pot en plastique

Boule de mousse synthétique

Fils métalliques

Statice rose
Limonium sinuatum

Panicaut
Eryngium maritimum

Galets

Mousse fraîche

Plâtre de remplissage

Tuteur en bambou

Réalisation

1 Prenez un pot en plastique de 12 cm de diamètre, tapissez-le d'une feuille d'aluminium et remplissez-le de galets ou de cailloux pour y ancrer un tuteur en bambou de 30 cm. Préparez un peu de plâtre pour remplir les interstices du pot.

2 Enfoncez la boule de mousse synthétique au bout du tuteur, sans que le bambou dépasse le centre de la boule. Tapissez de mousse l'extérieur de la boule.

3 Fixez la mousse fraîche sur la mousse synthétique, avec des bouts de fil de fer recourbés en épingle à cheveux. Tout en travaillant, veillez à ne pas trop enfoncer la boule sur le tuteur.

• DES ARBRES COUVERTS DE FLEURS •

4 Commencez à garnir la mousse avec les pieds-d'alouette et les statices bleus. Il vous faudra sans doute casser de petits rameaux pour respecter l'échelle de la composition.

5 Détachez de petits rameaux de lavande de mer et placez-les bien en vue. Liez plusieurs ammobiums pour en faire de petits bouquets afin de mieux couvrir la surface de la boule. Complétez avec des pieds-d'alouette et des statices roses.

6 Ajoutez des touches colorées par endroits, avec les immortelles et les acrocliniums. Pour donner un peu de volume, disposez les fruits de pavot, les panicauts et de petits rameaux de clochettes d'Irlande. Pour finir, piquez de petites branches de gypsophile, qui donneront de la légèreté à l'ensemble.

D'autres exemples d'arbres garnis de fleurs ou de fruits séchés

Pour créer un arbre coloré et rustique, utilisez les inflorescences aplaties de l'achillée jaune *(Achillea filipendulina)* et prenez comme support un pot tout simple, en terre cuite. Vous pouvez obtenir un autre type d'arbre fleuri en prenant comme tronc une branche de forme intéressante, que vous décorerez de fleurs des champs, de graminées et de fruits dans les tons de crème, brun et vert.

Un arbre pour Noël
La structure de base de cet arbre est la même que celle de l'arbre présenté ci-dessus. A la place de fleurs, la boule de mousse est couverte de pommes de pin fixées sur des fils métalliques. Quelques fruits artificiels apportent une touche de couleur et un air de fête à cette composition.

7 Placez l'arbre ainsi garni dans un cache-pot blanc et dissimulez la base avec de la mousse et quelques fleurs séchées. Vous pouvez laisser le tuteur en bambou apparent ou le cacher sous des rubans. Pour cela, prenez deux longueurs de ruban, collez-les en haut du bambou, enroulez-les vers le bas et fixez-les en bas avec du ruban adhésif.

• COMPOSITIONS DE FLEURS SÉCHÉES •

Pot-pourri décoratif dans une corbeille

L'art du pot-pourri connaît un regain d'intérêt depuis quelques années. On trouve dans le commerce une grande variété de matériaux pour en composer, mais on peut préparer soi-même les ingrédients, comme indiqué p. 99. Le pot-pourri présente de l'intérêt, non seulement par son parfum délicat, mais aussi par les teintes et les textures douces des pétales séchés qui le composent. Placez un pot-pourri dans une jolie corbeille, en le décorant de fleurs séchées, et vous obtiendrez une composition agréablement parfumée qui pourra avoir plus d'une utilisation décorative. Pour ajouter une note épicée au parfum du pot-pourri, vous pouvez placer une pomme d'ambre au centre de la corbeille. Vous pouvez aussi passer un ruban autour de la pomme d'ambre et la suspendre dans une pièce ou une armoire.

Outils et matériaux
- Corbeille en osier
- Fleurs séchées
- Pot-pourri
- Pomme d'ambre
- Pied-d'alouette *Delphinium consol*
- Grillage souple
- Fil de fer
- Pinces coupantes
- Coton hydrophile
- Essence de pot-pourri
- Rose *Rosa sp.*

Une touche décorative pour terminer
Si vous voulez que cette corbeille de pot-pourri prenne un petit air victorien, placez une pomme d'ambre au centre de la composition et entourez-la de roses cramoisi foncé. Étalez une couche de marguerites et de myosotis bleus fraîchement séchés sur le pot-pourri, de façon à auréoler de tons plus froids les couleurs chaudes des autres fleurs.

• POT-POURRI DÉCORATIF DANS UNE CORBEILLE •

Réalisation

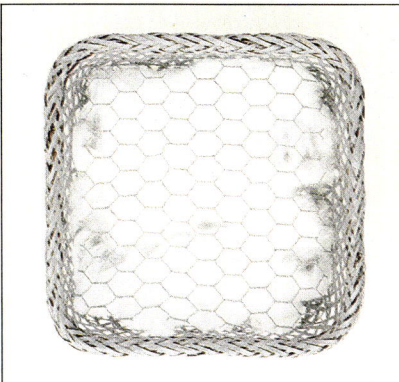 

1. Tapissez le fond de la corbeille de coton hydrophile. Découpez un morceau de grillage pour le poser sur le coton. Le pot-pourri restera ainsi au sec et l'air pourra circuler en dessous.

2. Versez quelques gouttes d'essence (ou bien d'huiles essentielles que vous aurez obtenues vous-même en distillant des fleurs fraîches) sur le coton pour souligner les parfums naturels. Remplissez ensuite la corbeille aux deux tiers avec un pot-pourri fait de pétales de rose, de lavande, de géranium odorant, d'écorce de citron séchée et de poudre de racine d'iris (voir p. 99).

3. Pour réaliser la guirlande, prenez trois tiges de pied-d'alouette et liez-les avec un fil métallique fin. Arrangez les brins de façon que les fleurs soient réparties tout le long de la guirlande et entourez les tiges de fil métallique en prenant soin de ne pas abîmer les fleurs.

4. Continuez ainsi la guirlande pour qu'elle fasse tout le tour de la corbeille. Au lieu de pieds-d'alouette roses, vous pouvez aussi bien associer pieds-d'alouette bleus et immortelles rouge foncé.

5. La guirlande étant flexible, adaptez-la aux dimensions de la corbeille et fixez-la avec du fil métallique. L'illustration de la page ci-contre montre comment ajouter une touche décorative à ce pot-pourri avec des roses séchées, des fleurs bleues et blanches et une pomme d'ambre au centre.

Réalisation d'une pomme d'ambre

Prenez une orange — de préférence une orange de Séville — et, si vous voulez suspendre la pomme d'ambre, entourez-la de ruban adhésif double face là où passeront les rubans. Piquez des clous de girofle dans la peau de l'orange, puis roulez-la dans la poudre de racine d'iris et dans la cannelle. Placez-la plusieurs semaines dans un endroit sombre, bien aéré, avant de l'utiliser.

Ruban adhésif double face — **Orange** — **Cannelle en poudre** — **Ruban** — **Clous de girofle** — **Poudre de racine d'iris**

Pour placer les clous de girofle, enfoncez-les dans la peau de l'orange en laissant entre eux l'espace d'une tête de clou de girofle.

• COMPOSITIONS DE FLEURS SÉCHÉES •

Des fleurs séchées en couronnes

Il y a de nombreuses façons d'utiliser des couronnes de fleurs séchées dans la maison. On peut les accrocher à une porte, sur un mur, au plafond, ou les poser à plat pour décorer une table. J'ai réalisé ici une couronne composée de fruits bruns et de graminées aux teintes neutres, et éclairée par des tons chauds de fleurs jaunes, orangées et rouges.

Outils et matériaux

Fil métallique

Xeranthemum *Xeranthemum annuum*

Pinces coupantes

Tiges de *Chionanthus virginicus* (ou support de mousse)

Panicaut *Eryngium maritimum*

Fruits artificiels

Achillée *Achillea filipendulina*

Fruits de pavot *Papaver* sp.

Avoine *Avena* sp.

Faînes de hêtre *Fagus* sp.

Immortelles *Helichrysum bracteatum*

Blé *Triticum vulgare*

Marrons *Aesculus hippocastanum*

Cônes de mélèze *Larix* sp.

Acroclinium *Helipterum roseum*

Cônes de pin *Pinus* sp.

Lonas *Lonas inordora*

Autres types de couronnes ou guirlandes

La mousse synthétique peut également servir de support à la réalisation des couronnes. Il faut bien sûr un gros bloc pour pouvoir y tailler une couronne. Une fois que vous avez découpé le support, couvrez-le de mousse séchée et mettez les fleurs en place. Des chiffons tressés peuvent constituer un autre type de support. A la place de fleurs, vous pouvez constituer une couronne de graminées dans des tons doux. Disposez-les de façon que leurs épis rayonnent naturellement.

Une couronne de style rustique

Les textures variées et les tons chauds de cette couronne de fleurs s'accommodent bien d'un fond en bois naturel. Des rayons d'acrocliniums roses (*Helipterum roseum*) alternent avec le rouge sombre des amaranthes (*Amaranthus caudatus*) et le rose teint de la lavande de mer (*Limonium latifolium*). Les fruits bariolés de la nigelle (*Nigella damascena*) apportent une touche originale à cette couronne dense.

• DES FLEURS SÉCHÉES EN COURONNES •

Réalisation

1. Préparez le support circulaire de la couronne avec les tiges de *Chionanthus*. Tressez ensemble les plus grosses tiges, pour qu'elles s'enroulent environ quatre fois, formant un anneau épais, puis enroulez autour les tiges plus fines. Les branches taillées de la vigne peuvent également servir à cet effet.

2. Il est ensuite nécessaire de tiger les fruits de hêtre, de pin et les immortelles. Pour tiger une pomme de pin, passez un fil métallique fin entre les écailles du cône et enroulez le côté le plus court sur le côté le plus long.

3. Entourez la couronne de pommes de pin. Tigez les marrons en passant une aiguille solide au centre pour faire un trou (voir 2). Tigez les faînes de hêtre comme les pommes de pin.

4. Ajoutez de petits bouquets de marrons sur la couronne. Placez les cônes de mélèze sur leurs tiges courtes, les fruits de hêtre tigés, les fruits de pavot, les panicauts, le blé et l'avoine pour créer le corps de la couronne.

5. Ajoutez les acrocliniums, les immortelles jaunes, orangées et rouges, les xeranthemums, les achillées et les lonas dans les espaces encore vides.

6. Vous pouvez vous arrêter là dans la préparation de la couronne, mais si vous voulez qu'elle soit plus colorée pour Noël, ajoutez quelques fruits artificiels rouge brillant et un gros ruban rouge pour l'accrocher à une poignée de porte, par exemple.

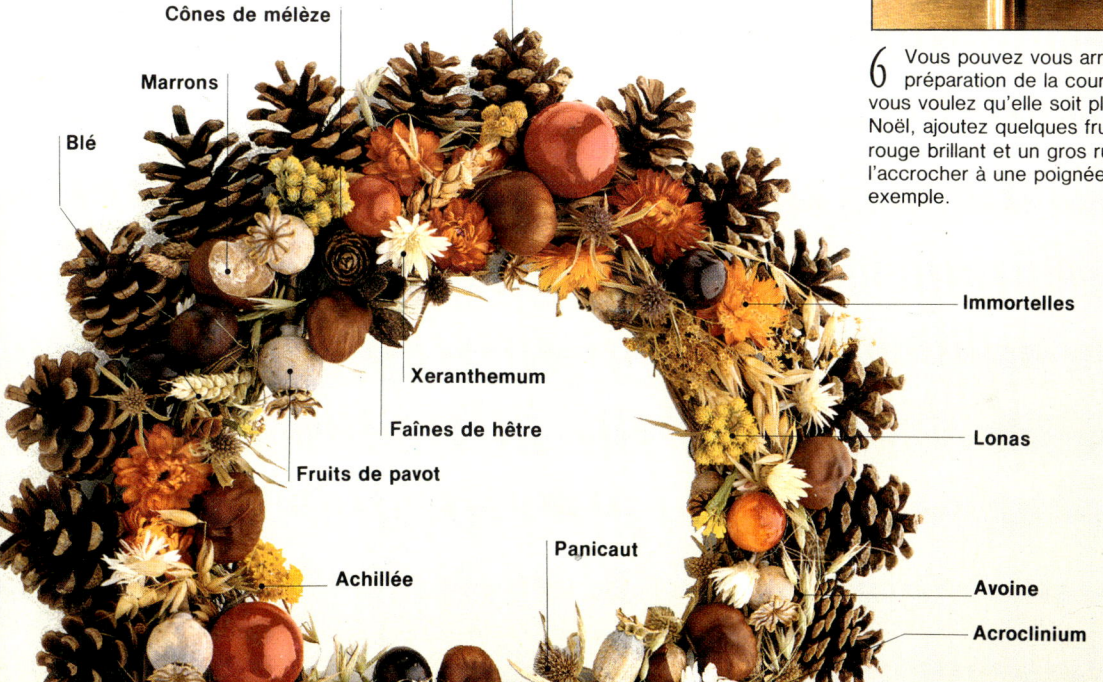

• COMPOSITIONS DE FLEURS SÉCHÉES •

Encore des fleurs séchées

Vous pouvez également utiliser les fleurs séchées pour préparer des décorations à l'occasion d'une fête. Ainsi, boules de fleurs, étoiles en tiges de blé et pommes de pin « neigeuses » peuvent décorer un sapin de Noël de façon originale, tandis qu'une guirlande colorée d'immortelles peut entourer la cheminée ou habiller l'arbre également.

Boules de fleurs

Fils métalliques fins

Pinces coupantes

Immortelles
Helichrysum bracteatum

1 Passez un fil métallique au cœur de chaque fleur, en le recourbant au bout pour le repasser à travers la fleur.

2 Tigez ainsi cinq fleurs et groupez-les pour qu'elles forment une boule. Enroulez l'un des fils métalliques autour des autres pour fixer le tout.

Étoiles

Pinces coupantes

Acroclinium
Helipterum roseum

Blé
Triticum vulgare

Ruban

 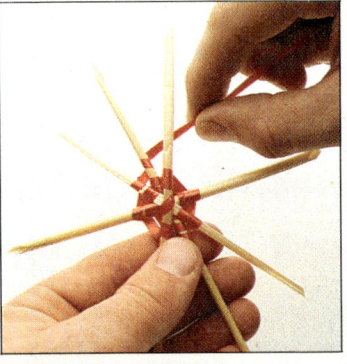

1 Coupez une tige de blé entre les nœuds pour obtenir des segments de 10 cm environ, puis arrachez la gaine de la tige. Fendez l'un des segments jusqu'à moitié et appliquez-y un autre segment à 90°.

2 Continuez ainsi jusqu'à obtenir une étoile avec le nombre de branches désiré. Prenez le ruban et enroulez-le alternativement en dessous et au-dessus de chaque branche.

• ENCORE DES FLEURS SÉCHÉES •

Pommes de pin neigeuses

Pommes de pin *Pinus* sp.
Lessive en poudre
Fils métalliques fins
Colle à papier peint

1 Tigez les cônes comme indiqué p. 109 et trempez-les dans la colle à papier peint jusqu'à mi-hauteur. Sortez-les et laissez s'égoutter l'excès de colle.

2 Plongez alors les cônes dans la lessive en poudre en veillant à ce qu'ils soient uniformément couverts de blanc. Tapotez-les pour éliminer la poudre en excès et laissez-les sécher avant de les accrocher dans l'arbre.

Guirlande de fleurs séchées

Ficelle
Aiguille à repriser
Immortelles *Helichrysum bracteatum*

Coupez un morceau de ficelle à la longueur désirée, enfilez-le sur l'aiguille à repriser et passez-le dans le centre de chaque fleur. En enfilant les fleurs, veillez à ce qu'elles soient toutes dans le même sens, le côté face contre l'envers de la suivante, pour avoir une guirlande bien régulière.

·5·
D'UNE PIÈCE A L'AUTRE

Dès le XVIIe siècle, on a utilisé plantes en pots et fleurs coupées pour décorer les intérieurs, mais c'est surtout à partir du début du XIXe siècle que l'apparition des plantes exotiques a marqué un tournant dans l'emploi des plantes d'intérieur. C'est à cette époque que furent introduits les premiers bégonias à feuillage coloré, avec tout un cortège de plantes tropicales à feuillage décoratif. Ceux qui en avaient les moyens s'en procuraient pour les cultiver dans les maisons ou les serres. Ce n'est que depuis peu que chacun peut acheter toutes sortes de plantes d'intérieur à des prix très raisonnables.

Les pages suivantes passent en revue les différentes pièces de la maison pour montrer comment les plantes peuvent faire partie de l'aménagement d'une pièce et ne pas constituer seulement des extras ajoutés çà et là au hasard. Chaque pièce de la maison a une fonction spécifique, qui détermine en grande partie les facteurs de l'environnement, ou *microclimat,* dont pourront bénéficier les plantes. Chaque pièce a également son atmosphère propre, et les plantes peuvent être utilisées pour la souligner et la mettre en valeur.

L'âge de la maison et le style de la pièce sont les principaux critères qui déterminent la façon de disposer les plantes. Ainsi, un intérieur traditionnel demandera par exemple des plantes en harmonie avec le décor, assorties aux tissus ou à une collection de bibelots anciens. Dans un appartement moderne, le port architectural des végétaux fait partie de l'aménagement de la pièce.

Intégration des végétaux dans le décor d'une pièce
Ces deux grandes lianes sans feuilles (*Euphorbia tirucalli*) s'équilibrent, par leur hauteur, avec la grande bibliothèque. Elles apprécient les conditions chaudes de cette salle de séjour et ne demandent guère de soins particuliers, surtout pas un arrosage excessif. La composition florale sur la table basse vient se mêler aux autres objets.

• D'UNE PIÈCE A L'AUTRE •

Les microclimats dans la maison

Tout au long de cet ouvrage, vous trouverez une classification des microclimats qui caractérisent les différents types d'environnement que peut présenter une maison en général. Chaque plante décrite dans « le choix des plantes », au chapitre suivant, est associée à une référence au microclimat qui correspond à un niveau optimal de chaleur et de lumière pour cette espèce. Ces références ne sont pas à prendre au pied de la lettre ; l'une des principales qualités de bon nombre de nos plantes d'intérieur est leur tolérance vis-à-vis des conditions qui leur sont offertes.

Dans certains cas, il faut également savoir interpréter largement ces données concernant le microclimat. Ainsi, des plantes d'intérieur en plein cœur d'une grande ville industrielle recevront une lumière de moindre qualité que dans une maison à la campagne, et celles s'y plaisant avec une lumière tamisée auront peut-être besoin de soleil direct en ville. La longueur du jour varie avec la latitude, ainsi que la température de l'air à l'extérieur.

Dans le centre et le nord de la France, le soleil d'hiver ne risque pas d'endommager les plantes, et celles qui demandent une lumière tamisée quand le soleil est haut peuvent avoir besoin de pleine lumière en hiver, quand les jours sont plus courts.

Peu de plantes souffriront d'être placées à une température légèrement supérieure à celle recommandée, pourvu qu'elles aient un peu plus d'eau et d'humidité ambiante. En revanche, arrosez-les moins si elles sont dans une pièce plus fraîche que le microclimat indiqué, et souvenez-vous qu'il vaut généralement mieux arroser insuffisamment que trop.

Les températures très élevées en été ne peuvent souvent être abaissées que par des appareils à air conditionné, qui dessèchent l'air. Une forte humidité ambiante, des arrosages suffisants et des pulvérisations d'eau fréquentes permettent de lutter contre cette sécheresse de l'air, mais, quoi qu'il en soit, ne placez jamais de plantes près d'un appareil soufflant de l'air conditionné.

Lorsque vous choisissez des plantes pour les grouper dans une pièce, ne vous arrêtez pas à l'aspect décoratif uniquement. Si vous voulez que les plantes s'épanouissent ensemble, il faut qu'elles aient des exigences proches en matière d'eau, de chaleur et de lumière.

Microclimat 1
Chaud, ensoleillé

Une pièce *chaude* est une pièce dont la température est de 15 à 21 °C — température qui convient à la plupart des plantes d'intérieur. Avec un système de chauffage, la température s'abaisse rarement en dessous, mais toutes les plantes peuvent supporter une température légèrement inférieure ou supérieure pendant quelque temps.
Une exposition *ensoleillée* correspond à un emplacement où la plante reçoit le soleil direct, non tamisé par des rideaux, plusieurs heures par jour. Une plante placée derrière ou près d'une fenêtre donnant au sud est dans une situation ensoleillée. Celles qui sont mises près de fenêtres orientées à l'est ou à l'ouest reçoivent moins de soleil.

Des murs blancs contribuent à éclairer la pièce en réfléchissant la lumière.

Le panier suspendu reçoit un éclairage direct, mais il est placé loin de la chaleur montant de la cuisinière.

Deux grandes fenêtres donnent un bon éclairage direct pour plantes et fleurs.

La vapeur provenant de la bouilloire augmente l'humidité dans la cuisine.

Le plafond en bois absorbe la chaleur, atténuant les variations de température trop brutales.

L'air chaud monte, créant ainsi les conditions favorables à ces plantes tropicales.

Le mur en brique nue absorbe la lumière et retient la chaleur.

Des baies vitrées sur toute la longueur éclairent bien cette grande pièce quasiment consacrée aux plantes.

Microclimat 2
Chaud, soleil tamisé

Une pièce *chaude* est une pièce dont la température est de 15 à 21 °C — température qui convient à la plupart des plantes d'intérieur. Avec un système de chauffage, la température s'abaisse rarement en dessous, mais toutes les plantes peuvent supporter une température légèrement inférieure ou supérieure pendant quelque temps.
Une pièce recevant un *soleil tamisé* peut être orientée au sud, à l'est ou à l'ouest (ou au sud-est ou sud-ouest), mais le soleil est filtré par des voilages ou des stores translucides, ou encore par un grand bâtiment ou un arbre faisant de l'ombre devant la fenêtre.

Des plantes subtropicales se plaisent dans ce type d'environnement.

De fins rideaux de tulle tamisent le soleil direct.

Le mobilier blanc et les grands miroirs au-dessus de la baignoire accroissent considérablement la clarté de la pièce.

La vapeur dégagée par la baignoire remplie d'eau chaude permet d'augmenter l'humidité de la pièce.

Un arbre au feuillage dense suffit à tamiser la lumière.

Des stores vénitiens sont nécessaires pour filtrer le soleil direct sur les côtes ou sous les latitudes plus basses.

Les miroirs muraux réfléchissent la lumière, augmentant ainsi la clarté de la pièce.

Le papyrus apprécie la lumière filtrée et l'humidité de cette salle de bains.

• LES MICROCLIMATS DANS LA MAISON •

Microclimat 3
Chaud, ombragé

Une pièce *chaude* est une pièce dont la température est de 15 à 21 °C — température qui convient à la plupart des plantes d'intérieur. Avec un système de chauffage, la température s'abaisse rarement en dessous, mais toutes les plantes peuvent supporter une température légèrement inférieure ou supérieure pendant quelque temps.

Une situation *ombragée* correspond ici à un emplacement ne recevant ni soleil direct ni soleil tamisé, mais n'étant pas non plus trop sombre (car aucune plante ne pourrait alors s'y épanouir). Les plantes demandant de l'ombre peuvent être placées loin de la fenêtre dans une pièce bien éclairée, ou près de la fenêtre d'une pièce mal éclairée.

Microclimat 4
Frais, ensoleillé

Une pièce *fraîche* est une pièce maintenue à une température de 10 à 15 °C. C'est la plage de température qui convient à de nombreuses plantes de climat tempéré, mais des plantes de climat plus chaud peuvent s'y épanouir également. Souvent, les plantes fleuries y vivent longtemps.

Une exposition *ensoleillée* correspond à un emplacement où la plante reçoit le soleil direct, non tamisé par des rideaux, plusieurs heures par jour. Une plante placée derrière ou près d'une fenêtre donnant au sud est dans une situation ensoleillée. Celles qui sont placées près de fenêtres orientées à l'est ou à l'ouest reçoivent moins de soleil.

Microclimat 5
Frais, soleil tamisé

Une pièce *fraîche* est une pièce maintenue à une température de 10 à 15 °C. C'est la plage de température qui convient à de nombreuses plantes de climat tempéré, mais des plantes de climat plus chaud peuvent s'y épanouir également. Souvent, les plantes fleuries y vivent plus longtemps.

Une pièce recevant un *soleil tamisé* peut être orientée au sud, à l'est ou à l'ouest (ou au sud-est ou sud-ouest), mais le soleil direct est filtré par des voilages ou des stores translucides, ou encore par un grand bâtiment ou un arbre faisant de l'ombre devant la fenêtre.

Les conditions sont ici idéales pour ce monstera luxuriant.

Lumière tamisée par des arbres à l'extérieur et des voilages.

Dans ce coin de la pièce, il n'y a pas assez de lumière pour une plante.

Les rideaux permettent d'atténuer la lumière pénétrant par cette grande fenêtre.

La fougère corne-de-cerf se plaît suspendue loin du soleil direct.

Les grandes feuilles de ce bananier exigent un ensoleillement direct et élevé, mais la plante peut supporter des températures allant jusqu'à 10 °C.

Un palier frais, bien aéré et haut de plafond est un emplacement idéal pour les grandes plantes vertes.

Une plante grimpante évite que le mur blanc ne réfléchisse trop la lumière.

Les lourds rideaux drapés peuvent être partiellement tirés pour maintenir la pièce fraîche.

Ce lierre retombant est abrité de la lumière directe par les autres plantes de la composition.

Parmi les plantes se plaisant dans ces conditions figure le fatsia.

Cette plante peut être abritée du soleil par les stores vénitiens.

Les murs et la literie blanche réfléchissent la lumière et apportent de la fraîcheur à la pièce.

Le mobilier sombre absorbe la lumière réfléchie par le sol clair et les murs.

Cette grande poterie permet de recueillir l'eau d'arrosage qui s'égoutte.

Cet escalier ouvert et spacieux est inclus dans un grand volume d'air frais.

Une grande baie sans ombrage permet à ce groupe de plantes de recevoir toute la lumière nécessaire.

Des stores sur toute la hauteur filtrent le soleil pénétrant dans la pièce.

• 115 •

• D'UNE PIÈCE A L'AUTRE •

Pièces de séjour 1

Dans la plupart des cas, la salle de séjour est la principale pièce de la maison, à la fois pièce à vivre et pièce de réception. On dépense souvent beaucoup d'argent pour son mobilier, les tissus et papiers peints. Schématiquement, les salles de séjour peuvent être à dominante traditionnelle ou moderne, avec des éléments d'un style donné pouvant s'adapter à d'autres éléments d'un autre style. Les plantes offrent un arrière-plan reposant aux couleurs fraîches, et elles doivent mettre en valeur l'aménagement de la pièce sans le dominer. Les éléments du mobilier sont souvent de grande taille dans un séjour, aussi les plantes doivent-elles être de taille appropriée pour équilibrer les meubles : une ou deux grandes plantes font généralement beaucoup plus d'effet qu'un ensemble de petits spécimens. Des arrangements de fleurs fraîches ou séchées et des plantes de petites dimensions peuvent former des tableaux sur des tables basses, des guéridons ou des étagères.

Placez vos plantes loin des radiateurs ou de la cheminée, à un endroit où elles auront assez de lumière, selon leurs besoins, et où vous pourrez facilement les arroser. Ne les installez pas dans un passage, à la fois pour le confort de chacun et pour la survie des plantes ! Une fois que vous aurez arrêté le type de plante et sa taille, cherchez à la placer dans le plan de la pièce, en veillant à ce que la plante et son cache-pot s'intègrent bien dans le décor.

Des formes linéaires, *ci-dessous*
Un intérieur moderne d'une simplicité tout orientale, axé sur des formes linéaires — la table basse, les canapés, les tableaux —, dans des couleurs neutres et sans motif. Le centre d'intérêt de la pièce est l'arrangement de branches séchées sur la table, qu'équilibrent, sur la gauche, le bonsaï et la statuette. Les grands dracaenas compensent le dépouillement de cette scène.

• PIÈCES DE SÉJOUR •

Noir et blanc
L'agencement des meubles, dans cet intérieur à la fois sévère et moderne, est dicté par la position de la cheminée et la vue sur la terrasse. Les plantes disposées à l'intérieur sont assez sombres mais n'en lient pas moins les deux volumes. Il est intéressant de noter que le décorateur a voulu avoir la rigueur des lignes en plaçant une misère à port retombant sur la cheminée (Tradescantia sp.) Le bouquet de fleurs blanches est en harmonie avec le blanc du sol et des murs, tout en étant situé dans un coin où domine le noir du mobilier.

Des imprimés et de la couleur
Cette pièce donne une impression de douceur et de calme, due surtout à l'abondance des tissus, notamment les rideaux et la nappe. Il faut de grandes plantes pour s'harmoniser avec ces tissus colorés et imprimés, sans pour autant les écraser. Derrière le canapé se dresse un majestueux doum d'Afrique du Nord (Chamaerops humilis), et on aperçoit au premier plan les frondes découpées d'un Caryota mitis. La pièce est centrée sur la table basse, avec sa pile de livres et son vase presque sphérique. On retrouve ces formes rondes avec les petites coupes placées sur le guéridon occupant l'angle, tandis que les feuilles arquées d'un superbe cymbidium en fleur se détachent sur un fond uni.

• D'UNE PIÈCE A L'AUTRE •

Pièces de séjour 2

Style rustique
Dans ce séjour de maison de campagne, tous les éléments contribuent à l'effet d'ensemble sans que l'un d'eux domine vraiment. Des espèces tropicales d'allure spectaculaire ne seraient bien sûr pas à leur place dans ce décor où, au contraire, sont à l'aise des plantes à petites feuilles de climat plus tempéré, ainsi qu'une corbeille de pot-pourri et un nid d'oiseau au premier plan. Les meubles en bois de style rustique, les imprimés fleuris et les gravures botaniques créent une atmosphère paisible.

Des contrastes de couleurs, *à gauche*
En comparaison avec la pièce ci-dessus, l'impression d'ensemble est ici plutôt la sévérité, bien que tous les meubles soient en fait très décoratifs. Les couleurs très contrastées, noir, rouge et blanc, sont groupées sur le tapis et se retrouvent aussi en une note flamboyante dans le bouquet de grands amaryllis (*Hippeastrum* sp.) et le vase blanc sur le piano noir.

Des teintes douces, *à droite*
Les stores créent une lumière douce dans cette pièce, une atmosphère tranquille qui n'est pas heurtée par des couleurs vives ou des dessins lourds. Le feuillage vert et délicat du bambou (*Arundinaria* sp.) s'accorde bien à cette légèreté d'ensemble. Les fleurs coupées et la petite plante en pot sont des points d'intérêt mineurs dispersés dans la pièce.

PIÈCES DE SÉJOUR

Dimensions, formes et teintes coordonnées, *à droite*
Les grandes feuilles du tilleul d'appartement (*Sparmannia africana*) s'harmonisent bien avec le papier à motifs géométriques qui tapisse le mur en arrière-plan. Le feuillage du kentia (*Howea belmoreana*), au premier plan, fait écho aux feuilles figurant dans le tableau, et les couleurs douces de la pièce sont présentes dans le bouquet de fleurs coupées.

Des lignes horizontales, *ci-dessous*
Des spots lumineux dirigés vers le bas soulignent les couleurs des meubles simples et du tissu imprimé, auxquelles font écho fleurs, plantes et objets. Les simples lignes horizontales des stores et du revêtement de sol unifient les divers points d'intérêt de cette pièce.

• D'UNE PIÈCE A L'AUTRE •

Pièces de séjour 3

L'essentiel, dans l'aménagement d'un séjour agréable et confortable, est l'agencement d'un ou plusieurs coins où s'asseoir, qui attirent les visiteurs dans cette pièce. Que cette aire de repos et de détente soit dans un angle de la pièce, à une extrémité, dans une alcôve ou près d'une grande baie vitrée, les plantes peuvent faire beaucoup pour sa décoration. Elles peuvent éclairer un tissu ou un papier peint, par contraste ou bien, au contraire, par association de couleurs avec les motifs des rideaux ou des fauteuils. La silhouette des plantes peut aussi permettre de souligner ou d'adoucir les formes du mobilier — par exemple en retombant gracieusement au-dessus du canapé, pour venir compléter un tableau ou encore pour dessiner la toile de fond d'un groupe de meubles en rotin.

Faire du plafond un élément décoratif, *à droite*
Les poutres apparentes et originales font ici partie du décor, tout comme les spots brillants. Les deux plantes à port retombant placées en hauteur soulignent l'intérêt du plafond et permettent en même temps de gagner de la place dans la pièce.

Canapé devant une fenêtre en saillie, *ci-dessus*
Un grand palmier d'Arec laisse retomber ses grandes frondes délicates au-dessus du canapé, en une gracieuse invitation à s'asseoir. La lumière filtrée par la fenêtre souligne le port architectural de cette plante. Les deux autres plantes d'intérieur sont un palmier nain et un calla blanc.

Un canapé moderne, *à droite*
Cette banquette faite de coussins est placée devant la fenêtre d'un salon moderne. Les lignes sont nettes, mais adoucies par la composition d'hortensias blancs (*Hydrangea* sp.) sur la gauche.

• PIÈCES DE SÉJOUR •

Un groupe de plantes pour un coin de la pièce

Voici une suggestion de composition pour « habiller » cet angle de la pièce, avec son fauteuil confortable et ses lourdes draperies. C'est un salon décoré dans des teintes neutres, ici près d'une fenêtre donnant vers l'est. La pièce n'étant pas toujours utilisée, et donc chauffée, il fallait choisir des plantes se plaisant dans un endroit frais. Lorsque l'on compose un groupe de plantes pour créer comme ici une atmosphère particulière, on trouve souvent quelques idées de départ dans les plantes déjà présentes dans la maison.

Le décor ci-dessous **avec quelques touches supplémentaires,** à droite
C'est un angle de la pièce agréable, mais le décor est un peu trop neutre et sans vie. Il faudrait quelques couleurs pour attirer l'œil vers la fenêtre. Un arrangement de plantes ou de fleurs fera bel effet sur le guéridon.
Il faut un ensemble assez touffu, sans pour autant qu'il domine le reste. Pour apporter quelques touches décoratives dans le même style, j'ai placé deux poupées de l'époque victorienne et un petit repose-pieds. Le coussin en velours et le repose-pieds sont du même rouge que les fleurs du cyclamen.

Réalisation
Disposez les pots sur un plateau en plastique un peu creux, afin de pouvoir arroser chaque plante selon ses besoins. Cet arrangement est composé de deux cyclamens (*Cyclamen persicum* hybrides) et d'un robuste fatsia (*Fatsia japonica*) dont le feuillage brillant met les fleurs en valeur. Un chlorophytum (*Chlorophytum* sp.) à l'arrière-plan offre un contraste avec le feuillage du fatsia, tandis que les tiges retombantes du lierre panaché (*Hedera helix* hybride) masquent le bord du plateau. Une grappe sombre de raisins donne une touche de fantaisie pour finir.

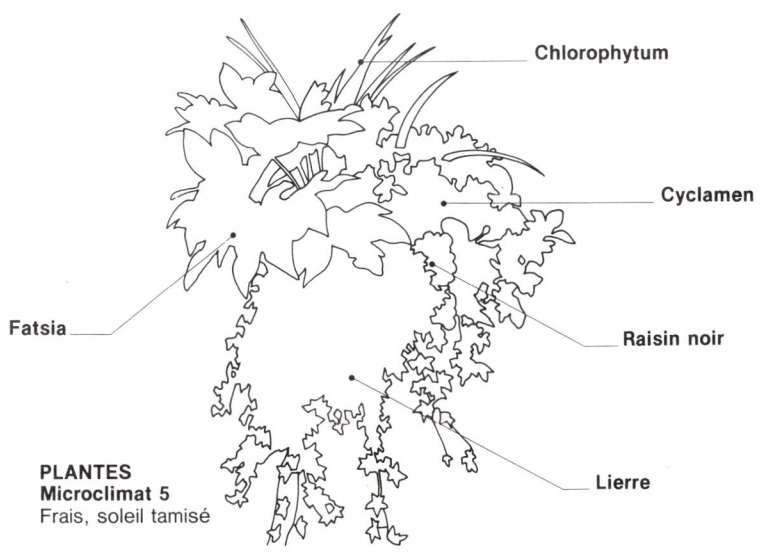

**PLANTES
Microclimat 5**
Frais, soleil tamisé

• D'UNE PIÈCE A L'AUTRE •

Pièces de séjour 4
Centre d'intérêt

Les plantes d'intérieur peuvent parfois devenir l'élément dominant de la pièce. Alors que les motifs compliqués et les couleurs vives tendent à masquer les plantes dans le décor, les tissus unis, les murs aux teintes douces ou sombres et les lignes strictes du mobilier moderne permettent de concentrer les regards sur les plantes ou les arrangements floraux.

Des feuilles bien dessinées, *ci-dessous*
Une plante à petites feuilles semblerait perdue dans cet environnement spacieux, mais ce superbe figuier lyre (*Ficus lyrata*) a beaucoup d'allure et apparaît automatiquement comme l'élément central du décor.

Une composition à petite échelle, *à droite*
Ce pied d'éléphant est une plante assez remarquable, utilisée ici pour mettre en valeur ce coin lecture, avec la table et la lampe. Les galets disposés sur la table et le sol relient ce petit arbre à son environnement.

Un décor peu ordinaire, *à droite*
Cette banquette impressionnante et originale est surmontée d'un kentia (*Howea belmoreana*). Ce palmier a parfaitement trouvé sa place ici, comme élément central, et l'on retrouve à plus petite échelle ses feuilles arquées avec les deux spathiphyllums aux deux extrémités de la console contre le mur. Avec les moulures du plafond, les panneaux des portes, ces plantes évoquent un certain passé.

Une tache de couleur, *à gauche*
Le mobilier strict et foncé de style moderne permet ici de bien remarquer le bouquet de pieds-d'alouette dans son vase en verre très simple. Ce petit bouquet attire aussitôt l'attention dans un décor par ailleurs austère.

Des textures contrastées, *à droite*
Il y a ici contrastes d'échelle, de lignes et de textures. La rude géométrie des poutres sombres est mise en valeur par la touche délicate du lierre retombant et les touffes gracieuses du papyrus.

• D'UNE PIÈCE A L'AUTRE •

Pièces de séjour 5
Décors de table

Quel que soit le style du salon, il y a généralement une table basse, ou un guéridon, ou une console, que l'on peut concevoir comme des centres d'intérêt secondaires. Pour les mettre en valeur, plantes et fleurs doivent s'harmoniser avec les autres objets, bibelots, livres ou lampes.

Une question d'échelle, *à droite*
Une petite plante passerait inaperçue dans cette pièce aux éléments décoratifs de grande taille, tandis que ce coleus (*Coleus blumei*) très coloré est assez grand pour être remarqué. Les marques rouges des feuilles s'harmonisent avec le rouge du canapé.

Des tons doux, *ci-dessus*
Ce panier d'herbes et de fleurs séchées se marie bien aux teintes chaudes des livres reliés en cuir et de la bibliothèque en bois, apportant des notes estivales dans ce décor studieux.

Des lignes élégantes, *ci-dessus*
Le cou gracieusement incliné de ce cygne en bois semble aussi souple que les tiges des tulipes formant les bouquets qui l'encadrent. Les couleurs douces sont en harmonie avec celles du canapé.

Des formes contrastées, *ci-dessus*
Avec les objets en bois et la lampe d'inspiration orientale, ce bouquet de lavande séchée forme un bel ensemble.

Une corbeille remarquée, *ci-dessus*
Ces pieds de *Soleirolia soleirolii* arrangés dans une corbeille attirent l'œil par leur feuillage touffu et minuscule, et doivent être entourés d'objets discrets pour les mettre en valeur.

Pour unifier le décor, *à gauche*
Dans ce mélange éclectique de meubles et d'objets, la composition de feuilles de monstera et d'*Eremurus* en épis fleuris sert de lien entre les éléments et les couleurs.

• PIÈCES DE SÉJOUR •

• D'UNE PIÈCE A L'AUTRE •

Pièces de séjour 6

Bien que conçus spécialement pour supporter des objets, étagères et dessus de cheminée ne sont généralement pas des endroits très favorables à l'épanouissement des plantes. Du fait d'un manque d'espace et de lumière, mieux vaut souvent se contenter de bouquets de fleurs coupées ou séchées, de plantes fleuries, annuelles ou bulbeuses.

Étagères de cactées, *à gauche*
Avec leurs formes simples et compactes, ces cactus ont l'air bien rangés sur les étagères. Qui plus est, leur disposition dans cette alcôve, avec une source lumineuse au-dessus, un miroir derrière, et sur des étagères en verre, ne fait que renforcer leur impact. L'éclairage par le dessus met en relief les touffes duveteuses et les épines acérées de certaines espèces. Remarquez que les étagères sont vertes en section (cela est dû à la réfraction de la lumière). Vous pouvez également composer ce type de vitrine avec une collection de fougères ou de petites plantes à port retombant, mais assurez-vous qu'elles auront assez de lumière.

Des fleurs séchées, *ci-dessus*
Cinq bouquets ronds de fleurs séchées forment une jolie bordure au bas de cette grande glace surmontant la cheminée. Ils s'intègrent bien dans l'alignement de bibelots sur la cheminée. N'oubliez pas de secouer de temps en temps la poussière des bouquets secs.

Bouquet de fleurs des champs, *à droite*
Les fleurs des champs sont généralement des fleurs simples, aux teintes souvent plus douces que les variétés horticoles. Une composition florale trop sophistiquée ne serait pas à sa place devant ce cadre gothique, mais ces deux bouquets légers de fleurs sauvages ne nuisent pas au tracé délicat des ogives. Cette tablette cache un radiateur qu'il vaut mieux fermer avant de poser un bouquet de fleurs coupées. Les fleurs sauvages se fanent en effet très vite si elles ne restent pas à une température fraîche (vous pouvez les cultiver vous-même plutôt que d'aller les cueillir dans la nature).

• PIÈCES DE SÉJOUR •

Des guirlandes au-dessus de la cheminée

La cheminée est souvent le point d'attraction d'une pièce. Mais quand on n'y fait plus de feu, une décoration du manteau de la cheminée compense la nudité du foyer.

Le décor, *à droite*
Cette couronne de fleurs séchées va bien avec le style et les teintes naturelles de la cheminée et du reste du décor — canards en bois et vieux chapeau de paille. La couronne est excentrée et équilibrée par les objets placés à gauche.

Tiges de *Chionanthus virginicus*
Fougère
Immortelle
Avoine
Clochette d'Irlande
Alchémille
Blé   Gypsophile
Statice jaune

Décoration pour une occasion particulière, *à droite*
Ces décorations comprenant des fleurs fraîches, n'allumez pas le feu, sauf si les fleurs ne doivent tenir que quelques heures. Les deux tresses sont faites de feuilles de magnolia peintes en blanc, d'herbe de la pampa et de citrons, tigés et fixés sur un support de grillage souple renfermant de la mousse humide et dans lequel on a piqué des tiges de chrysanthèmes jaunes.

• D'UNE PIÈCE A L'AUTRE •

Pièces de séjour 7
Plantes et tableaux

Les différents styles de peinture suggèrent divers types de plantes permettant de les mettre en valeur. Plantes ou fleurs associées à un tableau peuvent lui redonner vie ou rappeler des motifs, des textures ou des teintes du tableau. Chaque association plante-tableau peut constituer une composante de l'aménagement de la pièce, ou même l'élément central s'il s'agit d'un grand tableau.

Ancien et moderne, *ci-dessus*
Des lis *(Lilium auratum)* et des gerberas *(Gerbera jamesonii)* dans un vase moderne offrent un contraste plein d'humour avec une nature morte traditionnelle.

Jeu de textures, *ci-dessus*
Il y a ici harmonie entre les textures du tableau, de la table et des feuilles marbrées d'un *Ligularia*.

Rappel d'une couleur, *ci-dessus*
C'est la couleur qui unifie cette composition triangulaire sur la cheminée — le jaune du soleil peint est aussi celui des lis *(Lilium* hybrides*)*.

Utilisation d'une couleur dominante, *à droite*
C'est encore la couleur qui est à la base de l'association entre les fleurs du tableau et celles du bouquet qui ressortent bien sur ce décor aux tons neutres.

• D'UNE PIÈCE A L'AUTRE •

Salles à manger 1

Il n'est pas facile d'envisager les principaux styles de décoration intérieure quand il y a tant de variantes possibles, et lorsque les frontières qui les séparent sont assez floues.

On peut trouver, pour les salles à manger, une gamme de styles aussi variée que pour les salles de séjour. L'un des styles encore les plus courants est basé sur des tissus inspirés des XVIII° et XIX° siècles, avec un mobilier rustique traditionnel. Le style des colons américains et ceux, plus folkloriques, ayant recours à des objets et des tissus importés d'Inde et d'Extrême-Orient sont un peu des ramifications de ce style. Plantes et fleurs colorées s'intègrent bien dans ce type de pièce. Le style high-tech, plus sévère, apparu dans les années 70, a un air utilitaire, mais il a été adapté à grande échelle par les fabricants pour fournir les citadins en objets et meubles finalement très sophistiqués. Des plantes à port dressé ou à feuilles linéaires, pointues, s'harmonisent avec une atmosphère assez austère. Plus récemment est apparu un style plus doux, axé sur les tons pastel et l'utilisation de tentures, rappelant un peu l'esprit des années 20. L'essentiel des décors intérieurs modernes n'est d'ailleurs souvent qu'une interprétation différente des années 20, 30, 40 et 50.

Style rustique, *ci-dessus*
Cette salle à manger présente un condensé de ce style, avec son mobilier, son revêtement de sol et ses rideaux à petits motifs imprimés. De grands paniers de fleurs séchées complètent le tableau et leurs teintes douces s'harmonisent bien aux teintes sombres du mobilier ancien.

Pour adoucir les angles, *à droite*
Les formes géométriques de la lampe et des chaises de ce coin repas sont inspirées du mobilier fonctionnel des années 50. Cette sévérité est adoucie par les grandes feuilles d'un *Persea americana*.

• SALLES A MANGER •

Lignes sévères et sophistiquées, *ci-dessus*
La table en verre accentue l'impact des bouquets, et les tulipes rouges *(Tulipa* sp.) contrastent de façon spectaculaire avec le mobilier noir aux lignes originales.

Décor de cheminée, *ci-dessus*
Une brassée de gypsophile *(Gypsophila paniculata)* apporte de la fraîcheur au centre de cette table bien cirée, tandis que s'alignent sagement sur la cheminée de petits pots de *Soleirolia soleirolii*.

• D'UNE PIÈCE A L'AUTRE •

Salles à manger 2

Opulence à petite échelle, *à droite*
Cette salle à manger mansardée, bien que petite, a une allure aristocratique. Des chaises recouvertes de tapisserie et de l'argenterie brillant de tous ses feux sont encadrées par deux grands crotons *(Codiaeum variegatum pictum)* touffus. On retrouve sur leurs feuilles les teintes dominantes de la décoration — rouge et vert.

Un coin repas dans un grand espace, *ci-dessous*
Ce coin repas dégagé est surplombé au niveau supérieur par un passage original. A une extrémité de la table, un groupe luxuriant de fougères et de *Philodendron bipinnatifidum* crée par sa masse un centre d'intérêt aussi agréable à regarder de la table que de l'étage supérieur.

• SALLES A MANGER •

Une décoration réussie avec deux plantes, *à gauche*
Le palmier spectaculaire dominant dans l'angle de cette salle à manger attire l'œil d'emblée. Mais une plante plus petite et plus touffue, placée plus bas, attire ensuite les regards vers la table, qui est le principal centre d'intérêt de la pièce.

Un décor de table étudié, *ci-dessous*
Pour une table de fête, décorez votre table de fleurs coupées ou de plantes fleuries assorties au service. Ici, les fleurs jaunes et blanches se marient aux teintes des sets de table et des assiettes tandis qu'un grand tilleul d'appartement apporte une note de verdure de belle taille.

• D'UNE PIÈCE A L'AUTRE •

Salles à manger 3

Le principal centre d'intérêt d'une salle à manger doit, bien sûr, être la table. Une composition florale centrale doit être en harmonie avec la nappe et le couvert, sans empêcher les conversations entre convives.

Quelques fleurs flottant sur l'eau suffisent à faire une jolie décoration, surtout si leurs teintes se retrouvent dans les plats servis. Les autres fleurs de la pièce ne doivent pas détourner l'attention de cet élément central.

Une nature morte élégante, à gauche
Voici une charmante composition en nature morte sur une desserte qui sait rester discrète. La disposition des différents objets gagne un peu de vie avec le bouquet de lis dans son vase étroit.

Des motifs floraux en abondance, à droite
Même sans la table, au centre, cette salle à manger a un air estival avec ses couleurs chaudes et son abondance de verdure. Un papier peint aux feuilles de lierre, une nappe aux motifs à fleurs et deux figuiers pleureurs (Ficus benjamina) de chaque côté de la cheminée constituent l'environnement d'une composition florale originale et chaleureuse, faite de chèvrefeuille à fleurs orangées (Lonicera brownii) et de lierre (Hedera helix hybride) disposés dans un panier.

Des couleurs coordonnées, à droite
Les fleurs artificielles peuvent tout à fait avoir leur place dans certaines situations, comme par exemple sur une table. En plein hiver, elles offrent la possibilité de recréer un bouquet aux couleurs estivales. Ici, leurs couleurs vives se détachent bien sur le fond blanc de la nappe. L'association de fleurs orange, blanches et mauves et de feuillage vert est assortie au décor floral de la vaisselle.

• SALLES A MANGER •

• D'UNE PIÈCE A L'AUTRE •

Cuisines 1

Les cuisines peuvent être de deux types : d'étroites aires de travail ou des cuisines « à vivre ». Par définition, les plans de travail doivent être pratiques et ne se prêtent guère à la décoration, d'autant que les effets de la vapeur, des variations de température incessantes n'offrent pas des conditions de culture idéales. Certaines plantes se plairont cependant dans l'atmosphère humide et chaude de la cuisine. Des bouquets de fleurs séchées, des coupes de coloquintes, de fruits et de légumes peuvent être très décoratifs pourvu qu'ils ne vous gênent pas. Les appuis de fenêtres peuvent aussi être utilisés, si les plantes ne risquent pas de souffrir de la chute de la température nocturne. Vous pouvez aussi les placer dans des paniers suspendus, à des endroits où vous pourrez les arroser souvent et sans difficulté.

Un petit air de style, *ci-dessous*
On a recréé dans cette cuisine une atmosphère un peu ancienne, avec les casseroles en cuivre, les cuillères en bois et les paniers qui tous se détachent bien dans le décor. Le bouquet de tulipes blanches constitue cependant le principal centre d'intérêt.

Des couleurs primaires, *à gauche*
Les fleurs de chrysanthèmes, avec les fraises, citrons, poivrons et tomates, apportent une note vive supplémentaire, qui renforce l'association de couleurs primaires, dominante dans la décoration de cette cuisine profilée. La disposition fonctionnelle est soulignée par l'éclairage au niveau du plan de travail.

Pratique et décoratif, *à gauche*
Le bric-à-brac typique que l'on s'attend à trouver sur l'appui de fenêtre d'une cuisine campagnarde. Des herbes et des fleurs qui sèchent pendent en guirlande au-dessus de la fenêtre, dans un but à la fois pratique et décoratif. La coupe de fruits et le pot de cyclamen *(Cyclamen persicum* hybride) contribuent à créer une atmosphère chaleureuse et accueillante dans cette pièce à vivre.

Simple et chaleureux, *à gauche*
La table du petit déjeuner est égayée par un simple bouquet de fleurs du jardin, de feuillage et de graminées dans une cruche, et un philodendron *(Philodendron scandens)* retombe joliment sur les étagères qui abritent une collection de vaisselle américaine dans les tons de bleu et blanc. Cette plante originaire des forêts tropicales humides se plaît dans une atmosphère chaude et humide.

• CUISINES •

Décor grillagé, *à droite*
Une cuisine dans le style high-tech, où l'on a astucieusement utilisé des plaques grillagées pour accrocher des ustensiles au-dessus de l'évier et répété le motif comme support pour des plantes retombantes devant la fenêtre. Les plantes bénéficient ainsi d'une lumière vive sans encombrer le plan de travail. Les revêtements sur le mur et au sol répètent ces motifs à carreaux, mais la présence des plantes adoucit la dominante fonctionnelle de cette cuisine.

Mise en valeur d'un haut plafond, *à droite*
Le plafond d'une grande cuisine qui n'est pas trop envahie par la vapeur est l'endroit idéal pour faire sécher fleurs et herbes. Lorsque la pièce est haute de plafond, de gros bouquets de fleurs l'habillent sans empiéter sur la place disponible. Dans cette cuisine de campagne, des paniers, des stores en rotin et une cage à oiseau s'harmonisent avec le décor simple en bois naturel.

• 137 •

• D'UNE PIÈCE A L'AUTRE •

Cuisines 2

Dans une petite cuisine, on ne veut souvent pas s'encombrer de plantes vertes sur les plans de travail déjà réduits. Il y a pourtant plusieurs façons pratiques de résoudre ce problème, tout en préservant les surfaces de travail et de repas.

Mise en valeur d'un mur uni, *à droite*
On pense souvent à utiliser des grilles ou des caillebotis pour y accrocher casseroles et ustensiles de cuisine. Pourquoi pas des plantes ? Cette grille métallique gainée de plastique est le support idéal pour une collection de petites plantes aromatiques que vous aurez ainsi sous la main en faisant la cuisine.

Décoration du coin repas, *ci-dessus*
Le coin repas de la cuisine est ici égayé par un lierre des Canaries (*Hedera canariensis* hybride). Le décor blanc, simple, focalise l'attention sur le feuillage vert.

Un coin de cuisine, *ci-dessous*
Plusieurs plantes d'intérieur enjolivent cette cuisine sans qu'aucune occupe un espace de travail. Une fougère de Boston luxuriante est pendue au plafond par une chaîne.

• CUISINES •

Une idée pour un vaisselier

Cette collection de vaisselle bleu et blanc en faïence fine ressort particulièrement bien sur ce vaisselier de style rustique. Mais l'ensemble est un peu trop rigide. Les étagères d'un vaisselier sont en général étroites et destinées à la présentation, à la différence des étagères des buffets habituels. Un vaisselier constitue de ce fait un meuble d'« exposition » idéal pour des plantes.

Le décor, *ci-dessous*
Les surfaces de mur blanc derrière la vaisselle sont assez austères et auraient besoin d'être un peu « habillées ». Mais une collection de plantes variées ne serait pas en harmonie avec le style de la cuisine.

PLANTES

Microclimat 4
Frais, ensoleillé   **Pommiers d'amour**

Réalisation
On a choisi ici cinq plantes de la même espèce — le pommier d'amour *(Solanum caspicastrum)*. Ses baies rouge orangé apportent une note de couleur tout en restant assez discrètes, et se marient bien avec la vaisselle bleu et blanc.

Vue d'ensemble de la cuisine, *ci-dessus*
Dans cet intérieur de style rustique, les pommiers d'amour, avec leurs baies colorées et leurs petites feuilles serrées, réchauffent et adoucissent une ambiance qui, sinon, serait un peu figée.

Entretien des plantes, *à gauche*
Cette petite plante est précieuse car elle fructifie en hiver, pendant près de deux mois. Au printemps, elle porte de petites fleurs blanches insignifiantes. Dans une pièce fraîche, elle aime l'humidité. Le vaisselier ne recevant pas de lumière directe, placez ces plantes au soleil quelques heures chaque jour.

• D'UNE PIÈCE A L'AUTRE •

Chambres à coucher 1

Votre chambre à coucher est, bien sûr, une pièce très personnelle, où vous pouvez laisser libre cours à votre imagination pour la décoration. Une composition de fleurs fraîches ou séchées pour une chambre d'amis est également une attention délicate. Il faut cependant prévoir de façon pratique l'emplacement des plantes ou fleurs. Si vous manquez d'espace, pensez à une plante ou à un bouquet sur un piédestal dans un coin de la pièce, ou encore à une décoration florale sous forme de guirlande.

Des couleurs vives en harmonie, *ci-dessous*
Cette chambre à coucher originale est égayée de couleurs vives et bien éclairée. Le rappel de deux bouquets de tulipes blanches et une grande euphorbe soulignent l'originalité du style adopté.

Une chambre art déco, *à droite*
Une grande plante met en valeur un superbe ensemble cache-pot et piédestal, en parfaite harmonie avec la collection d'objets de style art déco et le motif floral du rideau.

• CHAMBRES A COUCHER •

Une atmosphère romantique, *à gauche*
Cette chambre à coucher empreinte de nostalgie se reflète dans une grande glace décorée de guirlandes de fleurs séchées. Les montants du lit en cuivre portent également des rubans et de petits bouquets de roses artificielles.

Une impression d'espace, *ci-dessous*
Un superbe figuier pleureur *(Ficus benjamina)* occupe un coin ensoleillé de cette chambre à coucher très aérée. Bien qu'imposante, la plante est placée dans un angle et ne fait ainsi que renforcer l'impression d'espace et de luminosité.

• 141 •

• D'UNE PIÈCE A L'AUTRE •

Chambres à coucher 2

Autour d'un tableau, *ci-dessus*
Cette commode à tiroirs constitue un support robuste pour une simple cinéraire *(Senecio cruentus)*, qui met subtilement en valeur le sujet du tableau accroché juste au-dessus.

Un coin de lumière, *ci-dessus*
Le soleil entrant à flots par la fenêtre de cette chambre éclaire une collection de plantes. Un grand hibiscus (*Hibiscus* sp.) contribue à donner à ce coin un petit air de véranda.

Une place appropriée pour les fleurs artificielles, *à gauche*
Certaines personnes sont tout à fait opposées à l'idée de mettre des fleurs coupées ou des plantes vertes dans une chambre à coucher. Si c'est votre cas, vous pouvez envisager une décoration de fleurs artificielles comme ce ravissant panier de myosotis. Les chambres de style rustique peuvent ainsi être décorées de compositions florales disposées dans des paniers peints.

Une chambre à coucher romantique, *à droite*
Un bouquet de lilas (*Syringa* sp.) se reflétant dans le miroir inonde la chambre de son parfum. Les fleurs de lilas s'intègrent bien à ce décor d'oreillers à taie en dentelle et de papier peint à petits motifs roses et blancs. Dans une chambre, placez les bouquets en lieu sûr, là où vous ne risquerez pas de les renverser en vous habillant ou en faisant le lit.

Dans des tons coordonnés, *à droite*
Dans une chambre à coucher de style soigneusement étudié, un grand vase d'amours-en-cage (*Physalis franchetii* « Gigantea ») trône sur la cheminée, contribuant à attirer le regard vers un foyer chaleureux. Ces « lampions » orange et verts se marient à merveille avec les teintes de l'armoire peinte, des tissus et du papier peint.

• CHAMBRES A COUCHER •

• D'UNE PIÈCE A L'AUTRE •

Salles de bains 1

Le cadre relaxant de la salle de bains peut se prêter à la mise en valeur de quelques-unes de vos plantes les plus belles ou les plus originales. Des cache-pot en harmonie avec les matériaux du décor vous garantiront la réussite de l'arrangement.

Pourvu qu'elle soit bien éclairée, la salle de bains offre un environnement très favorable à beaucoup de plantes. Ce sont en général des pièces chaudes où, deux ou trois fois par jour, l'air est saturé d'humidité. Ce haut niveau d'humidité dure un moment après la douche ou le bain, le temps que les serviettes sèchent et que l'humidité accumulée sur les parois s'évapore. Même si vous posez du verre non transparent sur la fenêtre, la perte de lumière est faible ; le soleil direct devient une lumière vive tamisée.

Un coin de jungle, *ci-dessus*
Dans cette salle de bains de style victorien, un angle vide est un bon emplacement pour un grand monstera qui surplombe la baignoire blanche, ancienne. Cette plante aimant la chaleur et l'humidité, elle devrait s'épanouir dans cette ambiance.

Une salle de bains de style oriental, *à gauche*
Cette salle de bains a un air japonais, avec ses surfaces nettes, noir et blanc, sobres. Le feuillage délicat du papyrus est tout à son avantage sur l'appui de la fenêtre.

Une salle de bains parfumée, *à droite*
Une salle de bains élégante, avec deux potées de gardénias sur le rebord de la baignoire. Leur parfum flotte dans la pièce et ils s'épanouissent dans cette atmosphère humide.

Un décor temporaire, *ci-dessous*
Bien qu'il faille changer une plante comme cet agapanthe toutes les trois semaines environ (car elle ne reçoit pas de lumière naturelle), elle apporte dans cette salle de bains une touche décorative indéniable.

Des fleurs coupées pour la salle de bains, *à gauche*
Les teintes fraîches, vert, rose et blanc, de cette salle de bains sont soulignées par les fleurs coupées disposées devant la fenêtre et au bord de la baignoire.

Une petite salle de bains, *à droite*
Les miroirs sont un moyen formidable d'accroître en apparence la taille d'une petite salle de bains. Les plantes vertes utilisées pour la décoration (ici, deux yuccas) font alors deux fois plus d'effet !

• D'UNE PIÈCE A L'AUTRE •

Salles de bains 2

Bien que la place soit souvent insuffisante dans la salle de bains, il y a différentes façons d'y disposer des plantes. Il y a le style « au hasard », avec plusieurs petites plantes apparaissant entre le savon et la brosse à dents ; tandis que, pour un effet plus focalisé, une ou deux grandes plantes suffisent à attirer l'attention.

Utilisez les étagères, *à droite*
Les fougères aiment l'ambiance chaude et humide des salles de bains. Ici, de petites étagères au-dessus du lavabo constituent une véritable petite collection.

Bois peint et simplicité rustique, *ci-dessus*
Dans cette salle de bains aux boiseries peintes, le mur du fond est « habillé » par une petite étagère portant des coquillages et par des plantes encadrant la baignoire. Cet aspect simple et dépouillé de la pièce fait bien ressortir les plantes.

Vrai ou faux, *à gauche*
Deux ravissantes tulipes (*Tulipa* sp.) dans un vase élégant se fondent presque dans la tapisserie fleurie de cette salle de bains.

Une salle de bains très fleurie, *ci-dessus*
Les motifs du tissu du rideau sont repris sur les murs, sous forme de primevères et de roses peintes.

• SALLES DE BAINS •

Des plantes épiphytes dans l'embrasure de la fenêtre

La plupart des broméliacées sont originaires des régions tropicales d'Amérique, où elles vivent sur les arbres ou les cailloux. Leurs racines ont essentiellement un rôle de support ; elles captent par leur feuillage l'humidité atmosphérique, aussi faut-il les vaporiser régulièrement (eau de pluie ou distillée).

Réalisation, *à droite*
Une plante épiphyte seule est difficile à mettre en valeur : mieux vaut en grouper plusieurs. Cette collection de coquillages sert de support aux plantes et apporte à ce décor de salle de bains une touche de fonds marins.

Le décor, *ci-dessous*
Les plantes épiphytes recherchent l'humidité atmosphérique, mais sont beaucoup plus résistantes qu'elles n'en ont l'air. Cette embrasure de fenêtre bien éclairée, avec des tablettes en verre, est un emplacement idéal.

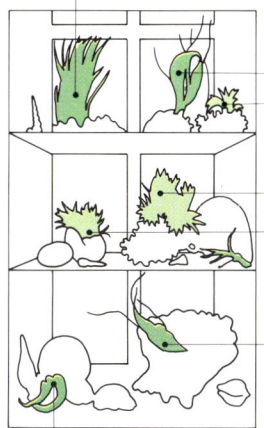

Tillandsia butzii
Tillandsia bulbosa
Tillandsia ionantha
Tillandsia ionantha
Tillandsia argentea
Tillandsia bulbosa
Tillandsia juncea

PLANTES
Microclimat 1
Chaud, ensoleillé

Détail de la mise en place, *ci-dessus et à gauche*
Placées sur des coquillages, des morceaux de bois, du liège ou des pierres, les broméliacées épiphytes ont une allure surnaturelle. Ici, le feuillage gris-vert délicat contraste avec les formes pleines des coquillages et des coraux. Les tablettes en verre laissent filtrer la lumière entre les plantes et renforcent la teinte nacrée des coquillages. Insérez ou attachez les plantes dans les coquillages. Avec le temps, les racines se fixeront d'elles-mêmes au support.

• D'UNE PIÈCE A L'AUTRE •

Entrées et vestibules 1

La porte d'entrée, puis l'entrée sont les premières vues que l'on a de la maison en entrant. Habilement décorées, elles peuvent être chaleureuses et accueillantes, attirant le visiteur vers le cœur de la maison. Bien que cette première impression soit importante, les entrées et vestibules sont malheureusement souvent mal éclairés et subissent des variations de température. Aussi ne peut-on généralement y placer que les plantes d'intérieur les plus résistantes. Les plantes de belle-mère et les langues de belle-mère sont bien connues pour être peu exigeantes.

Fleurs et feuillages séchés sont très précieux pour réaliser des compositions dans une entrée particulièrement mal éclairée. On passe, bien sûr, dans une entrée ou un corridor en position debout, aussi pensez à mettre les plantes à bonne hauteur et évitez de placer des plantes retombantes dans le passage. Elles ne survivront pas longtemps si elles sont continuellement bousculées.

Décorations pour un grand hall d'entrée, *ci-dessus*
Les murs de brique nue de cette pièce sont adoucis par la présence de branchages de hêtre séchés, dont les tons chauds s'harmonisent avec ceux de la brique. Deux yuccas encadrent la porte et une corbeille de coloquintes garnit la table en bois brut.

Encadrement de la porte, *à gauche*
Deux robustes yuccas encadrent la porte menant à une véranda ensoleillée. Leurs feuilles vertes arquées constituent une transition, invitant à passer dans l'autre pièce.

Une plante impressionnante, *à droite*
Une magnifique fougère corne-de-cerf placée au centre domine cette entrée. Une grande vasque très décorative placée dessous permet de recueillir l'eau d'arrosage et évite que l'on s'approche trop de la plante, ce dont elle risquerait de souffrir.

• ENTRÉES ET VESTIBULES •

• D'UNE PIÈCE A L'AUTRE •

Entrées et vestibules 2

Si vous disposez d'une entrée assez grande pour y placer des meubles, vous pouvez tirer le meilleur parti de vos arrangements de plantes ou de fleurs. Cependant, même dans une entrée qui n'est guère qu'un couloir, il y a plusieurs façons de faire en sorte que vos décorations ne passent pas inaperçues.

S'il y a vraiment très peu de place, préparez une guirlande de grillage métallique sur laquelle vous fixerez des fleurs séchées. Les couronnes sont très décoratives également, notamment pour Noël.

Utilisation d'une glace, *ci-dessus*
Une grande glace placée au-dessus de la tablette du vestibule double l'effet produit par les deux plantes — un dragonnier et une vigne d'appartement. Qui plus est, le miroir agrandit le vestibule.

Utilisation d'une étagère, *à droite*
Une belle tablette en marbre fixée au mur offre un support idéal à un bouquet d'herbes et de roses séchées. Deux petits vases encadrent le vase central tandis qu'un miroir met en valeur cet arrangement.

A grande échelle pour meubler la pièce, *à gauche*
Étant le plus souvent une pièce fraîche, l'entrée est un bon endroit pour mettre en valeur un bouquet de fleurs coupées et pour qu'elles durent assez longtemps. Ici, un grand bouquet simple et fourni d'hémérocalles *(Hemerocallis* sp.*)* et de fenouil *(Foeniculum* sp.*)* remplit un espace vide sur un fond de mur uni et blanc dans une maison de campagne. Les fleurs, placées sur un beau coffre noir, rappellent les teintes chaudes des fleurs du canapé, faisant de cette entrée une pièce chaleureuse et accueillante.

• ENTRÉES ET VESTIBULES •

Réalisation d'un bouquet hivernal pour une entrée

On a placé dans ce coin un peu triste du vestibule, devant les portes en pin d'une armoire qu'on ouvre rarement, un bouquet hivernal de fleurs rouges et jaunes, avec des baies, des bulbes à floraison précoce et des feuillages persistants pour adoucir l'ensemble. Une grande coupe sert de récipient et les fleurs sont piquées dans un bloc de mousse synthétique dépassant de 15 cm la hauteur de la coupe.

Décor initial, *ci-dessus*
Ce coin de la pièce est bien éclairé latéralement et l'on peut facilement renouveler l'eau du bouquet. La teinte douce du pin offre un arrière-plan agréable à ce bouquet de forme triangulaire, qui adoucit les lignes verticales qui l'entourent. Le pied sur lequel est posé le bouquet étant un peu excentré, l'attention est attirée vers la source de lumière.

Réalisation

Un triangle
J'ai utilisé des branches de mahonia pour dessiner la structure du bouquet, puis de grands chrysanthèmes jaunes vers l'extérieur, bronze vers l'intérieur. Des rameaux de jasmin, de freesia et des feuillages persistants donnent du volume à l'ensemble.

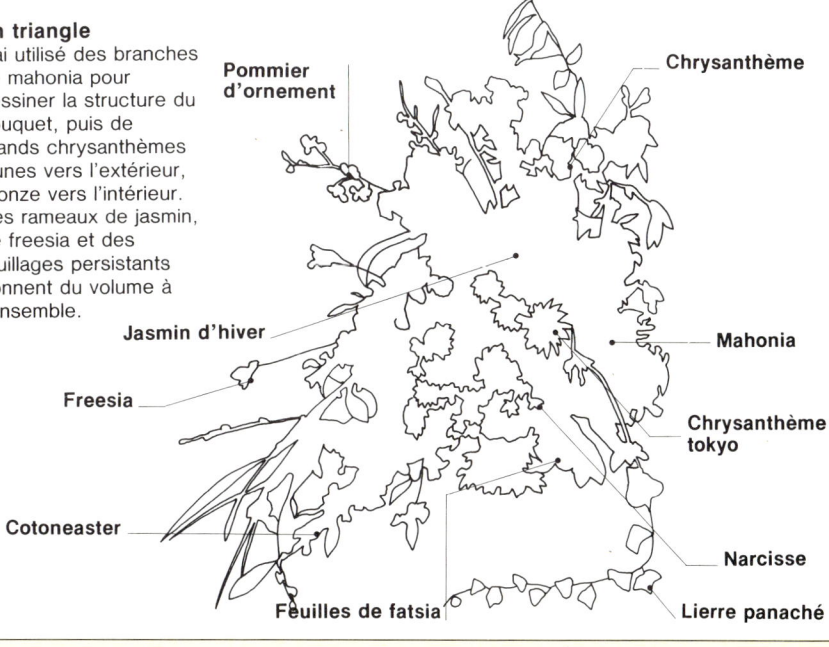

• 151 •

• D'UNE PIÈCE A L'AUTRE •

Escaliers et paliers

L'escalier n'est peut-être pas un endroit dans lequel vous penseriez à mettre des plantes, mais, si vous suivez les conseils concernant les entrées, le résultat peut être très réussi. Escaliers et paliers sont parfois froids et parcourus de courants d'air, aussi choisissez des espèces résistantes. L'escalier ne doit bien sûr pas être encombré, mais il y a parfois assez de place sur un palier intermédiaire pour un grand spécimen ou une collection de petites plantes. Si l'escalier tourne autour d'un jour central et est assez éclairé, essayez d'y installer une plante dressée ou grimpante pour utiliser au mieux un espace vide.

Les fenêtres ou lucarnes en haut de l'escalier sont des sources de lumière qui permettent aux plantes de s'épanouir. Vous pouvez accrocher au châssis de la lucarne un grand panier suspendu contenant des plantes d'entretien facile, comme la misère, le chlorophytum ou le plectranthe (*Plectranthus australis*). Les plantes retomberont rapidement en cascade au-dessus de l'escalier, parfois de plusieurs mètres.

Profiter d'un palier, *à gauche*
Ce palier à mi-hauteur de l'escalier est bien éclairé et assez vaste pour accueillir des plantes. Meubles, tableaux et bibelots de style apportent une touche victorienne à cet escalier, ainsi que les deux vases d'herbes de la pampa (*Coratderia* sp.) et la verdure qui encadre le bas de la fenêtre.

Un palier à grande échelle, *à droite*
Cet escalier imposant aboutit sur un large palier ensoleillé, décor accueillant pour le feuillage remarquable d'un bananier (*Musa* sp.). La taille de la baie vitrée est telle qu'on peut disposer plusieurs grandes plantes sur le palier. Les jeux d'ombre et de lumière sur les différents types de feuillage font beaucoup d'effet.

Utilisation d'une lucarne
Des plantes suspendues dominent ce petit palier éclairé par une lucarne. Les différentes plantes, notamment chlorophytum (*Chlorophytum* sp.) et fougère de Boston (*Nephrolepis* sp.), se reflètent dans la glace murale, ce qui accentue l'impression de verdure luxuriante.

Une cascade de verdure
Ce sobre et large escalier de pierre est abondamment garni de plantes retombantes, mais laisse encore une impression d'espace. Un magnifique exemplaire de *Nephrolepis cordifolia* domine le bas des marches tandis que de longues guirlandes de vigne d'appartement cascadent depuis le balcon supérieur.

Des fleurs sur le palier
Ce coin tranquille de l'escalier est mis en valeur par un simple bouquet de fleurs du jardin, éclairé latéralement par une fenêtre. Le bouquet crée un équilibre avec le tableau accroché au-dessus, tout en respectant les tons neutres de l'ensemble.

• D'UNE PIÈCE A L'AUTRE •

Serres et vérandas 1

Traditionnellement, la verrière ou véranda était un endroit pour exposer les plantes élevées en serre, où elles retournaient lorsque la composition commençait à être moins belle. La serre ou la verrière modernes sont plus conçues comme un endroit de repos où l'on profite de la chaleur du soleil, mais elles constituent aussi un emplacement qui convient aux plantes. Les fanatiques en feront une véritable jungle dominée par la verdure mais on peut obtenir autant d'effet avec moins de plantes, habilement disposées.

Des pièces de ce type offrent aux plantes lumière, espace, atmosphère humide. Si vous arrosez parcimonieusement en hiver, de nombreuses plantes survivront dans une serre chauffée à 10° C seulement. Il faudra prévoir un système d'ombrage pour l'été.

Un coin repas avec des plantes, *à droite*
Cette extension de la maison en forme de serre semble spacieuse et aérée. Cet effet est dû au petit nombre de plantes qui, sans être encombrantes, adoucissent les lignes architecturales. La plupart des plantes sont posées sur des étagères fixées tout autour de la pièce, à environ 1 m de hauteur. Un grand caoutchouc se dresse dans un coin.

Une véranda chaude, *ci-dessous*
Cette pièce spectaculaire doit être maintenue à une température élevée en hiver pour le bien-être des plantes tropicales qui y poussent. Les baies vitrées sont munies de doubles vitrages pour limiter les déperditions de chaleur. Les grandes plantes sont placées dans des pots, des paniers, ou des jardinières en brique spécialement construites à cet effet. La plate-forme suspendue, créant un îlot de verdure en hauteur, est une idée originale et pratique, car on peut la faire descendre pour l'arrosage et les soins des plantes.

• SERRES ET VÉRANDAS •

Une serre élégante, *ci-dessous*
Cette jolie serre aux panneaux vitrés de forme peu courante abrite une collection de plantes fleuries ainsi qu'un citronnier. Un poinsettia *(Euphorbia pulcherrima)* et un cactus de Noël *(Schlumbergera* sp.) créent des touches de couleurs.

Une véranda inondée de soleil, *ci-dessus*
Le salon s'étend par une baie vitrée coulissante jusque dans la véranda au plancher laqué blanc. Parmi les plus grandes plantes, on remarque un dieffenbachia *(Dieffenbachia* sp.) et une vigne marronnier exubérante.

• D'UNE PIÈCE A L'AUTRE •

Serres et vérandas 2

Une fenêtre-serre, *à gauche*
Cet appui de fenêtre est inondé de lumière toute la journée. Quatre éventails décoratifs sont destinés à protéger du soleil le cyclamen *(Cyclamen persicum* hybride) et le clivia *(Clivia miniata).* Les petits cactus *(Mammillaria* sp.) se plaisent en plein soleil.

De la variété pour une véranda rustique, *ci-dessous*
On compte au moins dix espèces différentes de plantes vertes dans cette véranda luxuriante. Le vert des feuilles offre un joli contraste avec la peinture abricot des murs. Un gros bouquet de fleurs séchées est suspendu au-dessus de toute cette verdure.

Des étagères de serre, *ci-dessus*
Ce groupe d'impatiens *(Impatiens* sp). est l'occasion d'admirer toute une collection de vases en verre coloré disposés sur les étagères.

Mise en valeur d'un angle, *à droite*
Un choix de plantes en pots et de fleurs coupées donne l'ambiance de cette verrière dans un coin bien éclairé. Sur la table sont posés des lis *(Lilium* hybrides) et des spathiphyllums et plusieurs pots de lierre *(Hedera helix* hybride). Un panier de chrysanthèmes blancs et un vase gigantesque d'ail sauvage *(Allium giganteum)* complètent le tableau.

• SERRES ET VÉRANDAS •

Une place pour les plantes aromatiques, *à gauche*
Une véranda fraîche et bien éclairée peut être l'endroit idéal pour des pots de plantes aromatiques. Cette composition étudiée montre des nuances de couleurs très réussies, avec le fenouil, la ciboulette, la matricaire, le persil et l'alchémille.

Un fond de verdure, *à droite*
Considérez la vue de la serre depuis l'intérieur de la maison. Celle-ci est aperçue à travers une large ouverture et apparaît comme un rideau de verdure offrant une agréable transition avec le reste de la maison.

·6·
CHOIX DES PLANTES

Le but principal de ce chapitre sur le choix des plantes est de dresser un catalogue des différents types de végétaux que l'on peut utiliser dans la maison. Vous trouverez plusieurs parties concernant les fleurs et feuillages coupés ou séchés, et près de 150 plantes d'intérieur parmi les plus répandues. Une photographie en couleurs permet d'identifier chaque plante présentée, et vous trouverez des conseils sur la façon de disposer fleurs et plantes. Ce petit guide donne en outre des conseils pour l'entretien des plantes, à l'aide de symboles facilement identifiables. Dans le cas des plantes d'appartement, les symboles indiquent les besoins en lumière, température, arrosage et humidité de chaque spécimen et le degré de difficulté de culture. Les plantes sont classées en fonction de leur silhouette d'ensemble — un facteur déterminant dans l'utilisation décorative des plantes dans la maison — et des informations sont données concernant les dimensions des spécimens adultes. Plusieurs plantes de silhouette semblable et de même genre sont parfois énumérées et brièvement décrites dans une même rubrique. Les besoins de chaque plante en lumière et en chaleur sont décrits en termes de *microclimat :* un système qui vous permet de savoir au premier regard si des plantes sont compatibles ou non. Vous pouvez, par exemple, trouver rapidement quelles sont les plantes à port dressé qui se plaisent à un emplacement chaud et ensoleillé, ou chaud et ombragé — ce qui vous permet de choisir entre les différentes plantes qui conviennent pour une situation donnée.

Comment choisir plantes et fleurs
Il existe une telle variété dans la forme, la taille, les teintes des plantes et, selon leurs origines, elles ont des exigences si différentes qu'il faut, pour choisir celles qui se plairont dans votre intérieur, connaître à la fois leurs qualités décoratives et leurs exigences culturales.

• CHOIX DES PLANTES •

Comment utiliser ce guide

Pour plus de clarté, ce chapitre sur le choix des plantes est divisé en trois petits guides : l'un pour les plantes d'intérieur, l'autre pour les fleurs coupées, le dernier pour les fleurs séchées.
Le guide des plantes d'intérieur comprend près de 150 photographies en couleurs des plantes les plus cultivées à l'intérieur, chacune avec une fiche détaillée. La plupart des fiches sont classées en huit catégories décrivant la silhouette des plantes : dressée, arquée, pleureuse, en rosette, buissonnante, grimpante, retombante et rampante. Bien sûr, les plantes changent d'aspect en poussant et ces catégories sont très générales. Chaque catégorie est ensuite subdivisée selon la forme et la taille des feuilles : les plantes à grandes feuilles sont celles qui ont des feuilles de plus de 15 cm de longueur, celles à petites feuilles ont des feuilles de moins de 15 cm de longueur et les plantes à feuilles composées ont des feuilles divisées en deux segments et plus. Vous trouverez dans des parties distinctes les bulbes à fleurs et les cactées et plantes grasses, qui ont une classification spécifique toujours basée sur la forme. Vous trouverez également, à la fin de ce guide des plantes d'intérieur, un récapitulatif photographique d'une sélection de plantes fleuries, dans une gamme allant du blanc au violet, ainsi qu'un tableau indiquant les périodes de floraison ou de fructification des plantes.
Dans *Le guide des fleurs coupées*, vous trouverez les différentes fleurs classées par saison, et les feuillages en fonction de leur couleur. Chaque fiche indique comment préparer les matériaux et les arranger. Sur 100 fiches, 85 sont illustrées par une photographie en couleurs.
Le guide des fleurs séchées est séparé en deux parties, la première sur les fleurs elles-mêmes, classées par couleur, la seconde sur les autres matériaux séchés, répartis en différents types. Au total, 65 espèces sont représentées, avec, pour chacune, une photo et une fiche indiquant comment la faire sécher et comment l'utiliser.

EXEMPLE DE PAGE
Guide des plantes d'intérieur
Les plantes sont classées en fonction de leur silhouette et des caractéristiques du feuillage. Pour chaque groupe, une introduction décrit les principales caractéristiques communes aux plantes concernées. Chaque plante est présentée par une photographie et une fiche. La signification des symboles utilisés est rappelée à chaque page.

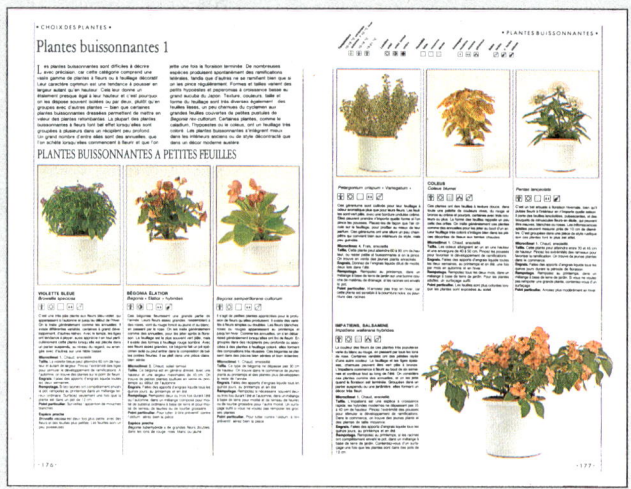

Nom commun en majuscules (s'il existe). Nom scientifique (genre et espèce en latin) en italique, suivi éventuellement du nom de la variété ou de l'hybride

Description globale de la plante, précisant ses principales qualités décoratives et la façon de les mettre en valeur

Rubrique sur la taille, donnant les dimensions maximales d'une plante adulte et indiquant sous quelle forme on la trouve dans le commerce

La rubrique engrais conseille sur le type d'engrais à utiliser et la fréquence des apports

La rubrique rempotage indique quand et comment rempoter la plante, ainsi que le type de mélange terreux à utiliser

Les symboles concernant l'entretien des plantes résument les principaux besoins de la plante : température, lumière, humidité, arrosage et facilité de culture.

L'indication du microclimat vous permet de savoir tout de suite si des plantes peuvent être associées ou non

Points particuliers (si besoin est) : des « trucs » pour veiller à la bonne santé de vos plantes

La rubrique espèces proches indique, quand il y a lieu, les plantes du même genre qui ont à peu près la même silhouette et en quoi elles diffèrent du spécimen présenté

Signification des symboles
Guide des plantes d'intérieur
Température

Fraîcheur avec repos hivernal. Ces plantes doivent être gardées à une température de 10 à 15 °C du printemps à l'automne, de 7 à 10 °C en hiver.

Fraîcheur. Les plantes qui se plaisent dans une atmosphère fraîche demandent une température de 10 à 15 °C toute l'année.

Chaleur. Les plantes se plaisant dans une atmosphère chaude doivent être gardées à une température de 15 à 21 °C toute l'année.

Lumière
Soleil. Une exposition ensoleillée correspond à la proximité d'une fenêtre orientée au sud, à l'est ou à l'ouest, qui reçoit la lumière directe du soleil.

Soleil tamisé. C'est un soleil indirect, filtré par un rideau fin ou un store translucide, ou encore par le feuillage d'un arbre devant la fenêtre.

Ombre. Dans une exposition ombragée, la plante ne reçoit ni soleil direct ni soleil indirect. Elle est proche d'une fenêtre orientée au nord ou placée assez loin d'une fenêtre donnant à l'est ou à l'ouest.

Humidité
Faible. L'humidité ambiante doit être d'environ 30-40%. Peu de plantes tolèrent une hygrométrie aussi faible.

Moyenne. L'air environnant doit avoir un taux d'hygrométrie de l'ordre de 60%.

Élevée. L'air ambiant doit avoir un taux d'hygrométrie d'environ 80%.

Arrosages
Modérés. Le mélange terreux doit être juste humidifié lors de l'arrosage, et il faut le laisser sécher presque complètement entre deux arrosages.

Moyens. Il faut bien mouiller le mélange terreux, puis le laisser sécher sur environ 2 cm en surface avant d'arroser à nouveau.

• COMMENT UTILISER CE GUIDE •

Guide des fleurs coupées

Les fleurs coupées, les boutons floraux ou les fruits sont classés par saison de récolte, et les feuillages coupés par couleur. Un encadré donne une liste des autres fleurs pouvant être utilisées à la même saison. La signification des symboles est rappelée à chaque page.

Guide des fleurs séchées

Les végétaux séchés sont classés selon leur teinte ou leur type. Une introduction décrit, pour chaque section, les différents matériaux que l'on peut se procurer, et donne des suggestions sur la façon de les utiliser. Des photographies en couleurs présentent des exemples. La signification des symboles est rappelée à chaque page.

Nom commun en majuscules (quand il existe). Nom scientifique (genre et espèce, en latin) en italique, suivi éventuellement du nom de la variété ou de l'hybride

Des symboles indiquent si les fleurs durent longtemps, sont parfumées, ont un feuillage décoratif ou peuvent être séchées

Manière d'utiliser fleurs ou feuillages et à quoi les associer

Coloris (pour les fleurs seulement)

Conseils pour préparer fleurs et feuillages

Nom commun en majuscules (quand il existe). Nom scientifique (genre et espèce, en latin) en italique, suivi éventuellement du nom de la variété ou de l'hybride

Conseils sur la façon d'utiliser cette plante et détails sur les autres teintes existantes

Les symboles indiquent les meilleures méthodes pour faire sécher la plante

---

Généreux. Maintenir le mélange humide en permanence, sans le laisser sécher en surface.

Soins

Faciles. Les plantes désignées par ce terme sont celles qu'on cultive avec succès en ne leur prodiguant qu'un minimum de soins.

Assez faciles. Les plantes de cette catégorie demandent les soins courants et un peu plus d'attention concernant leurs besoins individuels.

Assez difficiles. Il faut tenir compte des besoins très spécifiques de ces plantes, faute de quoi elles ne s'épanouiront pas.

Guide des fleurs coupées

Bonne tenue en vase. Ce sont des fleurs ou feuillages qui gardent particulièrement longtemps leurs qualités décoratives en vase.

Feuillage décoratif. Il s'agit de fleurs dont le feuillage peut être utilisé dans une composition, avec ou sans les fleurs.

Parfum. Ces fleurs dégagent un parfum agréable.

A sécher. Les fleurs ou le feuillage peuvent être utilisés dans des bouquets secs.

Guide des fleurs séchées

Séchage à l'air. Ce sont des plantes que l'on peut faire sécher naturellement, sans utiliser de produits particuliers, le plus souvent en les accrochant la tête en bas.

Méthode de la glycérine. Il s'agit de faire tremper les tiges ou d'immerger les feuilles dans une solution de glycérine, qui est absorbée par les cellules, ce qui les conserve.

Gel de silice/borax. Ce procédé fait appel à des dessiccatifs absorbant l'humidité de la plante, qui garde son aspect une fois séchée.

Presse. C'est une méthode mécanique pour conserver feuilles ou fleurs en les mettant sous presse, mais elles ne gardent pas leur forme d'origine.

• CHOIX DES PLANTES •

Plantes dressées 1

Ce sont des plantes à port dressé, vertical. Elles peuvent atteindre la taille d'arbustes, comme les crotons et les caoutchoucs à grandes feuilles, mais peuvent aussi avoir des dimensions plus réduites, comme les pileas et les calatheas. Certaines plantes arbustives de cette catégorie, tels les yuccas, ont une tige centrale non ramifiée portant des feuilles à l'extrémité seulement. D'autres, comme le sapin de Norfolk ou l'aralia, ont une tige centrale dressée, portant des ramifications espacées. Toutes les plantes dressées n'ont cependant pas forcément tiges et feuilles. Ainsi, la langue de belle-mère n'a pas de tige, ce sont les feuilles qui émergent directement du pot, en longues lanières. De nombreuses plantes à port dressé qui risquent de devenir trop hautes dans la maison peuvent être transformées en arbustes plus petits et plus touffus, si l'on pince l'extrémité en croissance : le caoutchouc en est un bon exemple. Dans ce groupe, la forme des feuilles varie beaucoup, leur taille pouvant aller de moins de 15 cm à plus de 60 cm, et leurs couleurs sont nombreuses également : des feuilles mouchetées de vert et de crème du dieffenbachia à celles marbrées rouges du croton. Cette catégorie comprend également quelques belles plantes à fleurs, dont le spectaculaire oiseau de paradis et le délicat abutilon. Dans cette gamme de formes et de tailles, vous trouverez des plantes pour des situations très différentes : de grands spécimens comme le sapin de Norfolk, qu'il vaut mieux isoler, des plantes de taille plus modeste, qui offrent un joli contraste lorsqu'elles sont associées à des plantes rampantes ou retombantes, et des plantes à feuilles pointues qui se marient bien aux formes arrondies de certaines cactées.

PLANTES DRESSÉES A PETITES FEUILLES

ORANGER CALAMONDIN
Citrus mitis

Ces orangers d'ornement portent des fleurs parfumées, de jeunes fruits verts et des fruits mûrs orange tout au long de l'année. Les oranges sont petites et amères, mais conviennent tout à fait pour faire de la marmelade. Ces plantes forment des fruits assez rapidement et sont mis en valeur comme spécimens isolés ou en groupes formels.

Microclimat 4. Frais, ensoleillé.
Taille. Les orangers atteignent en quelques années une taille maximale d'environ 1,20 m de hauteur et autant de largeur. On trouve généralement dans le commerce de petits spécimens portant déjà des fruits.
Engrais. Faites des apports d'engrais à tomates tous les quinze jours, sauf en hiver.
Rempotage. Rempotez au printemps, dans un mélange à base de terre de jardin, seulement si les racines ont complètement envahi le pot. Pour les plantes adultes, vous pouvez vous contenter d'un surfaçage.
Points particuliers. Détruisez les cochenilles dès que vous en apercevez. Arrosez parcimonieusement en hiver.

Espèces proches
Citrus limon donne des citrons pouvant atteindre 7 cm de diamètre.
Citrus sinensis est la seule espèce à fruits sucrés. Ses tiges sont épineuses.

PILEA, PLANTE ALUMINIUM
Pilea cadierei

Des taches argentées en relief donnent un aspect particulier au feuillage de ces jolies plantes. Cet effet est dû à la présence de poches d'air sous la surface inférieure de la feuille. Groupez-les avec d'autres plantes à feuillage panaché, ou associez plusieurs petites plantes dans une coupe peu profonde, un jardin en bouteille ou un terrarium.

Microclimat 2. Chaud, soleil tamisé.
Taille. Ces plantes atteignent une hauteur de 30 cm en un an environ. Il existe une variété naine, qui ne dépasse pas 15 cm.
Engrais. Faites des apports d'engrais liquide ordinaire tous les quinze jours au printemps et en été.
Rempotage. Rempotez chaque année au printemps, dans un mélange de deux tiers de tourbe et un tiers de sable grossier ou perlite. Contentez-vous d'un surfaçage quand les plantes sont dans un pot de 8 cm.

Espèce proche
Pilea spruceana a des feuilles triangulaires, gaufrées, vert bronze, marquées d'une bande argentée centrale.

ABUTILON
Abutilon hybridum « Canary Bird »

Les abutilons sont de jolies plantes ligneuses, en général arbustives. Leurs feuilles ressemblent à celles des érables. A leur aisselle se développent des fleurs en clochette. Les fleurs des hybrides sont rouges, roses, jaunes ou blanches. Ces plantes peuvent vivre longtemps, et sont donc intéressantes comme spécimens de choix, par exemple devant une fenêtre.

Microclimat 1. Chaud, ensoleillé.
Taille. Les abutilons peuvent atteindre en trois ans une hauteur et une largeur d'environ 1 m. Pincez les extrémités en croissance pour stimuler un développement ramifié.
Engrais. Faites des apports d'engrais liquide tous les quinze jours en été.
Rempotage. Rempotez au printemps, dans un mélange terreux ordinaire. Lorsque la plante est dans un pot de 24 cm, contentez-vous d'un surfaçage.
Points particuliers. Arrosez modérément en hiver et rabattez les tiges disgracieuses au printemps.

Espèce proche
Abutilon pictum « Thompsonii » a des feuilles panachées vert et jaune, et des fleurs qui peuvent être d'une même couleur, de deux couleurs différentes ou de deux tons d'une même couleur.

• PLANTES DRESSÉES •

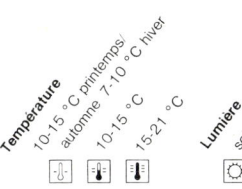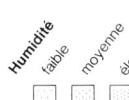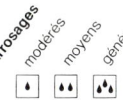

PLANTES DRESSÉES A GRANDES FEUILLES

DRAGONNIER
Cordyline terminalis

Ces plantes ont de grandes feuilles lancéolées à reflets rouges. La coloration du feuillage peut varier d'une plante à l'autre, aussi un grand groupe de dragonniers fait-il toujours beaucoup d'effet dans une pièce chaude, aux tissus colorés.

Microclimat 2. Chaud, soleil tamisé.
Taille. Les dragonniers peuvent atteindre une hauteur de 1,20 m et une envergure de 50 cm. Dans le commerce, on trouve généralement de jeunes plantes.
Engrais. D'avril à septembre, faites des apports d'engrais liquide tous les quinze jours.
Rempotage. Rempotez tous les deux ans, au printemps, dans un mélange à base de terre de jardin. Si vous ne voulez pas mettre la plante dans un pot plus grand, surfacez le mélange.
Points particuliers. Arrosez moins en hiver. Nettoyez les feuilles avec une éponge humide.

CAOUTCHOUC
Ficus elastica

C'est l'espèce la plus courante des ficus d'intérieur, avec ses grandes feuilles ovales-pointues, d'un vert foncé brillant. Le bourgeon terminal est recouvert d'une gaine rosée qui le protège. Les caoutchoucs ont une silhouette assez originale, qui mérite d'être mise en valeur dans un décor moderne.

Microclimat 3. Chaud, ombragé.
Taille. Les caoutchoucs peuvent dépasser 2 m de hauteur. Dans le commerce, on trouve des plantes de toutes tailles.
Engrais. Utilisez un engrais liquide ordinaire tous les quinze jours, au printemps et en été.
Rempotage. Rempotez au printemps, dans un mélange à base de terre, si les racines ont complètement envahi le pot. Pour les plantes adultes, un surfaçage peut suffire.
Point particulier. Nettoyez régulièrement les feuilles les plus anciennes avec une éponge humide, mais pas les jeunes feuilles.

Espèce proche
Ficus lyrata a de très grandes feuilles à bord ondulé, en forme de violon.

PLANTE A RUBAN
Dracaena sanderana

Appelé aussi dragonnier de Sander, c'est le plus élégant des dracaenas. C'est une plante fine, dressée, à feuilles étroites, rayées de crème. Comme elle porte rarement des ramifications, il faut planter trois ou quatre sujets dans un grand pot pour créer une masse de feuillage aux formes intéressantes.

Microclimat 2. Chaud, soleil tamisé.
Taille. De croissance lente, il peut atteindre une hauteur maximale de 90 cm. On l'achète sous forme de jeunes plantes, souvent trois par pot.
Engrais. Utilisez tous les quinze jours, au printemps et en été, un engrais liquide.
Rempotage. Rempotez tous les deux ou trois ans, au printemps, dans un mélange à base de terre. Contentez-vous d'un surfaçage quand les plantes sont dans un pot de 12 cm.
Point particulier. Arrosez plus modérément en hiver.

DIEFFENBACHIA
Dieffenbachia exotica

Les dieffenbachias sont des plantes à silhouette caractéristique et à belles feuilles panachées. Les plantes âgées ont tendance à perdre leurs feuilles inférieures, ce qui donne un aspect peu esthétique à une plante isolée. Mais plusieurs plantes groupées créent un ensemble qui attire l'œil dans un décor moderne.

Microclimat 3. Chaud, ombragé.
Taille. Ce dieffenbachia peut atteindre 1,50 m de hauteur et 60 cm de largeur. On trouve des spécimens de toutes tailles dans le commerce.
Engrais. Faites des apports d'engrais liquide tous les quinze jours, du début du printemps à l'automne.
Rempotage. Rempotez chaque printemps, dans un mélange à base de terre, dans un pot en grès. Surfacez une fois que les plantes sont dans des pots de 20 cm.
Point particulier. La sève de cette plante est très toxique et peut provoquer une irritation importante des muqueuses.

Espèces proches
Dieffenbachia amoena a des feuilles de 40-50 cm de longueur, vert foncé avec des marques en chevrons crème.

Dieffenbachia maculata a des feuilles de 25 cm de longueur, marquées de blanc et de vert pâle.

• CHOIX DES PLANTES •

Plantes dressées 2

PLANTES DRESSÉES A GRANDES FEUILLES (suite)

CROTON
Codiaeum variegatum pictum

Les crotons sont des arbustes très colorés d'origine tropicale, présentant des variations considérables dans la forme, la taille et la teinte des feuilles. Les jeunes feuilles sont vertes, puis, avec l'âge, elles deviennent rouges, orangées et pourpres. Les crotons perdent naturellement leurs feuilles inférieures au fur et à mesure de leur développement, mais ils les garderont plus longtemps si l'atmosphère est humide. Groupez plusieurs plantes aux feuilles différemment colorées pour une composition aux couleurs vives.

Microclimat 1. Chaud, ensoleillé.
Taille. Les crotons dépassent rarement 1 m de hauteur et de largeur. Dans le commerce, on trouve de jeunes plantes et des plantes de taille moyenne.
Engrais. Du printemps à l'automne, faites des apports d'engrais liquide toutes les deux semaines.
Rempotage. Rempotez chaque printemps, dans un mélange à base de terre. Ne surfacez que lorsque les plantes sont dans un pot de 20-24 cm.
Point particulier. Placez les pots sur des gravillons baignant dans l'eau, pour augmenter l'humidité.

TILLEUL D'APPARTEMENT
Sparmannia africana

C'est un arbrisseau à grandes feuilles vert pomme, couvertes de fins poils blancs. Dans une pièce fraîche, la plante peut produire des bouquets de petites fleurs blanches presque toute l'année. Elle est à son avantage présentée comme spécimen isolé, que ce soit dans un intérieur moderne ou traditionnel.

Microclimat 4. Frais, ensoleillé.
Taille. Le tilleul d'appartement peut atteindre, en deux ans, 1,50 m de hauteur et 1 m d'envergure. Dans le commerce, on trouve de jeunes plantes.
Engrais. Faites des apports d'engrais liquide tous les quinze jours.
Rempotage. Rempotez au printemps, dans un mélange à base de terre, si les racines ont complètement envahi le pot. Surfacez seulement quand les plantes sont dans des pots de 30 cm.
Point particulier. Arrosez plus modérément en hiver.

Aglaonema crispa « Silver Queen »

Le beau feuillage de cette plante n'est vert que sur les bords et le long des nervures principales ; le reste de la feuille est blanc argenté et crème. Quand la plante vieillit, elle perd ses feuilles inférieures et développe une tige courte ressemblant à un petit tronc. Cette espèce est tout indiquée pour faire partie d'une composition de plantes à feuillage, notamment avec d'autres feuillages contrastés vert foncé.

Microclimat 2. Chaud, soleil tamisé.
Taille. Les *Aglaonema* atteignent une hauteur maximale de 1 m et une envergure de 60 cm environ.
Engrais. Faites des apports d'engrais liquide tous les quinze jours, du printemps à l'automne.
Rempotage. Rempotez chaque année au printemps, dans un mélange à base de terre. Surfacez seulement quand la plante est dans un pot de 15 cm.
Point particulier. Placez les plantes sur un lit de gravillons humides pour accroître l'hygrométrie.

OISEAU DE PARADIS
Strelitzia reginae

Ces plantes ont des fleurs très spectaculaires — une sorte de crête bleue et orangée —, qui émergent successivement, sur une période de plusieurs semaines, d'un bourgeon en forme de bec. Les oiseaux de paradis sont des plantes peu courantes qui s'intègrent bien dans les appartements modernes. Feuilles et fleurs ressortent particulièrement dans un décor assez sobre et vaste.

Microclimat 1. Chaud, ensoleillé.
Taille. L'oiseau de paradis peut atteindre 1 m de hauteur et 60 cm d'envergure. On trouve dans le commerce de jeunes plantes qui ne fleuriront pas avant d'avoir au moins cinq ans.
Engrais. Faites des apports d'engrais liquide tous les quinze jours au printemps et en été, une fois par mois en automne et en hiver.
Rempotage. Rempotez chaque année, au printemps, dans un mélange à base de terre. Surfacez seulement lorsque la plante est dans un pot de 30 cm.
Point particulier. Nettoyez les feuilles avec une éponge humide.

• PLANTES DRESSÉES •

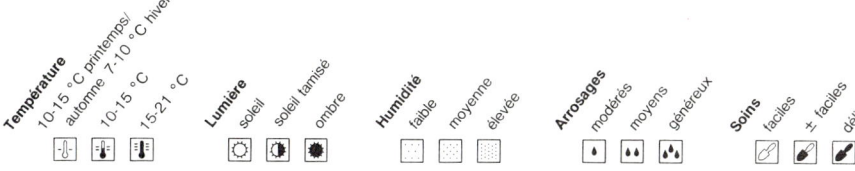

PLANTE DE BELLE-MÈRE
Aspidistra elatior

Voici une plante robuste, qui peut supporter les mauvais traitements ou une certaine négligence. Elle fut beaucoup utilisée comme spécimen isolé à l'époque victorienne, mais elle fait plus d'effet en groupe, avec des plantes de la même espèce ou d'autres variétés plus petites. C'est la plante idéale pour agrémenter un coin sombre.

Microclimat 5. Frais, soleil tamisé.
Taille. La plante de belle-mère ne dépasse pas 1 m de hauteur et de largeur. Ce sont de jeunes plantes que l'on trouve dans le commerce.
Engrais. Faites des apports d'engrais liquide tous les quinze jours, au printemps et en été.
Rempotage. Rempotez tous les trois ans, dans un mélange à base de terre, si les racines ont complètement rempli le pot. Si vous ne voulez pas rempoter une plante âgée, contentez-vous d'un surfaçage.
Point particulier. Arrosez parcimonieusement en hiver.

LIERRE ARBORESCENT
Fatshedera lizei

Encore appelée aralia-lierre, cette plante a de grandes feuilles palmées, d'un vert brillant, et peut constituer un beau spécimen isolé ou donner de la hauteur à un groupe de plantes plus petites. Elle peut grimper si elle est palissée sur un support, pour décorer un escalier ou encadrer une fenêtre.

Microclimat 5. Frais, soleil tamisé.
Taille. L'aralia-lierre peut atteindre 1 m de hauteur et d'envergure ; s'il est palissé, il peut s'étaler sans limites.
Engrais. Faites des apports d'engrais liquide tous les quinze jours.
Rempotage. Rempotez chaque année, au printemps, dans un mélange composé pour deux tiers de terreau ordinaire à base de terre et pour un tiers de tourbe. Un surfaçage suffit si vous ne voulez pas changer de pot une grande plante.

PLANTE PAON
Calathea makoyana

Les motifs vert foncé des feuilles de cette plante semblent avoir été peints à la main. C'est dans un groupe de plantes à feuillage décoratif qu'elle fera le plus d'effet. Les petits sujets peuvent également entrer dans la composition des jardins en bouteilles et des serres d'appartement.

Microclimat 3. Chaud, ombragé.
Taille. La plante paon peut atteindre 1 m de hauteur pour une largeur de 60 cm environ. Dans le commerce, on trouve des plantes de toutes tailles.
Engrais. Faites des apports d'engrais liquide tous les quinze jours au printemps et en été, une fois par mois en automne et en hiver.
Rempotage. Rempotez chaque année, au printemps, dans un mélange composé pour deux tiers de mélange ordinaire à base de terre et pour un tiers de tourbe ou de terreau de feuilles. Un surfaçage suffit une fois que la plante est dans un pot de 15 cm.
Point particulier. Placez la plante sur une soucoupe remplie de gravillons trempant dans l'eau, pour augmenter l'humidité.

PLANTES DRESSÉES A FEUILLES COMPOSÉES

FAUX ARALIA
Dizygotheca elegantissima

C'est un arbuste élancé au feuillage fin et élégant, composé de nombreuses folioles étroites. La teinte des feuilles varie avec l'âge, du bronze au vert très foncé, et la texture devient plus coriace également. Le tracé délicat du feuillage peut offrir un joli contraste avec d'autres feuillages. Il est également possible de grouper plusieurs plantes de la même espèce en une masse aérienne de feuillage.

Microclimat 2. Chaud, soleil tamisé.
Taille. Le faux aralia peut atteindre 2 m de hauteur et 60 cm de largeur. Pincez les pousses pour favoriser le développement de ramifications. Dans le commerce, on trouve des plantes de toutes tailles.
Engrais. Faites des apports d'engrais liquide toutes les deux semaines, au printemps et en été.
Rempotage. Rempotez tous les deux ans, au printemps, dans un mélange à base de terre. Surfacez seulement les grandes plantes.
Point particulier. Placez la plante sur un lit de gravillons humides pour accroître l'humidité ambiante.

• CHOIX DES PLANTES •

Plantes dressées 3

PLANTES DRESSÉES A FEUILLES COMPOSÉES (suite)

SAPIN DE NORFOLK
Araucaria heterophylla

Appelé aussi pin de Norfolk, ce conifère est particulièrement élégant lorsqu'il atteint environ quatre ans d'âge. A cause de sa raideur, il ne peut être associé à d'autres plantes. En revanche, il peut faire partie d'un groupe de plusieurs plantes de la même espèce, formant une sorte de paysage japonais et faisant beaucoup d'effet.

Microclimat 5. Frais, soleil tamisé.
Taille. C'est une espèce à croissance lente : à l'intérieur, un sujet de dix ans dépasse rarement 1,80 m de hauteur et 1,20 m d'envergure.
Engrais. Faites des apports d'engrais liquide tous les quinze jours, en été et au printemps.
Rempotage. Rempotez tous les deux ou trois ans, au printemps, dans un mélange terreux ordinaire. Surfacez seulement lorsque la plante est dans un pot de 24 cm.
Point particulier. Arrosez plus modérément en hiver.

Grevillea robusta

Cet arbuste à feuillage persistant a un feuillage finement divisé, ressemblant à celui des fougères. Les jeunes feuilles sont de teinte bronze, puis virent au vert par la suite. Il peut être associé à d'autres plantes ou mis en valeur comme spécimen de belle taille.

Microclimat 4. Frais, ensoleillé.
Taille. De croissance rapide, cette espèce peut atteindre 1,50 m de hauteur en deux ou trois ans. Favorisez le développement des ramifications en pinçant le bourgeon terminal du jeune arbuste. On trouve de jeunes sujets dans le commerce.
Engrais. Faites des apports d'engrais liquide toutes les deux semaines, au printemps et en été.
Rempotage. Rempotez chaque année, au printemps, dans un mélange non calcaire. Surfacez dans le cas d'une plante assez âgée.
Point particulier. Arrosez modérément en hiver.

PAPYRUS
Cyperus alternifolius « Gracilis »

Les bractées rayonnantes de cette plante ressemblent à une ombrelle déployée. Ses longues tiges sont cassantes et doivent être manipulées avec précaution. Son aspect oriental est tout indiqué pour les intérieurs modernes et sobres.

Microclimat 2. Chaud, soleil tamisé.
Taille. Le papyrus peut atteindre 1,20 m de hauteur dans une atmosphère bien humide.
Engrais. Faites des apports d'engrais liquide une fois par mois.
Rempotage. Rempotez au printemps, si les racines ont envahi le pot, dans un mélange à base de terre auquel vous ajouterez du charbon de bois. Veillez à rempoter les plantes au même niveau dans le nouveau pot. Vous pouvez vous contenter d'un surfaçage dans le cas d'une plante assez âgée.
Point particulier. Placez le pot sur une soucoupe remplie d'eau, pour que les racines soient dans un milieu humide en permanence.

PLANTES DRESSÉES A FEUILLES EN LANIÈRES POINTUES

Rhoeo spathacea « Variegata »

Cette plante à port dressé a de longues feuilles pointues très colorées, pourpres à la face inférieure, vertes et rayées de jaune et de crème à la face supérieure. De petites fleurs blanches à trois pétales apparaissent à l'aisselle des feuilles, presque enfermées dans des bractées vert pourpré très décoratives. Cette plante est à mettre en valeur isolée, pour mieux profiter des teintes du feuillage et de la forme originale des bractées.

Microclimat 2. Chaud, soleil tamisé.
Taille. Cette plante atteint 30 cm de hauteur, 45 cm de largeur. On trouve dans le commerce des plantes de cette taille. Supprimez les pousses basales pour que la plante garde son port érigé.
Engrais. Faites des apports d'engrais liquide tous les quinze jours, au printemps et en automne.
Rempotage. Rempotez tous les deux ans, au printemps, dans un mélange à base de terre. Vous pouvez vous contenter d'un surfaçage pour les plantes adultes.
Point particulier. Placez cette plante sur un lit de cailloux humides, pour augmenter l'hygrométrie.

• PLANTES DRESSÉES •

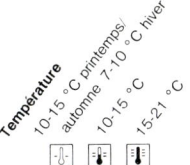 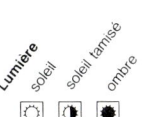 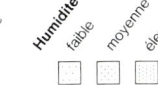 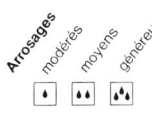

DOUM D'AFRIQUE DU NORD
Chamaerops humilis

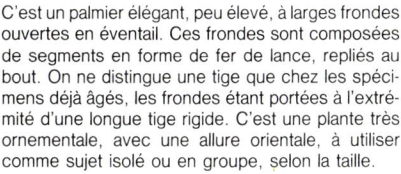

C'est un palmier élégant, peu élevé, à larges frondes ouvertes en éventail. Ces frondes sont composées de segments en forme de fer de lance, repliés au bout. On ne distingue une tige que chez les spécimens déjà âgés, les frondes étant portées à l'extrémité d'une longue tige rigide. C'est une plante très ornementale, avec une allure orientale, à utiliser comme sujet isolé ou en groupe, selon la taille.

Microclimat 2. Chaud, soleil tamisé.
Taille. De croissance lente, le doum d'Afrique du Nord finit par atteindre 1,50 m de hauteur, et autant en largeur. On trouve des plantes de toutes tailles dans le commerce.
Engrais. Faites des apports d'engrais liquide une fois par mois, au printemps, en été et à l'automne.
Rempotage. Rempotez tous les deux ans, au printemps, dans un substrat à base de terre. Contentez-vous de surfacer quand la plante est dans un pot de 30 cm.
Points particuliers. Placez les plantes à l'extérieur en situation ombragée pendant l'été. Arrosez moins pendant la période de repos hivernal.

LANGUE DE BELLE-MÈRE
Sansevieria trifasciata « Laurentii »

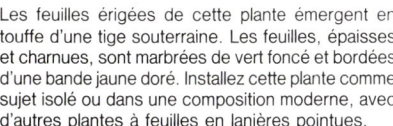

Les feuilles érigées de cette plante émergent en touffe d'une tige souterraine. Les feuilles, épaisses et charnues, sont marbrées de vert foncé et bordées d'une bande jaune doré. Installez cette plante comme sujet isolé ou dans une composition moderne, avec d'autres plantes à feuilles en lanières pointues.

Microclimat 2. Chaud, soleil tamisé.
Taille. Les feuilles de la langue de belle-mère peuvent atteindre 1 m de hauteur. On trouve des plantes de toutes tailles dans le commerce.
Engrais. Faites un apport d'engrais liquide dilué de moitié une fois par mois.
Rempotage. Rempotez au printemps ou au début de l'été, dans un mélange contenant un tiers de sable grossier ou de perlite, deux tiers de mélange de rempotage habituel à base de terre, mais seulement lorsqu'une masse de racines commence à apparaître en surface. Pour les plantes adultes, vous pouvez vous contenter d'un surfaçage.
Point particulier. Arrosez plus modérément en hiver.

DRACAENA
Dracaena marginata « Tricolor »

Les feuilles en lanières de cette belle plante sont rayées de vert, de crème et de rose. Chez les plantes adultes, une touffe de feuilles terminales surmonte une tige ligneuse et dénudée, lui donnant l'allure d'un petit palmier. Trois ou quatre spécimens plantés dans un même pot peuvent constituer un bel arrangement pour un intérieur moderne.

Microclimat 2. Chaud, soleil tamisé.
Taille. Cette plante peut atteindre 1,50 m de hauteur. On trouve dans le commerce de jeunes plantes de 30 cm de hauteur, mais généralement, les plantes plus âgées, avec une tige dénudée, sont plus appréciées.
Engrais. Faites des apports d'engrais liquide tous les quinze jours au printemps et en été, une fois par mois en automne et en hiver.
Rempotage. Rempotez chaque année, au printemps, dans un mélange à base de terre. Au lieu de rempoter, vous pouvez surfacer les plantes parvenues à maturité.
Point particulier. Arrosez modérément durant la période de repos hivernal.

YUCCA
Yucca elephantipes

Ces plantes ont une allure caractéristique. Beaucoup sont cultivées à partir de tronçons de tiges qui s'enracinent et forment des feuilles lorsqu'on les plante. Les feuilles sont longues, pointues et étroites, et peuvent apparaître en touffe à n'importe quel point d'une tige dressée. Avec leur port architectural, ces plantes sont plutôt à isoler ou à associer à d'autres plantes à feuilles en lanières pointues, dans un intérieur moderne.

Microclimat 1. Chaud, ensoleillé.
Taille. Dans le commerce, on trouve des yuccas qui mesurent jusqu'à 2 m de hauteur. Ils s'étoffent en largeur au fur et à mesure de la croissance des feuilles.
Engrais. Une fois par mois, donnez de l'engrais liquide à la plante.
Rempotage. Rempotez chaque année, au printemps, dans un mélange terreux ordinaire. Pour les plus grands spécimens, un surfaçage suffit.
Point particulier. Arrosez plus modérément en hiver.

• CHOIX DES PLANTES •

Plantes arquées 1

La forme d'ensemble des plantes de cette catégorie est déterminée par la façon dont les tiges, les pétioles ou les frondes partent de la base de la plante en décrivant un arc de cercle. Pour cette raison, la plupart des plantes arquées parvenues à maturité prennent de la place et sont plus à leur avantage en sujets isolés. Les plus grandes, avec leur silhouette architecturale, s'harmonisent avec les intérieurs contemporains. Vous trouverez également dans cette catégorie des plantes comme le pied-d'éléphant et le figuier pleureur, dont les feuilles retombent vers le bas.

On trouve une grande variété de formes et de textures de feuilles dans cette catégorie : des feuilles lisses, en forme de lance, du *Spathiphyllum,* aux feuilles profondément découpées de certains philodendrons, en passant par les délicates folioles des fougères et des palmiers. Cette diversité des formes compense l'absence de feuillage coloré dans ce groupe, certaines espèces comme *Spathiphyllum* ou *Begonia fuchsioides* portant de jolies fleurs.

Les lignes gracieuses de la fougère de Boston ou du polypode doré seront d'autant plus appréciées qu'elles seront au niveau du regard, tout comme *Pellaea rotundifolia.* Placez-les dans une vasque, une grande jarre ou un panier suspendu. Des plantes comme le kentia, le rhapide ou le cocotier peuvent atteindre une taille tout à fait respectable et devenir à elles seules l'un des centres d'intérêt d'une pièce. Ce type de plantes, particulièrement élégant, devra être placé de préférence dans une position où on pourra l'admirer sous tous les angles.

PLANTES ARQUÉES A PETITES FEUILLES

Begonia fuchsioides

Ce bégonia d'aspect délicat et élégant a de petites feuilles ovales et brillantes. Les feuilles sont portées par de longues tiges fines qui ploient au fur et à mesure de leur croissance. De petites fleurs cireuses, rose pâle, se développent en bouquets de l'automne au printemps. Cette plante demande généralement un support. Associez-la à des plantes de feuillage vert.

On peut aussi obtenir un effet très réussi en la plaçant dans un panier suspendu.

Microclimat 1. Chaud, ensoleillé.
Taille. Cette plante peut atteindre 1 m de hauteur, avec une envergure d'environ 50 cm. Pincez les extrémités pour stimuler le développement des ramifications. Ce sont en général de jeunes plantes que l'on trouve dans le commerce.
Engrais. Faites des apports d'engrais liquide toutes les deux semaines, durant toute la période de floraison.
Rempotage. Rempotez chaque année, au printemps, dans un mélange à parts égales de terre et de tourbe. Pour les plantes parvenues à maturité, vous pouvez vous contenter d'un surfaçage.
Point particulier. Arrosez plus modérément durant la période de repos hivernal.

Pellaea rotundifolia

Cette fougère au feuillage original a des frondes basses et étalées qui en font l'une des rares fougères à développement presque horizontal. Les frondes sont divisées en folioles arrondies, coriaces, disposées sur deux rangées, de chaque côté d'une nervure centrale rigide. Ces folioles font pencher les frondes vers le bas, d'où l'aspect arqué. C'est un excellent sujet pour garnir le premier plan d'une composition, et ainsi cacher les pots du devant. Associez-la à des feuillages de textures variées, pour plus d'effet. Elle peut aussi entrer dans la réalisation de jardins en bouteille ou de terrariums.

Microclimat 3. Chaud, ombragé.
Taille. Les frondes de cette fougère ne dépassent pas 30 cm de longueur, donnant à la plante une forme étalée, mais très plate.
Engrais. Faites des apports d'engrais liquide toutes les deux semaines.
Rempotage. Rempotez au printemps dans un pot un peu profond, dans un mélange terreux pour fougère, si les racines ont complètement envahi le pot. Si vous ne voulez pas rempoter une plante assez âgée dans un pot plus grand, taillez ses racines pour limiter sa croissance.
Points particuliers. Cette fougère peut être installée à l'extérieur, dans un endroit abrité et ombragé, en été. Placez le pot sur un lit de cailloux humides pour augmenter l'hygrométrie.

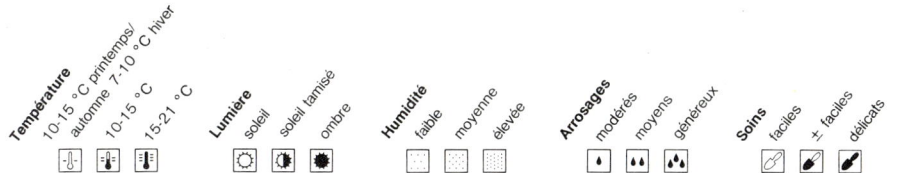

• PLANTES ARQUÉES •

PLANTES ARQUÉES A GRANDES FEUILLES

PHILODENDRON
Philodendron bipinnatifidum

Ce philodendron a des feuilles en forme de cœur, mais à bord très découpé. Les feuilles sont portées par des pétioles robustes, issus d'une tige centrale. A la différence de nombreux autres philodendrons, celui-ci n'est pas une plante grimpante. Il peut constituer un grand spécimen digne d'une vaste pièce.
Microclimat 3. Chaud, ombragé.
Taille. Cette plante peut atteindre une hauteur et une envergure d'environ 1,20 m. On trouve, dans le commerce, des plantes de toutes tailles.
Engrais. Faites des apports d'engrais liquide tous les quinze jours, au printemps et en été.
Rempotage. Rempotez au printemps, dans un mélange composé pour moitié de terreau de rempotage ordinaire et pour moitié de terreau de feuilles, si les racines ont complètement envahi le pot. Ne faites un surfaçage que lorsque la plante est dans un pot de 30 cm.
Point particulier. Surveillez de près l'apparition de cochenilles.

SPATIPHYLLUM
Spathiphyllum « Clevelandii »

Les superbes inflorescences de cette plante ressemblant à l'arum apparaissent de mai à août. Chaque fleur dure au moins six semaines, virant du blanc au vert pâle. Sa silhouette élégante en fait un spécimen de choix pour les intérieurs modernes et dépouillés.
Microclimat 3. Chaud, ombragé.
Taille. A maturité, la plante atteint une hauteur et une envergure d'environ 90 cm. On trouve généralement des plantes fleuries dans le commerce.
Engrais. Faites des apports d'engrais liquide tous les quinze jours, du début du printemps à la fin de l'été.
Rempotage. Rempotez tous les deux ans, au printemps, dans un mélange à base de tourbe. Une fois que la plante est dans un pot de 15 à 20 cm, rabattez les racines sans changer de pot.
Point particulier. Placez la plante sur un lit de cailloux trempant dans l'eau, pour accroître l'humidité.

COCOTIER
Cocos nucifera

Cette plante d'aspect peu courant se développe directement à partir de la noix placée en surface du mélange terreux. De là émergent des tiges dressées portant des frondes arquées, divisées en deux. C'est un joli sujet, à isoler, de préférence dans un intérieur moderne aux lignes sobres.
Microclimat 2. Chaud, soleil tamisé.
Taille. Le cocotier peut dépasser 1,50 m de hauteur en appartement. On trouve, dans le commerce, des sujets de différentes tailles.
Engrais. Faites des apports d'engrais liquide dilué de moitié, toutes les deux semaines, au printemps et en été.
Rempotage. Il n'est pas nécessaire de rempoter.
Point particulier. Le cocotier ne vit que deux ans environ en appartement, car il a du mal à bien s'implanter en pot.

PLANTES ARQUÉES A FEUILLES COMPOSÉES

FOUGÈRE PATTE-DE-LIÈVRE
Polypodium aureum « Mandaianum »

Cette plante doit son nom commun au rhizome qui apparaît en surface, comme recouvert d'une fourrure de lapin. Les frondes sont portées par de longues tiges arquées et chacune comporte jusqu'à dix folioles bleu-vert argenté. Ces folioles sont ondulées au bord. En raison de cette teinte peu courante, les gands sujets peuvent être isolés, tandis que les plantes plus petites se marient bien à d'autres fougères.
Microclimat 3. Chaud, ombragé.
Taille. Les frondes peuvent atteindre 60 cm de longueur et s'étaler largement. On trouve dans le commerce des plantes de toutes tailles.
Engrais. Du printemps à l'automne, faites des apports d'engrais liquide dilué de moitié, une fois par semaine.
Rempotage. Si les rhizomes ont complètement envahi le pot, rempotez au printemps, dans un mélange composé pour moitié de terre de jardin et pour moitié de terreau de feuilles, dans un récipient peu profond. Rabattez les racines quand les plantes sont dans des pots de 20 cm.
Point particulier. Placez les pots sur un lit de graviers trempant dans l'eau, pour augmenter l'humidité.

• CHOIX DES PLANTES •

Plantes arquées 2

PLANTES ARQUÉES A FEUILLES COMPOSÉES (suite)

KENTIA
Howea belmoreana

Ces palmiers élégants étaient les favoris du siècle dernier, apportant une note gracieuse dans les grandes pièces. Leurs frondes arquées sont portées par des tiges dressées qui leur donnent un port élancé. Ne pouvant guère l'utiliser que comme spécimen isolé, il est parfois difficile de trouver une place au kentia, à cause de sa grande taille, mais il est assez tolérant quant aux conditions de culture.

Microclimat 2. Chaud, soleil tamisé.
Taille. Le kentia peut atteindre 2,50 m de hauteur et s'étaler sur 2 m. On trouve des sujets de différentes tailles dans le commerce.
Engrais. Faites des apports d'engrais liquide une fois par mois, du printemps à l'automne.
Rempotage. Rempotez tous les deux ans, au printemps, dans un mélange terreux ordinaire. Contentez-vous d'un surfaçage une fois que la plante est dans un pot de 30 cm.

Espèce proche
Howea forsterana lui ressemble beaucoup et ne s'en distingue que par des folioles un peu plus grandes et plus retombantes, ainsi que par des espaces un peu plus larges entre les folioles.

COCOTIER NAIN
Microcoelum weddelianum

Ce palmier a des frondes brillantes, profondément divisées en nombreuses folioles en lanières disposées en chevrons. Si elles paraissent plumeuses de loin, les frondes sont assez rugueuses au toucher. Cette plante n'a pas de vrai tronc : les frondes sont issues d'une base courte et épaissie. Ses frondes étant moins arquées que celles des palmiers plus grands, cette espèce peut être placée sur une table ou une étagère.

Microclimat 2. Chaud, soleil tamisé.
Taille. Le cocotier nain atteint une hauteur maximale de 90 cm. On trouve, tout au long de l'année, de jeunes plantes en vente.
Engrais. Faites des apports d'engrais liquide une fois par mois, en été.
Rempotage. Rempotez tous les deux ans, au printemps, dans un mélange à base de terre de jardin. Pour les plantes adultes, vous pouvez vous contenter d'un surfaçage.
Point particulier. Placez le pot sur une soucoupe de cailloux trempant dans l'eau pour augmenter l'humidité.

RHAPIDE
Rhapis excelsa

Ce palmier à croissance lente a des tiges groupées en touffes. Les feuilles sont composées de cinq à neuf segments, souvent légèrement dentés au bout, réunis en forme d'éventail. Chaque segment est lui-même profondément découpé. Installez ce palmier avec d'autres plantes à feuillage vert foncé. Avec le temps, les feuilles inférieures ont tendance à tomber, montrant une tige lisse et verte. Les plantes assez âgées peuvent être isolées comme spécimens.

Microclimat 2. Chaud, soleil tamisé.
Taille. Ce palmier à croissance lente atteint en plusieurs années une hauteur maximale de 1,50 m, et autant en largeur. On trouve généralement en vente des plantes moyennes et grandes.
Engrais. Faites des apports d'engrais liquide une fois par mois pendant la période de croissance.
Rempotage. Rempotez tous les deux ans, au printemps, dans un mélange à base de terre de jardin. Surfacez seulement si la plante est dans un pot de 30 cm.

FOUGÈRE DE BOSTON
Nephrolepis exaltata « Bostoniensis »

Cette fougère luxuriante et gracieuse a des frondes très découpées, qui existent sous plusieurs formes : certaines à bord crénelé, d'autres à sections très finement divisées. Les fougères de Boston sont de belles plantes à isoler, à placer sur un piédestal ou dans un panier suspendu, et qui trouvent leur place dans n'importe quel type d'intérieur.

Microclimat 3. Chaud, ombragé.
Taille. La fougère de Boston a souvent des frondes de 90 cm, qui peuvent atteindre 1,50 m. On trouve, dans le commerce, des plantes de toutes tailles.
Engrais. Faites des apports d'engrais liquide tous les quinze jours durant la période de croissance, une fois par mois le reste de l'année.
Rempotage. Rempotez au printemps si les racines ont complètement envahi le pot, dans un mélange de rempotage pour fougères. Si la plante est âgée, contentez-vous d'un surfaçage.
Point particulier. Placez le pot sur un lit de cailloux trempant dans l'eau, pour accroître l'humidité.

Espèce proche
Nephrolepis cordipholia est plus petite ; ses frondes ne dépassent pas 60 cm de longueur.

• PLANTES ARQUÉES •

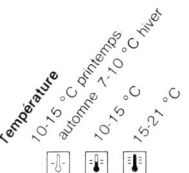 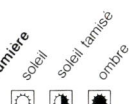  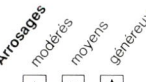 

PALMIER NAIN
Chamaedorea elegans « Bella »

Ce palmier a des frondes délicates, très découpées, arquées à partir de la tige centrale. Les jeunes feuilles sont vert tendre puis foncent avec l'âge. Les plantes adultes donnent des bouquets de minuscules fleurs jaunes. Le palmier nain se plaira, par exemple, dans une salle de bains et vous pouvez utiliser de petites plantes pour un jardin en bouteille ou une serre d'appartement.

Microclimat 2. Chaud, soleil tamisé.
Taille. Ce palmier nain peut atteindre en quelques années 90 cm de hauteur et 45 cm de largeur. Le plus souvent, on trouve de jeunes plantes en vente.
Engrais. Faites des apports d'engrais liquide une fois par mois, du printemps à l'automne.
Rempotage. Rempotez au printemps, si les racines ont complètement envahi le pot, dans un mélange à base de terre de jardin. Surfacez seulement une fois que la plante est dans un pot de 15 à 20 cm.
Point particulier. Arrosez plus modérément en hiver.
Espèce proche
Chamaedorea erumpens forme une touffe de tiges élancées, articulées et lisses comme celles des bambous. Il peut atteindre 2 à 2,50 m de hauteur.

PLANTES ARQUÉES ET PLEUREUSES

Leea coccinea

Cette plante a des feuilles vert foncé, souvent teintées de rouge cuivré, ressemblant aux feuilles du houx. Elle a une forme très aérée, avec ses feuilles doublement divisées. On peut en faire un sujet isolé ou l'associer à des plantes basses à feuillage décoratif.

Microclimat 2. Chaud, soleil tamisé.
Taille. Cette plante atteint une hauteur de 1,50 m, et autant en largeur. On trouve de jeunes plantes de 30 cm de hauteur chez les fleuristes, mais c'est une espèce peu courante.
Engrais. Du printemps à l'automne, faites des apports d'engrais liquide tous les quinze jours.
Rempotage. Rempotez chaque année, au printemps, dans un mélange à base de terre de jardin. Surfacez si vous ne voulez pas rempoter une plante adulte dans un pot plus grand.
Point particulier. Arrosez plus modérément en hiver.

FIGUIER PLEUREUR
Ficus benjamina

C'est sans conteste le plus élégant des figuiers d'ornement avec ses gracieuses branches arquées à écorce grise portant de jolies feuilles pointues. La disposition des feuilles confère à la plante un aspect aéré, qui convient aussi bien aux intérieurs modernes qu'aux maisons de style.

Microclimat 3. Chaud, ombragé.
Taille. Le figuier pleureur peut atteindre 2 m de hauteur et 1,20 m d'envergure s'il a assez de place. On trouve généralement en vente des plantes de moyenne et grande tailles.
Engrais. Faites des apports d'engrais liquide tous les quinze jours, du printemps à l'automne.
Rempotage. Rempotez au printemps, si les racines ont complètement envahi le pot, dans un mélange à base de terre de jardin. Pour les plus grandes plantes, un surfaçage suffit.
Point particulier. Arrosez plus modérément en hiver.

PIED-D'ÉLÉPHANT
Beaucarnea recurvata

Voici une plante d'allure plutôt bizarre, avec sa touffe de longues et étroites feuilles vertes partant à l'extrémité d'une tige ligneuse, épaisse, plus ou moins courte. La base renflée de la tige ajoute encore à l'aspect inhabituel de cette plante. C'est un beau sujet à isoler dans un décor moderne, et qui se plaira dans n'importe quelle pièce bien chauffée.

Microclimat 2. Chaud, soleil tamisé.
Taille. Le pied-d'éléphant peu atteindre une hauteur maximale de 1,50 m et une largeur de 60 cm. On trouve en vente des plantes de taille petite et moyenne.
Engrais. Faites un apport d'engrais liquide une fois par mois durant l'été.
Rempotage. Rempotez tous les trois ou quatre ans, au printemps, dans un mélange à base de terre de jardin. Le pied-d'éléphant se plaît dans des pots plutôt petits.
Point particulier. Attention, le pied-d'éléphant craint les excès d'arrosage.

• CHOIX DES PLANTES •

Plantes en rosette 1

Cette catégorie comprend des plantes dont les feuilles sont issues d'un même point central, et se recouvrent partiellement, étant ainsi disposées en cercle au niveau de la surface du mélange terreux. Ces plantes peuvent être basses et à croissance lente, ou plus élancées avec de grandes feuilles : la forme de la touffe de feuilles varie de la rosette aplatie de plantes basses, comme la violette du Cap ou le cripthantes, aux rosettes allongées et arquées de la fougère nid d'oiseau et du tillandsia. La rosette de feuilles coriaces et pointues de l'ananas est une autre variante du genre. Ces plantes ont un port particulier qui fait qu'elles sont plus à leur avantage en sujets isolés dans la plupart des cas. Groupez les plantes à rosette aplatie et placez-les dans une situation telle qu'elles soient vues de dessus.
De nombreuses plantes de cette catégorie font partie de la famille des broméliacées et sont originaires d'Amérique du Sud tropicale. Ce sont souvent des plantes remarquables par leur allure exotique, leurs épis de fleurs étranges et colorées, ou leurs feuilles se teintant en leur centre de couleurs vives, avant et pendant la floraison de la plante. Les feuilles de nombreuses broméliacées forment un petit réservoir central en forme de coupe, qu'il faut maintenir rempli d'eau fraîche en permanence pour que la plante demeure en bonne santé.
Beaucoup de broméliacées sont épiphytes dans leur environnement naturel tropical, où elles poussent sur les arbres — les utilisant seulement comme support et non comme source d'éléments nutritifs.
C'est pourquoi ces plantes font beaucoup d'effet lorsqu'elles sont placées sur un support rappelant leurs origines, par exemple une branche de bois mort couverte de sphaigne.

PLANTES ARQUÉES EN ROSETTE

Vriesea splendens

Cette broméliacée a un feuillage particulièrement exotique, vert brillant rayé transversalement de pourpre foncé. Les feuilles forment une rosette évasée, au centre de laquelle émerge un épi de bractées rouge vif quand les plantes sont âgées de plusieurs années. De petites fleurs jaunes apparaissent ensuite entre les bractées. Plusieurs plantes groupées forment un groupe très intéressant. Vous pouvez aussi associer une plante avec d'autres variétés à feuillage décoratif, ou fixer de petits spécimens sur une branche morte couverte de sphaigne.

Microclimat 2. Chaud, soleil tamisé.
Taille. Cette espèce peut atteindre une hauteur et une envergure d'environ 50 cm. L'épi de fleurs peut mesurer jusqu'à 60 cm de hauteur. On trouve en vente des plantes de toutes tailles.
Engrais. Faites des apports d'engrais liquide dilué de moitié, une fois par mois. Veillez à ce que l'engrais coule sur les feuilles, les racines et dans le réservoir central.
Rempotage. Rempotez au printemps, si les racines ont envahi le pot, dans un mélange de rempotage pour broméliacées. Contentez-vous d'un surfaçage une fois que la plante est dans un pot de 15 cm.
Points particuliers. Maintenez le cœur de la rosette rempli d'eau fraîche jusqu'à ce qu'apparaissent les premiers boutons floraux. Changez l'eau une fois par mois.

Espèces proches
Vriesea fenestralis est un peu plus grand, avec des feuilles d'un vert plus pâle, portant des marques brunes.
Vriesea psittacina a des feuilles plus courtes, vert uni, se teintant de mauve vers le cœur de la rosette.
Vriesea saundersii forme une rosette écrasée de feuilles gris-vert, à face inférieure rose terne et à épi floral jaune.

Aechmea fasciata

Au bout de trois ou quatre ans, cette plante développe une inflorescence trapue s'élevant du centre de la rosette. Cette inflorescence est composée de nombreuses bractées épineuses roses entre lesquelles apparaissent des fleurs bleu pâle éphémères. L'inflorescence reste décorative pendant environ six mois. Les feuilles coriaces sont marquées transversalement de blanc sur un fond gris-vert. Cultivez les grands spécimens comme sujets isolés ou placez plusieurs petites plantes sur une branche morte couverte de sphaigne.

Microclimat 1. Chaud, ensoleillé.
Taille. Les feuilles peuvent atteindre 60 cm de longueur et l'inflorescence dépasse la rosette de 15 cm environ. On trouve dans le commerce de petites plantes issues de rejets et des plantes adultes.
Engrais. Au printemps et en été, faites des apports d'engrais liquide dilué de moitié, une fois par mois. Versez l'engrais sur les racines et au cœur de la rosette.
Rempotage. Rempotez au printemps, dans un mélange spécial pour broméliacées, si les racines ont complètement envahi le pot. Ne surfacez que lorsque la plante est dans un pot de 15 cm.
Points particuliers. Maintenez le centre de la rosette rempli d'eau et changez cette eau une fois par mois.

• PLANTES EN ROSETTE •

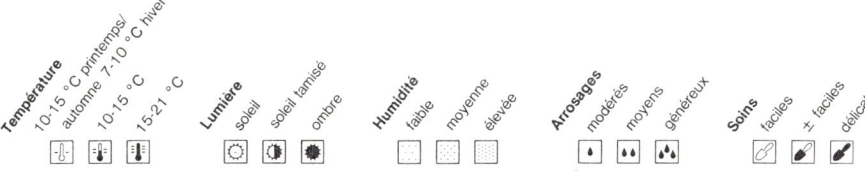

BILLBERGIA
Billbergia nutans

Cette plante a des feuilles coriaces à bord denté. Il y a parfois un grand nombre de plantes dans un même pot, car elles produisent de nombreux rejets. En mai-juin, durant la courte saison de floraison, le feuillage est parsemé de jolies bractées rose vif retombantes. Ces bractées s'ouvrent pour montrer de petites fleurs jaune, vert et pourpre. C'est lorsqu'elle est placée au niveau du regard que l'on profite le mieux de cette plante originale.

Microclimat 1. Chaud, ensoleillé.
Taille. Les feuilles peuvent atteindre 60 cm de longueur. L'étoffement de la plante dépend du nombre de rejets produits. On trouve généralement de jeunes plantes dans le commerce.
Engrais. Faites des apports d'engrais liquide tous les quinze jours, au printemps et en été.
Rempotage. Rempotez chaque année, au printemps, dans un mélange spécial pour broméliacées. Surfacez seulement lorsque les plantes sont dans des pots de 15 cm.
Point particulier. Coupez la rosette de feuilles à la base après la floraison, pour laisser les rejets se développer autour.

TILLANDSIA
Tillandsia cyanea

   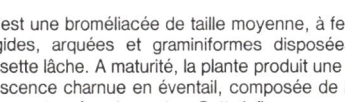

C'est une broméliacée de taille moyenne, à feuilles rigides, arquées et graminiformes disposées en rosette lâche. A maturité, la plante produit une inflorescence charnue en éventail, composée de bractées vert rosé recouvrantes. Cette inflorescence inhabituelle est plate et large, et reste décorative plusieurs mois. Des fleurs bleu violacé à trois pétales apparaissent successivement entre les bractées. Cette plante est plutôt à mettre en valeur en sujet isolé.

Microclimat 1. Chaud, ensoleillé.
Taille. Les feuilles atteignent environ 30 cm de longueur. Des rejets étoffent la plante. On trouve généralement de petites plantes chez les fleuristes.
Engrais. Faites des apports d'engrais liquide dilué de moitié une fois par mois. Vous pouvez l'appliquer sur les feuilles comme un engrais foliaire.
Rempotage. Rempotez chaque année au printemps, dans un mélange spécial pour broméliacées. Surfacez seulement une fois que la plante est dans un pot de 10 cm.
Point particulier. En été, sortez-la dans un coin abrité du jardin pour stimuler la floraison.

FOUGÈRE NID D'OISEAU
Asplenium nidus

Cette fougère a des frondes caractéristiques, entières, d'un vert franc, brillantes, formant une rosette dressée. Les jeunes feuilles très fragiles se développent à partir d'une souche brune et fibreuse. Les grands sujets ont une silhouette trop marquée pour pouvoir être associés à d'autres fougères, et sont mieux mis en valeur isolés ou groupés avec d'autres plantes à grandes feuilles.

Microclimat 3. Chaud, ombragé.
Taille. Les frondes de la fougère nid d'oiseau peuvent atteindre 45 cm de longueur. Le plus souvent, ce sont de jeunes plantes que l'on trouve en vente.
Engrais. Faites des apports d'engrais liquide une fois par mois.
Rempotage. Rempotez au printemps, dans un mélange pour fougères, si la masse de racines commence à apparaître en surface du mélange terreux. Si vous ne voulez pas changer de pot une grande plante, contentez-vous de rabattre les racines.
Point particulier. Placez les pots sur des lits de graviers trempant dans l'eau, pour augmenter l'humidité ambiante.

PLANTES EN ROSETTE A FEUILLES EN LANIÈRES POINTUES

VACQUOIS
Pandanus veitchii

Cette plante se distingue par la façon dont la base des feuilles forme une spirale à la base de la tige. Les feuilles en lanières pointues, arquées et enroulées sur elles-mêmes, sont d'un beau vert sombre bordé de crème et ont un bord finement denté, qui peut écorcher la peau. Ces beaux sujets sont à disposer dans un intérieur moderne, où ils feront bel effet.

Microclimat 1. Chaud, ensoleillé.
Taille. Cette plante peut atteindre une hauteur et une envergure d'environ 90 cm. On trouve dans le commerce des plantes de toutes tailles.
Engrais. Faites des apports d'engrais liquide tous les quinze jours au printemps et en été, une fois par mois le reste de l'année.
Rempotage. Rempotez chaque année, au printemps, dans un mélange à base de terre de jardin. Pour les plus grands spécimens, vous pouvez vous contenter d'un surfaçage.
Points particuliers. Au bout de deux ans environ, la plante forme des racines aériennes charnues qui ont tendance à soulever la plante hors du pot. Il faut faire pousser ces racines dans le mélange terreux pour renforcer l'ancrage de la plante.

• CHOIX DES PLANTES •

Plantes en rosette 2

PLANTES EN ROSETTE A FEUILLES EN LANIÈRES POINTUES (suite)

ANANAS CULTIVÉ
Ananas comosus variegatus

Ces plantes sont appréciées pour leurs feuilles rigides et épineuses, gracieusement ouvertes vers l'extérieur, leur donnant un aspect symétrique. Au bout de cinq à six ans, elles produisent une inflorescence rose qui donne ensuite un fruit, lequel a peu de chances de mûrir et d'être un jour comestible ! Une grande plante disposée dans une vasque sera tout à fait à sa place dans un intérieur classique.

Microclimat 1. Chaud, ensoleillé.
Taille. L'ananas cultivé peut atteindre une hauteur de 1 m et s'étaler sur 2 m de largeur. On trouve généralement en vente des plantes en fleur ou en fruit.
Engrais. Au printemps et en été, faites des apports d'engrais liquide tous les quinze jours.
Rempotage. Rempotez tous les deux ans, au printemps, dans un mélange spécial pour broméliacées. Surfacez seulement une fois que la plante est dans un pot de 15 à 20 cm.
Point particulier. Exposées au soleil direct, les feuilles se teintent d'une belle couleur rosée.

Espèces proches

Ananas bracteatus striatus est une forme panachée de l'ananas sauvage et a des feuilles striées qui rosissent en plein soleil.
Ananas nanus est beaucoup plus petit, avec des feuilles vert foncé uni, et donne de petits fruits non comestibles. On peut l'acheter en fruit, dans un pot de 10 cm.

PLANTES EN ROSETTE APLATIE

GUZMANIA
Guzmania lingulata

Cette broméliacée à floraison hivernale a un cœur composé de bractées rouge orangé ou écarlate enfermant de petites fleurs jaunes. Les feuilles arquées sont lisses, brillantes, d'un beau vert vif. Cette plante très colorée et à silhouette originale convient bien aux intérieurs modernes assez dépouillés. Groupez plusieurs plantes dans une coupe en verre peu profonde, ou disposez deux pots symétriquement sur un meuble.

Microclimat 2. Chaud, soleil tamisé.
Taille. Cette plante atteint environ 25 cm de hauteur pour un étalement d'environ 30 cm.
Engrais. Faites des apports d'engrais liquide dilué de moitié une fois par mois. Veillez à ce que l'engrais coule sur les feuilles et les racines, ainsi que dans la rosette centrale.
Rempotage. Si les racines ont complètement envahi le pot, rempotez au printemps, dans un mélange spécial pour broméliacées.
Point particulier. Chaque mois, videz la rosette centrale et renouvelez l'eau.

CRYPTANTHE
Cryptanthus bivittatus

Cette petite plante a un feuillage parmi les plus colorés des broméliacées. Ses feuilles très pointues portent dans leur longueur deux rayures crème bien nettes, qui virent au rose et même au rouge vif lorsque la plante est placée en plein soleil. Des bouquets de petites fleurs blanches sont dissimulés dans le feuillage. Ces plantes acaules peuvent être groupées dans un récipient peu profond ou dans une serre d'appartement.

Microclimat 1. Chaud, ensoleillé.
Taille. C'est une espèce à croissance lente, qui atteint 15 à 20 cm de diamètre au moment de la floraison.
Engrais. De temps à autre, bassinez le feuillage avec un engrais liquide dilué de moitié.
Rempotage. Il est rarement nécessaire.
Point particulier. Coupez la plante mère à la base, peu après la floraison, pour favoriser le développement de rejets.

Neoregelia carolinae « Tricolor »

Cette broméliacée à rosette plate a un feuillage particulièrement coloré. Les jeunes feuilles sont vert tendre, rayées de blanc ivoire. Au fur et à mesure que la plante vieillit, les feuilles se colorent de rose au centre de la rosette, puis d'écarlate juste avant la floraison. Pour bien la mettre en valeur, associez-la avec des plantes à feuillage contrasté.

Microclimat 2. Chaud, soleil tamisé.
Taille. A maturité, cette broméliacée mesure environ 20 cm de hauteur et 45 cm de largeur.
Engrais. Faites des apports d'engrais liquide dilué de moitié, une fois par mois. Appliquez-le sur les feuilles, le mélange terreux et au cœur de la rosette.
Rempotage. Rempotez au printemps, si les racines ont complètement envahi le pot, dans un mélange spécial pour broméliacées. Surfacez seulement une fois que la plante est dans un pot de 12 cm.

• PLANTES EN ROSETTE •

VIOLETTE DU CAP
Saintpaulia hybrides

Ces plantes existent dans une large gamme de couleurs, passant par le blanc, le rose, le pourpre, le magenta et le violet. Les fleurs apparaissent en bouquets au-dessus d'une rosette de feuilles velues. Grâce à cette palette de couleurs, les violettes du Cap peuvent être utilisées à la fois dans un décor classique et moderne. C'est groupées dans une coupe peu profonde qu'elles font le plus d'effet. Il existe des variétés miniatures pour les serres d'appartement.

Microclimat 2. Chaud, soleil tamisé.
Taille. Les violettes du Cap forment une rosette aplatie d'environ 20 cm de diamètre. On trouve toute l'année des plantes fleuries et on compte les variétés par milliers !
Engrais. Tout au long de l'année, pour chaque arrosage, utilisez un engrais spécifique à quart de dose.
Rempotage. Ne rempotez que lorsque les racines ont envahi le pot, dans un mélange à parts égales de tourbe, perlite et vermiculite, dans des pots peu profonds.
Point particulier. Évitez de mouiller les feuilles en arrosant, car elles restent tachées.

Nidularium innocentii

Cette plante forme une rosette basse, étalée, de feuilles vert foncé ondulées en ruban. Juste avant la floraison, le centre de la rosette vire au rouge sombre, parfois presque au noir. Les petites fleurs blanches émergent au milieu de la rosette remplie d'eau, mais sont éphémères. Le cœur coloré reste cependant décoratif plusieurs mois. La plante peut être utilisée seule ou associée à d'autres broméliacées.

Microclimat 2. Chaud, soleil tamisé.
Taille. Cette broméliacée atteint une hauteur de 20 cm environ pour un étalement de 40 cm. En général, on trouve en vente des plantes de trois ou quatre ans prêtes à fleurir.
Engrais. Faites des apports d'engrais liquide dilué de moitié une fois par mois. Versez-le sur les feuilles, en surface du mélange et dans le cœur de la rosette.
Rempotage. Rempotez au printemps, si les racines ont envahi le pot, dans un mélange spécial pour broméliacées. Surfacez seulement les plantes qui se trouvent dans des pots de 10 cm.
Point particulier. Coupez la plante mère à la base, après la floraison, pour favoriser le développement des rejets.

Espèce proche
Nidularium fulgens a à peu près la même taille, mais des feuilles à bord épineux, tachées de noir.

PRIMEVÈRE DU CAP
Streptocarpus hybrides

Appelées aussi oreilles d'éléphant, ces petites plantes ont des feuilles ressemblant à celles des primevères, et de grandes fleurs tubulaires portées par un long pédoncule. Ces fleurs sont blanches, roses, rouges, mauves ou bleues. Les fruits sont des gousses spiralées assez décoratives, mais qu'il vaut mieux éliminer pour favoriser la floraison. En général, on cultive ces plantes comme des annuelles, pour les éliminer après la floraison. Comme les primevères et les violettes du Cap, c'est en groupe qu'elles font le plus bel effet.

Microclimat 5. Frais, soleil tamisé.
Taille. Cette plante atteint environ 30 cm de hauteur et 45 cm de largeur. On trouve en vente de petite plantes prêtes à fleurir.
Engrais. Du début du printemps à la fin de l'automne, donnez de l'engrais liquide riche en phosphate, dilué de moitié.
Rempotage. Rempotez chaque année, au printemps, dans un mélange à parts égales de tourbe de sphaigne, de perlite grossière et de vermiculite. Ajoutez une petite poignée de gravillons calcaires par pot. Contentez-vous de rabattre les racines une fois que la plante est dans un pot de 15 cm.

GLOXINIA DES FLEURISTES
Sinningia speciosa hybrides

Les grandes feuilles duveteuses du gloxinia des fleuristes, à marge festonnée, sont éclipsées par ses grandes fleurs très remarquées. Elles forment un bouquet au-dessus de la rosette de feuilles. En forme de trompette et à bord ondulé, elles peuvent être blanches, roses, rouges ou pourpres, et souvent bordées de blanc. Bien qu'on les traite en général comme des annuelles, on peut laisser sécher le tubercule à l'automne pour le rempoter au printemps. C'est une plante tout indiquée pour les intérieurs de style, isolée ou en petits groupes.

Microclimat 2. Chaud, soleil tamisé.
Taille. Les gloxinias peuvent atteindre une hauteur et une envergure d'environ 30 cm. On trouve dans le commerce des plantes en boutons.
Engrais. Durant la période de floraison, donnez de l'engrais liquide riche en phosphate une fois par mois.
Rempotage. Rempotez les tubercules au printemps, dans un mélange à parts égales de terreau à base de tourbe, de vermiculite et de perlite. Il est inutile de rempoter une fois que la plante fleurit.

Espèce proche
Sinningia pusilla est très petit, ne dépassant pas 5 cm de hauteur, mais porte d'assez grandes fleurs bleu lavande. Il existe de nombreuses variétés très décoratives.

• CHOIX DES PLANTES •

Plantes buissonnantes 1

Les plantes buissonnantes sont difficiles à décrire avec précision, car cette catégorie comprend une vaste gamme de plantes à fleurs ou à feuillage décoratif. Leur caractère commun est une tendance à pousser en largeur autant qu'en hauteur. Cela leur donne un étalement presque égal à leur hauteur et c'est pourquoi on les dispose souvent isolées ou par deux, plutôt qu'en groupes avec d'autres plantes — bien que certaines plantes buissonnantes dressées permettent de mettre en valeur des plantes retombantes. La plupart des plantes buissonnantes à fleurs font bel effet lorsqu'elles sont groupées à plusieurs dans un récipient peu profond. Un grand nombre d'entre elles sont des annuelles, que l'on achète lorsqu'elles commencent à fleurir et que l'on jette une fois la floraison terminée. De nombreuses espèces produisent spontanément des ramifications latérales, tandis que d'autres ne se ramifient bien que si on les pince régulièrement. Formes et tailles varient des petits hypoestes et peperomias à croissance basse au grand aucuba du Japon. Texture, couleurs, taille et forme du feuillage sont très diverses également : des feuilles lisses, un peu charnues du cyclamen aux grandes feuilles couvertes de petites pustules de *Begonia rex-cultorum*. Certaines plantes, comme le caladium, l'hypoestes ou le coleus, ont un feuillage très coloré. Les plantes buissonnantes s'intègrent mieux dans les intérieurs anciens ou de style décontracté que dans un décor moderne austère.

PLANTES BUISSONNANTES A PETITES FEUILLES

VIOLETTE BLEUE
Browallia speciosa

BÉGONIA ÉLATIOR
Begonia « Elatior » hybrides

Begonia semperflorens-cultorum

C'est une très jolie plante aux fleurs bleu-violet, qui apparaissent à l'automne et jusqu'au début de l'hiver. On la traite généralement comme les annuelles. Il existe différentes variétés, certaines à grand développement, d'autres naines. Avec le temps, les tiges ont tendance à ployer, aussi apprécie-t-on tout particulièrement cette plante lorsqu'elle est placée dans un panier suspendu, au niveau du regard, ou arrangée avec d'autres sur une table basse.

Microclimat 1. Chaud, ensoleillé.
Taille. La violette bleue peut atteindre 60 cm de hauteur et autant de largeur. Pincez l'extrémité des tiges pour stimuler le développement de ramifications. A l'automne, on trouve des plantes sur le point de fleurir.
Engrais. Faites des apports d'engrais liquide toutes les deux semaines.
Rempotage. Si les racines ont complètement envahi le pot, rempotez au printemps dans un mélange terreux ordinaire. Surfacez seulement une fois que la plante est dans un pot de 12 cm.
Point particulier. Surveillez l'apparition de mouches blanches.

Espèce proche
Browallia viscosa est deux fois plus petite, avec des fleurs et des feuilles plus petites. Les feuilles sont un peu poisseuses.

Ces bégonias fleurissent une grande partie de l'année. Leurs fleurs assez grandes, ressemblant à des roses, vont du rouge foncé au jaune et au blanc, en passant par le rose. On les traite généralement comme des annuelles, pour les jeter après la floraison. Le feuillage est le plus souvent vert pâle, mais il existe des formes à feuillage rouge sombre. Avec ses fleurs assez grandes, ce bégonia fait un joli spécimen isolé ou peut entrer dans la composition de belles potées fleuries. Il se plaît dans une pièce claire, bien aérée.

Microclimat 2. Chaud, soleil tamisé.
Taille. Ce bégonia est en général dressé, avec une hauteur et une largeur maximales de 45 cm. On trouve de petites plantes touffues en vente du printemps au début de l'automne.
Engrais. Faites des apports d'engrais liquide tous les quinze jours, au printemps et en été.
Rempotage. Rempotez deux ou trois fois durant l'été ou l'automne, dans un mélange composé pour moitié de substrat ordinaire à base de terre et pour moitié de terreau de feuilles ou de tourbe grossière.
Point particulier. Pour lutter, à titre préventif, contre l'oïdium, aérez bien la pièce.

Espèce proche
Begonia tuberhybrida a de grandes fleurs doubles, dans les tons de rouge, rose, blanc ou jaune.

Il s'agit de petites plantes appréciées pour la profusion de fleurs qu'elles produisent. Il existe des variétés à fleurs simples ou doubles. Les fleurs blanches, roses ou rouges apparaissent au printemps et jusqu'en hiver. Comme les annuelles, on s'en débarrasse généralement lorsqu'elles ont fini de fleurir. En groupes dans des récipients peu profonds ou associées à des plantes à feuillage coloré, elles forment des compositions très réussies. Ces bégonias se plaisent dans des pièces bien aérées et bien éclairées.

Microclimat 1. Chaud, ensoleillé.
Taille. Ce type de bégonia ne dépasse pas 30 cm de hauteur. On trouve dans le commerce de jeunes plants au printemps et des plantes plus développées le reste de l'année.
Engrais. Faites des apports d'engrais liquide tous les quinze jours, au printemps et en été.
Rempotage. Rempotez si nécessaire, souvent deux ou trois fois durant l'été et l'automne, dans un mélange à base de terre pour moitié et de terreau de feuilles ou de tourbe grossière pour l'autre moitié. Un surfaçage suffit si vous ne voulez pas rempoter les grosses plantes.
Point particulier. Pour lutter contre l'oïdium, à titre préventif, aérez bien la pièce.

• PLANTES BUISSONNANTES •

Pelargonium crispum « Variegatum »

Ces géraniums sont cultivés pour leur feuillage à odeur aromatique plus que pour leurs fleurs. Les feuilles sont vert pâle, avec une bordure ondulée crème. Elles peuvent prendre n'importe quelle forme si l'on pince les pousses. Placez-les de façon que l'air circule sur le feuillage, pour profiter au mieux de leur parfum. Ces géraniums ont une allure un peu champêtre qui convient bien aux intérieurs de style, mais peu guindés.

Microclimat 4. Frais, ensoleillé.
Taille. Cette plante peut atteindre 60 à 90 cm de hauteur, ou rester petite et buissonnante si on la pince. On trouve en vente des jeunes plants enracinés.
Engrais. Donnez de l'engrais liquide dilué de moitié, deux fois dans l'été.
Rempotage. Rempotez au printemps, dans un mélange à base de terre de jardin sur une bonne couche de matériau de drainage, si les racines ont envahi le pot.
Point particulier. N'arrosez pas trop en hiver, car cette plante est sensible à la pourriture noire, ou pourriture des racines.

COLEUS
Coleus blumei

Ces plantes ont des feuilles à texture douce, dans toute une palette de couleurs vives, du rouge et bronze au crème et pourpre, certaines avec trois couleurs ou plus. La forme des feuilles rappelle un peu celle des orties. On traite généralement ces plantes comme des annuelles pour les jeter au bout d'un an. Leur feuillage très coloré s'intègre bien dans les pièces décorées de tissus aux teintes chaudes.

Microclimat 1. Chaud, ensoleillé.
Taille. Les coleus atteignent en un an une hauteur et une envergure de 40 à 50 cm. Pincez les pousses pour favoriser le développement de ramifications.
Engrais. Faites des apports d'engrais liquide toutes les deux semaines, au printemps et en été, une fois par mois en automne et en hiver.
Rempotage. Rempotez tous les deux mois, dans un mélange à base de terre de jardin. Pour les plantes adultes, un surfaçage suffit.
Point particulier. Les feuilles sont plus colorées lorsque les plantes sont exposées au soleil.

Pentas lanceolata

C'est un bel arbuste à floraison hivernale, bien qu'il puisse fleurir à l'intérieur en n'importe quelle saison. Il porte des feuilles lancéolées, pubescentes, et des bouquets de minuscules fleurs en étoile, qui peuvent être mauves, blanches ou roses. Les inflorescences aplaties peuvent mesurer près de 10 cm de diamètre. C'est groupées dans une pièce de style rustique que ces plantes font le plus bel effet.

Microclimat 1. Chaud, ensoleillé.
Taille. Cette plante peut atteindre entre 30 et 45 cm de hauteur. Pincez les extrémités des rameaux pour favoriser la ramification. On trouve de jeunes plantes dans le commerce.
Engrais. Faites des apports d'engrais liquide tous les quinze jours durant la période de floraison.
Rempotage. Rempotez au printemps, dans un mélange à base de terre de jardin. Si vous ne voulez pas rempoter une grande plante, contentez-vous d'un surfaçage.
Point particulier. Arrosez plus modérément en hiver.

IMPATIENS, BALSAMINE
Impatiens wallerana hybrides

La couleur des fleurs de ces plantes très populaires varie du blanc au rouge, en passant par tous les tons de rose. Certaines variétés ont des pétales rayés d'une autre couleur. Le feuillage et les tiges épaisses, charnues peuvent être vert pâle à bronze. L'impatiens commence à fleurir au bout de six semaines et continue tout au long de l'été. On considère ces plantes comme des annuelles, et on les jette quand la floraison est terminée. Groupées dans un panier suspendu ou une jardinière, elles forment un décor très fleuri.

Microclimat 1. Chaud, ensoleillé.
Taille. L'impatiens est une espèce à croissance rapide, les hybrides modernes ne dépassant pas 35 à 40 cm de hauteur. Pincez l'extrémité des pousses pour stimuler le développement de ramifications. Dans le commerce, on trouve des jeunes plants et des plantes de taille moyenne.
Engrais. Faites des apports d'engrais liquide tous les quinze jours, au printemps et en été.
Rempotage. Rempotez au printemps, si les racines ont complètement envahi le pot, dans un mélange à base de terre de jardin. Contentez-vous d'un surfaçage une fois que les plantes sont dans des pots de 12 cm.

• CHOIX DES PLANTES •

Plantes buissonnantes 2

PLANTES BUISSONNANTES A PETITES FEUILLES (suite)

HIBISCUS, ROSE DE CHINE
Hibiscus rosa-sinensis

Ses grandes fleurs en entonnoir et son feuillage vert foncé, brillant, font de la rose de Chine une plante très intéressante. Les fleurs peuvent être roses, rouges, blanches, orangées ou jaunes, et apparaissent une à une, en général au printemps et en été. Mettez ces plantes en valeur, dans un endroit clair et ensoleillé, isolées ou en groupe associant plusieurs couleurs de fleurs.

Microclimat 1. Chaud, ensoleillé.
Taille. C'est une espèce à croissance rapide, qui atteint rapidement 1,50 m de hauteur. Dans le commerce, on trouve généralement des plantes en boutons au printemps.
Engrais. Faites des apports d'engrais liquide riche en potasse toutes les deux semaines au printemps et en été, une fois par mois en automne et en hiver. Si les fleurs sont rares, augmentez la fréquence des apports (mais pas la dose).
Rempotage. Rempotez chaque année, au printemps, dans un mélange à base de terre de jardin. Si vous ne voulez pas changer de pot une grande plante, contentez-vous d'un surfaçage.
Point particulier. Arrosez plus modérément en hiver.

Exacum affine

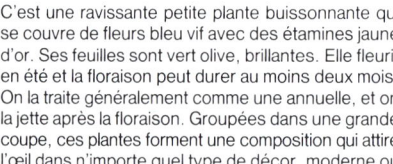

C'est une ravissante petite plante buissonnante qui se couvre de fleurs bleu vif avec des étamines jaune d'or. Ses feuilles sont vert olive, brillantes. Elle fleurit en été et la floraison peut durer au moins deux mois. On la traite généralement comme une annuelle, et on la jette après la floraison. Groupées dans une grande coupe, ces plantes forment une composition qui attire l'œil dans n'importe quel type de décor, moderne ou traditionnel.

Microclimat 2. Chaud, soleil tamisé.
Taille. Cette plante atteint rapidement 30 cm de hauteur. On trouve, chez les fleuristes, de jeunes plantes en boutons au printemps.
Engrais. Faites des apports d'engrais liquide toutes les deux semaines durant la floraison.
Rempotage. Rempotez dans un mélange terreux ordinaire, si la plante a été achetée dans un tout petit pot. Un rempotage ultérieur n'est pas nécessaire.
Point particulier. Placez la plante sur un lit de cailloux trempant dans l'eau pour augmenter l'humidité ambiante.

GÉRANIUM
Pelargonium domesticum hybrides

Ces géraniums ont de grosses inflorescences dont la teinte peut varier du blanc au rouge. De nombreuses variétés sont bicolores ou tricolores. Leur période de floraison est courte, du printemps au milieu de l'été, mais la beauté des fleurs compense cet inconvénient. Très à l'aise dans des jardinières intérieures, ces plantes font bel effet également en sujets isolés.

Microclimat 4. Frais, ensoleillé.
Taille. Ces géraniums peuvent atteindre une hauteur de 60 cm. On trouve dans le commerce des plantes de toutes tailles, plus ou moins buissonnantes.
Engrais. Faites des apports d'engrais liquide de temps à autre, durant le printemps et l'été.
Rempotage. Rempotez chaque année, au printemps, dans un mélange à base de terre. Ne surfacez que lorsque la plante est dans un pot de 15 cm.
Point particulier. Éliminez les fleurs fanées pour stimuler la croissance.

Espèce proche
Pelargonium hortorum porte presque tout au long de l'année des bouquets serrés de fleurs.

PLANTE QUI PRIE
Maranta leuconeura erythroneura

Cette plante doit son nom à la façon dont ses feuilles se replient la nuit. Le feuillage est très décoratif, marqué de veines en relief, rouge foncé. La nervure médiane rouge est bordée d'une large rayure vert pâle sur le limbe vert olive. C'est donc une plante qui ne passe pas inaperçue, à placer dans une situation de choix. On peut aussi la palisser sur une courte colonne de mousse.

Microclimat 1. Chaud, ensoleillé.
Taille. Cette plante ne dépasse pas 15 à 30 cm de hauteur, avec un étalement de 40 cm. On trouve de petites plantes dans le commerce.
Engrais. Faites des apports d'engrais liquide tous les quinze jours, du printemps à l'automne.
Rempotage. Rempotez chaque année, au printemps, dans un mélange à base de terre, dans des récipients peu profonds. Vous pouvez vous contenter d'un surfaçage pour les grosses plantes.

• PLANTES BUISSONNANTES •

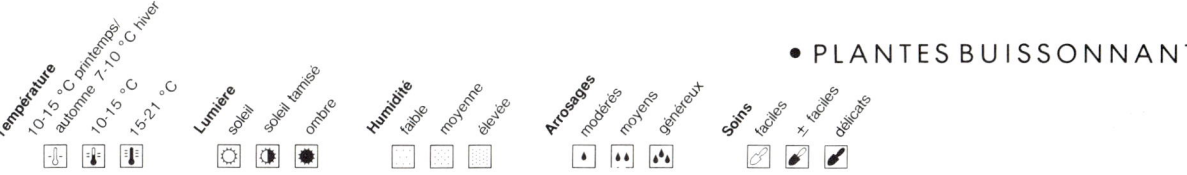

CINÉRAIRE
Senecio cruentus hybrides

Les cinéraires portent de grandes fleurs en forme de marguerites, groupées en bouquets au centre des feuilles charnues. Ces fleurs peuvent être orangées, rouges, magenta, roses, bleues ou pourpres, souvent avec un anneau blanc entourant le disque central. Les feuilles sont soyeuses au toucher et souvent teintées de bleu à la face inférieure. On les traite généralement comme des annuelles. Vous pouvez réaliser une composition très colorée en associant plusieurs cinéraires de même teinte dans un plat creux ou un panier. Elle trouvent leur place dans les intérieurs modernes ou traditionnels.

Microclimat 4. Frais, ensoleillé.
Taille. En hiver et au printemps, on trouve en vente des pieds de cinéraire en boutons d'environ 30 cm de hauteur et de largeur.
Engrais. Il n'est pas nécessaire de donner de l'engrais à ces plantes, qui ne sont que temporaires.
Rempotage. Il est inutile également.
Point particulier. Pour que ces plantes restent décoratives le plus longtemps possible, maintenez le mélange terreux humide en permanence. La plante perd facilement de l'eau par ses grandes feuilles et risque de dépérir si les racines sèchent. Détruisez pucerons ou mouches blanches si vous en trouvez.

POINSETTIA
Euphorbia pulcherrima

Avec leurs bractées rouge flamboyant, roses ou blanc crème, les poinsettias sont toujours les bienvenus pour les fêtes de fin d'année. Les bractées sont décoratives pendant deux mois environ. Il faut ensuite les rabattre sévèrement, car il n'est pas facile de garder ces plantes pour les faire refleurir une seconde année. Le poinsettia est plutôt à mettre en valeur en sujet isolé. La forme rouge, la plus courante, peut cependant faire bel effet également avec des plantes à feuillage vert foncé.

Microclimat 1. Chaud, ensoleillé.
Taille. Les poinsettias dépassent rarement 30 à 40 cm de hauteur. On les trouve dans le commerce en automne et en hiver.
Engrais. Faites des apports d'engrais liquide une fois par mois.
Rempotage. Il est inutile de rempoter les plantes la première année. La deuxième année, rempotez la plante dans le même pot, dans du mélange terreux frais.
Point particulier. Les poinsettias ont une sève qui peut provoquer des irritations de la peau.

PLANTE AUX ÉPHÉLIDES
Hypoestes phyllostachya

C'est une jolie petite plante au feuillage particulier. Les feuilles, vert olive à vert très foncé, sont mouchetées de rose pâle. On les traite généralement comme des annuelles, et on les jette au bout d'un an. Il existe de nouvelles variétés, petites et ramassées, qui font plus d'effet en groupes, dans des pots séparés ou dans un grand récipient peu profond.

Microclimat 2. Chaud, soleil tamisé.
Taille. Cette plante peut devenir assez haute, mais s'étiole en grandissant. Aussi vaut-il mieux la pincer régulièrement pour la maintenir à environ 30 cm de hauteur. On trouve en vente de petites plantes touffues de 5 à 7 cm de hauteur.
Engrais. Faites des apports d'engrais liquide tous les quinze jours, du début de l'été au milieu de l'automne.
Rempotage. Rempotez au printemps, si les racines ont complètement envahi le pot. Ne surfacez que lorsque la plante est dans un pot de 12 cm.

AZALÉE
Rhododendron simsii

  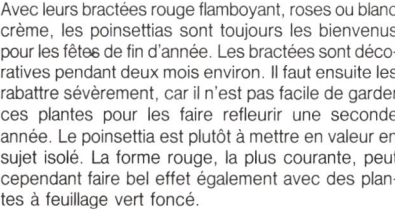

Les azalées portent des bouquets de fleurs très colorées sur un feuillage vert brillant très fourni. La teinte des fleurs varie du blanc au magenta, en passant par toutes les nuances de rose et de rouge. Certaines fleurs ont deux couleurs. Le plus souvent, on se débarrasse de ces plantes après la floraison, car il est difficile de les faire fleurir une deuxième année. Groupez les azalées dans un endroit bien en vue et si possible dans une pièce fraîche, pour que la floraison dure plus longtemps.

Microclimat 5. Frais, soleil tamisé.
Taille. Les azalées ne dépassent guère 30 cm de hauteur et de largeur. On trouve des plantes en boutons en vente en hiver et au printemps.
Engrais. Du printemps à l'automne, faites des apports d'engrais liquide tous les quinze jours.
Rempotage. Le rempotage n'est pas nécessaire.
Point particulier. Pour que ces plantes restent décoratives le plus longtemps possible, maintenez le mélange terreux humide en permanence et placez les pots dans une pièce fraîche.

• CHOIX DES PLANTES •

Plantes buissonnantes 3

PLANTES BUISSONNANTES A PETITES FEUILLES (suite)

CYCLAMEN DES FLEURISTES
Cyclamen persicum hybrides

Les cyclamens des fleuristes s'épanouissent entre la fin de l'automne et le début du printemps. Il en existe de nombreuses variétés, dont la teinte des fleurs varie du blanc au pourpre en passant par le rose et le rouge. Certaines variétés ont des pétales frangés ou ourlés de blanc, d'autres encore sont parfumées. Bien qu'on les traite généralement comme des annuelles, on peut laisser sécher les tubercules à la fin du printemps et les laisser au repos durant l'été pour qu'ils durent de nombreuses années. Les cyclamens s'associent difficilement à d'autres plantes. Ils peuvent constituer des compositions colorées dans les entrées ou les pièces de style ancien, où la température n'est pas trop élevée.

Microclimat 5. Frais, soleil tamisé.
Taille. Les cyclamens dépassent rarement 20 à 25 cm de hauteur. On trouve des plantes en boutons de septembre à Noël.
Engrais. Faites des apports d'engrais liquide tous les quinze jours durant la période de floraison.
Rempotage. Il est inutile la première année. Rempotez les tubercules en septembre, dans un mélange à base de terre de jardin. Réutilisez le même pot chaque année.
Point particulier. Ne versez jamais d'eau sur le tubercule. Pour arroser, plongez le pot dans l'eau pendant dix minutes.

POMMIER D'AMOUR
Solanum capsicastrum

Leurs baies rouge orangé de la taille d'une cerise font de ces petites plantes buissonnantes les favorites de l'automne. Dans un endroit ensoleillé mais frais, les baies peuvent rester plusieurs mois. L'air chaud et sec leur est tout à fait nuisible. Placées sur une table basse ou dans une jardinière, ces plantes peuvent apporter une touche de couleur à un groupe de plantes à feuillage décoratif.

Microclimat 4. Frais, ensoleillé.
Taille. Le pommier d'amour ne dépasse guère 40 à 50 cm de hauteur. On trouve dans le commerce des plantes portant des baies.
Engrais. Faites des apports d'engrais liquide toutes les deux semaines.
Rempotage. Rempotez au printemps, dans un mélange à base de terre. Pour garder la plante une deuxième année, rabattez-la de moitié et sortez les pots en été.
Points particuliers. Vaporisez la plante chaque jour, pour augmenter l'humidité et favoriser la pollinisation pendant la floraison. Ses baies ne sont pas comestibles : surveillez donc les petits enfants.

Peperomia caperata

Ces petites plantes ont des feuilles en cœur à texture caractéristique, gaufrée. Les épis de fleurs, blancs et verticaux, qui émergent au-dessus de la rosette aplatie offrent un contraste saisissant. Ces plantes sont tout indiquées pour les associations avec des feuillages décoratifs, de tailles et de textures contrastées.

Microclimat 2. Chaud, soleil tamisé.
Taille. C'est une plante compacte, qui dépasse rarement 15 à 20 cm de hauteur et de largeur. On trouve dans le commerce de jeunes plantes ainsi qu'une variété miniature pour les jardins en bouteilles.
Engrais. Du printemps à l'automne, faites des apports d'engrais liquide dilué de moitié.
Rempotage. Rempotez au printemps, si les racines ont complètement envahi le pot, dans un mélange à base de tourbe.
Point particulier. N'arrosez pas trop, car ces plantes risquent de pourrir.

PIMENT COMMUN
Capsicum annuum

C'est une plante de plus en plus appréciée, avec ses petits fruits de couleur vive qui apparaissent à l'automne et sont décoratifs jusqu'après Noël. Ceux-ci sont le plus souvent rouge orangé, mais il existe des variétés à fruits blancs, jaunes, verts et pourpres. Ces plantes sont généralement traitées comme des annuelles, on les jette après la chute des fruits. Groupées comme décoration sur une table, elles seront très remarquées.

Microclimat 1. Chaud, ensoleillé.
Taille. Le piment commun atteint environ 30 à 35 cm de hauteur et de largeur. On trouve dans le commerce des plantes de cette taille, portant des fruits.
Engrais. Durant la fructification, faites des apports d'engrais liquide toutes les deux semaines.
Rempotage. Il n'est pas nécessaire.
Point particulier. Pour que cette plante dure le plus longtemps possible, placez le pot sur un lit de cailloux trempant dans l'eau, pour augmenter l'humidité.

• PLANTES BUISSONNANTES •

CHRYSANTHÈME DES FLEURISTES
Chrysanthemum morifolium hybrides

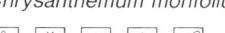

C'est le chrysanthème classique, dont les fleurs existent dans toutes les teintes, sauf le bleu. Ses fleurs et son feuillage ont un parfum particulier. Il reste fleuri six semaines environ, à la suite de quoi on le jette, le traitant comme une annuelle. Plusieurs pieds groupés dans un panier sur une table basse feront par exemple beaucoup d'effet.

Microclimat 5. Frais, soleil tamisé.
Taille. Les chrysanthèmes des fleuristes ont été spécialement sélectionnés pour ne pas dépasser 30 à 40 cm de hauteur. On les trouve en vente en fleur toute l'année.
Engrais. Il est inutile de donner de l'engrais à ces plantes car on ne les garde pas.
Rempotage. Il est inutile également.
Point particulier. Lorsque vous achetez un chrysanthème, veillez à ce que les boutons montrent déjà la teinte des fleurs, car il arrive souvent que les boutons verts très fermés ne s'ouvrent pas.

PRIMEVÈRE
Primula obconica

C'est l'une des plus jolies plantes fleuries d'appartement, qui fleurit de Noël à l'été. Ses bouquets de fleurs longuement pédonculés sont blancs, roses, saumon, ou mauves, avec un œil vert caractéristique. On traite généralement cette primevère comme une annuelle, c'est-à-dire qu'on s'en débarrasse après la floraison. Seule ou en groupe dans un panier, elle décorera agréablement une pièce fraîche, comme une entrée ou une chambre à coucher.

Microclimat 5. Frais, soleil tamisé.
Taille. Les primevères dépassent rarement 30 cm de hauteur et 25 cm de largeur. On trouve en vente des plantes en fleur.
Engrais. Faites des apports d'engrais liquide ordinaire tous les quinze jours.
Rempotage. Il n'est pas nécessaire.

Espèce proche
Primula malacoides est une plante très gracieuse, à petites fleurs blanches, roses ou lilas.

Achimenes grandiflora

Cette plante a des tiges dressées, pubescentes, rouges ou vertes, et des feuilles d'un vert assez terne, velues également. Les fleurs peuvent être roses, pourpres ou jaunes, à gorge blanche. Elle fleurit de juin à octobre. C'est une plante bien utile pour décorer les jardinières d'intérieur.

Microclimat 1. Chaud, ensoleillé.
Taille. La plante atteint environ 45 cm de hauteur. Au printemps, on trouve de petites plantes en vente.
Engrais. Donnez de l'engrais riche en phosphates à quart de dose lors des arrosages durant la période de floraison.
Rempotage. Rempotez chaque année, au printemps, dans un mélange à parts égales de tourbe, sable grossier ou perlite, et vermiculite. Divisez les plantes âgées au printemps.
Point particulier. N'arrosez pas en hiver.

PLANTES BUISSONNANTES A GRANDES FEUILLES

ARALIA
Fatsia japonica

C'est un arbuste à feuillage persistant, utilisé depuis plus d'un siècle comme plante d'intérieur ou d'extérieur. Il a de belles feuilles palmées et brillantes, dont la teinte et la texture contrastent avec celles de la tige qui devient noueuse et ligneuse avec l'âge. On peut le sortir en été ; ses feuilles prennent alors une teinte plus sombre. Son feuillage ressort particulièrement dans un intérieur sobre, plutôt moderne.

Microclimat 5. Frais, soleil tamisé.
Taille. C'est un arbuste à croissance rapide, qui atteint en deux ans 1,50 m de hauteur et d'envergure. On trouve généralement de jeunes plantes dans le commerce.
Engrais. Faites des apports d'engrais liquide tous les quinze jours au printemps et en été.
Rempotage. Rempotez chaque année, au printemps, dans un mélange à base de terre de jardin. Choisissez de préférence un pot en terre cuite plutôt qu'en plastique, car l'aralia a une tête assez lourde. Si vous ne voulez pas changer de pot une plante volumineuse, contentez-vous d'un surfaçage.

• CHOIX DES PLANTES •

Plantes buissonnantes 4

PLANTES BUISSONNANTES A GRANDES FEUILLES (suite)

AUCUBA DU JAPON
Aucuba japonica « Variegata »

Cette plante était très utilisée au début du siècle, tant dans les jardins que dans les vérandas. Les hybrides modernes ont des teintes plus vives, avec un feuillage fortement panaché de jaune. Cette plante peut être utilisée dans une jardinière ou pour des arrangements floraux, dans une pièce fraîche. Elle tolère d'être un peu négligée et supporte les courants d'air et un faible éclairement.

Microclimat 5. Frais, soleil tamisé.
Taille. L'aucuba peut atteindre 90 cm de hauteur à l'intérieur. On trouve généralement en vente des plantes de 20 cm.
Engrais. Faites des apports d'engrais liquide une fois par mois en été.
Rempotage. Rempotez chaque année, au printemps, dans un mélange à base de terre. Surfacez seulement une fois que la plante est dans un pot de 20 cm.
Points particuliers. Nettoyez régulièrement les feuilles avec une éponge humide. Vous pouvez sortir cette plante durant l'été.

Caladium hortulanum hybrides

Cette plante émet de longues tiges charnues qui portent de grandes feuilles cordiformes, très fines. Les teintes et motifs des feuilles sont d'une variété impressionnante. Outre des hybrides à feuilles vertes veinées de rouge, on peut se procurer des spécimens à feuilles blanches ou crème veinées de rose ou de vert.

Microclimat 3. Chaud, ombragé.
Taille. Les variétés à feuilles à dominante verte ne dépassent pas 20 à 25 cm. Les variétés à feuilles plus colorées peuvent atteindre 45 à 60 cm. On trouve généralement dans le commerce des plantes bien développées.
Engrais. Au printemps et en été, faites des apports d'engrais liquide dilué de moitié.
Rempotage. Rempotez les tubercules au printemps, dans un mélange à base de tourbe. Prévoyez une bonne couche de drainage au fond du pot. Utilisez des pots de 12 cm et recouvrez le tubercule de 2 à 3 cm de mélange de rempotage.

PLANTE ZÈBRE
Aphelandra squarrosa « Louisae »

C'est une plante intéressante à la fois pour son feuillage et pour sa floraison. Pendant six semaines environ, la plante porte un curieux épi de bractées jaunes. Éliminez les inflorescences après la floraison et utilisez la plante zèbre comme une plante à feuillage décoratif, avec ses grandes feuilles luisantes marquées de larges veines blanches. Faites-la contraster avec des espèces à feuillage uni dans un intérieur moderne.

Microclimat 2. Chaud, soleil tamisé.
Taille. La plante zèbre atteint environ 30 cm de hauteur et de largeur. On trouve, chez les fleuristes, des plantes sur le point de fleurir.
Engrais. Faites des apports d'engrais liquide une fois par semaine, du printemps à l'automne.
Rempotage. Rempotez chaque année, au printemps, dans un mélange à base de terre. Surfacez seulement une fois que la plante est dans un pot de 15 cm.

FLAMANT ROSE
Anthurium andreanum hybrides

La fleur exotique est composée d'une grande bractée écarlate, la spathe, entourant un mince épi de fleurs, le spadice. Cette inflorescence dure plusieurs semaines et apparaît entre février et juillet. Quelques spécimens fleuris regroupés forment un ensemble intéressant. Lorsque la plante est défleurie, ses feuilles s'harmonisent à celles des autres plantes tropicales recherchant les coins d'ombre.

Microclimat 3. Chaud, ombragé.
Taille. Le flamant rose atteint environ 60 cm de hauteur. On achète généralement de jeunes plantes.
Engrais. Faites des apports d'engrais liquide tous les quinze jours.
Rempotage. Rempotez chaque année au printemps, dans un mélange composé pour un tiers de terreau de rempotage à base de terre, pour un tiers de tourbe grossière et pour un tiers de sable grossier. Surfacez seulement une fois que la plante est dans un pot de 18 cm. Si besoin est, recouvrez de tourbe les racines apparentes.
Points particuliers. Arrosez modérément en hiver. Placez le pot sur un lit de cailloux trempant dans l'eau, pour augmenter l'humidité.

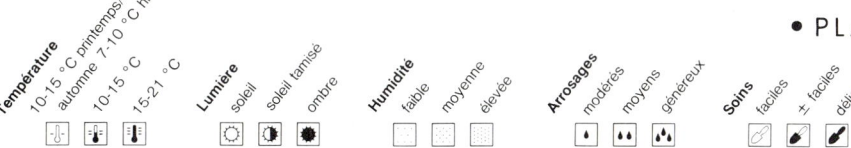

• PLANTES BUISSONNANTES •

BÉGONIA REX
Begonia rex-cultorum

C'est l'un des plus beaux bégonias, cultivé pour son superbe feuillage coloré plus que pour ses fleurs, assez insignifiantes. Les feuilles cordiformes, qui peuvent mesurer 30 cm de longueur, portent des motifs variés dans les tons de rouge, noir, argenté et vert. La texture des feuilles diffère également : lisse chez certaines variétés, gaufrée et ridée chez d'autres.

Microclimat 3. Chaud, ombragé.
Taille. Le bégonia rex peut atteindre environ 30 cm de hauteur et 90 cm d'envergure. On trouve en vente de jeunes plantes de 5 à 10 cm.
Engrais. Faites des apports d'engrais liquide toutes les deux semaines, au printemps et en été.
Rempotage. Divisez les touffes et rempotez tous les trois ans, au printemps, dans un mélange à base de tourbe, dans un pot peu profond.
Points particuliers. Arrosez plus modérément durant la période de repos hivernal. Surveillez l'apparition de l'oïdium.

Espèce proche
Begonia masoniana porte une marque de rouge sombre, en forme de croix, dans le milieu de ses feuilles vert pâle.

PLANTES BUISSONNANTES A FEUILLES COMPOSÉES

CAPILLAIRE, CHEVEU DE VÉNUS
Adiantum raddianum

Cette fougère se caractérise par des frondes délicates, vert pâle, portées par des tiges brunes et robustes. Elle se marie aussi bien aux plantes à feuillage qu'aux plantes fleuries, et est précieuse pour apporter une note de douceur dans de nombreuses compositions. Elle est en outre très belle en sujet isolé. On peut utiliser de jeunes plantes dans les jardins en bouteilles ou les serres d'appartement.

Microclimat 3. Chaud, ombragé.
Taille. Le capillaire atteint environ 30 cm de hauteur et de largeur. On trouve dans le commerce des plantes de toutes tailles.
Engrais. Donnez de l'engrais liquide une fois par mois, au printemps et en été.
Rempotage. Rempotez au printemps, dans un mélange à base de tourbe si les racines apparaissent à la surface du pot.
Point particulier. Placez le pot sur un lit de gravillons trempant dans l'eau, pour accroître l'humidité.

Espèces proches
Adiantum raddianum microphyllum a de minuscules folioles vert foncé.
Adiantum hispidulum est petite également, mais se distingue par des frondes digitées.

ASPARAGUS
Asparagus setaceus

Cet asparagus a un feuillage très léger, plumeux, composé de minuscules rameaux sur de fines tiges. Les variétés à grand développement peuvent être palissées pour former une jolie colonne verte. Cette plante peut aussi servir à encadrer une fenêtre orientée à l'est ou à l'ouest. Elle a sa place également dans les compositions de feuillage des paniers suspendus.

Microclimat 2. Chaud, soleil tamisé.
Taille. Cet asparagus peut développer des tiges de 1 à 1,20 m de longueur. On trouve de jeunes plantes dans le commerce.
Engrais. Faites des apports d'engrais liquide toutes les deux semaines au printemps et en été, une fois par mois en automne et en hiver.
Rempotage. Rempotez chaque printemps, dans un mélange à base de terre. Pour les plus grands sujets, un surfaçage suffit.

Espèces proches
Asparagus asparagoides est une espèce grimpante vigoureuse, dont les rameaux en forme de folioles mesurent jusqu'à 5 cm.
Asparagus falcatus lui ressemble, mais a des feuilles falciformes. Elle est grimpante également.

PTÉRIDE
Pteris cretica

Cette fougère émet des touffes de frondes rayées qui poussent sur un rhizome court, souterrain. Chaque fronde est composée de paires de folioles disposées comme les doigts de la main. Cette espèce se marie bien aux plantes à feuillage ou aux plantes fleuries, et est précieuse en premier plan pour dissimuler les pots sous son feuillage étalé. Elle se plaira dans une serre orientée au nord ou devant une fenêtre.

Microclimat 3. Chaud, ombragé.
Taille. Cette fougère atteint environ 35 cm de hauteur et autant de largeur. On trouve dans le commerce de petites plantes, de 10 à 20 cm de hauteur.
Engrais. Faites des apports d'engrais liquide dilué de moitié, une fois par mois.
Rempotage. Rempotez au printemps, dans un mélange spécial pour fougères, si les racines ont complètement envahi le pot. Si vous ne voulez pas changer de pot un vieux sujet, contentez-vous de surfacer.

Espèce proche
Pteris tremula a un feuillage finement divisé, ressemblant à celui de la carotte. De croissance rapide, les frondes peuvent atteindre 60 cm de longueur et 30 cm de largeur.

• CHOIX DES PLANTES •

Plantes grimpantes 1

Les plantes grimpantes ont généralement des tiges trop souples pour se tenir dressées par elles-mêmes, mais qui poussent dans n'importe quelle direction si elles ont un support pour s'accrocher. De nombreuses plantes grimpantes peuvent être utilisées comme plantes retombantes et vice versa. Les espèces à racines aériennes, comme les philodendrons et le monstera, ont des tiges épaisses et des feuilles charnues, grandes et lourdes. C'est pourquoi il est souvent préférable de les faire pousser sur une colonne de mousse. Certaines plantes grimpantes s'accrochent naturellement à d'autres pour se soutenir en s'enchevêtrant avec leurs voisines. D'autres espèces, qui produisent de petites vrilles, peuvent être palissées sur des tuteurs, des arceaux ou des treillages. Bien que ces vrilles semblent fragiles, elles sont généralement résistantes. Vous pouvez aussi faire grimper ces plantes pour encadrer une fenêtre, une porte ou un miroir, ou en faire un écran de feuillage. La plupart des espèces ont un feuillage très décoratif, comme les feuilles festonnées de la vigne des kangourous ou les feuilles panachées de jaune et de vert du lierre des Canaries ou du séneçon-lierre. Certaines ont, en outre, une floraison décorative. C'est le cas de *Plumbago auriculata*, aux ravissantes fleurs bleu lavande, et du jasmin, aux fleurs blanches. Les fleurs de la Passion sont les plus grandes et les plus belles de toutes.

PLANTES GRIMPANTES A PETITES FEUILLES

LIERRE DES CANARIES
Hedera canariensis

Cette plante a des feuilles légèrement lobées vert foncé, avec des panachures gris-vert. C'est une vigoureuse plante grimpante qui peut s'accrocher sur quasiment n'importe quel support. Elle constitue un beau spécimen quand elle a atteint un grand développement, et peut être placée dans les endroits frais, comme le vestibule ou l'escalier.
Microclimat 5. Frais, soleil tamisé.
Taille. C'est une espèce à croissance rapide qui peut atteindre une hauteur et un étalement importants, jusqu'à plus de 2 m. Les feuilles mesurent jusqu'à 12 cm de longueur et 15 cm de largeur. On trouve dans le commerce des plantes de toutes tailles.
Engrais. Faites des apports d'engrais liquide toutes les deux semaines durant la période de croissance.
Rempotage. Rempotez au printemps, dans un mélange à base de terre, si les racines ont complètement envahi le pot. Surfacez seulement une fois que la plante est dans un pot de 12 à 15 cm.
Point particulier. Arrosez plus modérément en hiver.

SÉNEÇON-LIERRE
Senecio macroglossus

Cette plante ressemble beaucoup au lierre ordinaire mais a des feuilles plus lisses et plus charnues. Les feuilles, portées par des tiges pourpres, sont vertes, marquées de bandes et de taches blanc crème. Cette coloration est parfois très accentuée, toutes les feuilles d'une pousse étant à dominante crème. On peut palisser cette plante sur un arceau ou la faire retomber dans un panier suspendu.
Microclimat 1. Chaud, ensoleillé.
Taille. Le séneçon-lierre atteint environ 1 m de hauteur. Pincez les extrémités pour stimuler le développement de ramifications. On trouve de petites plantes dans le commerce.
Engrais. Faites des apports d'engrais liquide tous les quinze jours, au printemps et en été.
Rempotage. Rempotez chaque année, au printemps, dans un mélange composé pour une part de sable grossier et pour trois parts de substrat terreux ordinaire. Surfacez seulement une fois que la plante est dans un pot de 15 cm.
Points particuliers. Arrosez plus modérément en hiver. Surveillez l'apparition de pucerons.

FAUSSE VIGNE
Cissus rhombifolia

Cette plante a des feuilles profondément dentées. Les jeunes pousses semblent de teinte argentée, car elles sont couvertes d'un fin duvet sur les deux faces. Les feuilles adultes n'ont plus que de fins poils bruns à la face inférieure. Palissée sur des montants en bambou, cette fausse vigne devient rapidement une plante de belle ampleur qui ne passe pas inaperçue. C'est également un bon sujet pour les grands paniers suspendus.
Microclimat 2. Chaud, soleil tamisé.
Taille. En deux ans, cette fausse vigne peut atteindre près de 2 m de hauteur, 3 m dans des conditions idéales. Pincez régulièrement les pousses pour stimuler une croissance buissonnante. On trouve dans le commerce des plantes de toutes tailles.
Engrais. Faites des apports d'engrais liquide tous les quinze jours, au printemps et en été.
Rempotage. Rempotez au printemps, dans un mélange à base de terre. Une fois que la plante est dans un pot de 15 à 18 cm, un surfaçage suffit.
Points particuliers. Placez le pot sur un lit de cailloux trempant dans l'eau ou vaporisez la plante si elle est dans un panier suspendu.

• PLANTES GRIMPANTES •

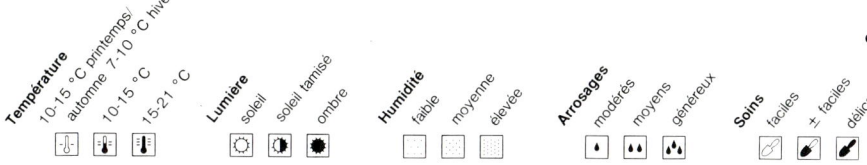

FLEUR DE LA PASSION, PASSIFLORE
Passiflora caerulea

C'est une plante d'allure très exotique, aux fleurs extraordinaires. Chaque fleur est composée de cinq pétales blanc rosé et de cinq sépales blanc rosé entourant un anneau de filaments pourpre bleuté rayonnants. Ces filaments entourent les étamines dorées. Les fleurs se développent pendant l'été et l'automne. Le feuillage est vert foncé et les tiges doivent être palissées sur un support métallique pour prendre une jolie forme. C'est un spécimen à exposer dans les serres ou sur un appui de fenêtre large et ensoleillé.

Microclimat 1. Chaud, ensoleillé.
Taille. La passiflore peut atteindre une hauteur et un étalement de 10 m. On trouve en vente des plantes de toutes tailles.
Engrais. Faites des apports d'engrais liquide tous les quinze jours, du printemps à l'automne.
Rempotage. Rempotez chaque année, au printemps, dans un mélange à base de terre. Surfacez seulement quand la plante est dans un pot de 20 cm.
Point particulier. Pour que la plante garde une belle silhouette, rabattez-la sévèrement au printemps.

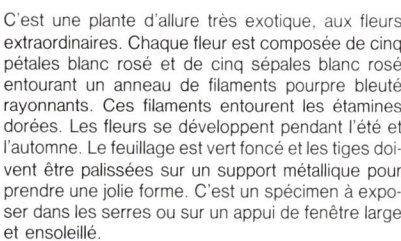

Mikania ternata

C'est une petite plante peu courante, au feuillage doux, vert-ardoise, couvert de fins poils pourpres. La face inférieure des feuilles et les tiges sont pourpres. On l'utilise comme les lierres, en plante grimpante ou retombante, mais elle n'atteint pas la même taille. Sa coloration inhabituelle offre un joli contraste avec d'autres feuillages vert clair.

Microclimat 2. Chaud, soleil tamisé.
Taille. Cette plante atteint un développement d'environ 25 cm en hauteur et en largeur. On trouve de petites plantes dans le commerce.
Engrais. Faites des apports d'engrais liquide tous les quinze jours, du printemps à l'automne.
Rempotage. Rempotez au printemps, dans un mélange à base de terre. Généralement, on ne garde pas cette plante plus de deux ans.
Point particulier. Ne mouillez pas le feuillage pubescent.

SUZANNE-AUX-YEUX-NOIRS
Thunbergia alata

Cette plante est surtout remarquable par ses fleurs orangées à œil brun foncé caractéristique. Elle fleurit du printemps à la fin de l'automne. Elle est particulièrement décorative palissée devant une fenêtre.

Microclimat 4. Frais, ensoleillé.
Taille. Cette plante peut atteindre 2 m de hauteur. On trouve de jeunes plantes chez les fleuristes.
Engrais. Faites des apports d'engrais liquide toutes les deux semaines.
Rempotage. Rempotez au printemps, dans un mélange à base de terre, si les racines ont complètement envahi le pot. Surfacez seulement une fois que la plante est dans un pot de 15 cm.
Point particulier. Éliminez les fleurs fanées au fur et à mesure pour que la plante reste belle.

JASMIN DE MADAGASCAR
Stephanotis floribunda

Cette plante a des feuilles coriaces et luisantes, vert foncé, portées par des tiges ligneuses qui s'enroulent autour de leur support, et des fleurs blanches, cireuses, au parfum délicieux. Les fleurs apparaissent en bouquets de dix et plus, chacune en forme de tube et terminée par cinq lobes étalés en étoile. La floraison dure du printemps à l'automne. On peut faire grimper la plante sur un treillage ou, si la place manque, sur un arceau métallique placé dans le pot.

Microclimat 1. Chaud, ensoleillé.
Taille. Le jasmin de Madagascar est une plante vigoureuse de taille variable, mais qui peut atteindre 3 m. Pincez l'extrémité des tiges pour stimuler une croissance buissonnante. On trouve en vente des plantes de toutes tailles.
Engrais. Faites des apports d'engrais liquide tous les quinze jours, au printemps et en été.
Rempotage. Rempotez tous les deux ans, au printemps, dans un mélange à base de terre. Surfacez seulement une fois que la plante est dans un pot de 20 cm.
Point particulier. Arrosez plus modérément en hiver.

• CHOIX DES PLANTES •

Plantes grimpantes 2

PLANTES GRIMPANTES A PETITES FEUILLES (suite)

VIGNE DES KANGOUROUS
Cissus antarctica

Cette plante proche de la vigne a des feuilles vert foncé luisantes, à nervures marquées et bord découpé en feston. On peut lui trouver de multiples usages : palissée sur une colonne, placée en spécimen isolé ou dans un panier suspendu.

Microclimat 2. Chaud, soleil tamisé.
Taille. En deux ans, la vigne des kangourous peut atteindre 2 m de hauteur et un étalement de 60 cm. On trouve dans le commerce des plantes de toutes tailles.
Engrais. Faites des apports d'engrais liquide tous les quinze jours, au printemps et en été.
Rempotage. Rempotez chaque année au printemps, dans un mélange à base de terre. Une fois que la plante est dans un pot de 15 à 20 cm, contentez-vous d'un surfaçage.
Points particuliers. Placez le pot sur un lit de cailloux trempant dans l'eau, pour augmenter l'humidité autour de la plante, et vaporisez régulièrement les plantes en panier suspendu.

Plumbago auriculata

Cette plante donne des bouquets de fleurs (jusqu'à 20) bleu pâle du printemps à l'automne. Une fine ligne bleu plus foncé est dessinée au mileu de chacun des cinq pétales évasés, à l'extrémité d'un tube de 4 cm de longueur. Cette plante fera bel effet sur un treillage, ou palissée pour couvrir un mur.

Microclimat 1. Chaud, ensoleillé.
Taille. Les tiges peuvent atteindre 1 m de longueur, mais doivent être rabattues chaque année au printemps pour que la plante garde un port assez compact. On trouve dans le commerce des plantes de toutes tailles.
Engrais. Faites des apports d'engrais à tomates toutes les deux semaines, du printemps à l'automne.
Rempotage. Rempotez au printemps, dans un mélange à base de terre. Surfacez seulement lorsque la plante est dans un pot de 20 cm.
Point particulier. Arrosez plus modérément en hiver.

JASMIN D'APPARTEMENT
Jasminum polyanthum

Cette jolie plante produit en hiver et au printemps des bouquets de fines fleurs blanches parfumées. S'il semble, à première vue, délicat, le jasmin est en fait une plante grimpante vigoureuse, facile à palisser sur un arceau ou tout autre support assez fin. Dans une serre, il peut assez rapidement couvrir un mur.

Microclimat 4. Frais, ensoleillé.
Taille. En pleine terre, dans la serre, il peut atteindre 6 m de hauteur, 1 m dans un pot. Son étalement dépend du support utilisé. Dans le commerce, on trouve des plantes en fleur en hiver.
Engrais. Faites des apports d'engrais liquide une fois par mois, en été et en automne.
Rempotage. Rempotez chaque année, au printemps, dans un mélange à base de terre. Surfacez seulement lorsque la plante est dans un pot de 20 cm.
Point particulier. Placez la plante dehors en été.

Allamanda cathartica

C'est une espèce grimpante à fleurs jaune d'or, en entonnoir, qui s'épanouissent sur plusieurs semaines en été. Elle porte des feuilles ovales sur de longues tiges vert foncé, brillantes. Cultivée en pleine terre dans la serre ou dans un grand bac, cette plante peut couvrir un mur. Dans une pièce plus petite, on peut la cultiver en pot et la palisser sur une armature métallique de n'importe quelle forme.

Microclimat 2. Chaud, soleil tamisé.
Taille. C'est une espèce à croissance rapide, qui atteint une hauteur et un étalement de 2,50 m. En hiver, rabattez les tiges d'environ deux tiers pour que la plante reste assez compacte. On trouve de jeunes plantes en vente en été.
Engrais. Faites des apports d'engrais liquide tous les quinze jours en été.
Rempotage. Rempotez chaque année, au printemps, dans un mélange à base de terre. Si vous ne voulez pas changer de pot une plante bien développée, un surfaçage suffit.
Point particulier. Arrosez plus modérément en hiver.

• PLANTES GRIMPANTES •

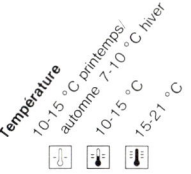

BOUGAINVILLÉE
Bougainvillea buttiana

C'est une plante à tiges ligneuses hérissées d'épines. Ses petites fleurs blanc crème sont insignifiantes en elles-mêmes, mais elles sont entourées de grandes bractées décoratives très fines qui peuvent être blanches, roses, rouges, orangées, jaunes ou pourpres. Elles apparaissent groupées en bouquets de 10 à 20, en général en été. Bien qu'il s'agisse d'une plante grimpante, on peut la tailler pour qu'elle reste buissonnante. Elle se plaît dans les pièces très ensoleillées et les serres ou vérandas, car il lui faut beaucoup de lumière pour fleurir.

Microclimat 1. Chaud, ensoleillé.
Taille. La bougainvillée peut atteindre 2 m de hauteur. Pincez l'extrémité des tiges pour stimuler le développement de ramifications. On trouve généralement de petites plantes en vente.
Engrais. Faites des apports d'engrais liquide tous les quinze jours en été.
Rempotage. Rempotez chaque année, au printemps, dans un mélange à base de terre auquel vous ajouterez un peu de tourbe. Surfacez seulement dès que la plante est dans un pot de 20 cm.
Points particuliers. Arrosez plus modérément en hiver. Surveillez l'apparition de cochenilles farineuses.

PLANTES GRIMPANTES A GRANDES FEUILLES

PHILODENDRON BURGUNDY
Philodendron « Burgundy »

Ce philodendron à grandes feuilles a des pétioles rouge sombre, ainsi que la face inférieure des feuilles. Il s'épanouira rapidement s'il est palissé sur une colonne de mousse. Mieux vaut isoler les grands spécimens, ils feront plus d'effet.

Microclimat 3. Chaud, ombragé.
Taille. Ce philodendron a une croissance assez lente et ne dépasse pas 2 m de hauteur.
Engrais. Faites des apports d'engrais liquide tous les quinze jours, au printemps et en été.
Rempotage. Si les racines ont complètement envahi le pot, rempotez au printemps, dans un mélange composé pour moitié de terreau de feuilles et pour moitié de mélange à base de terre. Une fois que la plante est dans un pot de 15 à 20 cm, un surfaçage annuel suffit.

Espèce proche
Philodendron hastatum a des feuilles vert foncé.

Syngonium podophyllum

Cette plante grimpante est originale par le fait que la forme des feuilles change quand la plante prend de l'âge. Les jeunes feuilles ont trois lobes profonds, mais les feuilles des spécimens âgés ont cinq lobes. Cette plante peut être palissée sur un tuteur fin ou une colonne de mousse. Vous pouvez aussi la laisser retomber élégamment d'un panier suspendu.

Microclimat 2. Chaud, soleil tamisé.
Taille. Les tiges peuvent atteindre 2 m de longueur. L'étalement dépend du support utilisé.
Engrais. Faites des apports d'engrais liquide tous les quinze jours, du printemps à l'automne.
Rempotage. Si les racines ont complètement envahi le pot, rempotez au printemps, dans un mélange à parts égales de substrat terreux ordinaire et de terreau de feuilles. Contentez-vous d'un surfaçage si vous ne voulez pas changer de pot une plante bien développée.

MONSTERA
Monstera deliciosa

Cette plante est bien connue pour ses jeunes feuilles entières, en cœur, dont le limbe se découpe progressivement avec le temps. Cultivez-la sur une colonne de mousse pour que ses racines aériennes charnues et épaisses trouvent un support. Ne coupez jamais ces racines, qui ont un rôle nutritif. Les plantes adultes font de beaux sujets attirant le regard dans une grande pièce.

Microclimat 3. Chaud, ombragé.
Taille. Le monstera atteint au maximum 2,50 m de hauteur. On trouve dans le commerce des plantes de toutes tailles.
Engrais. Faites des apports d'engrais liquide tous les quinze jours, au printemps et en été.
Rempotage. Rempotez chaque année, au printemps, dans un substrat composé pour deux tiers de mélange de rempotage à base de terre et pour un tiers de terreau de feuilles. Un surfaçage suffit si la plante est dans un pot de 20 cm.

• CHOIX DES PLANTES •

Plantes retombantes 1

La plupart de ces plantes sont à leur avantage lorsque leurs tiges peuvent retomber vers le bas, bien que certaines, comme les lierres et les philodendrons, puissent aussi être considérées comme des plantes grimpantes. Placez-les dans des paniers suspendus, sur des piédestals ou des étagères, afin que l'on puisse profiter de leur feuillage. Elles peuvent aussi servir à adoucir les lignes d'un groupe de plantes ou cacher les bords d'une corbeille ou d'une table. On trouve dans ce groupe toute une gamme de textures de feuilles, du feuillage aérien de l'asparagus aux curieuses frondes charnues de la fougère corne-de-cerf, en passant par le feuillage délicat, comme en gouttelettes, de la saxifrage araignée. Vous pouvez, par exemple, associer les grandes frondes de la fougère corne-de-cerf aux feuilles en cœur du philodendron grimpant pour attirer l'œil sur une composition. Quant aux couleurs, il y a les fleurs rouges du columnea et celles, bleues ou blanches, de l'étoile de Bethléem. Mais le feuillage est parfois coloré également : c'est le cas du feuillage du gynura, pubescent et teinté de pourpre, et des feuilles à panachures argentées du pothos.

PLANTES RETOMBANTES A PETITES FEUILLES

PHILODENDRON GRIMPANT
Philodendron scandens

Comme son nom l'indique, ce philodendron à petites feuilles, l'un des plus faciles à cultiver de ce groupe, peut être considéré comme une plante grimpante ou retombante. Ses feuilles terminées en pointe sont charnues et teintées de bronze lorsqu'elles apparaissent, puis deviennent vert foncé et coriaces avec le temps. Le philodendron garnit bien le premier plan d'une composition de plantes d'intérieur et est idéal pour toutes les pièces chaudes qui ne reçoivent pas beaucoup de soleil.

Microclimat 3. Chaud, ombragé.
Taille. C'est une espèce à croissance rapide, qui peut atteindre assez rapidement 2 m de hauteur et 50 cm de largeur. Pincez l'extrémité des tiges pour stimuler le développement de ramifications. On trouve de jeunes plantes en vente.
Engrais. Faites des apports d'engrais liquide toutes les deux semaines au printemps et en été, une fois par mois en automne et en hiver.
Rempotage. Rempotez chaque année, au printemps, dans un mélange composé pour moitié de terreau de feuilles ou de tourbe et pour moitié de mélange à base de terre. Un surfaçage suffit quand la plante est dans un pot de 25 à 30 cm.
Point particulier. Placez la plante sur un lit de cailloux trempant dans l'eau, pour augmenter l'hygrométrie.

POTHOS
Scindapsus pictus « Argyraeus »

Le caractère le plus décoratif de cette plante est son feuillage vert olive mat, couvert de panachures argentées. Les feuilles en forme de cœur sont portées par des tiges épaisses qui émettent parfois des racines aériennes. Mettez plusieurs petits sujets, ou un grand, dans un panier suspendu devant une fenêtre ensoleillée. Vous pouvez aussi le faire grimper sur une colonne de mousse humide.

Microclimat 1. Chaud, ensoleillé.
Taille. C'est une espèce à croissance lente, mais qui peut atteindre 1,50 m de hauteur et d'envergure. Pincez les tiges pour favoriser le développement de ramifications. On trouve surtout des jeunes plantes en vente.
Engrais. Faites des apports d'engrais liquide tous les quinze jours, au printemps et en été.
Rempotage. Si les racines ont envahi le pot, rempotez au printemps, dans un mélange à base de terre. Une fois que les plantes sont dans des pots de 15 cm, un surfaçage suffit.
Point particulier. Arrosez plus modérément en hiver.

ARUM GRIMPANT
Epipremnum aureum

Cette espèce, proche de la précédente, a des tiges anguleuses vert jaunâtre portant des racines aériennes et de grandes feuilles vert vif irrégulièrement panachées de jaune. Cette plante fait beaucoup d'effet en panier suspendu, sur une étagère haute, ou palissée sur une colonne de mousse. Mieux vaut isoler les grands spécimens pour les mettre en valeur dans une pièce chaude.

Microclimat 2. Chaud, soleil tamisé.
Taille. Les tiges peuvent atteindre 2 m de longueur. Pincez leur extrémité pour stimuler le développement de ramifications. On trouve dans le commerce de jeunes plantes, à petites feuilles.
Engrais. Faites des apports d'engrais liquide tous les quinze jours, au printemps et en été.
Rempotage. Rempotez chaque année, au printemps, dans un mélange à base de terre. Si vous ne voulez pas changer de pot une grande plante, contentez-vous d'un surfaçage.
Point particulier. Arrosez plus modérément en hiver.

• PLANTES RETOMBANTES •

MISÈRE
Zebrina pendula

C'est une plante aussi populaire que décorative, avec ses feuilles très colorées. Ces feuilles, ovales, ont une face supérieure striée, iridescente et une face inférieure pourpre. Au printemps et en automne, la plante produit des bouquets de petites fleurs roses. La misère est tout indiquée pour les paniers suspendus ou en association à d'autres plantes dans une composition mixte.

Microclimat 1. Chaud, ensoleillé.
Taille. Les tiges atteignent 40 cm de longueur, 30 cm en étalement. Pincez l'extrémité des tiges pour stimuler la ramification. On trouve généralement de petites plantes en vente toute l'année.
Engrais. Faites des apports d'engrais liquide tous les quinze jours.
Rempotage. Rempotez au printemps, dans un mélange à base de terre, si les racines ont complètement envahi le pot. Jetez la plante après le deuxième ou le troisième rempotage, et remplacez-la par de jeunes boutures.
Point particulier. Éliminez les tiges à feuilles peu colorées qui se développent parfois.

FLEUR DE PORCELAINE
Hoya bella

C'est une plante à port étalé, à tiges retombantes et à feuilles charnues, d'un vert assez terne. Les fleurs, d'un blanc pur, très parfumées, sont groupées par 8 à 10, en petits bouquets en étoiles. Chaque fleur est teintée de pourpre au centre. Cette plante est à placer en hauteur ou dans un panier suspendu, pour profiter de ses minuscules fleurs qu'on ne peut détailler que de dessous. Elle se plaira dans une serre ensoleillée ou dans un intérieur moderne.

Microclimat 1. Chaud, ensoleillé.
Taille. La plante atteint environ 30 cm de hauteur avant de retomber, avec un étalement de 50 cm environ.
Engrais. Du printemps au début de l'automne, faites des apports d'engrais liquide riche en potasse toutes les deux semaines.
Rempotage. Rempotez chaque année, au printemps, dans un mélange à base de terre, en prévoyant une bonne couche de drainage au fond du pot. Une fois que la plante est dans un pot de 12 à 15 cm, un surfaçage suffit.
Point particulier. Surveillez l'apparition des cochenilles farineuses.

Columnea « Banksii »

Cette plante porte de jolies petites fleurs écarlates parmi les feuilles petites, cireuses, sur de longues tiges retombantes. Elle peut fleurir à n'importe quelle saison et un gros spécimen bien fleuri peut compter plus de cent fleurs ! Cultivez-la en sujet isolé, dans un cache-pot uni ou un panier suspendu.

Microclimat 2. Chaud, soleil tamisé.
Taille. Les tiges retombantes atteignent au maximum 1,20 m de longueur. On trouve généralement de jeunes plantes dans le commerce, au printemps.
Engrais. A chaque arrosage, donnez de l'engrais liquide riche en phosphates à quart de dose.
Rempotage. Rempotez chaque printemps, dans un mélange à parts égales de tourbe, perlite et vermiculite. Si vous ne voulez pas changer de pot une plante âgée, contentez-vous de tailler les racines.
Point particulier. Veillez à une bonne humidité tout au long de l'année.

MISÈRE
Tradescantia albiflora « Albovittata »

   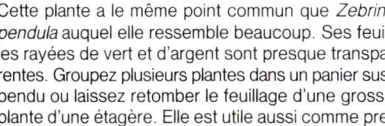

Cette plante a le même point commun que *Zebrina pendula* auquel elle ressemble beaucoup. Ses feuilles rayées de vert et d'argent sont presque transparentes. Groupez plusieurs plantes dans un panier suspendu ou laissez retomber le feuillage d'une grosse plante d'une étagère. Elle est utile aussi comme premier plan d'une composition mixte dans une pièce fraîche, mais elle peut également être palissée.

Microclimat 1. Chaud, ensoleillé.
Taille. C'est une espèce à croissance rapide, dont les tiges peuvent dépasser rapidement 30 cm de longueur. Pincez-les pour stimuler le développement de ramifications.
Engrais. Faites des apports d'engrais liquide tous les quinze jours, du printemps à l'automne.
Rempotage. Rempotez au printemps, dans un mélange à base de terre, si les racines ont complètement envahi le pot. Jetez la plante après le deuxième rempotage, pour la remplacer par de jeunes boutures.
Point particulier. Éliminez les feuilles desséchées ou un peu décolorées.
Espèces proches
Tradescantia fluminensis « Variegata » a des feuilles vert olive rayées de crème et de rose et couvertes de fins poils soyeux.
Tradescantia sillamontana a des feuilles vert menthe couvertes de longs poils laineux blancs.

• CHOIX DES PLANTES •

Plantes retombantes 2

PLANTES RETOMBANTES A PETITES FEUILLES (suite)

Tolmiea menziesii

Cette plante assez peu courante se distingue par la façon dont nombre de ses feuilles produisent à maturité de petites plantules à leur face supérieure, celles-ci retombant au bout de longs pétioles. Les feuilles vert tendre et les pétioles sont couverts de poils fins. C'est une plante qui convient tout à fait en panier suspendu. Elle est facile à cultiver dans n'importe quel endroit frais.

Microclimat 5. Frais, soleil tamisé.
Taille. Cette plante de croissance rapide atteint environ 30 cm de hauteur et d'envergure. On trouve de petites plantes en vente.
Engrais. Faites des apports d'engrais liquide tous les quinze jours, en été et au printemps.
Rempotage. Rempotez au printemps, dans un mélange à base de terre, si les racines ont complètement envahi le pot. Renouvelez la plante après le troisième rempotage.
Point particulier. Arrosez plus modérément en hiver.

PHALANGÈRE
Chlorophytum « Vittatum »

Cet hybride se caractérise par la rayure blanche ou crème qui parcourt les feuilles en leur centre. Les feuilles étroites sont arquées, mais la plante est vraiment retombante par les plantules émises au bout de longues tiges retombantes. Ce sont de belles plantes touffues à disposer en hauteur, sur un piédestal ou dans un panier suspendu.

Microclimat 5. Frais, soleil tamisé.
Taille. Les feuilles peuvent mesurer jusqu'à 60 cm de longueur. L'étalement dépend du nombre de plantes associées dans le pot. On trouve dans le commerce des plantes de toutes tailles.
Engrais. Faites des apports d'engrais liquide tous les quinze jours.
Rempotage. Rempotez au printemps, dans un mélange à base de terre, si les racines ont envahi le pot. Pour les grandes plantes, un surfaçage suffit.
Point particulier. Laissez un espace d'environ 3 cm en haut du pot pour le développement des racines épaisses.

SAXIFRAGE ARAIGNÉE
Saxifraga stolonifera

Cette plante produit également de nombreuses plantules sur de fines tiges retombantes. La plante mère est basse et compacte, et les plantules qui pendent donnent bien un port retombant à la saxifrage. Elle est particulièrement à son avantage dans un panier suspendu, où l'on peut admirer le rouge de la face inférieure de ses feuilles et ses tiges délicates. Placez-la dans un endroit frais, comme une entrée, mais veillez à ce que ses tiges délicates ne soient pas dans un courant d'air.

Microclimat 5. Frais, soleil tamisé.
Taille. C'est une espèce à croissance rapide, mais qui ne dépasse pas 20 cm de hauteur. Les tiges retombantes peuvent atteindre 60 cm de longueur.
Engrais. Faites des apports d'engrais liquide une fois par mois.
Rempotage. Rempotez chaque année, au printemps, dans un mélange à base de terre. Renouvelez la plante après le deuxième rempotage.
Point particulier. Arrosez plus modérément en hiver.

LIERRE COMMUN
Hedera helix hybrides

Il existe de nombreux hybrides du lierre commun, tous à port buissonnant et retombant, mais qui varient dans la forme et la teinte des feuilles. On peut les utiliser de différentes façons : pour meubler le premier plan d'une composition, comme plante retombante dans un panier suspendu, ou disposés sur une étagère. On peut aussi les faire grimper. Ils se plaisent un peu partout dans la maison, mais de préférence dans une pièce fraîche.

Microclimat 5. Frais, soleil tamisé.
Taille. Le lierre peut atteindre un grand développement, aussi faut-il pincer l'extrémité des tiges pour stimuler le développement de ramifications. On trouve dans le commerce des plantes de toutes tailles.
Engrais. Faites des apports d'engrais liquide toutes les deux semaines au printemps et en été, une fois par mois en automne et en hiver.
Rempotage. Rempotez au printemps, dans un mélange à base de terre, si les racines ont envahi le pot. Si vous ne voulez pas changer de pot une plante bien développée, contentez-vous d'un surfaçage.
Point particulier. Arrosez plus modérément en hiver.

• PLANTES RETOMBANTES •

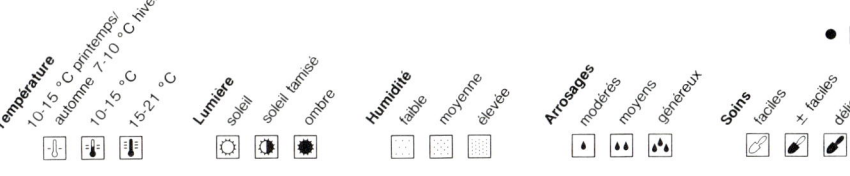

ASPARAGUS
Asparagus densiflorus « Sprengeri »

Cette variété courante se caractérise par des tiges arquées qui retombent progressivement. Chaque tige est couverte de petits rameaux en aiguille, qui donnent à la plante une silhouette délicate, rappelant celle des fougères. Utilisez-la pour adoucir les lignes d'une composition de feuillage, ou groupée avec des fougères dans un panier suspendu. Elle n'est pas difficile quant aux conditions de culture et apporte une note de fraîcheur qui s'accommode de tous les styles d'appartement.

Microclimat 2. Chaud, soleil tamisé.
Taille. Les tiges peuvent atteindre 90 cm de longueur. Dans le commerce, on trouve le plus souvent de petites plantes.
Engrais. Faites des apports d'engrais liquide tous les quinze jours au printemps et en été, une fois par mois en automne et en hiver.
Rempotage. Rempotez au printemps, dans un mélange à base de terre, si les racines ont complètement envahi le pot. Si vous ne voulez pas changer de pot un grand sujet, un surfaçage suffit.
Point particulier. Éliminez les tiges dégarnies ou qui sèchent, pour que la plante garde belle allure.

GYNURA ORANGÉ
Gynura aurantiaca

Les feuilles finement dentées de cette plante sont couvertes d'un fin duvet pourpré et sont plus colorées lorsqu'elles apparaissent. Les tiges sont d'abord dressées, puis étalées au fur et à mesure de la croissance. Les feuilles duveteuses sont particulièrement mises en valeur dans un panier suspendu et se découpant sur une fenêtre ensoleillée. Un grand sujet fera bel effet également dans une pièce décorée de tissus très colorés.

Microclimat 1. Chaud, ensoleillé.
Taille. Les tiges retombantes peuvent atteindre 50 cm à 1 m de longueur. On trouve dans le commerce de petites plantes à port compact.
Engrais. Faites des apports d'engrais liquide une fois par mois.
Rempotage. Rempotez au printemps, dans un mélange à base de terre. Renouvelez la plante après le deuxième rempotage.
Points particuliers. Arrosez plus modérément en hiver. La plante produit des fleurs orangées au parfum peu agréable, qu'il vaut mieux éliminer avant qu'elles ne s'ouvrent.

ÉTOILE DE BETHLÉEM
Campanula isophylla

Cette campanule est couverte de délicates fleurs blanches ou bleu pâle, du mois d'août jusqu'en novembre. Les fleurs sont le plus souvent si nombreuses qu'elles dissimulent complètement le feuillage vert pâle. On la traite généralement comme une annuelle, s'en débarrassant après la floraison. C'est une plante précieuse, à placer dans un panier suspendu ou en jardinière. Elle va bien dans les vérandas et les pièces de style plutôt décontracté.

Microclimat 4. Frais, ensoleillé.
Taille. Les tiges souples de cette campanule ne dépassent pas 30 cm de longueur. Pincez l'extrémité des tiges pour maintenir un port buissonnant. On trouve de petites plantes en vente en été.
Engrais. Faites des apports d'engrais liquide toutes les deux semaines durant la floraison.
Rempotage. Rempotez au printemps, dans un mélange à base de terre. Un surfaçage suffit une fois que la plante est dans un pot de 12 cm.
Point particulier. Vaporisez chaque jour les plantes en panier suspendu, durant l'été et l'automne.

PLANTES RETOMBANTES A GRANDES FEUILLES

CORNE-DE-CERF
Platycerium bifurcatum

C'est une fougère d'aspect particulier. Toutes ces plantes ont deux types de frondes : de petites frondes en bouclier à la base, qui s'accrochent au support, et de grandes frondes pendantes découpées comme les bois d'un cerf. Les frondes sont vert foncé et couvertes d'une fine pruine blanche et feutrée. C'est une plante originale à placer en hauteur, comme spécimen isolé.

Microclimat 3. Chaud, ombragé.
Taille. Les frondes peuvent atteindre 90 cm de longueur. On trouve plutôt de petits sujets dans le commerce.
Engrais. Faites des apports d'engrais liquide une fois par mois durant la période de croissance. Ajoutez l'engrais à l'eau du seau utilisé pour immerger le pot ou l'écorce servant de support à la plante.
Rempotage. Seules les petites plantes sont à laisser en pot, dans du mélange de rempotage spécial pour fougères. Cultivez les plantes plus âgées sur un morceau d'écorce. Entourez la motte de racines de sphaigne et attachez-la sur l'écorce.
Point particulier. Vaporisez régulièrement la plante pour maintenir une forte hygrométrie.

• CHOIX DES PLANTES •

Plantes rampantes

Ce sont des plantes dont les tiges s'étalent juste à la surface du pot, créant donc un tapis de végétation plus ou moins dense lorsqu'on les laisse se développer. On peut utiliser ces plantes comme couvre-sol au pied de variétés dressées et pour adoucir les lignes rigides des grands bacs. Certaines, comme la sélaginèlle, émettent des racines à l'endroit où elles sont en contact avec la terre, donnant ainsi naissance à de nouvelles plantes. D'autres, comme le plectranthe, ne font que reposer en surface du mélange terreux.

Les plantes de ce groupe ont, pour la plupart, des petites feuilles et un développement peu important. Certaines peuvent s'étaler considérablement avec le temps, si elles disposent de l'espace nécessaire. Certaines espèces, comme le figuier rampant et le plectranthe, ont naturellement un port rampant, mais peuvent aussi être palissées sur un support ou retomber d'un panier suspendu.

Quelques plantes de cette catégorie ont un feuillage original : le bégonia « Tiger Paws » porte des marques brun rougeâtre sur des feuilles vert jaunâtre ; le fittonia a une allure exotique avec ses nervures rouge carmin sur un fond vert foncé tandis qu'il existe une variété naine à nervures argentées. *Nertera granadensis* porte des baies orangées de la taille d'un pois, qui durent plusieurs mois. Feuilles et baies colorées de ces plantes compensent l'aspect des fleurs, qui sont en général petites et insignifiantes. La plupart de ces petites plantes se plaisent dans l'atmosphère humide des jardins en bouteilles et des serres d'appartement.

PLANTES RAMPANTES A PETITES FEUILLES

Soleirolia soleirolii

Cette plante ravissante porte des masses de minuscules feuilles vert vif sur des tiges fines, et tapisse rapidement toute la surface du pot. Plusieurs pieds groupés dans un panier ou une corbeille en osier font un bel effet. Cette plante est utile également pour « meubler » le premier plan des compositions de feuillage. Ne l'employez pas, cependant, dans les jardins en bouteilles ou les serres d'appartement, car elle aurait vite fait de coloniser tout l'espace.

Microclimat 4. Frais, ensoleillé.
Taille. Cette plante ne dépasse pas 5 cm de hauteur, mais son étalement n'est limité que par la taille du pot. Taillez-la avec des ciseaux pour qu'elle garde une jolie forme. On trouve toute l'année des plantes petites et moyennes.
Engrais. Faites des apports d'engrais liquide dilué de moitié, toutes les deux semaines en été.
Rempotage. Rempotez au printemps, dans un mélange à base de terre. Renouvelez la plante après le deuxième rempotage.
Point particulier. Maintenez le mélange terreux humide en permanence pour éviter que les feuilles ne brunissent.

Nertera granadensis

Cette plante a de jolies feuilles vertes minuscules, mais elle est surtout appréciée pour la profusion de ses baies orangées, de la taille d'un pois, qui se développent après les fleurs jaune verdâtre et insignifiantes. Les baies apparaissent à la fin de l'été et durent plusieurs mois. Cette plante peut faire un joli décor de table et entrer dans la composition de jardins en bouteilles ou de serres d'appartement, si on limite son développement.

Microclimat 4. Frais, ensoleillé.
Taille. La plante forme une touffe d'environ 8 cm de hauteur et ne s'étale pas sur plus de 15 cm. On trouve de petites plantes en vente.
Engrais. Faites des apports d'engrais liquide tous les deux mois durant la période de formation des fruits.
Rempotage. Rempotez au printemps, dans un substrat composé pour deux tiers de mélange à base de terre et pour un tiers de tourbe. Surfacez seulement si vous ne voulez pas changer de pot un spécimen âgé.
Point particulier. Arrosez plus modérément en hiver. Vous pouvez sortir ces plantes en été, en situation abritée.

SÉLAGINELLE
Selaginella martensii

C'est une plante d'aspect insolite, avec ses feuilles vertes groupées autour des tiges comme les écailles d'un poisson. Les tiges rampantes de la sélaginelle forment un tapis dense de feuillage à texture douce et agréable. Elle s'enracine à intervalles dans le mélange terreux. Un jardin en bouteille ou une serre d'appartement sont les endroits qui conviendront le mieux à cette petite plante qui se plaît en atmosphère humide.

Microclimat 3. Chaud, soleil tamisé.
Taille. Les tiges de la sélaginelle peuvent atteindre 15 cm de longueur. On trouve de jeunes plantes dans le commerce.
Engrais. Faites des apports d'engrais liquide tous les quinze jours, dilué quatre fois.
Rempotage. Rempotez au printemps, dans un mélange composé de deux tiers de substrat à base de tourbe et d'un tiers de sable grossier. Quand la plante est dans un pot de 15 à 20 cm, sortez-la de son pot. Nettoyez le récipient et remplissez-le de mélange frais avant d'y replacer la plante.
Point particulier. Touchez le moins possible aux plantes car cela peut abîmer le feuillage.

Espèces proches
Selaginella apoda a des tiges plus courtes, qui se ramifient beaucoup et portent des feuilles charnues, vert pâle.
Selaginella emmeliana a des feuilles bordées de blanc poussant sur des tiges dressées qui peuvent atteindre 30 cm.

• PLANTES RAMPANTES •

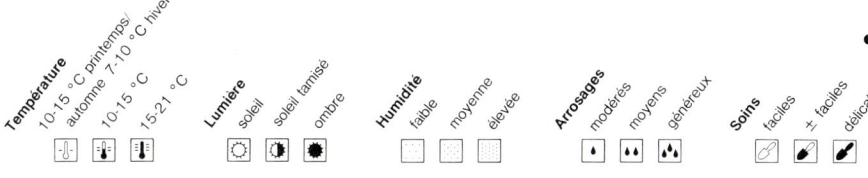

Begonia « Tiger Paws »

Ce bégonia se caractérise par les touffes de poils raides et courts qui poussent sur le bord de chaque feuille en forme de cœur, dissymétrique. Ce feuillage très décoratif est vert jaunâtre, marqué de taches rouge-bronze sur les bords. Les tiges sont également ponctuées de rouge et émergent d'un rhizome rampant en surface du mélange terreux. Groupez plusieurs de ces bégonias dans une corbeille ou associez-les à d'autres plantes à feuillage décoratif.

Microclimat 2. Chaud, soleil tamisé.
Taille. Ce bégonia atteint environ 15 cm de hauteur et 30 cm d'envergure. On trouve toute l'année des petites plantes dans le commerce.
Engrais. Faites des apports d'engrais liquide toutes les deux semaines, au printemps et en été.
Rempotage. Rempotez au printemps, dans un substrat composé de mélange à base de terre et de terreau de feuilles à parts égales. Un surfaçage suffit pour les plantes bien développées. Renouvelez la plante après plusieurs rempotages.
Points particuliers. Placez les pots sur un lit de cailloux trempant dans l'eau, pour augmenter l'hygrométrie. Aérez bien la pièce afin d'éviter le développement de l'oïdium.

Fittonia verschaffeltii

Les feuilles ovales, vert olive de cette plante sont couvertes d'un fin réseau de nervures rouge carmin donnant une impression de mosaïque. La plante fleurit parfois, sous forme d'épis jaunes. Elle fera de l'effet en groupe sur une table basse, ou au premier plan d'une composition de plantes à feuillage ; elle convient également parfaitement dans les jardins en bouteilles et les serres d'appartement.

Microclimat 3. Chaud, ombragé.
Taille. Cette plante atteint environ 15 cm de hauteur et 30 cm de largeur. Pincez l'extrémité des tiges pour favoriser la ramification. On trouve de petites plantes en vente toute l'année.
Engrais. Faites des apports d'engrais liquide dilué de moitié, tous les quinze jours, au printemps et en été.
Rempotage. Rempotez chaque année au printemps, dans un mélange à base de tourbe, dans des demi-pots ou des pots peu profonds. Quand la plante est dans un pot de 12 cm, sortez-la de son pot, nettoyez-le et remplissez-le de mélange frais avant de remettre la plante en place.
Point particulier. Placez les pots sur un lit de cailloux trempant dans l'eau, pour augmenter l'hygrométrie.

Espèce proche
Fittonia verschaffeltii argyroneura « Nana » a des feuilles plus petites, veinées d'argent, et ne dépasse pas 15 cm d'envergure.

PLECTRANTHE
Plectranthus australis

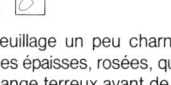

Le plectranthe a un feuillage un peu charnu, vert foncé, porté par des tiges épaisses, rosées, qui s'étalent en surface du mélange terreux avant de retomber sur les bords. Ses fleurs bleu pâle sont assez insignifiantes et peuvent être supprimées lorsqu'elles apparaissent. Particulièrement décoratif en panier suspendu, le plectranthe fait aussi un bon couvre-sol pour les jardinières d'intérieur et les associations de plantes.

Microclimat 1. Chaud, ensoleillé.
Taille. C'est une espèce à croissance rapide : les tiges atteignent rapidement 90 cm de longueur, 20 cm environ de hauteur. Pincez les tiges pour favoriser le développement de ramifications. On trouve de petites plantes toute l'année dans le commerce.
Engrais. Faites des apports d'engrais liquide tous les quinze jours, du printemps à l'automne.
Rempotage. Rempotez au printemps, dans un mélange à base de terre, si les racines ont complètement envahi le pot. Un surfaçage suffit si vous ne voulez pas changer de pot une grande plante.
Point particulier. Arrosez plus modérément en hiver.

Espèce proche
Plectranthus oertendahlii a des feuilles vert bronze couvertes de poils fins, et qui portent des nervures blanches proéminentes. Elles sont rose pourpré à la face inférieure.

FIGUIER RAMPANT
Ficus pumila

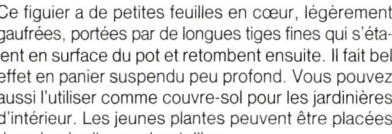

Ce figuier a de petites feuilles en cœur, légèrement gaufrées, portées par de longues tiges fines qui s'étalent en surface du pot et retombent ensuite. Il fait bel effet en panier suspendu peu profond. Vous pouvez aussi l'utiliser comme couvre-sol pour les jardinières d'intérieur. Les jeunes plantes peuvent être placées dans les jardins en bouteilles.

Microclimat 5. Frais, soleil tamisé.
Taille. Les tiges du figuier rampant peuvent atteindre 60 cm de longueur. L'étalement est fonction du mode de culture. Dans le commerce, on trouve surtout de petites plantes.
Engrais. Faites des apports d'engrais liquide toutes les deux semaines.
Rempotage. Rempotez au printemps, dans un mélange à base de tourbe, si les racines ont complètement envahi le pot.
Point particulier. Placez le pot sur un lit de cailloux trempant dans l'eau, pour augmenter l'humidité. Ne laissez jamais sécher le mélange terreux, car les feuilles se dessécheraient et ne s'en remettraient pas.

• CHOIX DES PLANTES •

Bulbes

Bulbes et tubercules sont les organes de réserve de plantes qui ont une période de dormance prononcée, caractérisée par la mort de toutes les parties aériennes. Les bulbes sont constitués de feuilles modifiées, étroitement serrées et imbriquées autour d'une pousse embryonnaire et généralement d'une fleur embryonnaire déjà complète. Les tubercules correspondent à la base de la tige, modifiée elle aussi, recouverte d'écailles membraneuses et renfermant non pas une jeune plante, mais un bourgeon à partir duquel se développeront tiges et racines. La plupart des bulbes et tubercules ont besoin d'une période de repos hivernal. On achète les bulbes en automne ou au début de l'hiver et, une fois mis en pot dans des conditions de culture favorables, ils fleurissent en l'espace de quelques semaines. C'est durant la période d'exposition au froid et à l'obscurité que se forment les racines. Pour avoir une floraison réussie, il est important de suivre les recommandations concernant le traitement des bulbes, car il est essentiel pour la plante d'avoir un système racinaire établi avant que ne se développe la fleur. Dans chaque fiche présentée ici, les symboles concernant les conditions de culture s'appliquent à la période de floraison des bulbes. Certains tubercules, comme les crocus, doivent rester au frais jusqu'à l'ouverture des boutons floraux, aussi ne peut-on profiter du début de leur développement. La plupart des bulbes de printemps, tels tulipes, narcisses et jacinthes, spécialement traités chez l'horticulteur, peuvent être rempotés, et l'on peut suivre aussitôt leur développement. La taille des plantes obtenues varie des minuscules crocus aux élégantes amaryllis élancées. Bulbes et tubercules rustiques sous nos climats ne peuvent être placés que temporairement à l'intérieur ; tandis que ceux qui ne sont pas rustiques, comme l'amaryllis, peuvent refleurir chaque année, si on leur accorde une période de repos à l'automne.

NARCISSE ET JONQUILLE
Narcissus hybrides

Ces bulbes produisent des fleurs gracieuses, souvent parfumées, dans une gamme de coloris comprenant tous les tons d'orange, de jaune, de crème et de blanc. On trouve différents types de fleurs également : en trompette, en bouquets, doubles, à grande ou petite couronne... Les narcisses et les jonquilles fleurissent naturellement à la fin de l'hiver et au début du printemps. Disposez les bulbes dans des récipients en verre ou des saladiers remplis de mélange terreux ou faites de la culture hydroponique dans des pots en verre.

Microclimat 5. Frais, soleil tamisé.
Taille. Les narcisses atteignent 15 à 45 cm de hauteur, selon les variétés. On trouve en vente des bulbes classés par taille, selon le nombre de fleurs qu'ils produisent. Il existe également des bulbes spécialement « préparés » pour fleurir plus précocement.
Engrais. Il n'est pas nécessaire de leur donner de l'engrais.
Rempotage. Plantez les bulbes au début de l'automne, dans un mélange à base de tourbe ou dans un mélange fibreux. Plantez plusieurs bulbes par pot, en laissant juste dépasser l'extrémité de chaque bulbe. Vous pouvez aussi les cultiver sur des gravillons.
Point particulier. Les bulbes « préparés » doivent être gardés à température fraîche pendant six semaines, les bulbes ordinaires pendant dix semaines.

AMARYLLIS
Hippeastrum hybrides

Cette plante a des fleurs en trompette très spectaculaires, groupées par deux à quatre sur une tige nue. Des feuilles en lanières se développent après la floraison. Un gros bulbe peut donner deux tiges florales. Les fleurs s'épanouissent au printemps et peuvent être blanches, rouges, orangées ou jaunes, souvent bicolores. Groupez plusieurs plantes de même teinte pour faire plus d'effet.

Microclimat 1. Chaud, ensoleillé.
Taille. Les tiges florales mesurent environ 40 à 50 cm de longueur, tandis que les fleurs peuvent atteindre 15 à 18 cm de diamètre. On trouve des bulbes ordinaires en vente à l'automne, ainsi que des bulbes spécialement préparés qui fleurissent pour Noël.
Engrais. Faites des apports d'engrais liquide toutes les deux semaines, dès le moment où les fleurs se fanent et jusqu'au milieu de l'été. Changez pour un engrais riche en potasse afin d'assurer la maturation du bulbe et la floraison de l'année suivante. Cessez les apports vers la mi-septembre.
Rempotage. Rempotez les nouveaux bulbes dans des pots de 12 à 15 cm, dans un mélange à base de terre. N'enterrez le bulbe qu'à moitié dans le substrat. Le rempotage n'est nécessaire que tous les trois ou quatre ans.
Points particuliers. Ces bulbes non rustiques ont besoin d'une période de repos à l'automne. Laissez-les dans leurs pots et arrosez-les alors très modérément. Placez-les dehors, dans un coin ensoleillé, en été et au début de l'automne pour favoriser l'induction de la floraison suivante.

IRIS MINIATURE
Iris reticulata

   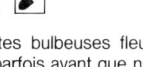

Ces ravissantes plantes bulbeuses fleurissent au début du printemps, parfois avant que ne se développent les feuilles qui finissent tout de même par dépasser les fleurs en hauteur. Ce sont des fleurs typiques d'iris, de teinte bleu clair ou foncé, ou mauve, avec des taches jaune vif à la gorge. Chaque fleur dure rarement plus de deux jours, même dans un endroit frais. Leur parfum délicat vaut cependant la peine de leur choisir une place de premier ordre pour pouvoir les apprécier pleinement.

Microclimat 5. Frais, soleil tamisé.
Taille. Les tiges de ces iris miniatures atteignent 15 cm environ, tandis que les feuilles sont un peu plus longues. Les bulbes sont généralement vendus secs à l'automne, ou en pot et avec des feuilles en hiver.
Engrais. Il n'est pas nécessaire de donner de l'engrais.
Rempotage. Plantez les bulbes à l'automne, dans un récipient peu profond contenant un mélange fibreux. Un bon drainage est capital, car ces petits bulbes pourrissent facilement. Plantez-les dans des pots de 6 cm de profondeur environ, serrés, à raison de 12 pour un pot de 30 cm.
Points particuliers. Les bulbes ont besoin d'une période de repos de six semaines. Les iris miniatures peuvent être plantés au jardin quand la floraison est terminée.

• BULBES •

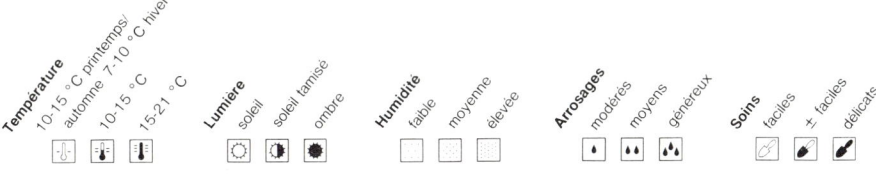

CROCUS
Crocus hybrides

Les crocus les plus couramment cultivés à l'intérieur sont les hybrides à grandes fleurs, à feuilles rayées de vert et de blanc, et à fleurs évasées, blanches, jaunes, bronze, pourpres ou striées. Les fleurs apparaissent en hiver et au début du printemps. Mieux vaut n'utiliser qu'une variété de crocus dans un récipient peu profond.

Microclimat 5. Frais, soleil tamisé.
Taille. Les crocus ne dépassent guère 12 cm de hauteur. On achète les bulbes à la fin de l'été. On trouve également des potées prêtes à fleurir pour Noël.
Engrais. Il n'est pas nécessaire de donner de l'engrais.
Rempotage. Plantez plusieurs bulbes par pot, au début de l'automne, dans un mélange à base de terre ou un mélange fibreux. Plantez les bulbes juste sous la surface du substrat.
Point particulier. Les bulbes doivent rester au frais dix semaines environ, avant d'être rentrés dans une pièce chauffée lorsque les boutons apparaissent.

TULIPE
Tulipa hybrides

Les tulipes existent dans une extraordinaire gamme de formes, de couleurs et de motifs ; même les feuilles peuvent être unies ou panachées. Les fleurs apparaissent à la fin de l'hiver ou au début du printemps. Mieux vaut se limiter à une variété par pot plutôt que de mélanger les variétés.

Microclimat 5. Frais, soleil tamisé.
Taille. Les tulipes atteignent environ 35 cm de hauteur, 10 cm pour les variétés naines. La plupart des bulbes de tulipes ne produisent qu'une fleur par bulbe. On trouve, dans le commerce, des bulbes spécialement préparés, qui fleuriront plus tôt en saison.
Engrais. Les apports d'engrais ne sont nécessaires que si vous comptez planter les bulbes dehors la saison suivante. Faites alors des apports tous les dix jours, à partir du moment où apparaissent les fleurs.
Rempotage. Plantez les bulbes au début de l'automne, dans un mélange à base de tourbe ou dans un mélange fibreux. Groupez 5 ou 6 bulbes, serrés, en laissant juste dépasser l'extrémité.
Point particulier. Les bulbes préparés ont besoin de huit semaines, les autres de dix semaines.

MUSCARI
Muscari sp.

Les bulbes minuscules du muscari émettent de longues tiges surmontées d'un épi allongé et dense de petites fleurs bleues ou blanches. Les fleurons sont en clochettes, à bord frangé de blanc. Les fleurs s'ouvrent à partir de la base de l'inflorescence. La plante porte des feuilles étroites, en lanières, à face externe arrondie et face interne concave. Plantez-les dans de petits pots que vous alignerez, par exemple, sur un appui de fenêtre.

Microclimat 4. Frais, ensoleillé.
Taille. Les hampes florales atteignent environ 15 cm de longueur, ainsi que les feuilles. Le plus souvent, on trouve en vente des bulbes en pots avec des feuilles.
Engrais. Les apports d'engrais ne sont pas nécessaires.
Rempotage. Plantez environ 12 bulbes dans un pot de 15 cm, dans un mélange fibreux ou un mélange à base de terre. Laissez émerger l'extrémité des bulbes hors du substrat.
Point particulier. Ces bulbes ont besoin d'un séjour au froid de dix semaines.

JACINTHE
Hyacinthus orientalis hybrides

Les fleurs de jacinthe apparaissent au printemps, et peuvent être simples ou doubles, rouges, roses, jaunes, bleues ou blanches. On les apprécie tout particulièrement dans la maison, pour leurs teintes douces et leur parfum suave. Il existe des jacinthes multiflores, qui donnent plusieurs bouquets de fleurs, mais leurs fleurs sont moins serrées que celles des grappes classiques. Groupez les bulbes dans un récipient peu profond, pour créer une jolie potée parfumée. Vous pouvez aussi couper les fleurs pour les disposer dans un bouquet avec des œillets, des freesias et des rameaux de feuillage, par exemple.

Microclimat 5. Frais, soleil tamisé.
Taille. Les hampes florales mesurent 20 à 30 cm. Les bulbes sont vendus en fonction de leur calibre, à partir de 16-17 cm, et la taille de la grappe de fleurs dépend de celle du bulbe. On trouve aussi en vente des bulbes préparés, qui fleurissent un peu plus tôt, et des potées prêtes à fleurir.
Engrais. Les apports d'engrais ne sont pas nécessaires.
Rempotage. Plantez les bulbes côte à côte, dans un mélange à base de terre ou dans un mélange fibreux. Laissez émerger l'extrémité des bulbes hors du substrat. Vous pouvez aussi les cultiver sur des gravillons ou dans des vases de jacinthe, les racines trempant dans l'eau.
Point particulier. Les bulbes préparés ont besoin d'une période de froid de six semaines, les autres de dix semaines environ.

• CHOIX DES PLANTES •

Cactées et plantes grasses 1

Cactées et plantes grasses apportent des variantes originales de tailles, de formes et de textures à la collection des plantes d'intérieur. La plupart des cactées n'ont pas de feuilles, mais des aréoles, organes spécifiques en forme de cavités qui portent des soies ou des aiguillons et d'où naissent les fleurs. Leurs formes spécifiques leur permettent de limiter au maximum les pertes d'eau. Certaines sont cannelées ou articulées, couvertes de poils ou d'aiguillons décoratifs. Les cactées du désert (souvent couvertes d'épines), comme mammillaires et rebutias, ont une floraison originale. Les cactées de la jungle (en général non épineuses), comme le cactus de Noël, ont des tiges munies d'articles aplatis et développent en plein hiver des fleurs très colorées. De nombreuses cactées sont très petites, ne dépassant guère quelques centimètres de hauteur, d'autres, comme la barbe-de-vieillard, pouvant atteindre 3 m.

Les plantes grasses ont des tiges ou des feuilles charnues qui leur servent de réserve d'eau. Leurs formes et leurs tailles sont aussi variées que chez les cactées. Les plantes grasses peuvent être dressées et arbustives, ou avoir de fines tiges retombantes, ou encore avoir une silhouette sphérique ou columnaire. Certaines atteignent juste quelques centimètres de hauteur, d'autres dépassent 2 m ! La forme des feuilles varie, des feuilles charnues typiques de *Crassula arborescens* aux feuilles fines et étroites de la couronne d'épines. Leur teinte peut aller du beau vert des kalanchoés à la curieuse teinte mauve argenté des feuilles du *Ceropegia,* ou au vert et blanc de certains agaves.

PLANTES DRESSÉES

COTYLÉDON
Cotyledon undulata

Cette plante a un aspect insolite, avec ses feuilles charnues en éventail et à bord ondulé, couvertes d'une fine pruine blanc argenté. On la cultive généralement pour son feuillage, bien que les plantes âgées portent parfois des fleurs jaune orangé en été. Groupez plusieurs sujets dans un cache-pot peu profond, par exemple sur une table basse où on pourra les détailler.
Microclimat 4. Frais, ensoleillé.
Taille. C'est une espèce à croissance lente, qui atteint 50 cm en trois ans. On trouve dans le commerce des plantes de toutes tailles.
Engrais. Faites des apports d'engrais liquide une fois par mois, du printemps au début de l'automne.
Rempotage. Rempotez au printemps, dans un substrat composé pour deux tiers de mélange à base de terre et pour un tiers de sable grossier, avec une bonne couche de matériau de drainage. Surfacez seulement lorsque la plante est dans un pot de 15 cm.
Points particuliers. Évitez de toucher les plantes, car la pruine est fragile. Arrosez plus modérément en hiver.

Espèce proche
Cotyledon orbiculata est plus grand, avec des feuilles gris-vert bordées de rouge, moins pruineuses. Des fleurs orangées apparaissent en été.

COURONNE D'ÉPINES
Euphorbia milii

Cette plante grasse a des branches horizontales très épineuses ne portant que peu de feuilles. Les bouquets de fleurs jaunes ou rouges sont en fait des bractées, qui apparaissent en grand nombre de février à septembre et durent longtemps. La silhouette originale de cet arbuste et ses bractées colorées en font un spécimen intéressant pour les intérieurs modernes.
Microclimat 1. Chaud, ensoleillé.
Taille. La couronne d'épines peut atteindre 90 cm de hauteur et à peu près autant de largeur. On trouve en vente des plantes de toutes tailles.
Engrais. Faites des apports d'engrais liquide une fois par mois, du printemps à l'automne.
Rempotage. Rempotez les jeunes plantes tous les deux ans, au printemps, dans un substrat composé pour moitié de mélange à base de terre et pour moitié de sable grossier, avec une bonne couche de drainage. Un surfaçage suffit pour les plantes arrivées à maturité.
Point particulier. Ces plantes perdent un latex blanc lorsqu'elles sont blessées ; ce latex est irritant pour la peau et les muqueuses, aussi soyez prudent.

KALANCHOÉ DE BLOSSFELD
Kalanchoe blossfeldiana hybrides

Cette jolie plante grasse fleurit à la fin de l'hiver et au début du printemps, et reste fleurie pendant trois mois. Ses petites fleurs sont groupées en inflorescences serrées et aplaties sur de longues tiges. Chaque inflorescence compte entre 20 et 50 fleurs. Leurs teintes varient du rose au rouge, à l'orange et au jaune. Les feuilles charnues sont vert foncé, souvent bordées de rouge. On les traite généralement comme des annuelles. Groupez-les sur une table basse, où elles créeront une tache de couleur vive en plein hiver.
Microclimat 1. Chaud, ensoleillé.
Taille. Ce kalanchoé ne dépasse pas 30 à 40 cm de hauteur ; il existe une forme naine de 20 cm environ. On trouve toute l'année des plantes fleuries, mais surtout à la période de Noël.
Engrais. Faites des apports d'engrais liquide une fois par mois durant la floraison.
Rempotage. Il n'est pas nécessaire.
Point particulier. Éliminez les fleurs fanées au fur et à mesure, pour que la plante reste décorative.

• CACTÉES ET PLANTES GRASSES •

BARBE-DE-VIEILLARD
Cephalocereus senilis

Ce cactus doit son nom commun aux longs poils fins et blancs qui enveloppent sa tige en colonne et dissimulent les épines acérées. Seules les plantes vraiment âgées fleurissent à l'intérieur. C'est groupée avec d'autres cactus dans un jardin de cactées qu'on l'apprécie le mieux.

Microclimat 4. Frais, ensoleillé.
Taille. C'est une espèce à croissance lente, qui ne dépasse guère 20 à 30 cm à l'intérieur. On trouve dans le commerce des plantes de toutes tailles.
Engrais. Faites des apports d'engrais à tomates une fois par mois, du printemps à l'automne.
Rempotage. Si les racines ont complètement envahi le pot, rempotez au printemps, dans un substrat composé de trois parts de mélange à base de terre pour une part de sable grossier. Un surfaçage suffit pour les spécimens assez âgés.
Points particuliers. N'arrosez pas durant la période de repos hivernal. Vous pouvez laver les longs poils dans de l'eau contenant un peu de lessive pour les nettoyer.

CIERGE
Cereus peruvianus « Monstrosus »

Le cierge a des tiges columnaires d'un beau vert vif, tordues dans des formes étranges. Il correspond en fait à une mutation de l'espèce. Il porte de courtes épines jaunes. Les vieux sujets peuvent fleurir en été, donnant de grandes fleurs blanches et parfumées, mais éphémères. Leur port sculptural peut être tout à fait spectaculaire lorsque plusieurs spécimens sont groupés dans un intérieur moderne.

Microclimat 4. Frais, ensoleillé.
Taille. C'est une espèce à croissance lente et dont la hauteur et la largeur atteintes sont fonction de la mutation obtenue. On trouve de petites plantes chez les fleuristes.
Engrais. Faites des apports d'engrais à tomates une fois par mois, du printemps au début de l'automne.
Rempotage. Rempotez au printemps dans un substrat composé de deux tiers de mélange à base de terre et d'un tiers de sable grossier. Un surfaçage suffit si vous ne voulez pas changer de pot un sujet âgé.
Point particulier. Arrosez plus modérément en hiver.

RAQUETTE, OREILLE-DE-LAPIN
Opuntia microdasys

C'est une forme typique de cactées, composée de segments ovales aplatis, emboîtés les uns sur les autres. Ces segments sont couverts d'aréoles portant des touffes de minuscules épines jaunes. Il fleurit rarement, portant alors des fleurs jaunes. Les plus grands sujets peuvent être isolés comme spécimens, avec leur silhouette caractéristique de cactus du désert. Placez les sujets plus petits dans un jardin de cactées.

Microclimat 4. Frais, ensoleillé.
Taille. L'oreille-de-lapin peut mesurer jusqu'à 90 cm de hauteur et 60 cm de largeur. On trouve dans le commerce des plantes de toutes tailles.
Engrais. Faites des apports d'engrais à tomates une fois par mois, du printemps à l'automne.
Rempotage : Rempotez au printemps, si les racines ont envahi le pot, dans un substrat composé pour deux tiers de mélange à base de terre et pour un tiers de sable grossier.
Points particuliers. Méfiez-vous de ses épines, minuscules mais redoutables. Arrosez plus modérément pendant la période de repos hivernal.

DOLLAR D'ARGENT
Crassula arborescens

Cette plante grasse assez courante a des feuilles charnues presque rondes, de teinte grise et bordées de rouge. Elles sont portées par des tiges épaisses, ramifiées et ligneuses. Les petits sujets peuvent constituer des « arbres » dans les paysages miniatures composés de cactées et de plantes grasses.

Microclimat 4. Frais, ensoleillé.
Taille. Généralement, on trouve dans le commerce de très jeunes plantes. L'espèce peut cependant atteindre 1,20 m de hauteur, avec des tiges ressemblant à de vieux troncs noueux.
Engrais. Faites des apports d'engrais liquide une fois par mois, du printemps au début de l'automne.
Rempotage. Rempotez chaque année au printemps, dans un substrat composé de trois parts de mélange terreux ordinaire pour une part de sable grossier. Un surfaçage suffit quand la plante est dans un pot de 20 cm.
Point particulier. Arrosez plus modérément en hiver.

Espèce proche
Crassula ovata a des feuilles charnues vert jade, brillantes, et des ramifications symétriques.

• CHOIX DES PLANTES •

Cactées et plantes grasses 2
PLANTES SPHÉRIQUES

Ferocactus latispinus

Ces cactées se distinguent par leurs aiguillons impressionnants groupés en touffes. Selon les aréoles, ces aiguillons varient en taille, forme et teinte, les uns étant plus larges et plus recourbés que les autres. Les plantes parvenues à maturité peuvent donner naissance à des fleurs violettes en été. Isolez les grands sujets en spécimens et mêlez les autres à de petits cactus de formes contrastées.

Microclimat 4. Frais, ensoleillé.
Taille. Cette cactée peut atteindre 30 cm de hauteur et 20 cm de diamètre. On trouve en vente des plantes de toutes tailles.
Engrais. Faites des apports d'engrais à tomates une fois par mois, du printemps à l'automne.
Rempotage. Rempotez au printemps, dans un substrat composé de deux tiers de mélange à base de terre et d'un tiers de sable grossier, si les racines ont envahi le pot.
Point particulier. N'arrosez pas durant la période de repos hivernal, sinon la plante pourrirait.

MITRE D'ÉVÊQUE
Astrophytum myriostigma

    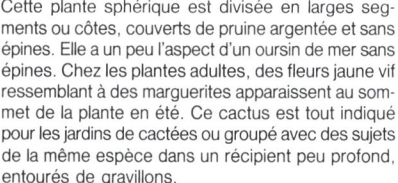

Cette plante sphérique est divisée en larges segments ou côtes, couverts de pruine argentée et sans épines. Elle a un peu l'aspect d'un oursin de mer sans épines. Chez les plantes adultes, des fleurs jaune vif ressemblant à des marguerites apparaissent au sommet de la plante en été. Ce cactus est tout indiqué pour les jardins de cactées ou groupé avec des sujets de la même espèce dans un récipient peu profond, entourés de gravillons.

Microclimat 4. Frais, ensoleillé.
Taille. C'est une espèce à croissance lente, atteignant environ 25 cm de hauteur et 12 cm de diamètre. On trouve des plantes de toutes tailles.
Engrais. Faites des apports d'engrais à tomates une fois par mois, du printemps à l'automne.
Rempotage. Rempotez au printemps, si les racines ont envahi le pot, dans un substrat composé de deux tiers de mélange terreux ordinaire et d'un tiers de sable grossier.
Point particulier. Arrosez plus modérément durant la période de repos hivernal.

Mammillaria rhodantha

Cette cactée sphérique a une tige trapue verte, couverte de petits tubercules portant de longs aiguillons jaune orangé. Ceux-ci sont disposés en groupes circulaires sur toute la surface de la tige. A la floraison, en été, un anneau de fleurs roses ressemblant à des marguerites apparaît vers le sommet. Associez cette espèce à d'autres cactées ou à de petites plantes grasses.

Microclimat 4. Frais, ensoleillé.
Taille. La plante atteint environ 10 cm de hauteur et 7 cm de diamètre. En général, on trouve de petites plantes en vente.
Engrais. Faites des apports d'engrais à tomates une fois par mois, du printemps à l'automne.
Rempotage. Rempotez au printemps, si les racines ont envahi le pot, dans un substrat composé de deux tiers de mélange terreux ordinaire et d'un tiers de sable grossier.
Point particulier. Arrosez plus modérément durant la période de repos hivernal.

Rebutia minuscula

   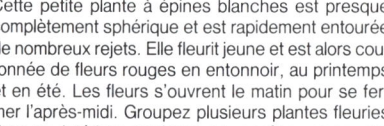

Cette petite plante à épines blanches est presque complètement sphérique et est rapidement entourée de nombreux rejets. Elle fleurit jeune et est alors couronnée de fleurs rouges en entonnoir, au printemps et en été. Les fleurs s'ouvrent le matin pour se fermer l'après-midi. Groupez plusieurs plantes fleuries dans un intérieur moderne pour créer une touche insolite.

Microclimat 4. Frais, ensoleillé.
Taille. C'est une espèce à croissance rapide, qui peut former une touffe de 15 cm de diamètre en un an ou deux.
Engrais. Faites des apports d'engrais à tomates une fois par mois, du printemps au milieu de l'automne.
Rempotage. Rempotez au printemps, si les racines ont complètement envahi le pot, dans un substrat composé de trois parts de mélange terreux ordinaire pour une part de sable grossier.
Point particulier. N'arrosez pas durant la période de repos hivernal.

• CACTÉES ET PLANTES GRASSES •

Mammillaria zeilmanniana

La tige sphérique de ce mammillaire est couverte d'un réseau d'épines jaunes et brunes régulièrement disposées. La plante fleurit abondamment en été, les fleurs rouge pourpre formant un anneau vers le sommet de la tige. Laissez la plante s'entourer de rejets pour former une grosse touffe.

Microclimat 4. Frais, ensoleillé.
Taille. Les plantes individuelles mesurent environ 5 cm de hauteur, mais forment en cinq ans des touffes de 20 à 30 cm de diamètre. On trouve surtout de petites plantes dans le commerce.
Engrais. Faites des apports d'engrais à tomates une fois par mois, du printemps à l'automne.
Rempotage. Rempotez au printemps, si les racines ont complètement envahi le pot, dans un substrat composé de deux tiers de mélange terreux ordinaire et d'un tiers de sable grossier.
Point particulier. Arrosez plus modérément durant la période de repos hivernal.

COUSSIN DE BELLE-MÈRE
Echinocactus grusonii

Appelée également oursin, cette cactée est armée d'aiguillons redoutables, jaunes, disposés en rangs sur les tiges côtelées. Les côtes sont de plus en plus marquées au fur et à mesure que la plante vieillit. Associez-la à d'autres cactées ou, pourquoi pas, à des plantes à feuillage décoratif.

Microclimat 4. Frais, ensoleillé.
Taille. Le coussin de belle-mère atteint rapidement 8 à 10 cm de diamètre, mais il faut ensuite plusieurs années pour que la plante double sa taille et mesure finalement environ 20 cm de diamètre. On trouve de petites plantes chez les fleuristes.
Engrais. Faites des apports d'engrais à tomates une fois par mois, du printemps à l'automne.
Rempotage. Rempotez au printemps, si les racines ont complètement envahi le pot, dans un substrat composé de deux tiers de mélange terreux ordinaire et d'un tiers de sable grossier. Un surfaçage suffit si le rempotage n'est pas nécessaire.
Point particulier. N'arrosez pas durant la période de repos hivernal.

Mammillaria hahniana

Cette cactée globuleuse est couverte de poils blancs soyeux qui dissimulent la tige vert grisâtre et les aiguillons acérés. Quand la plante a quatre ans environ, elle forme des fleurs cramoisies début mai. Groupez plusieurs sujets sur un plateau ou associez une plante à d'autres cactées dans un petit jardin.

Microclimat 4. Frais, ensoleillé.
Taille. Cette plante atteint environ 10 cm de hauteur et 7 à 8 cm de diamètre. On trouve généralement de petites plantes dans le commerce.
Engrais. Faites des apports d'engrais à tomates une fois par mois, du printemps à l'automne.
Rempotage. Rempotez au printemps, si les racines ont envahi le pot, dans un substrat composé de deux tiers de mélange terreux ordinaire et d'un tiers de sable grossier.
Point particulier. Arrosez plus modérément durant la période de repos hivernal.

PLANTES A FEUILLES POINTUES

Aloe aristata

Cette plante grasse acaule est constituée de nombreuses feuilles charnues réunies en rosette serrée. Les feuilles, triangulaires et pointues, sont couvertes de petites taches blanches en relief. En été, de petites fleurs rouge orangé naissent sur une longue tige au centre de la rosette, mais elles ne durent que quelques jours. La plante adulte produit de nombreux rejets à sa base. Groupez plusieurs sujets sur une table basse, par exemple, pour qu'on puisse les regarder de dessus.

Microclimat 1. Chaud, ensoleillé.
Taille. Cet aloès ne dépasse pas 15 cm de hauteur. Si on laisse les rejets se développer dans le même pot, la taille de la plante n'est limitée que par celle du pot.
Engrais. Faites des apports d'engrais liquide une fois par mois, du printemps à l'automne.
Rempotage. Rempotez au printemps, dans du mélange terreux ordinaire. Un surfaçage suffit pour les sujets bien développés.
Points particuliers. Arrosez moins durant la période de repos hivernal. Évitez de verser de l'eau dans la rosette de feuilles.

• CHOIX DES PLANTES •

Cactées et plantes grasses 3

PLANTES A FEUILLES APLATIES EN ROSETTE

DAME PEINTE
Echeveria derenbergii

Cette jolie plante grasse a des feuilles gris bleuté, en rosettes serrées, couvertes d'une pruine argentée et bordées de rouge. En hiver et au début du printemps se développent des fleurs en clochettes jaune et orange au bout de hampes florales. C'est un joli petit sujet à installer par exemple sur le bord de la fenêtre de la cuisine, avec d'autres petites plantes.

Microclimat 4. Frais, ensoleillé.
Taille. La dame peinte forme des coussinets de 10 à 15 cm de diamètre. On trouve surtout de jeunes plantes dans le commerce.
Engrais. Faites des apports d'engrais liquide dilué de moitié, une fois par mois, du printemps à l'automne.
Rempotage. Rempotez tous les deux ans, au printemps, dans un substrat composé de quatre parts de mélange terreux ordinaire et d'une part de sable grossier. Surfacez seulement si vous ne voulez pas changer de pot une plante adulte.

Echeveria agavoides

Cette plante grasse a des feuilles charnues triangulaires vert pâle, à extrémité brune. Elle donne au printemps des fleurs jaunes ourlées de rouge. C'est quand on la regarde de dessus que l'on profite le mieux de cette jolie plante, aussi placez-la sur une table basse ou dans une composition de petites plantes grasses.

Microclimat 4. Frais, ensoleillé.
Taille. Cette plante atteint environ 7 cm de hauteur et 15 cm de diamètre. On trouve des plantes de toutes tailles dans le commerce.
Engrais. Faites des apports d'engrais liquide dilué de moitié, une fois par mois, du printemps à l'automne.
Rempotage. Rempotez tous les deux ans, au printemps, dans un substrat composé de quatre parts de mélange terreux ordinaire pour une part de sable grossier. Un surfaçage suffit pour les plantes âgées.
Point particulier. Arrosez plus modérément en hiver.

Agave victoriae-reginae

Cette plante grasse a des feuilles en écaille tridimensionnelles. Chaque feuille charnue est vert foncé, bordée de blanc, et porte à son extrémité une épine noire acérée. C'est certainement le plus décoratif des agaves, à admirer de dessus.

Microclimat 4. Frais, ensoleillé.
Taille. Cet agave de croissance lente ne dépasse pas 20 cm de hauteur, mais il peut s'étaler sur 40 à 50 cm de largeur. On trouve de petites plantes en vente.
Engrais. Faites des apports d'engrais liquide une fois par mois, du printemps à l'automne.
Rempotage. Rempotez tous les deux ans, au printemps, dans un substrat composé de deux tiers de mélange terreux ordinaire et d'un tiers de sable grossier. Un surfaçage suffit si vous ne voulez pas changer de pot une plante adulte.
Point particulier. Arrosez plus modérément en hiver.

PLANTES RETOMBANTES

CACTUS DE NOËL
Schlumbergera « Bridgesii »

Ce cactus de la jungle se caractérise par des tiges aplaties, divisées en segments rétrécis par endroits. Il donne, vers la fin de l'année — d'où son nom commun —, de superbes fleurs rouge magenta. Les tiges sont d'abord dressées, puis commencent à retomber au fur et à mesure qu'elles s'allongent. C'est un joli spécimen pour les paniers suspendus, ou à placer sur une étagère.

Microclimat 2. Chaud, soleil tamisé.
Taille. Les tiges de ce cactus peuvent atteindre 30 cm de longueur. On trouve dans le commerce des plantes de toutes tailles.
Engrais. Faites des apports d'engrais à tomates une fois par mois, de début décembre à la fin de la floraison.
Rempotage. Rempotez tous les deux ans, au printemps, dans un substrat composé de deux tiers de mélange terreux ordinaire et d'un tiers de sable grossier. Rempotez tous les ans quand la plante est dans un pot de 15 cm.
Point particulier. Arrosez plus modérément pendant la période de repos suivant la floraison.

Espèce proche
Schlumbergera truncata lui ressemble beaucoup, avec des fleurs magenta également et des rétrécissements plus marqués entre les segments des tiges.

• CACTÉES ET PLANTES GRASSES •

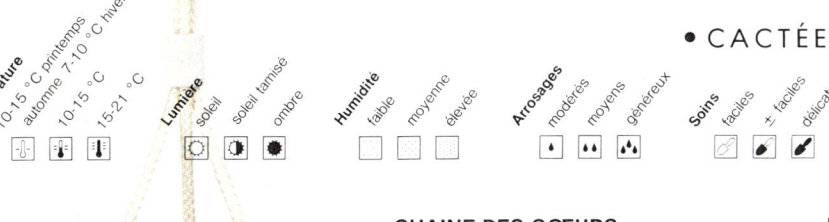

CHAINE-DES-CŒURS
Ceropegia woodii

Cette petite plante grasse formant des tubercules a des tiges filiformes retombantes, portant des feuilles en forme de cœur. Ces feuilles charnues se développent par paires, à intervalles réguliers, sur les tiges et sont marbrées de gris argenté, avec une face inférieure pourpre. De petites fleurs en tube apparaissent parmi les feuilles en été. Plusieurs sujets rassemblés dans un panier suspendu dans une pièce chaude ne manqueront pas d'attirer les regards. Vous pouvez aussi palisser la plante sur un fin treillage.

Microclimat 1. Chaud, ensoleillé.
Taille. Les tiges de la chaîne-des-cœurs dépassent rarement 1 m de longueur. Rabattez les tiges dénudées pour stimuler la formation de nouvelles tiges feuillées. On trouve de petites plantes chez les fleuristes.
Engrais. Pour les plantes adultes, faites des apports d'engrais liquide une fois par mois, au printemps et en été.
Rempotage. Rempotez les jeunes plantes chaque année, au printemps, dans un mélange à parts égales de sable grossier et de mélange terreux ordinaire. Les plus vieilles plantes se plaisent dans des pots de 8 à 10 cm. Prévoyez une couche de drainage de 2 cm au moins au fond du panier suspendu.
Point particulier. Arrosez plus modérément en hiver.

QUEUE-DE-RAT
Aporocactus flagelliformis

Ce curieux cactus se reconnaît à ses longues tiges étroites et charnues couvertes d'aréoles alignées sur les côtés des tiges. Ces aréoles sont hérissées de fines épines brunes. Des fleurs rose cramoisi apparaissent au printemps ; chaque fleur dure plusieurs jours et la floraison s'étale sur deux mois. Placez la plante dans un panier suspendu ou sur une étagère, en tout cas dans un endroit où vous ne risquerez pas de vous y frotter, car ses aiguillons sont très difficiles à extraire de la peau ! Vous pouvez aussi l'arranger dans un jardin de cactées, avec ses tiges rampant entre les cailloux.

Microclimat 4. Frais, ensoleillé.
Taille. C'est une espèce à croissance rapide, dont les tiges peuvent dépasser 90 cm en trois ou quatre ans. On trouve dans le commerce des plantes de toutes tailles.
Engrais. Faites des apports d'engrais à tomates une fois par mois, de fin décembre à la fin de la floraison.
Rempotage. Rempotez chaque année au printemps, après la floraison, dans un mélange terreux ordinaire. Un surfaçage suffit quand la plante est dans un pot de 15 à 25 cm.
Point particulier. Arrosez plus modérément durant la période de repos suivant la floraison.

Espèce proche
Aporocactus mallisonii a des tiges plus trapues et des fleurs allant du rose pâle au cramoisi foncé.

ORPIN DE MORGAN
Sedum morganianum

Encore une plante d'aspect insolite, avec ses tiges retombantes portant de petites feuilles charnues serrées et épaisses. Chaque tige a l'apparence de la corde. Les feuilles sont vert pâle, couvertes d'une fine pruine blanchâtre. Des fleurs roses apparaissent au printemps, à l'extrémité de chaque tige, mais ces plantes ne fleurissent pas facilement dans les appartements. C'est une espèce idéale pour les paniers suspendus, mais fragile, car ses feuilles tombent facilement si on la bouscule.

Microclimat 1. Chaud, ensoleillé.
Taille. Les tiges peuvent atteindre 1 m de longueur. On trouve dans le commerce des plantes de toutes tailles.
Engrais. Il n'est pas nécessaire de lui donner de l'engrais.
Rempotage. Rempotez chaque année, au printemps, dans un substrat composé d'un tiers de sable grossier et de deux tiers de mélange terreux ordinaire. Plantez plutôt dans un demi-pot ou un panier suspendu, où l'orpin pourra s'étaler. Une fois que la plante est trop encombrante pour un pot de 20 cm, renouvelez-la à partir de boutures.
Point particulier. Arrosez plus modérément en hiver.

Guide en couleurs des plantes à fleurs d'intérieur

Blancs, crème et jaunes

Nous sommes tous sensibles aux couleurs de la nature. Faites-les entrer dans la maison et elles ne pourront qu'y apporter une touche décorative et agréable, quel que soit le style d'intérieur choisi. Essayez les associations de couleurs proches ou bien les contrastes : groupez des plantes de différents tons d'une même couleur pour un effet subtil, ou des couleurs complémentaires pour un effet plus marquant. Avant d'acheter des plantes fleuries pour votre intérieur, pensez à l'emplacement que vous leur destinez et assurez-vous que leurs teintes s'harmoniseront avec celles du décor existant.

La partie la plus colorée d'une plante n'est pas toujours la fleur elle-même : ainsi, chez le poinsettia ou le flamant rose, c'est la bractée ou feuille pétaloïde qui entoure la fleur. Chez d'autres, comme le pommier d'amour, ce sont les baies, qui se développent une fois que les fleurs sont fanées.

Spathiphyllum « Clevelandii » (voir p. 169)
Des fleurs blanches ressemblant aux arums, qui virent au vert pâle avec le temps. La teinte de cette plante s'intègre dans n'importe quel type de décoration intérieure.

PRIMEVÈRE
Primula obconica (voir p. 181)
Des fleurs d'un blanc pur, à cœur vert, qui existent aussi en rose, rouge ou mauve. A utiliser seules ou groupées dans différents tons du blanc au mauve.

ÉTOILE DE BETHLÉEM
Campanula isophylla (voir p. 191)
Des fleurs blanches en étoile, existant également dans différents tons de bleu. Groupez des plantes d'une même couleur ou associez bleu et blanc dans un panier suspendu ou sur une étagère haute.

Begonia semperflorens-cultorum (voir p. 176)
De petites fleurs blanches, qui peuvent aussi être roses ou rouges. Associez plusieurs plantes de la même teinte ou mélangez-les à des plantes à feuillage coloré.

PERVENCHE DE MADAGASCAR
Catharanthus roseus
Des fleurs blanches à cœur rouge carmin, qui peuvent être aussi roses ou entièrement blanches. A grouper dans une corbeille ou à associer avec d'autres plantes.

BÉGONIA ÉLATIOR JAUNE
Begonia « Elatior » hybrides (voir p. 176)
Des fleurs doubles jaune coucou, mais qui existent dans de nombreux autres coloris. Pour plus d'effet, groupez des plantes de même teinte.

• BLANCS, CRÈME ET JAUNES •

PIMENT COMMUN
Capsicum annuum (voir p. 180)
Ses fruits brillants peuvent être orange, rouges ou jaunes, et changent de couleur lorsqu'ils mûrissent. A utiliser en groupes pour décorer une table en plein hiver.

BÉGONIA ÉLATIOR BLANC
Begonia « Elatior » hybrides (voir p. 176)
Des fleurs doubles de teinte crème, qui existent aussi dans de nombreux autres coloris.

BÉGONIA JAUNE
Begonia tuberhybrida (voir p. 176)
Des fleurs d'un jaune profond, qui existent aussi dans les tons de blanc, rose, rouge ou orangé.

Ci-dessous à gauche
VIOLETTE DU CAP
Saintpaulia hybrides (voir p. 175)
Des fleurs blanc pur et des fleurs blanches ourlées de pourpre, qui existent aussi dans tous les tons de rose, bleu et pourpre. Groupez des plantes de différentes teintes ou de même couleur dans un cache-pot peu profond, sur une table basse.

SUZANNE-AUX-YEUX-NOIRS
Thunbergia alata (voir p. 185)
Des fleurs jaune orangé vif avec un œil noir au centre. Laissez-les s'enchevêtrer parmi d'autres sujets dressés ou palissez la plante sur un support pour profiter de cette cascade de couleurs.

CHRYSANTHÈME JAUNE
Chrysanthemum morifolium hybrides (voir p. 181)
Des fleurs jaune pâle ressemblant à des marguerites, qui existent dans de nombreux autres coloris également.

BÉGONIA BLANC
Begonia tuberhybrida (voir p. 176)
Des fleurs de teinte ivoire, qui existent aussi en rose, rouge, jaune ou orangé. A placer seul ou en groupe de plantes de même teinte ou de teintes différentes.

CHRYSANTHÈME DORÉ
Chrysanthemum morifolium hybrides (voir p. 181)
Des fleurs denses, dorées, qui existent dans de nombreux autres coloris.

ABUTILON
Abutilon hybridum (voir p. 162)
Des clochettes jaune crème, qui existent dans de nombreux autres coloris. En spécimen isolé pour les plantes adultes, ou en groupe de plusieurs jeunes plantes de teintes différentes.

CHRYSANTHÈME BLANC
Chrysanthemum morifolium hybrides (voir p. 181)
Des fleurs blanc crème denses, qui existent aussi dans de nombreuses autres teintes. A grouper dans un grand panier ou à isoler dans un endroit où on les verra de dessus.

• GUIDE EN COULEURS DES PLANTES A FLEURS D'INTÉRIEUR •

Orange et rouges

PIMENT COMMUN
Capsicum annuum (voir p. 180)
Ses fruits brillants peuvent être orange, rouges ou jaunes, et changent de couleur lorsqu'ils mûrissent. A utiliser en groupes pour décorer une table en plein hiver.

BÉGONIA ÉLATIOR BLANC
Begonia « Elatior » hybrides
(voir p. 176)
Des fleurs doubles de teinte crème, qui existent aussi dans de nombreux autres coloris.

Nertera granadensis (voir p. 192)
Des baies orangées comme de grosses perles, qui couvrent la plante. A mettre en valeur sur une table ou une étagère basse.

KALANCHOÉ DE BLOSSFELD JAUNE
Kalanchoe blossfeldiana hybrides
(voir p. 196)
Des fleurs qui durent longtemps, d'un jaune profond, mais qui existent également en orange, rose ou rouge. A aligner sur un appui de fenêtre pour avoir de la couleur en hiver.

KALANCHOÉ DE BLOSSFELD ROSE
Kalanchoe bossfeldiana hybrides (voir p. 196)
Des fleurs qui durent longtemps, roses, mais existent également en jaune, rouge et orange.

KALANCHOÉ DE BLOSSFELD ORANGE
Kalanchoe blossfeldiana hybrides
(voir p. 196)
Des fleurs qui durent longtemps, orangées mais qui existent également en jaune, rose ou rouge.

CHRYSANTHÈME DORÉ
Chrysanthemum morifolium hybrides
(voir p. 181)
Des fleurs denses et dorées, qui existent aussi dans de nombreux autres coloris.

KALANCHOÉ DE BLOSSFELD ROUGE
Kalanchoe blossfeldiana hybrides
(voir p. 196)
Des fleurs qui durent longtemps, rouge écarlate, mais qui existent également en jaune, orange ou rose.

ROSE DE CHINE
Hibiscus rosa-sinensis hybrides (voir p. 178)
De grandes fleurs d'un rouge profond, avec des étamines réunies en colonne centrale, qui existent aussi en blanc, jaune, rose ou orange. En spécimen isolé ou en groupe de différentes teintes.

• ORANGE ET ROUGES •

IMPATIENS ROSE
Impatiens wallerana hybrides (voir p. 177)
Des fleurs simples, roses, qui existent également en blanc, rouge, orange ou en fleurs bicolores. Groupez plusieurs plantes d'une même couleur dans un panier suspendu ou une jardinière.

Guzmania lingulata (voir p. 174)
Des bractées écarlates entourent les petites fleurs blanches. Groupez plusieurs plantes dans un cache-pot ou placez deux plantes pour encadrer un tableau ou une glace. Vous pouvez aussi les couper et les tiger pour les incorporer dans une grande composition florale.

GÉRANIUM A MASSIF
Pelargonium hortorum hybrides (voir p. 179)
Des bouquets serrés de fleurs écarlates, qui existent également en blanc, mauve ou rose. A aligner sur un appui de fenêtre ou à grouper avec des géraniums à feuillage décoratif et odorant.

GLOXINIA
Sinningia speciosa hybrides (voir p. 175)
Des fleurs en trompette rouges, qui peuvent aussi être blanches ou violettes, selon les variétés. Groupez des plantes de même teinte sur une table basse.

BÉGONIA ÉLATIOR ROSE
Begonia « Elatior » hybrides (voir p. 176)
Des fleurs doubles rose foncé, qui existent dans de nombreux autres coloris également.

ABUTILON
Abutilon hybridum (voir p. 162)
Des clochettes écarlates, qui existent également dans de nombreux autres coloris. Regroupez différentes teintes ou isolez une plante adulte comme spécimen.

Roses, mauves et pourpres

IMPATIENS ROSE
Impatiens wallerana hybrides
(voir p.177)
Des fleurs simples roses, qui existent également en blanc, rouge, orange ou en fleurs bicolores. Groupez plusieurs plantes d'une même couleur dans un panier suspendu ou une jardinière.

FLAMANT ROSE
Anthurium andreanum hybrides (voir p. 182)
Une bractée en forme de bouclier, de teinte rose saumon, entoure l'épi de fleurs central ou spadice. Il existe également des variétés à fleurs blanches ou rouges. Groupez plusieurs plantes en une composition exotique.

Begonia semperflorens-cultorum (voir p. 176)
Des fleurs écarlates à cœur jaune, qui existent également en rose ou blanc. Groupez plusieurs plantes de même teinte ou associez-les à des plantes à feuillage coloré.

IMPATIENS ROSE
Impatiens « New Guinea » hybrides (voir p. 177)
Des fleurs rose orangé et des feuilles très panachées. Il existe des variétés à fleurs blanches ou roses, orange ou bicolores.

PLANTE CREVETTE
Justicia brandegeana
Des fleurs blanches émergent de bractées roses emboîtées, ressemblant à une queue de crevette. Groupez plusieurs plantes dans une corbeille pour une composition aux couleurs douces.

BÉGONIA ÉLATIOR ROSE
Begonia « Elatior » hybrides (voir p. 176)
Des fleurs doubles rose foncé, qui existent dans de nombreux autres coloris également.

Plumbago auriculata
(voir p. 186)
Des bouquets de petites fleurs bleu lavande (ou blanches, selon la variété). A palisser sur un support ou pour encadrer une fenêtre.

BÉGONIA ROSE
Begonia semperflorens-cultorum (voir p. 176)
Des fleurs d'un rose soutenu, à œil jaune.
Il existe des variétés à fleurs rouges ou blanches.

• ROSES, MAUVES ET POURPRES •

ÉTOILE DE BETHLÉEM
Campanula isophylla
(voir p. 191)
Des fleurs en étoile, mauve bleuté, qui existent aussi en blanc ou dans d'autres tons de bleu. Groupez des plantes de même teinte ou mélangez des bleues et des blanches dans un panier suspendu ou sur une étagère en hauteur.

VIOLETTE DU CAP POURPRE
Saintpaulia hybrides (voir p. 175)
Des fleurs à œil jaune d'un violet intense, qui existent également en rose, bleu ou blanc. Groupez des plantes de même teinte ou de plusieurs tons d'une même couleur, dans un cache-pot peu profond, sur une table basse.

GLOXINIA
Sinningia speciosa hybrides
(voir p. 175)
Des fleurs pourpres à gorge blanche. Il existe des variétés à fleurs blanches ou rouges. Groupez plusieurs sujets de même teinte sur une table basse.

VIOLETTE DU CAP ROSE
Saintpaulia hybrides
(voir p. 175)
Des fleurs rose foncé à œil jaune, qui existent aussi en bleu, pourpre ou blanc.

PASSIFLORE
Passiflora caerulea
(voir p. 185)
De curieuses fleurs à pétales blancs et couronne de filaments à franges pourpres. Il existe des variétés à pétales roses ou pourpres. A palisser sur un support ou autour d'une fenêtre ensoleillée.

Aechmea fasciata (voir p. 172)
Des fleurs bleu pâle, éphémères, émergent des bractées roses. A isoler comme spécimen ou à associer avec d'autres plantes aux formes insolites.

Exacum affine (voir p. 178)
De petites fleurs bleu-lilas, à faisceau d'étamines jaunes au centre. Existe aussi avec des fleurs blanches. Groupez plusieurs plantes dans une corbeille ou associez un spécimen avec une plante à fleurs dorées pour contraster.

IMPATIENS ROSE
Impatiens wallerana hybrides (voir p. 177)
Des fleurs simples d'un rose délicat, qui existent aussi dans les tons de blanc, rouge, orangé ou bicolores.

• CHOIX DES PLANTES •
Les plantes à fleurs d'intérieur, saison par saison

Légende : Hiver / Printemps / Été / Automne

Plante	Jan	Fév	Mar	Avr	Mai	Juin	Juil	Août	Sep	Oct	Nov	Déc	Remarques
Pentas lanceolata (voir p. 177)	■								■	■	■	■	Peut fleurir à d'autres périodes
Pommier d'amour (voir p. 180)	■								■	■	■	■	Fruits
Tulipe (voir p. 194)	■	■										■	Peut fleurir à d'autres périodes
Cactus de Noël (voir p. 201)	■	■										■	Peut fleurir à d'autres périodes
Poinsettia (voir p. 178)	■	■	■							■		■	
Jacinthe (voir p. 194)	■	■	■									■	
Narcisse et jonquille (voir p. 195)	■	■	■									■	
Crocus (voir p. 194)	■	■	■										
Guzmania lingulata (voir p. 174)	■	■	■										
Cyclamen des fleuristes (voir p. 180)	■	■	■	■						■	■		
Jasmin d'appartement (voir p. 186)	■	■	■	■									
Kalanchoé de Blossfeld (voir p. 196)	■	■	■	■							■		Peut fleurir à d'autres périodes
Iris miniature (voir p. 194)	■	■	■	■									
Amaryllis (voir p. 194)	■	■	■	■	■								
Primevère (voir p. 181)	■	■	■	■	■	■							Peut fleurir à d'autres périodes
Tilleul d'appartement (voir p. 164)		■	■										
Violette du Cap (voir p. 175)		■	■	■	■	■	■	■	■	■			Peut fleurir sans interruption
Queue-de-rat (voir p. 201)			■	■									
Azalée (voir p. 179)			■	■	■								Peut fleurir à d'autres périodes
Muscari (voir p. 195)			■	■									
Plante zèbre (voir p. 182)			■	■	■								
Mammillaria zeilmanniana (voir p. 198)			■	■	■								
Géranium (voir p. 179)			■	■	■	■							
Oiseau de paradis (voir p. 164)			■	■	■	■							Les jeunes plantes ne fleurissent pas
Begonia semperflorens-cultorum (voir p. 176)			■	■	■	■	■	■	■				Peut fleurir sans interruption
Columnea (voir p. 189)			■	■	■	■	■	■	■	■			Peut fleurir sans interruption
Couronne d'épines (voir p. 196)			■	■	■	■	■	■	■	■			Peut fleurir sans interruption
Cinéraire (voir p. 178)				■	■								
Rebutia minuscula (voir p. 198)				■	■								
Spathiphyllum (voir p. 169)				■	■	■							Peut fleurir à d'autres périodes
Jasmin de Madagascar (voir p. 185)				■	■	■							
Mitre d'évêque (voir p. 198)				■	■	■							
Rose de Chine (voir p. 178)				■	■	■	■	■	■				Peut fleurir à d'autres périodes
Vriesea splendens (voir p. 172)				■	■	■	■	■	■				Les jeunes plantes ne fleurissent pas
Bougainvillée (voir p. 187)				■	■	■	■	■	■	■			
Impatiens (voir p. 177)				■	■	■	■	■	■	■			Peut fleurir sans interruption
Plumbago auriculata (voir p. 186)				■	■	■	■	■	■	■			
Oranger calamondin (voir p. 162)					■	■							Peut fleurir à d'autres périodes
Nidularium innocentii (voir p. 175)					■	■							Les jeunes plantes ne fleurissent pas
Primevère du Cap (voir p. 175)					■	■	■	■	■	■			
Suzanne-aux-yeux-noirs (voir p. 185)					■	■	■	■	■	■			
Gloxinia (voir p. 175)						■	■						
Tillandsia cyanea (voir p. 173)						■	■						Les jeunes plantes ne fleurissent pas
Abutilon (voir p. 162)						■	■						
Aechmea fasciata (voir p. 172)						■	■						Peut fleurir à d'autres périodes
Achimenes grandiflora (voir p. 181)						■	■						
Flamant rose (voir p. 182)						■	■						Peut fleurir à d'autres périodes
Bégonia élatior (voir p. 176)						■	■						
Billbergia nutans (voir p. 173)						■	■						Peut fleurir à d'autres périodes
Exacum affine (voir p. 178)						■	■						
Fleur de porcelaine (voir p. 189)						■	■						
Passiflore (voir p. 185)						■	■	■	■				
Nertera granadensis (voir p. 192)							■	■	■	■			Fruits
Allamanda cathartica (voir p. 186)							■	■	■	■			
Neoregelia carolinae (voir p. 174)							■	■	■	■			Les jeunes plantes ne fleurissent pas
Piment commun (voir p. 180)								■	■	■	■	■	Fruits
Browallia speciosa (voir p. 176)								■	■	■	■		
Étoile de Bethléem (voir p. 191)									■	■	■		
Chrysanthème des fleuristes (voir p. 181)									■	■	■		Peut fleurir sans interruption

GUIDE DES FLEURS COUPÉES

Les bouquets de fleurs coupées peuvent transformer une pièce par leurs formes, leurs teintes et leurs parfums, et apporter à l'intérieur la fraîcheur du jardin en toutes saisons. Un bouquet ne doit pas nécessairement être imposant : quelques fleurs habilement disposées dans un joli vase feront autant d'effet qu'une grande composition compliquée.

Vous trouverez dans les pages suivantes un guide par saison des fleurs et des fruits les plus précieux pour composer des bouquets. Les feuillages sont un autre élément indispensable pour les compositions florales, mais ils sont présentés ici par couleur, étant donné qu'ils sont en général utilisables du printemps à l'automne. De nombreux types de fleurs et de feuillages décrits ici se marient bien dans des arrangements de saison. Vous trouverez dans la fiche de chaque plante des conseils sur la façon de préparer les tiges ainsi que des suggestions pour l'utiliser dans les bouquets.

• GUIDE DES FLEURS COUPÉES •

Fleurs printanières 1

On ne retient souvent, comme couleur dominante de la fin de l'hiver et du début du printemps, qu'un marron terne, mais, en y regardant de plus près, on peut trouver au jardin quantité de couleurs et de textures intéressantes. Tôt en saison, le jardin commence à s'agrémenter de taches blanches, jaune citron et vert pâle. A mesure qu'avance le printemps, les teintes s'intensifient, et on trouve, avec le vert tendre des jeunes feuillages, les différents jaunes des narcisses, suivis de l'arc-en-ciel des autres bulbes à floraison printanière et des arbres en fleurs.

De nombreux arbustes de nos jardins fleurissent tôt également : les rameaux jaunes du forsythia, les fleurs mousseuses de l'aubépine peuvent être coupés et servir à étoffer un simple bouquet printanier. Un peu plus tard, vient la floraison des arbres fruitiers, cerisiers, pommiers et poiriers, avec celle des premières plantes vivaces. Ces vivaces à floraison précoce comprennent, par exemple, les iris et les violettes et de nombreuses fleurs précieuses pour les grands bouquets, comme euphorbes, lilas et rhododendrons.

MUGUET
Convallaria majalis

Cette plante aux clochettes délicates et parfumées est facile à cultiver dans un coin ombragé du jardin. Se développant à partir d'un rhizome rampant, elle gagne rapidement du terrain. C'est en petit bouquet tout simple, dans un vase en verre, qu'on apprécie le mieux ces fleurs si populaires, avec leur feuillage vert tendre. Les variétés blanches font également beaucoup d'effet lorsqu'elles sont associées à d'autres fleurs blanches, par exemple pour un bouquet de mariée.

Coloris. Blanc et rose.
Préparation. Coupez les tiges en biseau et faites une entaille de 5 cm avec un couteau bien aiguisé. Éliminez le feuillage des tiges florales et plongez-les une heure environ dans l'eau chaude avant de les arranger en bouquet.

Muguet

Narcisses 1 « Van Sion » **2** « Œil de Faisan » **3** « Mrs Backhouse » **4** « Inglescombe » **5** « Cheerfulness » **6** « Mary Copeland »

JONQUILLES ET NARCISSES
Narcissus sp.

Ce genre compte de nombreuses espèces, chacune avec une association de couleurs et une forme de couronne caractéristique. On parle généralement de jonquilles pour les fleurs entièrement jaunes et dont la trompette centrale est aussi longue ou plus longue que les pétales étalés autour. Mais toutes sont en fait des narcisses. Les narcisses sont à utiliser dans des arrangements floraux printaniers sans prétention, de style rustique, et se marient bien, par exemple, avec le forsythia et les chatons de saule. Groupés en bouquet fourni et coloré dans une simple corbeille, ils font très bel effet également.

Coloris. Il existe toute une gamme de combinaisons de teintes à base de blanc, crème, jaune, orange et pêche.
Préparation. Coupez les tiges en biseau et entaillez-les sur 5 cm de longueur avec un couteau bien aiguisé. Passez l'extrémité des tiges sur la flamme pour stopper l'hémorragie de suc laiteux. Laissez les tiges dans un assez grand volume d'eau pendant une heure environ, avant de les arranger dans un récipient peu profond.

FRITILLAIRE
Fritillaria sp.

Les fritillaires ne sont pas faciles à cultiver dans le jardin, mais celles achetées chez les fleuristes peuvent être cultivées sous serre froide. La taille et la forme de la fleur dépendent de l'espèce — certaines portent des bouquets de grandes fleurs sur une longue tige, d'autres de petites fleurs en clochette, seules sur des tiges retombantes. Les feuilles ressemblent à celles de la tulipe, mais peuvent être beaucoup plus longues et étroites chez certaines espèces. La fritillaire est l'une des premières fleurs à longue tige à fleurir au printemps, et ses fleurs groupées sont tout indiquées pour les grands bouquets. Les espèces plus petites, à fleurs retombantes, sont plutôt à placer en petits bouquets dans un vase simple.

Coloris. Rouge, orange, jaune, blanc, marron-rouge et pourpre. Les fleurs des petites espèces sont généralement tachetées ou portent des motifs en damiers d'une autre couleur.
Préparation. Coupez les tiges avec un couteau bien aiguisé pour éviter de les écraser. Plongez-les dans un grand volume d'eau fraîche avant de les arranger.

Lilas 1 « Katherine Havemeyer » **2** « Monique Lemoine » **3** « Massena »

LILAS
Syringa sp.

Les lilas sont des arbustes ligneux faciles à cultiver au jardin et qui fleurissent abondamment au printemps. On trouve également chez les fleuristes du lilas forcé à la fin de l'hiver et au début du printemps. Achetez de longues tiges, les courtes ne durant pas aussi longtemps. Les minuscules fleurs très parfumées sont disposées en grappes allongées qui font merveille avec d'autres fleurs dans des teintes pastel, comme des pavots ou des pivoines aux teintes douces. Les variétés blanches et jaune crème peuvent entrer dans la composition de bouquets dans les tons crème et jaune pâle.

Coloris. Pourpre, rose, blanc, vert blanchâtre et jaune pâle.
Préparation. Coupez les tiges en biseau et entaillez-les sur 5 cm de longueur avec un couteau bien aiguisé. Éliminez les feuillages des tiges florales et plongez-les dans de l'eau bouillante avant de les laisser pour la nuit dans un grand volume d'eau fraîche. Disposez les longues tiges dans beaucoup d'eau.

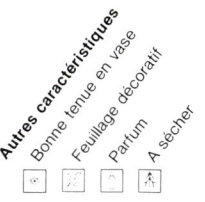

• FLEURS PRINTANIÈRES •

Lis hybrides

Préparation. Coupez les tiges en biseau et entaillez-les sur 5 cm de longueur avec un couteau bien aiguisé. Effeuillez les tiges et plongez-les dans un grand volume d'eau fraîche pour la nuit, avant de les arranger en bouquet.

TULIPE
Tulipa sp.

La variété des formes et des teintes des tulipes permet de les utiliser dans de nombreux types de compositions florales. Outre la forme courante, simple, en coupe évasée, les fleurs peuvent être doubles, frangées, plus ou moins largement ouvertes, ou en forme de fleur de lis. Les tiges ont tendance à se tordre et à ployer une fois coupées, aussi se prêtent-elles mal à des arrangements très formels. Les tulipes se marient bien à de nombreux autres fleurs et feuillages et leurs teintes conviennent à toutes sortes de bouquets. La meilleure façon de les mettre en valeur est peut-être simplement de grouper des fleurs de même teinte dans un vase, avec leur propre feuillage.

Coloris. On trouve des tulipes de presque toutes les teintes, du pourpre presque noir au blanc pur. Elles sont souvent bicolores.

Préparation. Recoupez les extrémités blanches des tiges, éliminez les feuilles et enroulez les fleurs dans du papier journal. Placez le tout dans de l'eau chaude pendant quelques heures. Cela permet aux tiges de se raffermir et de se redresser. Avec une épingle, percez chaque tige juste sous l'inflorescence et arrangez les fleurs dans l'eau à laquelle vous aurez ajouté une cuillerée à café de sucre.

Rhododendrons

RHODODENDRON
Rhododendron sp.

Les fleurs de rhododendrons sont grandes et robustes. Prenez des fleurs sur de longues tiges pour créer un point d'intérêt dans un grand arrangement. Les tiges très courtes peuvent être disposées dans de petits vases, avec des primevères ou des perce-neige. Vous pouvez aussi faire flotter les fleurs dans un plat creux peu profond.

Coloris. Blanc, rose, rouge et pourpre.
Préparation. Coupez les tiges en biseau et entaillez-les sur 5 cm avec un couteau bien aiguisé. Éliminez les feuillages des tiges florales et laissez-les tremper une nuit dans de l'eau chaude. Disposez-les dans un vase d'eau fraîche additionnée de quelques gouttes d'eau de Javel.

LIS
Lilium hybrides

Avec leur silhouette élégante, les lis font partie des plus belles fleurs de nos jardins. Malgré leur apparence fragile, on peut en cultiver certains au jardin. Ils gagnent à être arrangés simplement, afin que l'attention se porte directement sur eux. Les lis de teinte ivoire sont précieux pour la réalisation de bouquets de mariée ou pour la décoration des églises.

Coloris. On trouve des lis de toutes les couleurs, excepté le bleu. De nombreuses variétés ont des fleurs de deux couleurs ou plus, avec des mouchetures ou des rayures d'une autre couleur.

Tulipes hybrides

« Dyanito »

« Blue Parrot »

« White Triumphator »

« Aster Neilson »

« Flying Dutchman »

« West Point »

« Black Parrot »

« Greenland »

« May Blossom »

« Captain Fryatt »

« China Pink »

· 211 ·

• GUIDE DES FLEURS COUPÉES •

Fleurs printanières 2

Freesia hybrides

FREESIA
Freesia hybrides

Les freesias sont des fleurs d'aspect très délicat qui peuvent être « perdues » dans un grand bouquet compliqué. On apprécie mieux la forme allongée des inflorescences lorsqu'on les dispose en petit bouquet dans un vase. On peut également faire entrer des freesias blancs dans la composition d'un bouquet de mariée. La variété à fleurs doubles tient plus longtemps en vase que celle à fleurs simples.

Coloris. Blanc, jaune, mauve, rose, rouge et orange.
Préparation. Recoupez les tiges en biseau et entaillez-les sur 5 cm de longueur avec un couteau bien aiguisé. Plongez les tiges quelques heures dans un grand volume d'eau avant de faire le bouquet.

EUPHORBE
Euphorbia sp.

Ces petites plantes buissonnantes sont à cultiver dans le jardin des amateurs de bouquets, car elles tiennent en vase et apportent une palette de teintes, de formes et de textures dans les bouquets rustiques. Leurs grandes inflorescences sont composées de petites fleurs entourées de bractées membraneuses et offrent un joli contraste avec des graminées ou des feuillages fins.

Coloris. Orange, rouge, jaune et vert.
Préparation. Recoupez les tiges en biseau et entaillez-les sur 5 cm de longueur avec un couteau bien aiguisé. Passez l'extrémité des tiges sur une flamme ou dans l'eau bouillante, pour stopper les pertes de latex. Plongez-les dans l'eau fraîche quelques heures avant de faire le bouquet.

IRIS
Iris sp.

Ce sont des plantes intéressantes, surtout si vous les cultivez vous-même, car le feuillage est aussi décoratif que les fleurs. Ces fleurs sont parmi les premières du printemps. Il en existe de très nombreuses variétés, dans toute une gamme de formes, de teintes et de tailles. Certains iris sont particulièrement hauts, avec de grandes fleurs qui conviennent aux compositions de grande taille. Les iris botaniques, plus petits, peuvent être disposés avec leur feuillage et quelques tulipes.

Coloris. Mauve, pourpre, jaune, brun, orange, gris et blanc. Les fleurs sont en général mouchetées ou marquées d'une autre couleur.
Préparation. Coupez les tiges en biseau et entaillez-les sur 5 cm de longueur avec un couteau bien aiguisé. Éliminez les feuilles, et plongez les tiges quelques heures dans de l'eau fraîche.

MIMOSA
Acacia dealbata

Ces petites boules délicates s'harmonisent avec toutes les fleurs du printemps. Elles font bel effet, aussi bien dans des compositions sophistiquées que groupées dans un pot de terre cuite avec leur feuillage et quelques narcisses. Le feuillage gris-vert, plumeux, peut constituer la toile de fond de nombreux bouquets. Son parfum prononcé ajoute encore à l'attrait de cette plante.

Coloris. Jaune.
Préparation. Laissez les fleurs emballées jusqu'au moment de faire le bouquet. Sortez-les alors de leur emballage et trempez les inflorescences dans l'eau pendant quelques minutes. Coupez les tiges en biseau et entaillez-les sur 5 cm de longueur avec un couteau bien aiguisé. Trempez-les quelques secondes dans de l'eau bouillante et mettez-les dans de l'eau chaude jusqu'à ce que les fleurs soient sèches.

Giroflées 1 « Parma Violet » **2** « De Nice » **3** « Princess Alice »

GIROFLÉE
Matthiola incana

La giroflée d'hiver est une plante que l'on trouve souvent dans les jardins et chez les fleuristes. Celles cultivées sous serre sont en vente une grande partie de

Euphorbes

Euphorbia robbiae

Euphorbia griffithii « Fireglow »

Euphorbia wulfenii

Euphorbia characias

Euphorbia polychroma

• FLEURS PRINTANIÈRES •

l'année. Leurs épis courts de petites fleurs rondes peuvent, selon les cas, être un centre d'intérêt ou servir de matériau de remplissage dans une composition de style rustique.

Coloris. Blanc, jaune, cramoisi, mauve, pourpre, rose et orange.
Préparation. Coupez les tiges en biseau et entaillez-les sur 5 cm de longueur avec un couteau bien aiguisé. Effeuillez les tiges florales. Trempez l'extrémité quelques minutes dans l'eau bouillante avant de plonger les tiges dans un grand volume d'eau fraîche. Disposez-les en bouquet.

PRIMEVÈRE A GRANDES FLEURS
Primula vulgaris hybrides

Ces petites primevères ont des fleurs en forme de tube ouvert en haut en corolle arrondie, avec un œil coloré marqué. De nouveaux hybrides sont créés en permanence, aussi la gamme des coloris est-elle particulièrement étendue. Vous pouvez les cultiver au jardin ou les acheter au début du printemps. Choisissez des espèces à tiges courtes, car celles à longues tiges se fanent très vite. Un beau bouquet de primevères avec leur feuillage dans un vase simple et uni sera très réussi. Vous pouvez aussi composer un petit bouquet mixte avec d'autres fleurs de même teinte, comme hellébores ou bruyères.

Coloris. Toutes les teintes, y compris le bleu. Chez de nombreuses variétés, un anneau jaune entoure l'œil central.
Préparation. Recoupez les tiges avec un couteau bien aiguisé. Plongez-en l'extrémité quelques minutes dans de l'eau bouillante, puis trempez-les un moment dans de l'eau fraîche. Avec une aiguille, percez chaque tige juste sous la fleur, pour faire sortir les bulles d'air. L'eau peut ensuite monter dans la tige.

GYPSOPHILE
Gypsophila paniculata

On utilise souvent ces inflorescences délicates comme matériau de remplissage, pour mettre en valeur d'autres fleurs aux formes plus marquées. Elles apportent une note de douceur et de légèreté à un bouquet de roses ou d'œillets, mais elles peuvent aussi être elles-mêmes le thème d'un gros bouquet dans un vase en verre, dans un intérieur moderne par exemple. On utilise de plus en plus la gypsophile dans toutes sortes de bouquets.

Coloris. Blanc et rose.
Préparation. Recoupez les tiges en biseau et entaillez-les sur 5 cm de longueur. Effeuillez les tiges florales et plongez-les quelques heures dans de l'eau chaude avant de faire le bouquet. Changez régulièrement l'eau du vase. Vous pouvez aussi utiliser un spray qui ralentit la déshydratation pour éviter que les fleurs minuscules ne tombent.

Gypsophile

Alstroemère du Chili hybride

ALSTROEMÈRE DU CHILI
Alstroemeria pelegrina

Ces fleurs élégantes et originales sont délicates à cultiver au jardin, mais vous les trouverez presque toute l'année chez votre fleuriste. Les fleurs sont groupées sur des tiges rigides et dressées. Faites-en un joli bouquet, avec leur feuillage, il ne passera pas inaperçu.

Coloris. Blanc, rose, rouge, orange et lilas. Certaines fleurs sont mouchetées de rouge pourpré.
Préparation. Coupez les tiges en biseau et entaillez-les sur 5 cm de longueur. Effeuillez les tiges florales et plongez-les un moment dans l'eau fraîche avant de préparer le bouquet.

CALLA, ARUM D'ÉTHIOPIE
Zantedeschia aethiopica

Sous climat doux, il est possible de cultiver cette plante à l'extérieur, dans un endroit abrité ; mais c'est en serre qu'on obtient les plus belles fleurs. Celles-ci sont épaisses et charnues, sur des tiges dressées. Groupez quelques fleurs, avec leurs feuilles en cœur, dans une coupe en verre de forme arrondie, pour créer un bouquet élégant. Cette fleur peut aussi attirer l'œil dans n'importe quelle composition, et notamment dans les arrangements qui demandent à être vus de loin.

Coloris. Blanc, jaune, vert et rose.
Préparation. Coupez les tiges en biseau et entaillez-les sur 5 cm de longueur avec un couteau bien aiguisé. Plongez-les un moment dans l'eau chaude avant de faire le bouquet. Immergez les feuilles dans une solution d'amidon pendant vingt-quatre heures, pour qu'elles durent plus longtemps.

Arbres fruitiers en fleurs 1 *Prunus serrulata* **2** *Prunus serrulata* « Ukon » **3** *Pyrus calleryana* « Chanticleer » **4** *Malus eleyi* **5** *Prunus serrulata* « Shirotae » **6** *Prunus serrulata* « Kanzan »

FLEURS D'ARBRES FRUITIERS
Malus sp. et *Prunus* sp.

Ce groupe comprend essentiellement les pommiers et les cerisiers d'ornement, qui portent au début du printemps des bouquets de fleurs délicates. Ces rameaux fleuris offrent une toile de fond idéale pour des tulipes roses ou des narcisses. Vous pouvez donner un air japonais à un intérieur à dominantes rouge et noire en y ajoutant un bouquet d'une variété à fleurs blanches.

Coloris. Rouge, rose et blanc.
Préparation. Coupez les tiges en biseau et entaillez-les sur 5 cm avec un couteau bien aiguisé. Plongez-les dans un grand volume d'eau fraîche avant de les disposer dans un vase profond.

PENSÉE
Viola wittrockiana hybrides

Les pensées sont de jolies fleurs très caractéristiques. Leur petite taille les destine à des bouquets miniatures, à placer bien en vue, par exemple sur une table.

Coloris. Il en existe de toutes les teintes, y compris le bleu et le noir. De nombreuses variétés sont à fleurs unies et d'autres à fleurs tachetées.
Préparation. Coupez les tiges délicates avec un couteau bien aiguisé, pour éviter de les écraser. Plongez les fleurs dans l'eau quelques minutes avant de faire le bouquet.

Autres fleurs printanières

Crocus	Monnaie-du-pape
Aubépine	Liatris
Romarin	Giroflée
Campanule	Magnolia
Forsythia	Bouton-d'or
Clématite	Primevère
Spirée	Anémone
Clivia	Pavot d'Islande
Corbeille-d'or	Cognassier
Jasmin	Guimauve potagère
Jacinthe	Genêt
Coucou	Nigelle

• 213 •

• GUIDE DES FLEURS COUPÉES •

Fleurs estivales 1

L'été nous comble de fleurs et de feuillages, de toutes formes, tailles, teintes et textures. La palette des couleurs de l'été s'étend des jaune pâle, rose pastel, pêche et blanc des œillets et digitales aux couleurs plus chaudes et plus soutenues des pivoines et des œillets de poète. De nombreuses fleurs d'été, comme roses, pois de senteur ou pavots, existent dans différentes teintes et peuvent être utilisées pour toutes sortes de bouquets. De plus, on trouve une gamme aussi variée de feuillages de teintes et de formes différentes — parmi lesquels hostas, lierre et troène, par exemple, sont très utiles.

Si l'on fait beaucoup appel aux plantes herbacées ou vivaces pour les bouquets, il y a également un vaste choix parmi les arbustes à fleurs : groupez leurs rameaux seuls, ou avec des fleurs coupées pour les grands arrangements, en choisissant par exemple weigela, viorne ou seringa. Profitez de l'abondance de végétaux en cette saison pour réaliser des bouquets très fournis. De nombreuses fleurs sont très parfumées, et on les apprécie doublement dans la maison.

ALCHÉMILLE
Alchemilla mollis

Cette plante, facile à cultiver au jardin, est pourtant rare chez les fleuristes. Ses fleurs sont précieuses pour toutes sortes de compositions florales et leur teinte jaune-vert se marie à presque toutes les couleurs de fleurs ou de feuillage. Vous pouvez aussi les utiliser seules en bouquet ou les disposer avec des graminées et des feuillages légers dans un simple vase en verre. Les feuilles arrondies, douces et duveteuses peuvent contraster avec des feuillages rouges ou bronze dans un arrangement.

Coloris. Jaune-vert.
Préparation. Coupez les tiges en biseau et entaillez-les sur 5 cm avec un couteau bien aiguisé. Effeuillez les tiges florales et arrangez-les aussitôt dans beaucoup d'eau. Cela évitera que des bulles d'air ne se forment dans les tiges.

Pivoines hybrides 1 *Paeonia lactiflora*
2 *Paeonia officinalis* « Rubra-plena »
3 *Paeonia officinalis*

PIVOINE
Paeonia sp.

Les pivoines les plus courantes sont les variétés à grandes fleurs, magenta foncé. Ces fleurs sont certes superbes, mais il faut les utiliser avec prudence dans un bouquet, car elles risquent d'écraser les autres végétaux. Elles se marient bien à des feuillages rouges ou jaune-vert. Il existe de nombreuses espèces et variétés de pivoines qui peuvent être le centre d'intérêt d'un arrangement. Associez les pivoines rouges à d'autres fleurs rouges, les pivoines d'un rose délicat à des digitales ou à des glaïeuls rose saumon. Les plus grands spécimens sont à utiliser pour les grands arrangements, destinés à être regardés de loin.

Coloris. Tons de rose, rouge, magenta, orange et blanc.
Préparation. Après la cueillette, les pivoines peuvent rester plusieurs jours hors de l'eau, dans une pièce fraîche. Si vous les placez dans des sacs en polyéthylène dans une pièce fraîche, elles se garderont plusieurs semaines. Avant de les disposer, coupez les tiges en biseau et entaillez-les sur 5 cm de longueur. Plongez les tiges plusieurs heures dans de l'eau chaude avant de faire le bouquet.

ÉRÉMURUS
Eremurus sp.

Ces longs épis sont couverts de petites fleurs en étoile, qui s'ouvrent depuis la base de la tige et vers le haut. Les tiges pouvant mesurer entre 60 cm et 2 m de longueur, elles sont très imposantes, disposées dans un grand vase étroit, avec quelques feuilles rigides lancéolées.

Coloris. Blanc, jaune, rose et orange.
Préparation. Coupez les tiges en biseau et entaillez-les sur 5 cm avec un couteau bien aiguisé. Plongez-les dans un grand volume d'eau fraîche avant de les arranger.

ŒILLET
Dianthus caryophyllus

Cette plante facile à hybrider offre chaque année de nouvelles variétés créées par les horticulteurs. Ces variétés hybrides sont selon les cas plus grandes, plus petites, plus parfumées, de teintes plus vives, ou avec une nouvelle association de couleurs. Inutile de dire que le choix est vaste. Ce sont des fleurs très classiques, surtout celles achetées chez le fleuriste, avec leurs longues tiges rigides. Vous pouvez utiliser les œillets pour tous vos bouquets estivaux, mais n'oubliez pas qu'ils seront très jolis simplement groupés dans un vase haut à col étroit. Mariez les roses et les blancs délicats à des feuillages gris comme ceux de l'eucalyptus ou de l'armoise.

Coloris. Il en existe de toutes les teintes, sauf le bleu. Beaucoup sont panachés d'une autre couleur.
Préparation. Coupez les tiges en biseau entre les nœuds (renflements de la tige). Faites une entaille de 5 cm en bas et effeuillez les tiges florales. Enfin, plongez-les un bon moment dans l'eau chaude avant de faire le bouquet.

Alchémille

« Purple Frosted »

« Crowley Sim »

• FLEURS ESTIVALES •

Glaïeuls hybrides 1 « Albert Schweitzer »
2 « White Angel » **3** « Madame Butterfly »

GLAÏEUL
Gladiolus sp.

Avec leur ligne élégante, les glaïeuls sont très employés dans les grands bouquets. Ils sont également faciles à cultiver au jardin. Il en existe de très nombreuses variétés, différant par la taille, la teinte et la forme des fleurons, bien que ceux-ci soient toujours tous orientés dans le même sens sur l'épi. Associez les plus petits glaïeuls, aux teintes douces, à des roses, par exemple. Trois ou quatre grands épis de glaïeuls rouge vif feront bel effet dans un haut vase élégant.

Coloris. Nombreuses teintes : rouge, orange, jaune, rose et blanc.
Préparation. Coupez les tiges en biseau et entaillez-les sur 5 cm avec un couteau bien aiguisé. Recoupez les tiges sous l'eau et, pour faire durer les fleurs plus longtemps, retaillez légèrement la tige tous les quatre ou cinq jours. Si vous ne voulez pas utiliser les fleurs tout de suite, vous pouvez les garder dans un endroit frais pendant une semaine environ.

PAVOT
Papaver sp.

Qui dit pavot pense souvent au coquelicot rouge vif de nos campagnes. Il existe pourtant de nombreux hybrides et cultivars, aux fleurs de taille et de teinte différentes. Leurs pétales très délicats ne conviennent guère aux arrangements. Leurs fleurs éphémères ne durent pas plus d'une journée. Associez des fleurs rouge vif à du feuillage vert foncé, ou bien mêlez des tons pastel à d'autres fleurs de teinte douce (lilas, roses et delphiniums).

Coloris. Nombreux tons de rouge, rose, orange, jaune, crème et blanc.
Préparation. Coupez les tiges avec un couteau bien aiguisé. Passez leur extrémité à l'eau bouillante ou sur une flamme, pour stopper les pertes de sève qui saliraient l'eau du vase. Plongez-les ensuite quelques heures dans de l'eau fraîche avant de faire le bouquet.

Œillets de poète hybrides

ŒILLET DE POÈTE
Dianthus barbatus

On trouve, chez les fleuristes, de nombreuses variétés d'œillets de poète, mais ils sont aussi faciles à cultiver au jardin. Leurs inflorescences rondes et aplaties sont composées de multiples petites fleurs serrées. Leurs couleurs vives s'harmonisent avec celles des autres fleurs d'été, dans de gros bouquets sans prétention. Groupez-les dans une corbeille en osier, par exemple.

Coloris. Les fleurs portent généralement deux ou trois des couleurs suivantes : rouge, rose, cramoisi et blanc, disposées en anneaux concentriques autour du cœur de la fleur.
Préparation. Coupez les tiges en biseau et entaillez-les sur 5 cm avec un couteau bien aiguisé. Effeuillez les tiges florales. Plongez-les quelques heures dans un grand volume d'eau fraîche avant de faire le bouquet.

Œillets des fleuristes

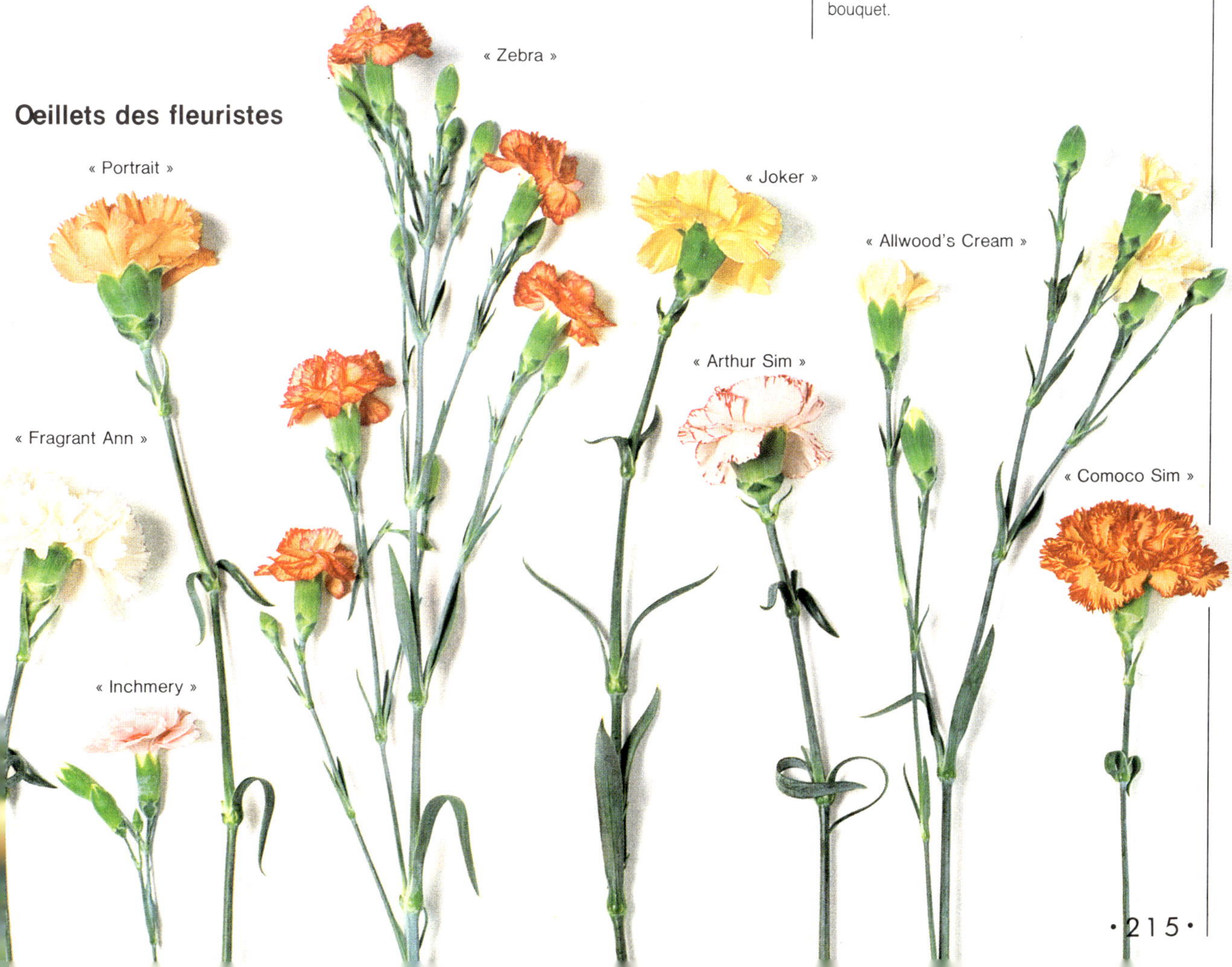

« Portrait »
« Fragrant Ann »
« Inchmery »
« Zebra »
« Joker »
« Arthur Sim »
« Allwood's Cream »
« Comoco Sim »

• GUIDE DES FLEURS COUPÉES •

Fleurs estivales 2

Delphinium

DELPHINIUM
Delphinium sp.

Les delphiniums sont à la fois des plantes de jardin et des plantes de culture, et l'on trouve de nombreux hybrides sur le marché, dans toute une gamme de teintes et de tailles. Leurs longs épis sont chargés de petites fleurs parfumées et font bel effet, arrangés dans de grands vases. Faites appel aux grandes variétés blanches pour une composition importante. Si vous n'avez guère de place, il existe des hybrides plus petits, de toutes couleurs, qui sont très jolis groupés dans un vase avec leur feuillage plumeux.

Coloris. Nombreuses teintes de bleu et de mauve. Également rose, blanc et crème.
Préparation. Coupez les tiges en biseau et entaillez-les sur 5 cm avec un couteau bien aiguisé. Laissez-les un moment dans de l'eau fraîche avant de les arranger. Si vous voulez que les fleurs durent plus longtemps, pour une occasion spéciale, remplissez d'eau les tiges creuses et bouchez-les avec du coton.

AIL D'ORNEMENT
Allium sp.

Les membres de cette espèce portent de nombreuses petites fleurs groupées en inflorescences sphériques. Faites-en des éléments qui attireront l'œil dans un arrangement de grandes fleurs.

Coloris. Jaune, pourpre, rose et blanc.
Préparation. Coupez les tiges en biseau et entaillez-les sur 5 cm avec un couteau bien aiguisé avant de les arranger dans beaucoup d'eau, à laquelle vous ajouterez quelques gouttes d'eau de Javel pour éliminer l'odeur d'oignon.

DIGITALE
Digitalis sp.

Ces belles fleurs sauvages sont de plus en plus appréciées dans les jardins, mais rares encore chez les fleuristes. Cultivez-les vous-même, car la digitale est une plante protégée, à ne pas cueillir dans la nature. Les fleurs tiennent très bien en vase et leurs teintes délicates se marient bien aux autres fleurs de ton pastel. Leur forme allongée permet de dessiner les axes d'une grande composition classique. Mais vous pouvez aussi en faire un joli bouquet tout simple, dans une vannerie ou un pot en terre cuite.

Coloris. Mauve, pourpre, blanc, crème, jaune et doré. La plupart des digitales sont mouchetées d'une autre teinte à l'intérieur de la clochette.
Préparation. Coupez les tiges en biseau et entaillez-les sur 5 cm avec un couteau bien aiguisé. Effeuillez les tiges florales et plongez-les pour la nuit dans de l'eau chaude, avant de les arranger.

Digitales

Digitalis purpurea

D. purpurea « Alba »

D. grandiflora « Ambigua »

Roses-thé hybrides 1 « Message »
2 « Goldgleam » **3** « Pascali » **4** « Margaret Merrill »

ROSE-THÉ HYBRIDES
Rosa sp.

La gamme des rosiers s'enrichit chaque année de nouvelles obtentions. Le seul inconvénient est l'absence de parfum de certaines variétés. Les rosiers hybrides de thé sont des rosiers à port compact et à fleurs doubles. Ils peuvent être utilisés pour toutes sortes de bouquets, pour une cérémonie notamment. Rien ne vaut un bouquet fourni de roses de même teinte dans un vase simple ou une corbeille.

Coloris. On trouve des roses dans divers tons de toutes les couleurs, excepté le bleu.
Préparation. Coupez les tiges en biseau et entaillez-les sur 5 cm avec un couteau bien aiguisé. Effeuillez les tiges florales et plongez leur extrémité une minute dans de l'eau bouillante. Laissez les tiges plusieurs heures dans l'eau fraîche avant de faire le bouquet.

Achillée « Coronation Gold »

ACHILLÉE
Achillea filipendulina

Ces fleurs champêtres groupées en inflorescences aplaties existent dans une vaste gamme de teintes et de tailles. Elles sont faciles à cultiver dans le jardin, mais on les trouve également au bord des routes et dans les haies. Utilisez les grandes inflorescences jaune doré pour attirer l'œil dans un grand

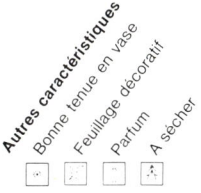

• FLEURS ESTIVALES •

arrangement, et les plus petites, blanches ou jaune pâle, dans des bouquets de fleurs blanches, par exemple avec des roses ou avec le feuillage panaché des hostas. Comme les pétales ne tombent pas et que les fleurs sèchent bien, vous pouvez les inclure dans une composition séchée alors qu'elles sont encore fraîches.

Coloris. Nombreux tons de jaune, doré et blanc.
Préparation. Coupez les tiges en biseau et entaillez-les sur 5 cm avec un couteau bien aiguisé. Effeuillez les tiges florales et plongez-les quelques heures dans un assez grand volume d'eau fraîche avant de les arranger.

GERBERA
Gerbera jamesonii

Ces grandes fleurs ressemblant à des marguerites très colorées ont des pétales doux et soyeux, des tiges gris-vert dépourvues de feuilles. On les cultive sous serre et on les trouve de plus en plus chez les fleuristes. Les fleurs jaunes ou orange se marient bien, par exemple, à des chrysanthèmes tokyo blancs et des feuillages d'eucalyptus. Vous pouvez aussi faire contraster leurs formes arrondies avec des iris, des épis de glaïeul ou de delphiniums de même teinte.

Coloris. Pourpre, cramoisi, rouge, rose, blanc, jaune et orangé.
Préparation. Coupez les tiges en biseau et entaillez-les sur 5 cm avec un couteau bien aiguisé. Plongez l'extrémité des tiges dans de l'eau bouillante, puis trempez-les un bon moment dans de l'eau fraîche avant de les arranger dans un vase.

Pois de senteur hybrides
Variétés colorées

Gerberas
Variétés colorées

Agapanthe

AGAPANTHE
Agapanthus africanus

Cette plante à feuillage persistant a des feuilles lisses, presque linéaires, et de longues tiges. Les fleurs sont petites et groupées en gros bouquets presque sphériques à l'extrémité des tiges. On les trouve chez les fleuristes, mais on peut aussi les cultiver au jardin, dans un endroit abrité, si le climat est doux. Ces fleurs sont à utiliser pour les grands bouquets. Faites, par exemple, une composition aux couleurs fraîches en les associant à de longs épis de fleurs blanches, comme iris ou glaïeuls.

Coloris. Bleu et blanc.
Préparation. Coupez les tiges en biseau et entaillez-les sur 5 cm avec un couteau bien aiguisé. Arrangez-les dans beaucoup d'eau.

POIS DE SENTEUR
Lathyrus odoratus

Ces fleurs délicates sont bien connues pour leur parfum délicieux qui se répand rapidement dans une pièce. Faciles à cultiver au jardin. Leurs tiges grimpantes ont besoin d'un support pour bien fleurir. On les trouve aussi en été chez les fleuristes. Il y a généralement quatre à cinq fleurs par tige et un beau bouquet de fleurs de même teinte ne passera pas inaperçu. Vous pouvez aussi les disposer avec des roses de même teinte, en un bouquet simple, mais si parfumé.

Coloris. Toute une gamme de tons de rouge, rose, pourpre, abricot et blanc.
Préparation. Il faut manipuler ces fleurs le moins possible. Coupez les longues tiges avec un couteau bien aiguisé et plongez-les dans un grand volume d'eau fraîche pendant quelques heures avant de faire le bouquet.

Autres fleurs d'été

Clochette d'Irlande	Lupin
Gentiane	Thlaspi
Angélique	Souci
Centaurée	Clarkia
Ancolie	Salicaire
Brodiaea	Lavande
Zinnia	Rose trémière
Anthémis	Pétunia
Marguerite	Sauge
Géranium	Pavot de Californie
Campanule	Seringa
Muflier	Chèvrefeuille

• GUIDE DES FLEURS COUPÉES •

Fleurs et fruits d'automne 1

Les couleurs des fleurs d'automne sont en général plus sombres que celles de l'été ou du printemps. Pourpre, rouge, brun et jaune doré prédominent parmi fleurs et feuillages. Le jaune soutenu des tournesols et des rudbeckias, le rouge éclatant des kniphofias sont des teintes riches et prononcées, tandis que les nombreux types de dahlias offrent toute une gamme de teintes et de formes. Quand il n'y a plus de fleurs, vous pouvez utiliser fruits et légumes de l'automne pour vos compositions. Des légumes comme l'artichaut apportent une teinte et une texture originales dans un arrangement. Les fruits, comme ceux des pommiers d'ornement ou les cynorrhodons des rosiers, portent des couleurs vives et peuvent être très jolis seuls ou avec quelques feuillages bien choisis.

Les feuillages d'automne sont bien sûr à utiliser quand les fleurs se font rares dans le jardin. Certains feuillages changent de teinte pour prendre des tons de rouge, orangé, brun cuivré ou pourpre foncé. Vers la fin de la saison, vous aurez peut-être envie de vous offrir quelques fleurs exotiques aux couleurs flamboyantes. Ainsi, une ou deux inflorescences de *Leucospermum nutans,* originaire d'Afrique du Sud, suffiront à prolonger la vie d'un bouquet d'automne tout en apportant un peu de variété dans les formes et les teintes.

RUDBECKIA
Rudbeckia sp.

Cette jolie fleur en forme de marguerite a des couleurs chaudes. Les pétales arrondis entourent un cœur conique de teinte sombre. Il existe des variétés à fleurs simples ou doubles. Des fleurs de différentes teintes groupées dans un vase en terre cuite feront entrer les teintes de l'automne dans la maison. Vous pouvez ainsi les associer à des feuillages rouges ou jaunes.

Coloris. Jaune, orangé et brun, souvent avec un anneau rouge. Le centre est brun foncé.
Préparation. Coupez les tiges en biseau et entaillez-les sur 5 cm avec un couteau bien aiguisé. Effeuillez les tiges florales et plongez leur extrémité quelques minutes dans l'eau bouillante. Laissez-les ensuite dans un grand volume d'eau fraîche avant de les arranger.

CRINOLE
Crinum powellii

Cette plante élégante porte des bouquets de fleurs en trompette à l'extrémité d'une tige épaisse, presque succulente. Les fleurs s'ouvrant successivement, il faut éliminer au fur et à mesure les inflorescences fanées. Ces fleurs sont tout à fait indiquées pour les grandes compositions classiques qui requièrent une certaine élégance. La variété blanche est bien sûr idéale pour les mariages. Elles feront bel effet également arrangées dans un simple vase en porcelaine blanche, avec des bouquets de petites fleurs délicates.

Coloris. Blanc et rose.
Préparation. Coupez les tiges en biseau et entaillez-les sur 5 cm avec un couteau bien aiguisé. Laissez-les dans un grand volume d'eau avant de les arranger. Pour que les fleurs durent longtemps, vous pouvez remplir d'eau les tiges creuses et les boucher avec du coton hydrophile.

Crinole

Pommier d'ornement « John Downie »

POMMIER SAUVAGE
Malus sp.

Les fruits des pommiers sauvages sont petits et ronds, non comestibles crus. Plus fréquents dans les jardins et les haies que chez les fleuristes, ils sont cependant précieux pour les bouquets de l'automne, en raison de leurs fruits colorés et des tons cuivrés de leur feuillage. Mêlez-les à des fleurs aux teintes automnales, comme dahlias, rudbeckias ou kniphofias, ou encore à des rameaux d'arbustes comme l'abutilon ou le fusain. Vous pouvez aussi incorporer ces fruits dans une composition séchée.

Coloris. Fruits et feuilles prennent les teintes de l'automne : rouge, jaune et orange. Au printemps, les fleurs sont rouges, roses ou blanches.
Préparation. Grattez l'écorce des tiges et entaillez-les sur 5 cm avec un couteau bien aiguisé. Laissez-les dans un grand volume d'eau avant de les arranger.

MILLEPERTUIS
Hypericum elatum

C'est un arbuste courant dans nos jardins, facile à cultiver, mais qu'on trouve rarement chez les fleuristes. Son feuillage est semi-persistant : les feuilles demeurent en hiver mais, au lieu de rester vertes, elles virent au rouge verdâtre et dégagent une odeur aromatique lorsqu'on les froisse. Les fleurs jaunes sont très délicates, mais présentes jusqu'en octobre. Elles sont suivies de bouquets de baies ovales. Les rameaux peuvent servir de toile de fond à toutes sortes de compositions, tandis que les baies se mêleront aux fleurs et fruits de l'automne dans vos bouquets.

Coloris. En été, les fleurs sont jaunes et le feuillage vert. En automne, les baies sont rouges et le feuillage rouge verdâtre.
Préparation. Coupez les tiges en biseau et entaillez-les sur 5 cm avec un couteau bien aiguisé. Effeuillez les tiges florales. Laissez-les dans un grand volume d'eau fraîche avant de les arranger.

ABUTILON
Abutilon hybridum

Ces arbustes sont fréquents dans les jardins des régions à climat doux, mais les branches d'abutilon sont rarement disponibles chez les fleuristes. Ils portent des fleurs délicates, membraneuses, en entonnoir évasé, pendant à l'aisselle des feuilles. Les branches ligneuses et les feuilles vert pâle, souvent tachetées, forment avec les fleurs colorées un charmant tableau dans un vase simple ou en association avec d'autres fleurs ou feuillages délicats.

Coloris. Les fleurs présentent les combinaisons des teintes suivantes : rouge, jaune, mauve et bleu pâle.
Préparation. Coupez les tiges en biseau et entaillez-les sur 5 cm avec un couteau bien aiguisé. Effeuillez les tiges florales et plongez-les plusieurs heures dans de l'eau fraîche avant de faire le bouquet.

Abutilon

• FLEURS ET FRUITS D'AUTOMNE •

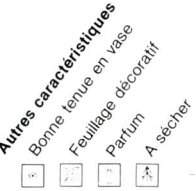

Autres caractéristiques
Bonne tenue en vase
Feuillage décoratif
Parfum
A sécher

Fusain

FUSAIN
Euonymus panipes

Les baies de cet arbuste sont tout à fait originales : arrondies et charnues, elles s'ouvrent soudain, prenant la forme d'une fleur et montrant une masse de graines orangées. Le feuillage est vert foncé, devenant plus pâle et tacheté de blanc et jaune. Utilisez-le pour l'arrière-plan d'une composition.

Coloris. Les baies peuvent être rouges, roses ou blanches, avec des graines orangées.
Préparation. Grattez l'extrémité des tiges pour les écorcer et entaillez-les sur 5 cm avec un couteau bien aiguisé.

ASTER
Aster nova-belgii

Les asters ont des tiges principales dressées portant des ramifications terminées par une fleur. A cause de leur aspect assez touffu, les asters sont difficiles à associer à d'autres fleurs. Groupez plutôt des fleurs d'une même variété, par exemple dans un grand récipient en cuivre, et placez le bouquet de telle sorte qu'il réfléchisse le soleil d'automne.

Coloris. Blanc, pourpre et rose.
Préparation. Coupez les tiges en biseau et entaillez-les sur 5 cm avec un couteau bien aiguisé. Effeuillez les tiges florales et trempez leur extrémité quelques secondes dans de l'eau bouillante, puis laissez-les douze heures dans l'eau avant de faire le bouquet.

Asters hybrides 1 « Ada Ballard »
2 « Blandie »

ARTICHAUT
Cynara scolymus

Les artichauts sont des plantes intéressantes à tous les stades de leur développement. Outre leur intérêt culinaire, les boutons floraux sont composés de bractées vert tendre, recouvrantes, offrant une texture originale aux compositions d'automne. Les touffes de fleurs pourpres sortent plus tard. Les fruits et le beau feuillage fin, ressemblant à celui des fougères, sont précieux également.

Coloris. Les boutons floraux sont vert pâle, les fleurs pourpres.

Artichaut

Préparation. Les inflorescences ne demandent pas de préparation spéciale. Les feuilles tiennent beaucoup plus longtemps en vase si on trempe les tiges trente secondes dans de l'eau bouillante et que l'on immerge toute la feuille dans de l'eau fraîche pendant une heure environ.

IMMORTELLE
Helichrysum bracteatum

Ces fleurs sont le plus souvent séchées, mais vous pouvez aussi les utiliser fraîches. La fleur en forme de marguerite est entourée de bractées membraneuses qui donnent l'impression d'être sèches lorsqu'elles sont encore fraîches. Les immortelles sont idéales pour les bouquets d'automne et leurs teintes peuvent s'accorder à celles de nombreuses autres fleurs. Groupez-les, par exemple, dans des paniers pour décorer une alcôve ou une cheminée qui ne sert pas. Comme les pétales ne tombent pas, laissez les fleurs sécher, pour bénéficier ensuite de ce bouquet sec.

Coloris. Jaune, rouge, orange, magenta, pourpre et différentes combinaisons de ces couleurs.
Préparation. Coupez les tiges avec un couteau bien aiguisé et trempez-en l'extrémité dans de l'eau bouillante. Laissez-les ensuite plusieurs heures dans l'eau fraîche avant de les disposer.

Immortelles
Variétés colorées

• GUIDE DES FLEURS COUPÉES •

Fleurs et fruits d'automne 2

Tournesol

TOURNESOL
Helianthus annuus

Faciles à cultiver, les tournesols sont fréquents dans les jardins, où ils atteignent une taille impressionnante. Leurs grandes fleurs ne peuvent équilibrer un bouquet de petites plantes. Utilisez-les plutôt pour attirer l'œil vers une composition de grandes fleurs, ou bien mêlez-les à des feuillages ou à des baies colorées.

Coloris. Pétales jaune doré et disque central brun foncé.
Préparation. Coupez les tiges en biseau et entaillez-les sur 5 cm avec un couteau bien aiguisé. Trempez l'extrémité des tiges dans l'eau bouillante, puis laissez-les dans un grand volume d'eau pendant quelques heures avant de les arranger.

Acanthe

ACANTHE
Acanthus spinosus

Ces grands épis d'allure peu commune sont composés de petites fleurs enfermées dans des bractées foliacées tout le long de la tige succulente. Les longues tiges permettent de tracer les grandes lignes des arrangements d'automne, classiques ou non. On peut aussi les faire contraster avec de grosses fleurs rondes, comme tournesols et dahlias. Leur feuillage épineux se marie bien à des fleurs roses.

Coloris. Fleurs rose pourpré dissimulées parmi les bractées foliacées vert pourpré.
Préparation. Coupez les tiges en biseau et entaillez-les sur 5 cm avec un couteau bien aiguisé. Trempez l'extrémité des tiges dans de l'eau bouillante puis plongez-les dans de l'eau fraîche pendant quelques heures. Trempez également le pétiole des feuilles dans l'eau bouillante. Pour plus de tenue, immergez les feuilles douze heures dans une solution d'amidon faiblement dosée.

DAHLIA
Dahlia hybrides

Les dahlias sont des fleurs de jardin très répandues, faciles à cultiver, que l'on trouve de plus en plus comme fleurs coupées également. Il en existe de nombreuses sortes — de tailles, de formes et de teintes différentes. Les principales formes de fleurs sont classées en catégories bien précises « cactus », « pompon », « à fleurs d'anémone », « à collerette », par exemple, et la liste des variétés s'accroît chaque année de nouveaux hybrides. Les dahlias peuvent s'intégrer dans toutes sortes de bouquets, car ils ont une jolie forme arrondie et un « sens » qui fait qu'on sait comment les tourner dans une composition. Mariez les couleurs pêche ou abricot à des feuillages d'automne, les rouges éclatants à des roses rouges ou des kniphofias, les blancs à d'autres fleurs blanches avec du feuillage vert foncé. Vous pouvez enfin faire un simple bouquet de dahlias de même teinte mais de formes de fleurs différentes.

Coloris. Les dahlias existent dans différentes couleurs et dans de nombreux tons pour chaque couleur, les nouveaux hybrides enrichissant sans cesse la palette de nouvelles tonalités. La seule couleur non encore obtenue est le bleu.
Préparation. Coupez les tiges en biseau et entaillez-les sur 5 cm avec un couteau bien aiguisé. Effeuillez les tiges florales et plongez leur extrémité quelques minutes dans de l'eau bouillante. Laissez-les la nuit dans de l'eau fraîche, avant de faire le bouquet. Pour une composition de cérémonie, où les fleurs doivent rester belles le plus longtemps possible, disposez les dahlias dans beaucoup d'eau avec une cuillerée à café de sucre et une aspirine.

Dahlias   « Rokesley Mini »   « Authority »

« Little Conn »

« Le Nil »

« Super »

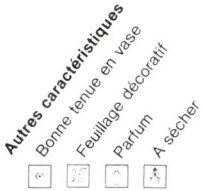

• FLEURS ET FRUITS D'AUTOMNE •

Cynorrhodons **1** *Rosa* sp. **2** *R. moyesii* **3** *R. rugosa*

Baies de boule-de-neige

CYNORRHODON
Rosa sp.

Les haies étaient autrefois couvertes de cynorrhodons à l'automne, fruits des églantiers et rosiers sauvages. Ces fruits se forment sur tous les rosiers, mais on ne les laisse généralement pas apparaître, car on rabat les plantes avant. Ils sont cependant très décoratifs. Ils ont différentes formes et tailles, selon le type de rosier. Faites entrer ces fruits dans vos bouquets d'automne, notamment avec des fleurs et des feuillages rouge foncé. Ils peuvent aussi apporter une note colorée dans les compositions séchées.

Coloris. Les cynorrhodons peuvent prendre différents tons de rouge, selon l'époque à laquelle on les coupe.
Préparation. Coupez les tiges en biseau et entaillez-les sur 5 cm avec un couteau bien aiguisé. Effeuillez les tiges et enlevez les épines. Plongez l'extrémité des tiges une minute dans de l'eau bouillante avant de les tremper dans une bonne quantité d'eau fraîche.

TABAC D'ORNEMENT
Nicotiana affinis

Les variétés horticoles de tabac sont cultivées non pour leurs feuilles, mais pour leurs fleurs, aussi colorées que parfumées. Ces fleurs sont tubulaires, s'ouvrant en étoile étalée. L'abondance de leurs teintes les rend précieuses pour toutes sortes de bouquets rustiques. Associez les couleurs les plus vives à des fleurs ou des feuillages rouges, ou bien faites un bouquet dans les teintes d'automne, avec des variétés jaunes et orangées. Les fleurs vert jaunâtre se marient bien à des feuillages d'un vert délicat.

Coloris. Blanc, rouge, orange, jaune, cramoisi, vert jaunâtre, crème et rose.
Préparation. Coupez les tiges molles avec un couteau bien aiguisé. Placez-les dans de l'eau chaude avant de les arranger dans beaucoup d'eau fraîche.

KNIPHOFIA
Kniphofia uvaria

Ces plantes de jardin, de culture facile, sont rares chez les fleuristes. Elles donnent pourtant de bonnes fleurs coupées, un peu difficiles à arranger, cependant, du fait de leur grande taille. Leurs teintes conviennent tout à fait aux bouquets de l'automne, où elles apportent une note originale avec leurs épis dressés. Les tiges succulentes ont tendance à continuer à croître une fois coupées et elles se tordent, ce qui oblige parfois à recomposer le bouquet si l'on veut qu'il garde une forme particulière.

Coloris. Les épis de fleurs sont d'abord verts, lorsqu'ils apparaissent, puis virent au rouge. Il existe maintenant des hybrides dans les tons de crème et jaune, et crème et rose.
Préparation. Coupez les tiges en biseau et entaillez-les sur 5 cm avec un couteau bien aiguisé. Laissez-les dans l'eau fraîche plusieurs heures, avant de les arranger en bouquet.

BOULE-DE-NEIGE
Viburnum opulus

Les baies jaunes, translucides, qui apparaissent sur cet arbuste à l'automne sont aussi décoratives que les fleurs printanières, parfumées. Ces baies sont portées en petits bouquets sur des rameaux qui gardent leurs feuilles, même lorsqu'ils sont presque secs. C'est donc un matériau intéressant pour dessiner la toile de fond d'une composition fraîche ou séchée.

Coloris. Les baies peuvent être jaunes, rouges, dorées, ou bleues. Au printemps, les fleurs sont blanches, vertes, ou roses. Le feuillage est vert vif.
Préparation. Écorcez les tiges à la base et coupez-les en biseau. Entaillez-les sur 5 cm et trempez leur extrémité quelques instants dans de l'eau bouillante. Laissez-les ensuite dans de l'eau fraîche pour la nuit, avant de les arranger.

Leucospermum nutans

Ces fleurs spectaculaires font partie de la famille des protées, et sont importées d'Afrique du Sud. Les inflorescences arrondies sont couvertes d'épines jaunes terminées par des pointes globuleuses rouges. Placez quelques fleurs dans une composition de fleurs fraîches ou séchées, pour attirer l'œil.

Coloris. Jaune-rouge.
Préparation. Coupez les tiges en biseau et entaillez-les sur 5 cm avec un couteau bien aiguisé. Plongez-les dans de l'eau fraîche avant de les disposer dans beaucoup d'eau.

Kniphofia

Autres fleurs d'automne

Anémone du Japon	Valériane rouge
Clématite	Amour en cage
Hortensia	Érigéron
Souci	Sédum
Statice	Myosotis
Phlox	Hibiscus
Cotoneaster	Verveine
Crocus d'automne	Scabieuse
Chrysanthème	Aconit
Arbousier	Cosmos

• GUIDE DES FLEURS COUPÉES •

Fleurs et fruits d'hiver

Les plantes à feuillage persistant prennent toute leur importance en hiver, donnant quantité de feuillage à texture intéressante ainsi que des fruits colorés. Le terme de persistant couvre une multitude de teintes de feuillage — dont des panachés — et de textures. De quoi faire des arrangements colorés durant tout l'hiver.
Vers la fin de l'hiver, nombre d'arbustes à feuilles caduques se couvrent de fleurs aux teintes pâles, souvent parfumées, et dont le parfum se dégage pleinement lorsqu'on coupe les branches pour les laisser s'épanouir à la chaleur. Les camélias fleurissent alors en rose et blanc.
Les perce-neige font leur apparition également, suivis de quelques crocus, des éranthes et des premiers narcisses. Le choix des fleurs est étoffé par les plantes forcées sous serre : anémones, lilas, œillets, roses et orchidées importées, que vous trouverez chez votre fleuriste. Pour éviter trop de dépenses, basez vos arrangements sur les feuillages des arbustes persistants et les branches dénudées de forme décorative.
Vous verrez que certaines d'entre elles donnent soudain des feuilles, une fois placées à la température de la maison.

HOUX
Ilex aquifolium

Les feuilles brillantes, vert foncé, à bord crénelé et épineux du houx, avec leurs bouquets de baies rouges, sont un aspect typique de l'hiver, dans les jardins comme chez les fleuristes. Le houx peut former un buisson ou un arbre et est aussi coloré dans le jardin que dans la maison. On l'utilise traditionnellement pour les décorations de Noël, couronnes et guirlandes, mais il peut aussi constituer l'arrière-plan d'un bouquet de fleurs rouge foncé.

Coloris. Les feuilles sont vert foncé ou panachées de crème. Les baies peuvent être rouges, orangées ou jaunes.
Préparation. Utilisez un sécateur pour couper les branches. Le houx tient plus longtemps s'il n'est pas dans l'eau.

Houx

Mimosa

MIMOSA
Acacia longifolia

Cet arbuste d'allure délicate est proche du mimosa à floraison printanière. Il s'en distingue cependant par des feuilles non divisées, gris-vert, et un port retombant, comme le saule. Les fleurs délicieusement parfumées offrent un joli contraste avec le feuillage, et ces rameaux sont les bienvenus dans les compositions hivernales.

Coloris. Fleurs en petites boules jaunes et feuillage gris-vert.
Préparation. Laissez les rameaux dans leur emballage spécial le plus longtemps possible avant de les arranger, pour ne pas laisser pénétrer l'air. Juste avant de faire le bouquet, plongez les fleurs quelques instants dans l'eau froide. Coupez les tiges en biseau et entaillez-les sur 5 cm avec un couteau bien aiguisé. Plongez-les quelques secondes dans de l'eau bouillante, puis laissez-les dans de l'eau chaude jusqu'à ce que les fleurs soient sèches.

ANÉMONE DE CAEN
Anemone coronaria hybrides

Ces jolies fleurs existent dans différentes tailles et formes, mais celles représentées ici sont les plus courantes. Ces fleurs fragiles sont composées non de pétales, mais de sépales (ceux-ci sont généralement verts et entourent la fleur) qui forment une coupe largement évasée autour d'un disque central bleu foncé.

Au jardin, on peut cultiver différentes espèces d'anémones fleurissant au printemps, en été ou en automne, mais on en trouve toute l'année chez les fleuristes. Bien qu'on puisse les associer à d'autres fleurs, c'est en général seules qu'elles sont les plus belles, dans un vase en verre. Liez-les, car les tiges ont tendance à ployer inélégamment.

Coloris. Rouge, bleu, mauve, rose, blanc, jaune, magenta et écarlate. Certaines variétés ont un anneau coloré entourant le disque central.
Préparation. Coupez les tiges en biseau et entaillez-les sur 5 cm avec un couteau bien aiguisé. Plongez l'extrémité des tiges quelques secondes dans de l'eau bouillante, puis laissez-les plusieurs heures dans de l'eau fraîche avant de les arranger.

Anémones Variétés colorées

ORNITHOGALE
Ornithogalum thyrsoides

Importées en hiver, ces fleurs élargissent la gamme des matériaux utilisables à cette saison. Les fleurs serrées les unes contre les autres s'ouvrent à partir de la base de la tige, et l'épi est rapidement couvert de petites fleurs blanches en étoile. Associez-les, par exemple, à des rameaux de houx ou de cotoneaster portant des baies à l'époque de Noël.

Coloris. Blanc.
Préparation. Ces ornithogales sont parfois vendues avec leurs tiges scellées à la cire. Recoupez alors les extrémités et entaillez-les sur 5 cm avec un couteau bien aiguisé. Plongez-les dans un grand volume d'eau chaude, puis dans de l'eau fraîche pour plusieurs jours, le temps que les fleurs s'ouvrent.

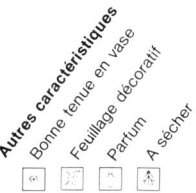

• FLEURS ET FRUITS D'HIVER •

Cotoneaster

Orchidée

ORCHIDÉE
Dendrobium sp.

Ces fleurs exotiques sont généralement importées d'Asie. Il en existe de différentes tailles et formes, toutes avec une « lèvre » caractéristique entourée des sépales et des pétales. Il faut pouvoir admirer ces fleurs de près, aussi arrangez-les très simplement, seules ou avec quelques tiges nues, rouges, de cornouiller, et placez-les bien en vue.

Coloris. Rouge, orange, jaune, blanc et pourpre. Les fleurs portent souvent des motifs d'une autre couleur.
Préparation. Lorsqu'on les achète, la tige des orchidées est en général insérée dans un petit tube rempli d'eau. Vous pouvez les y laisser, si vous changez l'eau tous les deux ou trois jours.

JASMIN A FLORAISON HIVERNALE
Jasminum nudiflorum

Cet arbuste est facile à cultiver, et on le trouve également en branches chez les fleuristes. En été, ce buisson est couvert de feuilles vert foncé, mais, durant l'hiver, c'est de jolies fleurs jaunes, tubulaires qu'il se pare. Disposez quelques rameaux dans un vase en poterie, ou bien mêlez-les à des narcisses.

Coloris. Jaune.
Préparation. Coupez les tiges en biseau et entaillez-les sur 5 cm avec un couteau bien aiguisé. Elles ne demandent pas d'autre traitement avant d'être mises en vase.

CHRYSANTHÈME
Chrysanthemum hybrides

A une saison où les fleurs très colorées se font rares, les chrysanthèmes sont particulièrement précieux pour les bouquets de l'hiver. Ils fleurissent à l'automne dans les jardins, mais sont forcés par les horticulteurs, ce qui permet d'en trouver tout au long de l'année. Il existe des chrysanthèmes uniflores ou multiflores, de différentes formes et tailles. Vous trouverez facilement une place pour les grosses fleurs au cœur de vos bouquets, tandis que les multiflores sont un peu plus difficiles à arranger. Groupez-les plutôt dans un grand vase, ou bien utilisez individuellement leurs fleurs pour des bouquets miniatures.

Coloris. Les chrysanthèmes existent dans toute une gamme de couleurs : rouge, orangé, rouille, rose, blanc, jaune, vert tilleul, pêche et crème. Les variétés à fleurs de marguerite ont souvent un disque central d'une autre couleur.
Préparation. Coupez les tiges en biseau et entaillez-les sur 5 cm avec un couteau bien aiguisé. Trempez l'extrémité dans de l'eau bouillante quelques secondes, puis immergez toute la tige dans de l'eau fraîche et laissez-la quelques heures avant de faire le bouquet dans beaucoup d'eau.

COTONEASTER
Cotoneaster « Cornubius »

Les feuilles vert foncé, lancéolées de cet arbuste à feuillage persistant ont des nervures marquées et une texture mate très décorative. Il porte des baies rouges groupées en bouquets. Décorez la table de petits rameaux, ou bien associez le cotoneaster à du houx dans des couronnes ou des guirlandes pour Noël. Il peut également servir de fond à un grand arrangement.

Coloris. Feuilles vert foncé, baies rouges en hiver, fleurs crème en été.
Préparation. Coupez les tiges en biseau et entaillez-les sur 5 cm avec un couteau bien aiguisé. Laissez les tiges plusieurs heures dans l'eau fraîche avant de les arranger.

ÉRANTHE, ACONIT D'HIVER
Eranthis hyemalis

Ces fleurs ravissantes apparaissent dans les jardins en février. De teinte jaune, elles ressemblent un peu au bouton-d'or et sont entourées de sépales vert tendre. Faites-en un bouquet miniature avec leur propre feuillage.

Coloris. Jaune.
Préparation. Coupez les tiges en biseau et entaillez-les légèrement avec un couteau bien aiguisé. Arrangez-les dans l'eau fraîche.

Autres fleurs d'hiver

Perce-neige	Mahonia
Hellébore	Linaire
Cymbidium	Cyclamen
Chionodoxa	Scille
Violette odorante	Andromède du Japon
Camélia	Hépatique
Hamamélis	Jacinthe
Muscari	Nivéole
Skimmia	Rose de Carême
Buisson-ardent	Bruyère
Épine-vinette	Symphorine

Chrysanthèmes

Chrysanthème tokyo

Chrysanthèmes à fleurs simples

• GUIDE DES FLEURS COUPÉES •

Feuillages 1

Dans les compositions florales, le feuillage tient une place aussi importante que les fleurs elles-mêmes. Feuilles et rameaux peuvent servir à composer un arrière-plan ou à étoffer un bouquet mixte, ou encore à préparer un arrangement décoratif uniquement à base de feuillage. Si le choix de feuillage est souvent limité chez les fleuristes, jardins et bois regorgent de feuilles, dans une palette étonnamment variée de teintes, de formes et de textures, qui permettent de varier les compositions. Les feuilles d'un vert uni vont du vert sombre du pittosporum au vert pomme des feuilles d'hosta. Mais les feuilles peuvent être panachées de blanc, crème ou jaune ; elles peuvent aussi être entièrement colorées, comme les feuilles jaune d'or du fusain, ou bordées de blanc, comme celles du houx panaché. Les feuillages gris et argentés se marient particulièrement bien aux fleurs jaunes ou roses, et peuvent aussi composer un bouquet à eux seuls, avec différentes textures groupées dans un arrangement monochromatique. On associe généralement les feuilles rouges et bronze à l'automne, mais certains feuillages ont cette teinte toute l'année. Lorsque vous composez un bouquet, essayez de bien mettre en relief les lignes naturelles des feuilles et des rameaux. Utilisez les rameaux dressés pour tracer les axes, les fougères aux frondes arquées pour dessiner des courbes, et les feuilles aux contours entiers, comme celles des hostas ou des bergenias, dans des bouquets modernes, aux formes sobres. Les compositions de feuillage uniquement peuvent être tout aussi décoratives que celles à base de fleurs coupées.

Pour préparer les feuillages destinés aux bouquets, la première chose à faire est de les plonger dans l'eau — toute la nuit pour les feuilles adultes, deux heures environ pour les jeunes feuilles. Ne faites pas tremper les feuillages gris ou argentés, qui ont tendance à se saturer d'eau. Lavez les feuillages persistants avec une solution contenant un détergent doux, pour leur redonner leur brillant. Toutes les feuilles peuvent être pressées. Les fiches individuelles indiquent en outre les feuillages qui peuvent sécher à l'air ou avec une solution glycérinée.

FEUILLAGES VERTS

VIORNE
Viburnum rhytidophyllum

Ces feuilles vert foncé ont une texture caractéristique, à nervures très marquées à la face supérieure. Elles se marient bien aux pensées et aux dahlias rouges ou blancs, et peuvent être utilisées dans une composition de feuillages seuls, pour leur texture originale. Ces feuilles persistantes sèchent bien à l'air ou avec la méthode de la glycérine.

POLYSTIC
Polystichum setiferum

Les frondes de cette belle fougère ont une texture douce et une teinte vert vif. Finement divisées et joliment arquées, elles mettent bien en valeur les fleurs coupées qui les accompagnent. Vous pouvez aussi les associer à du bois mort dans une composition moderne. C'est un feuillage persistant, qui ne sèche pas bien.

MAGNOLIA
Magnolia grandiflora

Les feuilles vertes et brillantes de ce magnolia sont coriaces, avec une face inférieure feutrée, de teinte rouille. Elles peuvent constituer l'arrière-plan d'un bouquet de fleurs rouge foncé. Ces feuilles persistantes ne sèchent pas bien.

HOSTA
Hosta sp.

Les hostas ont de grandes et larges feuilles vert vif. Leur texture cannelée et brillante, leur taille conviennent tout à fait aux compositions modernes. Elles s'harmonisent également avec les grandes fleurs, comme lis et pavots. C'est au printemps que ces feuilles sont les plus belles.

COTONEASTER
Cotoneaster horizontalis

Les feuilles minuscules, délicates, vert foncé du cotoneaster sont disposées sur des tiges raides. Elles sont brillantes à la face supérieure, grises et duveteuses à la face inférieure. Les longs rameaux fins couverts de feuilles permettent de dessiner les contours d'un arrangement. Les petites feuilles peuvent aussi équilibrer, par leur apparence délicate, des éléments plus grands. Elles sont persistantes, mais virent au rouge à l'automne. Elles peuvent être séchées à l'air ou à la glycérine.

Aralia chinensis

Les feuilles ovales de cette espèce sont d'un vert soutenu, mais il existe aussi une variété à feuillage jaune et vert. Les nombreuses folioles de chaque rameau en font un matériau intéressant pour étoffer les bouquets de toutes sortes. Ce sont des feuilles caduques, qui peuvent sécher à l'air.

SAXIFRAGE DE SIBÉRIE
Bergenia sp.

Les grandes feuilles vert foncé du bergenia ont une texture douce et brillante, avec des nervures marquées. Elles attirent l'œil dans une composition et conviennent tout particulièrement aux arrangements modernes de grande taille. C'est en hiver que ces feuilles sont les plus belles.

PITTOSPORUM
Pittosporum tobira

Ces jolies feuilles ovales, élargies au bout, sont d'un vert brillant, avec une nervure centrale proéminente. Leur texture épaisse, coriace contraste bien avec des feuilles pubescentes ou gaufrées. Avec ses petites feuilles, le pittosporum offre un bel arrière-plan aux fleurs coupées. C'est un arbuste à feuillage persistant, qu'on peut utiliser toute l'année.

Feuillage vert 1 Viorne **2** Polystic **3** Magnolia **4** Hosta **5** Cotoneaster **6** *Aralia chinensis* **7** Saxifrage de Sibérie **8** Pittosporum

• FEUILLAGES •

FEUILLAGES VERT ET JAUNE

CHÈVREFEUILLE
Lonicera nitida « Baggesen's Gold »

Les rameaux dressés portent des rangées de minuscules feuilles doré et vert pâle. Cette forme buissonnante de chèvrefeuille peut servir à tracer les axes d'une composition ou comme matériau de remplissage, et se marie particulièrement bien avec des roses jaunes. Ce feuillage persistant peut être utilisé frais ou séché à l'air, à n'importe quelle saison.

CATALPA
Catalpa bignonioides

Avec ses grandes feuilles en cœur, jaune-vert pâle, cette plante est précieuse pour les grands arrangements, bien qu'elle dégage une odeur âcre quand on froisse les feuilles. Cet arbre produit de longues gousses à l'automne. C'est en été que ses feuilles sont les plus belles ; elles ne sèchent pas bien.

TROÈNE
Ligustrum ovalifolium « Aureum »

Cette variété de troène a des feuilles vert pâle largement bordées de jaune. D'autres variétés sont vertes ou blanc et vert. Les feuilles ont une texture douce. Elles sont persistantes et portées par des branches ramifiées. Utiles pour de nombreux bouquets, elles ne sèchent cependant pas bien.

SUREAU
Sambucus racemosa « Plumosa Aurea »

Ces feuilles originales, vert et jaune d'or, ont des bords très découpés. Les rameaux feuillés permettent d'adoucir les lignes des grands arrangements. Le sureau produit des baies à l'automne, mais il vaut mieux utiliser ses feuilles au printemps ou en été. Ne sèchent pas bien, mais sont précieuses pour les bouquets frais.

ÉRABLE DU JAPON
Acer japonicum « Aureum »

Des bords très découpés donnent à ces feuilles une forme élégante. Leur teinte fraîche et leur disposition originale en éventail sont à mettre en valeur dans une composition de feuillage, simple de préférence. Les feuilles jaunes prennent à l'automne une belle teinte cramoisie. Ces feuilles sont également très jolies pressées.

FUSAIN DU JAPON
Euonymus japonicus « Ovatus Aureus »

Ces petites feuilles sont jaune d'or ou vert tilleul et ont une texture légèrement luisante. Les rameaux à feuillage dense permettent d'étoffer un bouquet de petites fleurs jaunes, par exemple. C'est un feuillage persistant qui ne sèche pas bien.

ROBINIER FAUX ACACIA
Robinia pseudoacacia

Les feuilles de cet arbre sont d'abord jaune d'or, puis virent au jaune-vert pâle en été. La variété « Frisia » a des feuilles jaune doré toute la saison. Les folioles sont disposées en paires régulières sur de fins rameaux. Arrangez ces feuilles de façon à mettre en valeur leur texture et leur forme naturelle en éventail.

SERINGA
Philadelphus coronarius « Aureus »

Le jeune feuillage de cet arbuste est tout d'abord jaune doré vif, puis vire au vert foncé avec le temps. Les feuilles arrondies sont pointues au bout et irrégulièrement dentées. C'est au printemps qu'elles sont les plus belles. Associez-les à de grandes fleurs.

• GUIDE DES FLEURS COUPÉES •

Feuillages 2

FEUILLAGES VERT ET BLANC

CORNOUILLER
Cornus alba « Elegantissima »

Ce feuillage vert moyen est irrégulièrement bordé de blanc, tandis que les tiges sont rouges. Les variétés à feuillage vert uni tournent souvent au rouge ou à l'orangé à l'automne. Toutes apportent des notes de couleurs dans les bouquets mixtes ou les compositions de feuillage, se mariant particulièrement bien avec les fleurs blanches. C'est en automne que ces feuilles sont les plus belles, mais elles ne sèchent pas bien.

SUREAU NOIR
Sambucus nigra « Albo-variegata »

Ces feuilles vert foncé, allongées et pointues, sont bordées de jaune très pâle. Elles dégagent une odeur désagréable lorsqu'on les froisse, mais offrent une toile de fond idéale à un bouquet de fleurs jaunes. C'est au printemps et en été qu'elles sont les plus belles, mais elles ne sèchent pas bien.

TROÈNE COMMUN
Ligustrum vulgare « Aureo-variegatum »

Ces longues feuilles, fines et élégantes, sont serrées sur des rameaux fins. Les jeunes feuilles sont plus marquées de jaune que de blanc, ce qui offre un joli dégradé sur une même tige. Ce feuillage persistant sèche bien à l'air.

HOUX
Ilex aquifolium « Golden Queen »

Ces feuilles vert foncé, épineuses, sont bordées de blanc ou d'argenté. C'est un feuillage traditionnellement utilisé pour réaliser les décorations de Noël, couronnes et guirlandes. Vous pouvez aussi l'associer à des hellébores, des œillets rouges ou blancs, ou encore du lierre. Il dure plus longtemps s'il ne trempe pas dans l'eau et sèche bien à l'air.

GRANDE PERVENCHE
Vinca major « Variegata »

Ces feuilles de forme ovale sont vert moyen, bordées de blanc. Elles sont disposées par paires sur de longues tiges arquées rampantes ou retombantes. Faites-les retomber d'un bouquet placé en hauteur.

LIERRE
Hedera helix

Ces petites feuilles en cœur sont vert moyen, irrégulièrement bordées de blanc. C'est une plante grimpante à feuillage persistant, mais qui peut être utilisée pour s'entremêler à d'autres fleurs ou feuillages dans un bouquet. Le lierre contraste joliment avec des perce-neige ou des chatons d'arbres dans un arrangement hivernal, ou encore avec des freesias ou des digitales dans des tons de jaune. Ces feuilles peuvent sécher dans une solution de glycérine.

Feuillages vert et blanc

Cornouiller — Sureau noir — Grande pervenche — Lierre — Troène doré — Lierre des Canaries — Troène commun — Houx — Hosta panaché — Pittosporum

• FEUILLAGES •

LIERRE DES CANARIES
Hedera canariensis « Variegata »

Ces grandes feuilles un peu coriaces sont vert foncé bordées de blanc, en forme de cœur. Disposées sur des tiges rougeâtres, elles font bel effet dans les bouquets de grandes fleurs, notamment avec des narcisses ou des gerberas jaunes. Des tiges entières peuvent retomber d'un vase haut. Ces feuilles sèchent bien dans une solution de glycérine.

HOSTA PANACHÉ
Hosta sp.

Ces grandes feuilles larges ont une bordure irrégulière jaune pâle. Par leur texture gaufrée et luisante, leur grande taille, elles conviennent tout à fait aux arrangements modernes. Elles s'harmonisent également avec des grandes fleurs, comme des roses, ou avec des fougères dans une composition de feuillage. Utilisez-les de préférence au printemps.

PITTOSPORUM
Pittosporum tenuifolium « Garnettii »

Ces feuilles vert pâle ont une bordure étroite, irrégulière, jaune pâle, et sont portées sur des tiges noires. Quelle que soit la saison, elles étoffent bien les bouquets. Ces feuilles peuvent également sécher dans une solution de glycérine.

TROÈNE DORÉ
Ligustrum ovalifolium « Albo-marginatum »

Ces feuilles brillantes, vert moyen, sont irrégulièrement bordées de blanc crème. Ce feuillage fourni est un bon matériau pour étoffer les compositions et s'associe bien à des feuillages verts, quelle que soit la saison.

SÉNEÇON
Senecio « Sunshine »

Ces petites fleurs ovales présentent deux teintes et deux textures différentes : vert foncé et légèrement coriaces à la face supérieure, elles sont vert pâle et duveteuses à la face inférieure. Elles s'intègrent bien dans les bouquets mixtes ou les compositions de feuillage. Essayez de mettre en valeur les deux aspects du feuillage. Bien qu'il soit persistant, c'est en hiver qu'il est le plus joli. Il ne sèche cependant pas bien.

SAULE BLANC
Salix alba

Ces feuilles sont vert foncé à la face supérieure, blanches et soyeuses à la face inférieure. Longues et étroites, elles sont disposées par paires sur des tiges ligneuses. Ces rameaux peuvent apporter une note douce dans un bouquet mixte ou une composition de feuillage. Cueillez-les plutôt en été. Les feuilles ne sèchent pas bien.

MOLÈNE
Verbascum sp.

Ces grandes feuilles gris pâle ont une texture douce et se marient bien avec d'autres feuillages du même type. Associez-les aussi à des fleurs de teinte pastel, rose pâle, bleu ou vert. Utilisez-les en été, quand elles sont les plus belles. Elles ne sèchent pas bien.

CINÉRAIRE MARITIME
Senecio maritima

Un fin duvet blanc couvre les deux faces des feuilles, leur donnant une texture douce et argentée. Ce feuillage très découpé convient aux petits bouquets. Associez-le, par exemple, à des roses anciennes ou des statices. Le feuillage est persistant, mais plus beau en été, et il ne sèche pas bien.

Helicotrichon sempervirens

Ces longues feuilles, fines et légèrement arquées, sont d'un bleu-gris intense. Elles attirent l'œil dans un bouquet et contrastent joliment avec des fleurs bleues, comme iris, delphiniums ou pieds-d'alouette, dans un arrangement de style moderne. Bien que persistantes, c'est en été qu'elles ont la plus belle apparence.

BALLOTE
Ballota pseudodictamnus

Les feuilles peu ordinaires de cette plante sont groupées sur de minces tiges dressées. En cœur et légèrement festonnées, elles sont de teinte gris laineux. Elles offrent une texture intéressante pour les bouquets, frais ou secs, composés de feuillages uniquement. Ces feuilles sont persistantes, particulièrement jolies au printemps et en été. Elles ne sèchent pas bien.

ARMOISE D'AMÉRIQUE
Artemisia « Douglasiana »

Ces feuilles linéaires, à face inférieure gris pâle et face supérieure légèrement plus sombre, forment de longs épis. Les tiges élancées permettent de dessiner les contours de toutes sortes de bouquets, par exemple en toile de fond de fleurs roses ou bleues, comme roses, pieds-d'alouette ou centaurées. Utilisez-les de préférence en été. Elles sèchent bien à l'air.

FEUILLAGES GRIS

EUCALYPTUS
Eucalyptus gunnii

Les jeunes feuilles caractéristiques de cette plante persistante entourent les fines tiges grises (les feuilles s'allongent en vieillissant). Leur teinte varie du bleu-vert au blanc argenté. L'eucalyptus se marie bien aux fleurs roses ou bleues, en un bouquet moderne, ou avec des graminées et des fougères, en un bouquet sec. Il est en outre délicatement parfumé. Ce feuillage peut être utilisé en toute saison, mais les jeunes feuilles sont les plus jolies. On peut les faire sécher dans une solution de glycérine.

Crambe maritima

Les feuilles de cette plante, larges, charnues et cassantes, de teinte glauque caractéristique, ressemblent à celles du chou. Elles ont un bord festonné à faire contraster avec des feuillages plus classiques, ou par exemple dans une composition de feuillages basée sur un jeu de différentes textures. Cueillez-les plutôt en été. Elles ne sèchent pas bien.

ARMOISE
Artemisia « Powis Castle »

Un rameau d'armoise ressemble à un arbre en miniature. Ses feuilles délicates, gris argenté, sont profondément divisées en filaments fins à texture soyeuse et offrent des contours originaux dans un petit bouquet. Ce sont des feuilles persistantes difficiles à faire sécher.

Feuillage gris 1 Eucalyptus 2 *Crambe maritima* 3 Armoise 4 Séneçon 5 Saule blanc 6 Molène 7 Cinéraire maritime 8 *Helicotrichon sempervirens* 9 Ballote 10 Armoise d'Amérique

• GUIDE DES FLEURS COUPÉES •

Feuillages 3

FEUILLAGES BRONZE

VIGNE D'ORNEMENT
Vitis vinifera « Purpurea »

Les feuilles rouge cramoisi de cette vigne virent au rouge bordeaux à l'automne. Il existe également des variétés à feuillage panaché rouge et vert. La forme large et découpée des feuilles est un caractère intéressant à mettre en valeur dans une composition. La vigne d'ornement est particulièrement précieuse pour les bouquets d'automne, se mariant bien aux fleurs jaunes et orangées et aux feuillages d'automne. Les feuilles ne sèchent pas bien.

HÊTRE POURPRE
Fagus sylvatica « Purpurea »

Les feuilles ovales, délicates de ce hêtre sont finement dentées et d'une belle teinte rouge cuivré. Elles se marient bien aux autres feuillages et peuvent former la toile de fond d'un grand bouquet ou s'associer à des fleurs rouges ou blanches. Utilisez les feuilles âgées, car les jeunes feuilles sont vertes. Elles sèchent bien dans une solution de glycérine.

ÉPINE-VINETTE
Berberis thunbergii « Atropurpurea »

De petites feuilles de teinte bronze sont groupées en bouquets sur de longues tiges effilées. Elles virent au rouge vif à l'automne, comme l'espèce qui est verte le reste de l'année. Ce feuillage permet de tracer les grandes lignes d'une composition. Associez-le, par exemple, à du bois sec et des cônes de pin en un arrangement moderne. Utilisez ce feuillage de préférence à l'automne. Il sèche bien à l'air.

LIN DE NOUVELLE-ZÉLANDE
Phormium tenax « Purpureum »

Ces feuilles en lanières, très pointues et coriaces, peuvent être rouges ou vertes, rayées de jaune chez certaines variétés. Elles peuvent atteindre 3 m de longueur, mais sont alors difficilement utilisables pour un bouquet ! Les jeunes feuilles, plus courtes, tracent des lignes élégantes dans une composition. Elles ont de belles teintes toute l'année, mais ne sèchent pas bien. Vous pouvez cependant les utiliser dans un bouquet sec éphémère.

ÉRABLE PLANE
Acer platanoides « Goldsworth Purple »

Mis à part cette variété à feuillage pourpre-cramoisi soutenu, il existe des variétés à feuilles bordées de blanc, vert pâle ou rouge. L'élégant découpage des feuilles convient aux grands bouquets, qu'elles peuvent étoffer, se mariant bien, par exemple, à des tulipes jaunes ou des chrysanthèmes. C'est en automne qu'elles sont les plus belles. Elles peuvent sécher dans une solution de glycérine.

SUMAC
Cotinus coggygria

Ces feuilles elliptiques sont groupées en bouquets denses. Elles sont vertes, veinées de rouge et virent au rouge bronze à l'automne. Les fleurs délicates émergent de ces bouquets de feuilles, en inflorescences aériennes et plumeuses que l'on peut mettre en valeur dans des compositions de style japonais. Elles se marient bien aux fleurs orangées également. Préférez le feuillage d'automne, qui ne sèche cependant pas bien.

NOISETIER POURPRE
Corylus maxima « Atropurpurea »

Ces grandes feuilles arrondies sont portées par de fins rameaux arqués et sont de teinte pourpre foncé. C'est un feuillage intéressant pour les grandes compositions, à associer, par exemple, à de grandes fleurs rondes rouges, mauves ou pourpres. Préférez le feuillage d'automne, généralement difficile à sécher cependant.

ORPIN
Sedum maximum « Atropurpureum »

Ces feuilles vert et rouge, charnues, contrastent avec des bouquets de fleurs minuscules dans les mêmes tons. Elles apportent une note originale, par leur texture, dans les compositions de fleurs fraîches ou séchées de teintes automnales. Cueillez-les en fin d'été. Elles sèchent bien à l'air.

Feuillages bronze

Vigne d'ornement — Hêtre pourpre — Épine-vinette — Lin de Nouvelle-Zélande — Sumac — Noisetier pourpre — Orpin — Érable plane

GUIDE DES FLEURS SÉCHÉES

Les fleurs séchées gardent leur charme au long des saisons, offrant une palette attrayante de teintes pâles ou vives, de formes douces ou découpées.
Les fleurs ne sont pas le seul matériau à faire sécher ; il y en a bien d'autres, pour accroître la diversité des formes, des teintes et des textures. Ainsi, les tons neutres des graminées séchées feront bien ressortir les fleurs plus vives. Les feuillages d'automne très colorés peuvent s'associer aux fleurs et graminées séchées, tandis que les fruits de toutes sortes, exotiques ou non, offrent des formes et des textures nouvelles.
Vous trouverez dans les pages suivantes une sélection de fleurs (classées par couleurs), de feuillages, de graminées et de fruits séchés qui vous permettront de composer des bouquets aussi décoratifs que durables. Vous trouverez également des conseils sur la façon d'utiliser ces différents végétaux et, pour chacun, la meilleure façon de le faire sécher.

• GUIDE DES FLEURS SÉCHÉES •

Fleurs séchées 1
Jaunes et blancs

Cette gamme de teintes, du ton neutre blanc verdâtre au blanc pur brillant et aux jaunes éclatants, apporte lumière et fraîcheur à n'importe quel bouquet sec. Ces nuances se marient bien aux autres couleurs et peuvent rappeler le soleil de l'été, lorsqu'elles sont associées à d'autres fleurs de couleur vive, ou les tons doux de l'automne, lorsqu'elles ont pour compagnes des fleurs, feuilles et graminées orangées et brunes. Ces teintes ressortent particulièrement bien dans des vanneries, des pots en terre cuite ou du verre dépoli.

Méthodes de séchage : Air, Glycérine, Gel de silice/borax, Presse

ALCHÉMILLE
Alchemilla mollis
Ces fleurs délicates, jaune verdâtre, se marient bien avec les graminées et les fruits de toutes sortes.

AMARANTHE
Amaranthus sp.
Intégrez ces épis verts dans des bouquets mixtes ou des compositions de feuillages.

CHRYSANTHÈME
Chrysanthemum hybrides
Une fois les pétales éliminés, le disque central des fleurs peut être teint de n'importe quelle couleur.

STATICE
Limonium sinuatum
Ces fleurs jaunes, blanches, pourpres, roses ou rouges sont très jolies groupées dans une jarre en poterie.

TANAISIE
Tanacetum vulgare
Ces petites fleurs serrées, jaune vif, apportent une touche de couleur dans les bouquets secs.

ACROLINIUM
Helipterum roseum
Ces fleurs blanches à cœur jaune apportent une touche de couleur délicate dans les petits bouquets et les couronnes.

IMMORTELLE
Helichrysum bracteatum
Ces fleurs ressemblant à des marguerites, jaunes, blanches, orange ou rouges, doivent être tigées avant le séchage.

ACROLINIUM
Acrolinium sanfordii
Ces petites fleurs jaune vif colorent les bouquets de l'hiver.

Anaphalis margaritacea
Des bouquets de petites fleurs blanc ivoire, qui peuvent être teints une fois secs.

Anthemis tinctoria
Ces belles fleurs jaunes peuvent aussi être teintes, par exemple à la bombe.

ACHILLÉE
Achillea filipendulina
Ces inflorescences aplaties jaunes ou blanches attirent le regard dans un bouquet.

GYPSO-PHILE
Gypsophila paniculata
Ces fleurs blanches ou roses sont souvent utilisées dans les bouquets secs et les guirlandes, mais peuvent aussi former de jolies touffes à elles seules.

• GUIDE DES FLEURS SÉCHÉES •

Fleurs séchées 2
Roses, rouges et orange

Les couleurs de ce groupe varient des roses pâles et délicats aux rouges profonds et aux orange éclatants. Les fleurs rouges sont peut-être celles qui retiennent le plus le regard, mais elles ont un effet plus nuancé lorsqu'elles sont associées à du brun, du jaune ou du bleu. Les tons de rose apportent une touche claire et délicate aux compositions de toutes sortes et sont bien mises en valeur lorsqu'ils contrastent avec du blanc et du vert. Les fleurs orangées sont, quant à elles, particulièrement éclatantes lorsqu'elles sont associées aux tons jaunes et rouges des feuillages d'automne.

ROSE
Rosa sp.
Groupez les roses dans des corbeilles ou de grands vases, pour créer une tache de couleur intense.

CARTHAME
Carthamus tinctorius
Ces fleurs rouge orangé et ces feuilles gris-vert sur des tiges dressées permettent de tracer les contours d'un bouquet.

IMMORTELLE
Helichrysum bracteatum
Ces fleurs rose orangé ressemblant aux marguerites doivent être tigées avant le séchage.

Limonium suworowii
Ces longs épis étroits couverts de fleurs rose ont une forme originale qui rehaussera vos bouquets.

CÉLOSIE
Celosia argentea « Cristata »
Ces minuscules fleurs, roses ou pourpres, à texture mousseuse, ne manquent pas d'attirer l'attention dans un gros bouquet.

AMOUR-EN-CAGE
Physalis alkekengi
Ces curieux fruits orange et verts, renflés, sont décoratifs à eux seuls, mais ils peuvent aussi s'intégrer dans une composition automnale mixte.

• FLEURS SÉCHÉES •

Méthodes de séchage
Air | Glycérine | Gel de silice/borax | Presse

-BOUTEILLES
emon citrinus
florescences
vif s'intègrent
ien dans les
ets mixtes que
es compositions
de feuillage.

STATICE
Limonium sinuatum
Ces fleurs jaunes, blanches, pourpres, roses ou rouges sont très jolies groupées dans une jarre en poterie.

ACROLINIUM
Helipterum roseum
Ces fleurs roses à cœur jaune apportent une touche de couleur délicate dans les petits bouquets et les couronnes.

AIL D'ORNEMENT
Allium sp.
Groupez ces inflorescences roses, bleues ou jaunes dans un vase haut.

PIED-D'ALOUETTE
Delphinium consolida
Ces fleurs roses, mauves, bleues ou blanches donnent de la hauteur aux bouquets de fleurs délicates, et conviennent également pour de petites couronnes.

AMARANTOÏDE VIOLETTE
Gomphrena globosa
Ces inflorescences délicates, ressemblant à celles du trèfle, doivent être tigées avant le séchage.

IMMORTELLE
Helichrysum bracteatum
Ces fleurs orange ressemblant à des marguerites doivent être tigées avant le séchage.

Arabis alpina « Rosea »
Ces petites fleurs roses peuvent être groupées dans un joli vase, ou encore intégrées dans des bouquets composés ou des couronnes de fleurs séchées.

EUPATOIRE A FEUILLES DE CHANVRE
Eupatorium purpureum
Ces petites fleurs roses viendront en appoint d'une composition assez importante.

• 233 •

• GUIDE DES FLEURS SÉCHÉES •

Fleurs séchées 3
Bleus et pourpres

Cette catégorie de fleurs séchées regroupe des teintes allant du bleu argenté pâle et froid aux tons chauds de mauve et de pourpre foncé. Certaines couleurs froides peuvent être stimulantes lorsqu'on les associe à des fleurs de couleurs complémentaires, jaune et orangé ; elles font bel effet aussi avec du blanc ou utilisées en dégradé. Les fleurs mauves et pourpres réchauffent une pièce si on les allie à des fleurs et feuillages dans les tons de rouge.

Méthodes de séchage : Air, Glycérine, Gel de silice/borax, Presse

DELPHINIUM
Delphinium grandiflorum
Placez quelques épis isolés pour donner de la hauteur à un bouquet.

LIATRIS
Liatris callilepsis
Ces longs épis de fleurs minuscules permettent de tracer les grandes lignes d'une composition.

PIED-D'ALOUETTE
Delphinium consolida
Ces fleurs bleues, mauves roses ou blanches donnent la hauteur aux bouquets de fleurs délicates, et conviennent également pour de petites couronnes.

HORTENSIA
Hydrangea macrophylla
Ces grosses inflorescences presque sphériques de fleurs bleues, blanches ou roses peuvent être utilisées pour réaliser couronnes et guirlandes, ou bien en association avec d'autres fleurs séchées dans un vase à large col.

ASTILBE
Astilbe japonica
Ces plumets légers vont bien avec les bouquets de fleurs ou de graminées. Leur feuillage décoratif peut être séché sous presse.

STATICE
Limonium sinuatum
Ces fleurs pourpres, rouges, jaunes, blanches ou roses sont très jolies groupées dans une jarre en poterie.

• FLEURS SÉCHÉES •

OSEILLE DES PRÉS
Rumex acetosa
Cette plante aux épis rouge pourpré permet d'étoffer un bouquet composé, mais peut aussi faire un bouquet à elle seule, dans une corbeille en osier, par exemple.

LAVANDE
Lavandula officinalis
Ces fleurs pourprées et parfumées peuvent composer de petits bouquets, des couronnes, des pots-pourris et des sachets parfumés.

BOULE BLEUE
Echinops ritro
Ces inflorescences sphériques bleues se marient à merveille aux fleurs jaunes.

IMMORTELLE ANNUELLE
Xeranthemum annuum
Liez en petits bouquets ces fleurs pourpres, lilas, blanches ou roses, pour les disposer dans vos compositions séchées.

PANICAUT DE MER
Eryngium maritimum
Ces inflorescences et tiges bleu argenté apportent une note originale dans un bouquet sec.

GAZON D'ESPAGNE
Armeria maritima
Ces inflorescences globuleuses rose argenté retiennent l'attention dans un bouquet composé.

AMARANTOÏDE VIOLETTE
Gomphrena globosa
Ces inflorescences délicates, ressemblant à celles du trèfle, doivent être tigées avant le séchage.

• 235 •

• GUIDE DES FLEURS SÉCHÉES •

Feuillages et graminées séchés

Feuillages et graminées jouent un rôle important dans la composition des bouquets secs. En effet, peu d'arrangements ne comprennent pas au moins un ou deux éléments de ce type, apportant de la diversité par leurs formes, leurs teintes ou leurs textures. Ils peuvent cependant faire plus que mettre en valeur des fleurs très colorées. Avec un peu d'imagination, on peut réaliser une composition très réussie, en n'utilisant que ce type de matériau.

Agrostis curtisii
Cette graminée gris-vert porte des inflorescences serrées, qui apportent un peu de légèreté dans toutes sortes de bouquets ou couronnes.

Lagurus ovatus
Encore une graminée délicate à associer à des fleurs ou des feuillages, des fruits séchés ou d'autres graminées.

AMOURETTE
Briza media
Ces inflorescences délicates, pendantes, apportent grâce et légèreté dans un petit bouquet.

MASSETTE
Typha latifolia
Cet épi long et très dense a sa place dans les grands arrangements. Ne le récoltez pas trop tard, sinon il éclatera en libérant des milliers de graines.

Platylobium angulare
Un type de feuillage original, qui peut servir de toile de fond à un bouquet de fleurs aux formes délicates.

GREVILLEA
Grevillea triternata
Ces belles feuilles, qui rappellent celles des fougères, ne manquent pas d'attirer l'œil dans un bouquet sec.

EUCALYPTUS
Eucalyptus sp.
Ces feuilles rouges ou brunes de forme peu courante apportent une touche de couleur intéressante dans les compositions de feuillages.

HERBE DE LA PAMPA
Cortaderia selloana
Une plante intéressante pour l'arrière-plan des grands arrangements, mais qui peut aussi faire beaucoup d'effet à elle seule, disposée dans un grand vase.

Méthodes de séchage
Air
Glycérine
Gel de silice/borax
Presse

• FEUILLAGES ET GRAMINÉES SÉCHÉS •

HÊTRE
Fagus sylvatica
Ce feuillage joliment coloré dessine un bel arrière-plan pour un arrangement de grande taille.

BROME
Bromus sp.
Cette graminée sauvage a une texture intéressante qui s'intègre dans toutes sortes de bouquets.

ORGE
Hordeum vulgare
Cette graminée cultivée convient à tous les bouquets séchés assez classiques, y apportant une touche originale.

AVOINE
Avena sp.
Cette graminée vert pâle se marie aussi bien à d'autres graminées qu'à des feuillages ou des fleurs séchés.

FOUGÈRE AIGLE
Pteridium aquilinum
Toutes les fougères rehaussent les compositions séchées de leur feuillage délicatement découpé.

Agrostis sp.
Cette graminée très claire apporte une note légère et aérienne aux compositions de feuillages et graminées séchés.

• GUIDE DES FLEURS SÉCHÉES •

Fruits séchés

Ne vous limitez pas aux fleurs et feuillages séchés pour composer vos bouquets secs ; les fruits de toutes sortes apportent leur contribution décorative également. Nombre de plantes ont des fruits ou des graines dissimulés dans des enveloppes très décoratives, qui ne sont révélés qu'une fois la floraison passée. Ils sont précieux dans les compositions séchées, car ils offrent des formes, textures et teintes inhabituelles. Les fruits peuvent être tigés pour être associés à un bouquet, ou placés au pied du vase pour compléter le tableau.

COLOQUINTE
Cucurbita pepo
Il en existe de nombreuses formes, teintes et textures. Ces coloquintes séchées peuvent être cirées ou vernies et groupées dans une coupe, seules ou avec de vrais fruits.

PAVOT
Papaver sp.
Il existe une grande variété dans la forme des gousses. Elles peuvent également être tigées pour former des couronnes.

PROTÉE
Protea sp.
Ces fruits conviennent aux grands arrangements. Vous pouvez aussi simplement grouper quelques tiges dans un panier ou une corbeille en vannerie.

COTON
Gossypium sp.
Ces touffes blanches et cotonneuses, originales, sont très décoratives dans les compositions de feuillages et graminées.

BANKSIA
Banksia menziesii
Ces curieux fruits brun foncé sont tout à fait à leur place dans les compositions modernes assez abstraites.

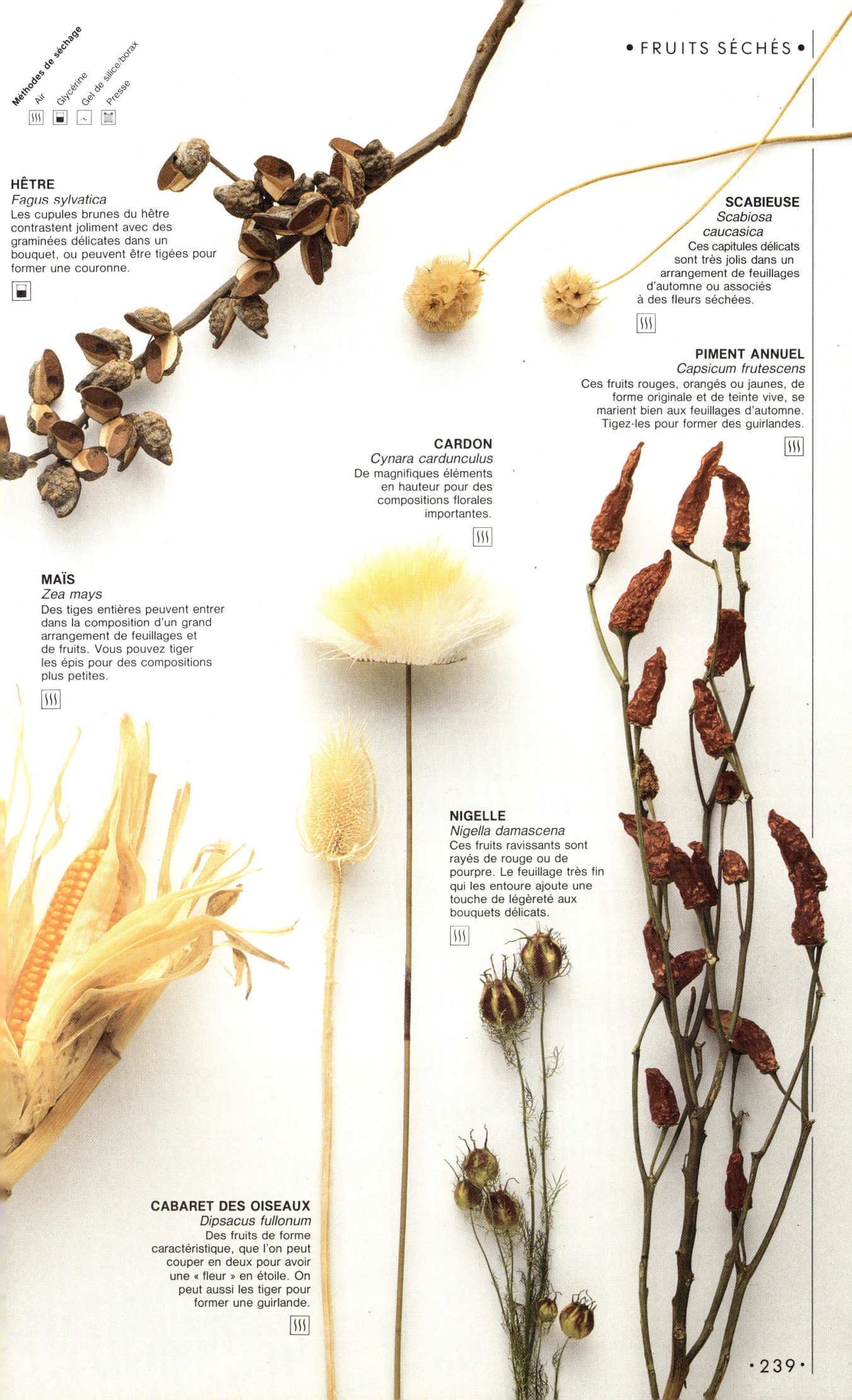

• FRUITS SÉCHÉS •

Méthodes de séchage
Air | Glycérine | Gel de silice/borax | Presse

HÊTRE
Fagus sylvatica
Les cupules brunes du hêtre contrastent joliment avec des graminées délicates dans un bouquet, ou peuvent être tigées pour former une couronne.

SCABIEUSE
Scabiosa caucasica
Ces capitules délicats sont très jolis dans un arrangement de feuillages d'automne ou associés à des fleurs séchées.

PIMENT ANNUEL
Capsicum frutescens
Ces fruits rouges, orangés ou jaunes, de forme originale et de teinte vive, se marient bien aux feuillages d'automne. Tigez-les pour former des guirlandes.

CARDON
Cynara cardunculus
De magnifiques éléments en hauteur pour des compositions florales importantes.

MAÏS
Zea mays
Des tiges entières peuvent entrer dans la composition d'un grand arrangement de feuillages et de fruits. Vous pouvez tiger les épis pour des compositions plus petites.

NIGELLE
Nigella damascena
Ces fruits ravissants sont rayés de rouge ou de pourpre. Le feuillage très fin qui les entoure ajoute une touche de légèreté aux bouquets délicats.

CABARET DES OISEAUX
Dipsacus fullonum
Des fruits de forme caractéristique, que l'on peut couper en deux pour avoir une « fleur » en étoile. On peut aussi les tiger pour former une guirlande.

·7·
ENTRETIEN DES PLANTES

A l'extérieur, les plantes sont le plus souvent capables de pourvoir à leurs besoins, ne demandant qu'occasionnellement des soins particuliers. Il en va tout autrement à l'intérieur, où les plantes ont besoin de nous pour tout ce qui concerne leur environnement : c'est nous qui décidons du taux de lumière et d'humidité, de la taille du pot qui conditionnera l'extension du système racinaire, de la température minimale en hiver.

On dit des personnes dont les plantes se développent sans problèmes qu'elles ont la main verte, ou tout au moins le pouce vert. Il est vrai que certaines personnes semblent percevoir intuitivement les moindres besoins des plantes, alors que d'autres vont d'échec en échec. Il n'y a cependant pas de mystère ou de don particulier pour l'entretien des plantes. N'importe qui peut arriver à de bons résultats, s'il est prêt à s'intéresser aux besoins de chaque plante et à s'en occuper régulièrement. N'oubliez jamais qu'il s'agit d'organismes vivants ; les sujets maladifs offrent un spectacle plutôt triste, comme un reproche de ne pas avoir su leur prodiguer les soins nécessaires. L'entretien des plantes peut être un passe-temps agréable et non une corvée, si vous choisissez bien les espèces.

Les qualités décoratives des plantes sont certes importantes, mais il faut aussi vous assurer qu'elles pourront s'épanouir dans les conditions d'environnement qui sont celles de votre maison, et que vous serez capable de leur prodiguer les soins nécessaires.

Le rempotage de vos plantes
Les opérations d'entretien ne sont pas nécessairement compliquées ni longues. Ainsi le rempotage, comme ici pour des géraniums citron (*Pelargonium crispum* « Variegatum »), est-il facile et rapide. Son succès est assuré pour peu que vous choisissiez bien la taille du pot et le type de mélange de rempotage.

• ENTRETIEN DES PLANTES •

Pour avoir des plantes en bonne santé

Les plantes que nous cultivons à l'intérieur viennent de régions tempérées, subtropicales ou tropicales, où les conditions d'environnement sont très différentes. Certaines sont, par exemple, exposées au soleil direct tandis que d'autres sont protégées des rayons brûlants du soleil tropical par les plantes voisines ou les arbres qui les surplombent, et que d'autres encore poussent dans l'ombre dense d'une forêt inextricable. Cette diversité des habitats naturels explique, bien sûr, que des plantes différentes demandent des conditions de culture différentes lorsqu'on les cultive dans les maisons.

Il convient cependant d'ajouter que la facilité d'adaptation à des conditions différentes est l'un des principaux critères de choix de la plupart de nos plantes d'appartement. La plupart des plantes craignent les brusques écarts de température, bien qu'une chute de température nocturne soit naturelle et convienne à beaucoup de plantes d'intérieur. En revanche, une température fraîche dans la journée (si le chauffage est éteint), puis beaucoup plus chaude le soir (avec le chauffage allumé) ne reflète pas les conditions existantes dans la nature, encore que de nombreuses plantes soient capables de s'y adapter. Certaines sont bien sûr plus tolérantes que d'autres.

On peut tirer beaucoup de plaisir et de satisfactions à cultiver et à soigner les plantes d'intérieur. Il n'est besoin ni de beaucoup de temps ni de beaucoup de savoir pour maintenir les plantes en bonne santé. Il suffit de faire preuve d'un peu de bon sens et de prêter attention aux besoins des différentes espèces. Pour s'épanouir, les plantes ont besoin d'une lumière suffisante, d'intensité adaptée et pendant un certain nombre d'heures, d'une température convenable et d'une humidité atmosphérique suffisante également. Il faut les arroser quand la terre commence à sécher ; certaines ont besoin d'une période de repos hivernal, avec un arrosage très parcimonieux, ce qui favorise la formation des boutons floraux. Il faut également leur fournir un mélange terreux spécifique, leur apporter de l'engrais, et enfin les rempoter quand les racines auront envahi le pot. Vous trouverez dans ce chapitre de nombreuses indications sur les besoins des plantes.

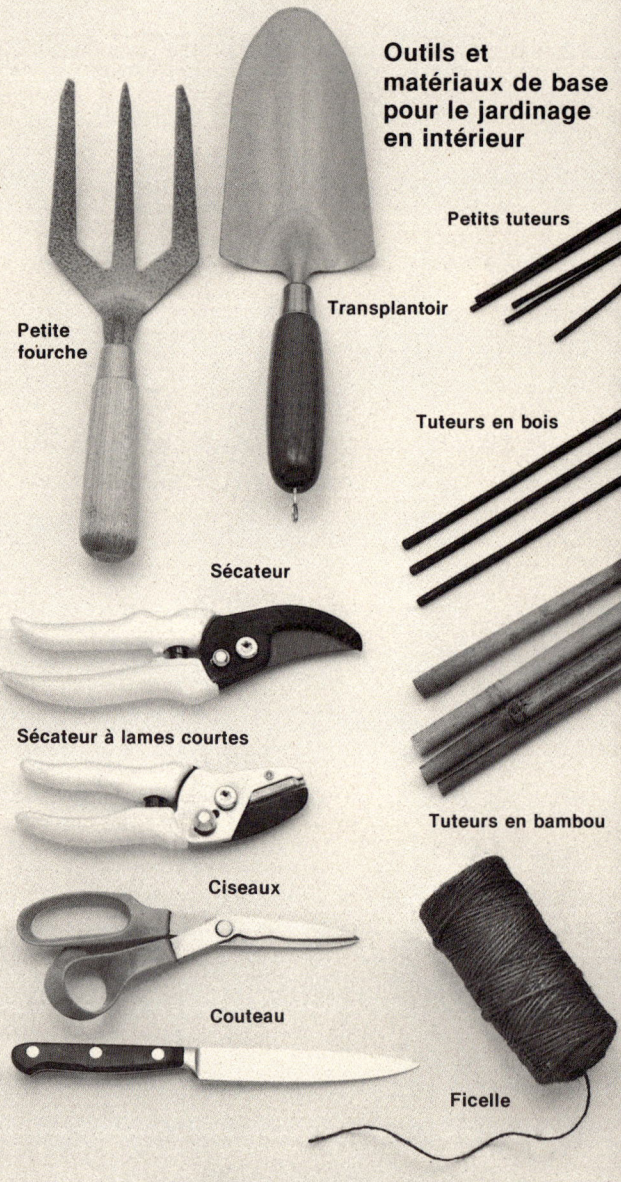

Outils et matériaux de base pour le jardinage en intérieur

Petits tuteurs
Petite fourche
Transplantoir
Tuteurs en bois
Sécateur
Sécateur à lames courtes
Tuteurs en bambou
Ciseaux
Couteau
Ficelle

Photosynthèse

C'est un processus qui a lieu dans les organes de la plante contenant un pigment vert, la chlorophylle, et qui utilise l'énergie lumineuse pour produire des glucides à partir d'eau et de dioxyde de carbone. Pendant les heures de jour, le dioxyde de carbone de l'air est absorbé au niveau des pores (stomates) des feuilles situés le plus souvent à la face inférieure. La photosynthèse est déclenchée par l'action de la lumière sur le pigment chlorophyllien présent dans les feuilles. L'énergie lumineuse est utilisée pour scinder les molécules d'eau en oxygène et hydrogène. L'hydrogène se combine ensuite avec le dioxyde de carbone (gaz carbonique) prélevé dans l'air pour former des hydrates de carbone ou glucides, des éléments nutritifs de la plante. Certains éléments minéraux sont nécessaires au déroulement de ces réactions chimiques complexes. Ils sont absorbés, avec l'eau, par les racines.

Les processus essentiels

La photosynthèse a lieu dans la journée, ou quand les organes verts de la plante sont exposés à la lumière. Ce schéma représente les flux de dioxyde de carbone, d'oxygène, d'eau et de substances minérales durant le déroulement de la photosynthèse. Celle-ci ne peut avoir lieu dans l'obscurité, les flux d'oxygène et de dioxyde de carbone sont alors inversés quand la plante respire.

Lumière
Dioxyde de carbone
Lumière et dioxyde de carbone pénètrent dans la plante par les faces inférieure et supérieure des feuilles
Oxygène
Vapeur d'eau
Oxygène et vapeur d'eau, produits résiduels de la photosynthèse, sont rejetés dans l'air.
L'eau et les éléments minéraux du mélange de rempotage sont absorbés par les racines et utilisés, lors de la photosynthèse, pour fabriquer des sucres, ou glucides.
Eau
Minéraux

• POUR AVOIR DES PLANTES EN BONNE SANTÉ •

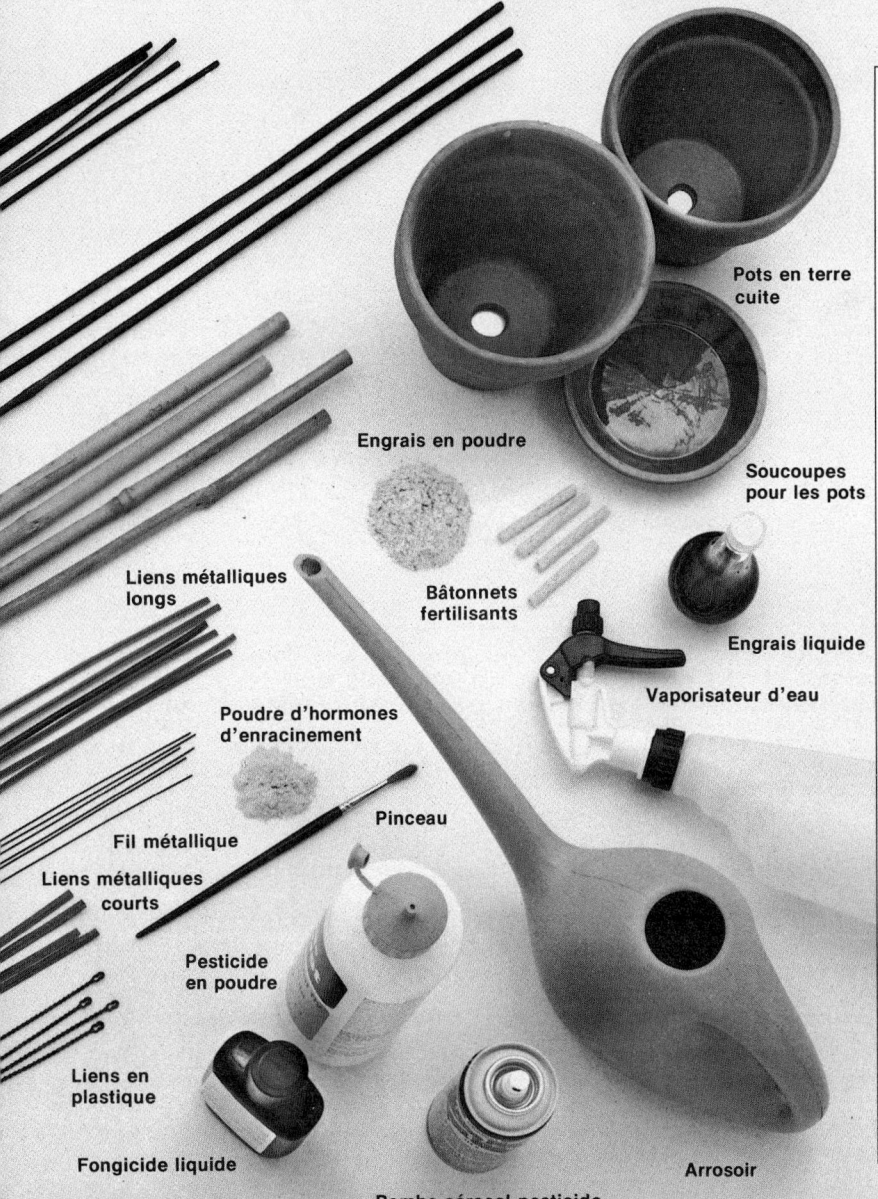

- Pots en terre cuite
- Engrais en poudre
- Soucoupes pour les pots
- Liens métalliques longs
- Bâtonnets fertilisants
- Engrais liquide
- Poudre d'hormones d'enracinement
- Vaporisateur d'eau
- Pinceau
- Fil métallique
- Liens métalliques courts
- Pesticide en poudre
- Liens en plastique
- Fongicide liquide
- Bombe aérosol pesticide
- Arrosoir

Signes de mauvaise santé

Croissance lente ou ralentie
Si les symptômes apparaissent l'été :
Arrosez-vous trop ? (p. 251)
Les apports d'engrais sont-ils suffisants ? (p. 252)
Faut-il rempoter la plante ? (p. 257)
Si les symptômes apparaissent l'hiver :
S'agit-il d'une période de repos naturelle ?

Flétrissement
Le mélange terreux est-il très sec ? (p. 251)
Arrosez-vous trop ? (p. 251)
La couche de drainage est-elle suffisante ? (p. 255)
La plante a-t-elle trop de soleil ? (p. 245)
La température est-elle trop élevée ? (p. 246)

Les feuilles tombent, le mélange est humide
Arrosez-vous trop ? (p. 251)
La couche de drainage est-elle suffisante ? (p. 255)

Extrémité des feuilles brune/taches sur les feuilles
Arrosez-vous trop ? (p. 251)
La plante est-elle trop exposée au soleil, ou trop près d'une source de chaleur ? (p. 246)
Le taux d'humidité est-il suffisant ? (p. 247)
La plante est-elle dans un courant d'air ? (p. 246)
Donnez-vous trop d'engrais ? (p. 252)
Avez-vous éclaboussé les feuilles en arrosant ? (p. 249)

Feuilles et fleurs tombent
Arrosez-vous trop ? (p. 251)
Arrosez-vous suffisamment ? (p. 251)
La température est-elle suffisante ? (p. 246)
La lumière est-elle suffisante ? (p. 245)
L'humidité est-elle suffisante ? (p. 247)

Les feuilles panachées virent au vert
La plante reçoit-elle assez de lumière ? (p. 245)

Pourrissement à l'aisselle des feuilles
Y a-t-il une petite poche d'eau à cet endroit ? (p. 249)

Les feuilles jaunissent
Si la croissance est ralentie :
Arrosez-vous trop ? (p. 251)
La plante a-t-elle assez de lumière ? (p. 245)
La température est-elle trop élevée ? (p. 246)
Les apports d'engrais sont-ils suffisants ? (p. 252)
La plante a-t-elle besoin d'être rempotée ? (p. 257)
Si les feuilles tombent :
Arrosez-vous trop ? (p. 251)
La plante est-elle dans un courant d'air ? (p. 246)
Le taux d'humidité n'est-il pas trop bas ? (p. 247)
La température n'est-elle pas trop basse ? (p. 246)

Adaptations des plantes

Feuilles fines, d'aspect délicat
Il s'agit en général de plantes issues des zones tropicales, où elles sont protégées des températures extrêmes, froides ou chaudes.

Feuilles coriaces ou cireuses
Il s'agit le plus souvent de plantes originaires de régions sèches ou chaudes. Elles stockent l'eau de façon plus efficace que les autres, limitant les pertes d'eau.

Épines ou poils laineux
Ce sont pour la plupart des plantes originaires de régions désertiques, aptes à résister à la chaleur du soleil ; les épines remplacent les feuilles et les tiges sont épaisses et succulentes.

• ENTRETIEN DES PLANTES •

Lumière

La lumière est indispensable à toutes les plantes. Si elle manque de lumière, la plante s'étiole, ses feuilles sont petites et pâles. La photosynthèse, déclenchée par l'action de la lumière sur le pigment vert chlorophyllien, est essentielle pour une croissance vigoureuse. Ce pigment est présent dans les feuilles vertes, mais aussi rouges, bronze, pourpres et grises ; l'autre couleur ne fait que couvrir le pigment vert. Les feuilles panachées sont cependant désavantagées du point de vue photosynthétique, car les zones jaunes, crème ou blanches ne contiennent pas de chlorophylle. Pour cette raison, les plantes à feuillage panaché ont généralement besoin d'une lumière plus vive pour que le feuillage soit bien contrasté.

Intensité lumineuse à l'intérieur
Dans leurs habitats naturels, les plantes se sont adaptées à des niveaux d'intensité lumineuse très différents. Dans la maison, il faut essayer d'approcher le plus possible des conditions optimales pour chaque espèce. Pour cela, il vous faut évaluer la quantité de lumière qui parvient aux différents coins de chaque pièce. Ce n'est pas facile, car l'œil humain ne sait pas bien mesurer l'intensité lumineuse. En effet, selon les intensités, il compense pour avoir une impression de luminosité homogène dans un certain volume. La seule façon vraiment fiable de mesurer l'intensité de la lumière est d'utiliser une cellule d'appareil photo, qui vous donnera une bonne indication de la luminosité. Vous serez sans doute surpris de la faible intensité lumineuse dans les maisons : derrière une fenêtre orientée au sud, les plantes ne reçoivent qu'environ la moitié de la lumière qu'elles auraient à l'extérieur, à cause de la réflection du verre. A un mètre à l'intérieur de la pièce, l'intensité lumineuse n'est déjà plus que des trois quarts de ce qu'elle est derrière la fenêtre. De nombreuses plantes d'intérieur sont cependant très tolérantes à cet égard, ce qui est l'une des principales raisons de leur succès dans nos maisons.

Longueur du jour
Outre l'intensité lumineuse, la durée d'éclairement, ou longueur du jour, est un autre facteur déterminant pour la quantité de lumière reçue par les plantes. La plupart des plantes ont besoin de 12 à 16 heures de lumière solaire pour une croissance active. On distingue deux catégories de plantes à feuillage décoratif : celles dont la croissance s'arrête en fin d'automne et qui ont besoin d'une période de repos hivernal, et celles qui continuent leur croissance en hiver. Les plantes originaires des tropiques reçoivent, dans leur habitat naturel, environ 12 heures de lumière par jour tout au long de l'année. Si elles reçoivent assez de lumière en hiver dans nos régions tempérées, elles poursuivent leur croissance en permanence, avec un éclairage artificiel complémentaire et dans une pièce chaude. Les plantes originaires de zones plus tempérées voient leur croissance stoppée (ou considérablement ralentie) avec le raccourcissement des jours en hiver.

En général, les plantes à fleurs demandent plus de lumière que les autres, pour que se déclenchent la formation et le développement des boutons floraux. Chez de nombreuses espèces, c'est la longueur du jour qui détermine la formation des fleurs. Les plantes se répartissent en deux groupes : celles de jours longs et celles de jours courts. Celles de jours longs fleurissent quand elles ont reçu plus de 12 heures de lumière par jour pendant une certaine période (peu importe qu'il s'agisse de lumière naturelle ou artificielle — la floraison des violettes du Cap peut être stimulée à n'importe quelle saison, avec un éclairage artificiel). Les

Intensité lumineuse et orientation
Les niveaux d'intensité lumineuse dans la maison, selon l'orientation. La zone blanche correspond à la plus forte luminosité, la plus foncée à la plus faible. Connaissant l'orientation de votre maison, vous pourrez déterminer où placer vos plantes pour qu'elles soient correctement éclairées.

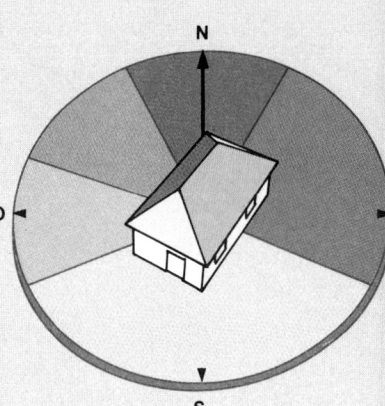

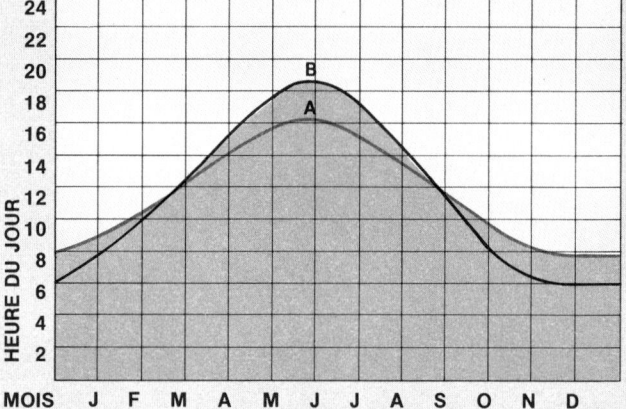

Intensité de la lumière du jour
Vers le nord (B), les plantes sont exposées plus longtemps en été à la lumière, mais celle-ci est moins intense que vers le sud (A). En outre, la luminosité est moindre en hiver.

plantes de jours courts fleurissent lorsqu'elles ont moins de 12 heures d'éclairement par jour sur un certain laps de temps. C'est le cas des poinsettias *(Euphorbia pulcherrima)*, chrysanthèmes *(Chrysanthemum* hybrides), azalées *(Rhododendron simsii)* et cactus de Noël *(Sclumbergera* sp.), qui fleurissent naturellement à l'automne. On trouve cependant toute l'année des chrysanthèmes fleuris dans le commerce, car les horticulteurs recréent des conditions de jours courts pour induire la floraison des plantes, en les couvrant chaque jour d'une bâche de polyéthylène noir pendant quelques heures. D'autres espèces ne manifestent pas de sensibilité particulière à la longueur du jour et fleurissent plus ou moins tout au long de l'année.

Comment les plantes recherchent la lumière
Toutes les plantes, mis à part celles à feuilles rigides, comme la langue-de-belle-mère *(Sansevieria* sp.), les palmiers et dracaenas, les broméliacées en rosette, tournent leurs feuilles vers la lumière. Les pièces à murs clairs ou blancs réfléchissent la lumière vers les plantes, tandis que ceux revêtus de teintes sombres absorbent la lumière et incitent les plantes à se tourner vers la fenêtre. Pour contrer cette tendance naturelle et maintenir une croissance dressée, bien équilibrée de vos plantes, tournez-les régulièrement.

Lumière nécessaire pour les différentes espèces
Dans le chapitre « Le choix des plantes », les besoins en lumière de chaque plante sont représentés par l'un des trois petits symboles suivants : soleil, soleil tamisé, ombre, présentés en détail page suivante.

• LUMIÈRE •

Soleil

Une situation ensoleillée correspond à un endroit qui reçoit le soleil direct tout ou partie de la journée. Les fenêtres orientées au sud ont le soleil la plus grande partie de la journée, celles à l'est plusieurs heures le matin, celles à l'ouest plusieurs heures l'après-midi. L'intensité de la lumière dépend de la latitude et de l'orientation de la pièce. Les pièces orientées au sud reçoivent une lumière plus intense, mais qui pénètre moins loin à l'intérieur en été que les pièces orientées à l'est ou l'ouest. A basses latitudes ou sur les côtes, du fait de la réflection de la mer, il faut généralement prévoir un ombrage pour une grande fenêtre ouvrant au sud en été, afin d'éviter que le mélange terreux ne sèche trop rapidement et que les feuilles ne soient brûlées. Cette lumière vive convient aux cactées du désert, aux plantes grasses de la savane, aux broméliacées à feuilles coriaces poussant en haut des arbres et à certaines plantes à fleurs aimant le soleil.

Soleil tamisé

Il s'agit de soleil direct, filtré par un rideau ou un store translucide ou encore tamisé par le feuillage d'un arbre ou l'ombre d'un bâtiment. C'est aussi à peu près l'intensité lumineuse que l'on trouve à 1 et 1,50 m d'une fenêtre recevant un éclairage direct du soleil tout ou partie de la journée. Bien qu'il ne s'agisse donc pas de soleil direct, la luminosité est encore élevée. On considère que le soleil tamisé a une intensité d'environ la moitié aux trois quarts de celle du soleil direct. Si vous avez des doutes sur la quantité de lumière requise par une plante, choisissez la lumière tamisée, car peu de plantes apprécient le soleil brûlant de l'été. En général, une lumière un peu trop faible est moins dommageable qu'un excès de lumière. Les palmiers, plantes de la forêt tropicale, les dracaenas, dragonniers *(Cordyline terminalis)*, faux aralias *(Dizygotheca elegantissima)*, et les broméliacées à feuilles moins coriaces, comme *Guzmania lingulata* et *Vriesea splendens*, préfèrent ce type d'éclairement, proche de celui de leur forêt d'origine.

Ombre

Cette exposition correspond à un endroit ne recevant pas directement ni indirectement la lumière du soleil, sans pour autant être peu éclairée. C'est le niveau d'éclairement que l'on trouve près d'une fenêtre orientée au nord, mais bien éclairée, mais aussi dans les coins d'ombre d'une pièce ensoleillée, par exemple près des murs latéraux, où la plante est hors d'atteinte des rayons directs du soleil, mais à environ 1,50 à 2 m d'une fenêtre ensoleillée. A cet emplacement, les plantes reçoivent environ le quart de la lumière d'une fenêtre en plein soleil. Cette quantité de lumière convient aux plantes poussant près du sol, ombragées par une jungle épaisse. La longueur du jour dans les jungles tropicales est cependant nettement plus longue que sous nos latitudes en hiver, aussi vous faudra-t-il peut-être rapprocher les plantes de la lumière en hiver, pour compenser. Une situation ombragée ne convient ni aux plantes à fleurs ni à celles à feuillage panaché. Sans soleil, celles-ci perdent des feuilles et celles qui restent sont peu ou pas panachées.

Niveaux d'intensité lumineuse dans une pièce

Niveaux d'éclairement dans une pièce dans l'hémisphère Nord, un jour d'été, quand le soleil n'est pas caché par des nuages. Sous les latitudes plus basses, la lumière est plus forte, mais pénètre moins loin dans la pièce. Évidemment, la quantité de lumière filtrant dans la pièce est aussi fonction du nombre et de la taille des ouvertures, de la présence de bâtiments ou d'arbres à proximité des fenêtres.

Les rideaux absorbent la lumière, diminuant l'intensité des deux côtés de la fenêtre.

Un store pour protéger les plantes, sur l'appui de fenêtre, du chaud soleil d'été.

Les fenêtres orientées à l'est ou à l'ouest sont bien éclairées toute la journée.

Fougère nid-d'oiseau *Asplenium nidus*

Les fenêtres orientées au sud reçoivent les rayons directs du soleil une grande partie de la journée.

Plante à ruban *Dracaena sanderana*

Yucca *Yucca elephantipes*

Lumière faible	Ombre	Soleil tamisé	Soleil
Un endroit éloigné de plus de 2 m d'une source de lumière. Quasiment aucune plante ne s'y plaira.	Une situation modérément éclairée, à 1,50-2 m d'une fenêtre ensoleillée, par exemple près d'un mur latéral ou près d'une fenêtre exposée au nord.	Une situation bien éclairée, à 1-1,50 m d'une fenêtre orientée au sud, à l'est ou à l'ouest, ou encore recevant le soleil direct, filtré par le feuillage d'un arbre ou par un rideau.	Un emplacement exposé à la lumière directe du soleil tout ou partie de la journée. L'intensité de l'éclairement dépend de la latitude.

• ENTRETIEN DES PLANTES •

Température et humidité

Température

Il existe, pour les plantes d'intérieur, une fourchette de températures optimale pour qu'elles s'épanouissent, mais elles tolèrent également une gamme de températures un peu plus large. Ainsi, la plupart de nos plantes d'appartement originaires des régions tropicales et subtropicales préfèrent-elles une température entre 15 et 21 °C. D'autres types de plantes — essentiellement des espèces à fleurs ou à feuillage persistant des zones tempérées — préfèrent une température plus fraîche, de l'ordre de 10 à 15 °C. Ce sont les deux fourchettes de températures décrites comme « chaude » et « fraîche » dans les microclimats du chapitre « Le choix des plantes ». Bien que ce soient les conditions qui conviennent le mieux aux plantes, celles-ci tolèrent généralement une température légèrement supérieure ou inférieure, au moins pour un certain temps.

Les plantes poussant naturellement dans des endroits frais croissent plus vite à température plus élevée. Certaines s'y adaptent bien, se développant cependant parfois trop si la pièce est petite ou encombrée, mais la période de floraison de certaines espèces à fleurs est très réduite lorsque la température est nettement supérieure à leurs besoins. Il est rare également que des plantes habituées à la chaleur se plaisent dans une atmosphère nettement plus fraîche.

En général, la température chute naturellement, la nuit, de 2 à 5 °C, et cet écart est souhaitable également à l'intérieur, mais des fluctuations de plus de 8 à 10 °C entre jour et nuit sont à éviter dans la maison.

Les bulbes à floraison hivernale ou printanière ont besoin d'une période de froid de 7 à 10 °C environ pour favoriser le développement des racines au détriment des tiges dans un premier temps. De nombreuses plantes d'intérieur ont également besoin d'une période de repos hivernal, notamment les espèces à feuillage persistant, loin de la chaleur artificielle de la plupart des pièces. Si possible, gardez-les dans une pièce qui reste fraîche plusieurs mois.

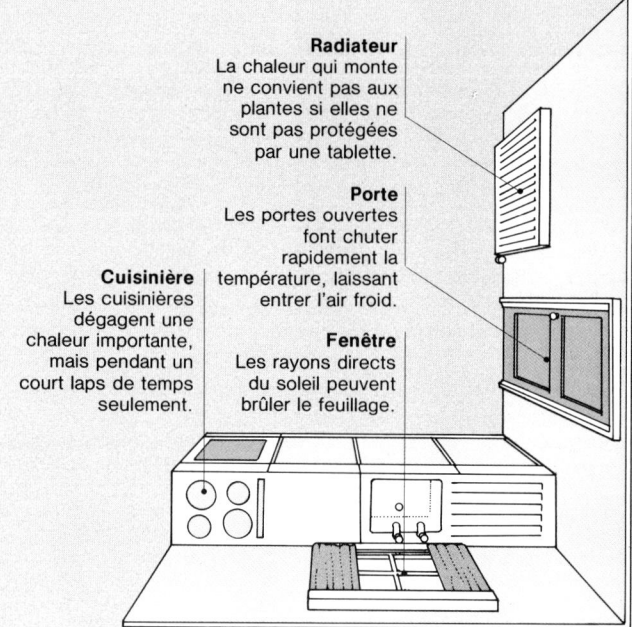

Radiateur
La chaleur qui monte ne convient pas aux plantes si elles ne sont pas protégées par une tablette.

Porte
Les portes ouvertes font chuter rapidement la température, laissant entrer l'air froid.

Cuisinière
Les cuisinières dégagent une chaleur importante, mais pendant un court laps de temps seulement.

Fenêtre
Les rayons directs du soleil peuvent brûler le feuillage.

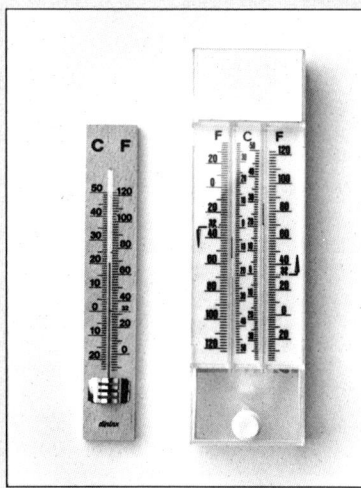

Variations de température, *ci-dessus*
Cette cuisine n'offre pas une température constante : en tenir compte avant d'y installer des plantes.

Surveillez la température, *à gauche*
Il est toujours bon de surveiller la température d'une pièce. Le thermomètre de droite, à minima et maxima, mesure les variations quotidiennes enregistrant la plus faible et la plus élevée.

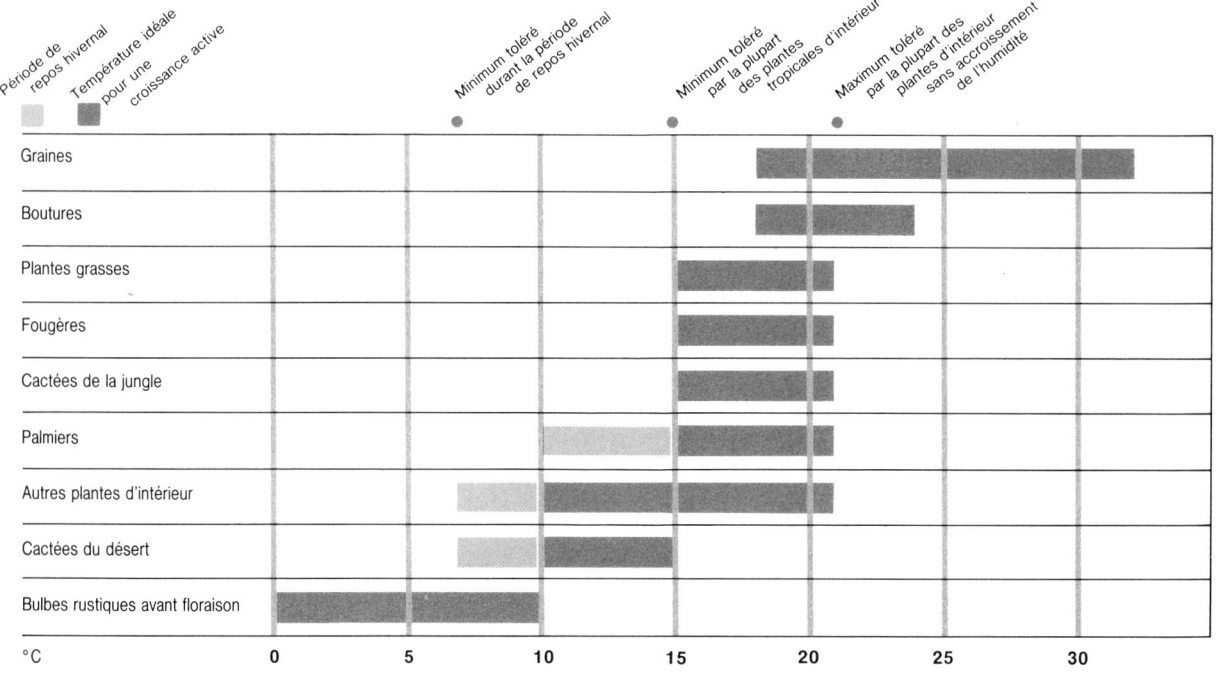

Échelle de températures (fourchettes de températures convenant aux plantes présentées dans « Le choix des plantes »)

• TEMPÉRATURE ET HUMIDITÉ •

Humidité

L'humidité atmosphérique est mesurée par la vapeur d'eau contenue dans l'air. Elle est modifiée par les variations de température : l'air chaud peut contenir plus d'humidité que l'air frais, et il fait s'évaporer l'eau de toutes les sources possibles, dont les feuilles des plantes. La quantité d'eau présente dans l'air est mesurée par une échelle d'humidité relative — c'est-à-dire que la quantité d'eau dans l'air est comparée au point de saturation à une température donnée. 0% correspond à un air tout à fait sec, 100% à une atmosphère complètement saturée en eau. La plupart des plantes ont besoin d'une humidité relative de 40% au moins. Pour maintenir ce taux d'humidité, il faut plus d'eau en milieu chaud que dans une atmosphère fraîche.

Cactées et plantes grasses sont habituées à une humidité relative de 30 à 40%, mais la plupart des plantes d'intérieur s'épanouiront mieux avec 60% d'humidité. Quant aux plantes tropicales à feuilles fines, comme le capillaire (Adiantum raddianum) ou le coleus (Coleus blumei), elles préfèrent 80% d'humidité. Ces trois cas de figures correspondent aux catégories données dans « Le choix des plantes », d'humidité « faible », « moyenne » et « élevée ». Le taux d'hygrométrie dans une pièce normale chauffée, sans humidificateur, est de l'ordre de 15% seulement, aussi l'air des salles de bains et des cuisines convient-il généralement mieux aux plantes que l'atmosphère des salles de séjour.

Signes indiquant une hygrométrie insuffisante

Nombre de signes peuvent indiquer qu'une plante souffre d'un manque d'humidité : les feuilles commencent à se flétrir ou à sécher par endroits — surveillez les pointes jaunies des feuilles longues et étroites d'espèces comme le chlorophytum ou les palmiers ; les bourgeons floraux tombent ou bien les fleurs se fanent prématurément.

Les plantes perdent de l'eau par des pores minuscules, les stomates, situés sur les feuilles. Ils s'ouvrent durant la journée pour capter le dioxyde de carbone dans l'air, mais laissent en même temps s'échapper la vapeur d'eau des tissus de la feuille. On appelle ce processus la transpiration. A un bas niveau d'humidité relative, la plante perd plus d'eau par transpiration. Ainsi, les plantes cultivées dans des pièces chaudes sont particulièrement désavantagées : la température de l'air les encourage à croître, mais accélère leur transpiration et assèche plus rapidement le mélange terreux, obligeant à des arrosages plus fréquents. Vous pouvez améliorer les conditions de culture en augmentant l'hygrométrie.

Comment augmenter l'hygrométrie

On trouve des humidificateurs portables, fonctionnant à l'électricité, qui augmentent le taux d'humidité dans une pièce. Ils sont efficaces — maintenant le taux d'hygrométrie entre 30 et 60% dans les intérieurs chauffés — et bénéfiques pour les habitants et les meubles comme pour les plantes. Groupez plusieurs spécimens près de l'humidificateur pour avoir un air encore plus humide autour des plantes, car la vapeur d'eau émise par une plante profitera à ses voisines. Ainsi les compositions de plantes dans de grands cache-pot offrent de bonnes conditions de culture. Pour augmenter l'humidité, vous pouvez aussi vaporiser de l'eau sur les feuilles et placer les pots sur un lit de gravillons trempant dans l'eau.

Enfin, la dernière solution pour les plantes exigeant vraiment une très forte humidité ambiante est de les cultiver dans un milieu presque entièrement clos, comme les jardins en bouteilles ou les serres d'appartement.

Moyens d'accroître l'hygrométrie

Vaporisations d'eau *à gauche*
Un vaporisateur manuel, à jet très fin, utilisé une ou deux fois par jour, couvre temporairement la surface de la plante d'un fin film d'eau. Ces vaporisations contribuent également à nettoyer le feuillage.

Des gravillons humides, *à droite*
Placez les pots sur un lit de graviers trempant dans l'eau. L'eau s'évaporera autour de la plante.
Pot dans de la tourbe humide, *ci-dessous*
Placez les pots dans un récipient plus grand contenant de la tourbe humide ou de la vermiculite.

Lit de mousse humide pour les paniers suspendus, *à droite*
Tapissez le fond des paniers suspendus de mousse de sphaigne que vous maintiendrez humide par des vaporisations d'eau.

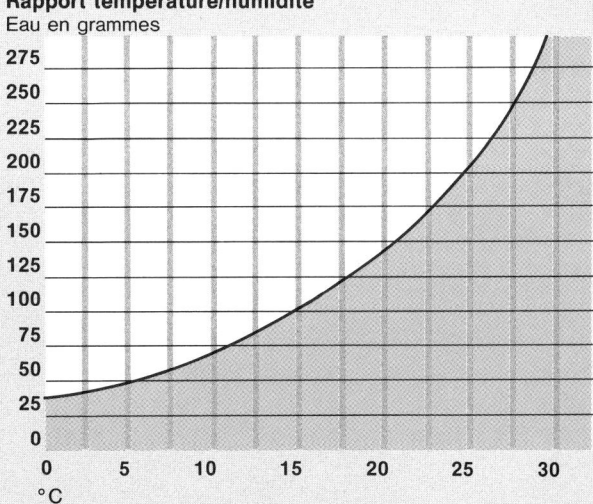

Rapport température/humidité
Eau en grammes

Plus la température est élevée, plus l'air peut contenir de vapeur d'eau. Si l'on n'augmente pas les ressources en eau, la transpiration des plantes s'accroît. Si la température est élevée, il faut maintenir un taux d'humidité suffisant par les moyens indiqués ci-dessus.

• 247 •

• ENTRETIEN DES PLANTES •

Arrosage 1

Dans la nature, l'eau apparaît sous forme de pluie ou de brouillard et est essentiellement captée au niveau du système racinaire des plantes. Dans la maison, les plantes dépendent de nous en ce qui concerne les apports en eau. L'eau est indispensable à toutes les plantes, sans quoi elles meurent. La mort finira toujours par arriver, au bout d'un temps variable, d'une journée pour de jeunes plantules à plusieurs mois parfois dans le cas d'une plante grasse. L'eau sert de liquide de transport de la même façon que le sang. Elle est en outre indispensable au processus de photosynthèse, par lequel la plante fabrique les substances énergétiques dont elle a besoin. L'eau du mélange terreux est transmise à la plante par les racines, transportant aussi les éléments nutritifs nécessaires au processus d'assimilation. L'eau gagne tiges et feuilles, les rendant robustes et renflées (turgescentes) ; sans eau, la plante ne peut rester dressée. Tout manque d'eau se traduit par des tiges et des feuilles qui pendent, des fleurs qui se fanent rapidement, des bourgeons qui tombent avant de s'ouvrir. Une sécheresse momentanée entraîne souvent le flétrissement des feuilles, le brunissement des bords et des extrémités, rendant les plantes peu décoratives.

Quand arroser

Il est parfois difficile de savoir quand arroser ; en règle générale, il faut arroser les plantes en pots quand elles en ont besoin. Ce n'est pas une lapalissade, comme on pourrait le croire. Le tout est de savoir déterminer le bon moment. Des feuilles pendantes et des tiges ramollies sont un signe indéniable de manque d'eau, mais il ne faut pas attendre ce stade pour arroser. Il y a des signes plus subtils : les feuilles de certaines plantes prennent une teinte plus pâle, translucide, lorsqu'elles ont soif ; chez d'autres, les boutons floraux sèchent et tombent. Chaque plante a ses propres besoins en eau, selon sa taille, son environnement naturel et surtout la saison ; les plantes en pleine croissance ont besoin de beaucoup d'eau, alors qu'il leur en faut beaucoup moins durant la période de repos hivernal. N'arrosez pas de façon routinière parce qu'on vous a dit de le faire à intervalles donnés. Mieux vaut d'abord tâter le mélange terreux, car cela vous indiquera si la plante a besoin d'eau ou non. Vous pouvez régulièrement « soupeser » le pot dans votre main pour évaluer la quantité d'eau du mélange ; une terre saturée d'eau est, bien sûr, beaucoup plus lourde qu'une terre sèche. Cette méthode est fiable, mais demande de la pratique pour savoir évaluer le poids du mélange. De plus, ce n'est pas pratique avec les grands pots et les plantes lourdes. Il existe des indicateurs qui permettent de connaître aussitôt le degré d'humidité du substrat. Vous verrez au premier coup d'œil si le mélange est « sec », « humide » ou « détrempé », et vous saurez donc s'il faut arroser ou non. Certains modèles sont très simples à utiliser, à enfoncer dans le pot et changeant de couleur selon le taux d'humidité. En règle générale, ne soyez pas trop pressé d'arroser et attendez plutôt un jour ou deux avant de prendre la décision.

Comment arroser

La plupart des plantes demandent à être arrosées une bonne fois et à intervalles tels qu'une partie du mélange terreux ait eu le temps de sécher entre deux arrosages. Évitez les arrosages répétés en petites quantités. Si vous arrosez trop peu, en effet, l'eau n'atteint pas le fond du pot et la terre devient compacte autour des racines. Si vous arrosez trop et trop souvent, le mélange sera détrempé en permanence, mal aéré, présentant ainsi des conditions idéales pour le développement de bactéries et de champignons pathogènes.

Quelle eau utiliser

L'eau du robinet convient à la plupart des plantes, même si elle est souvent très calcaire. Mieux vaut l'utiliser tiède, ou du moins à la température de la pièce. Pour cela remplissez l'arrosoir la veille au soir ; le lendemain, il sera à bonne température et une partie du chlore se sera évaporée. L'idéal est que l'eau soit le moins calcaire possible. Si vous habitez à la campagne, récoltez l'eau de pluie. En ville, elle est souvent polluée par des produits chimiques... L'eau peut être bouillie (puis laissée à refroidir) dans le cas des espèces qui ne supportent vraiment pas le calcaire, comme l'azalée (*Rhododendron simsii*). L'eau distillée n'est pas calcaire, mais assez chère, à réserver donc aux plus précieuses de vos plantes. N'ayez pas recours à un adoucisseur d'eau comme ceux utilisés pour faire la lessive, car ils diffusent des produits chimiques qui peuvent être nocifs pour les plantes.

Petit guide pour l'arrosage

Plantes demandant des arrosages généreux

• Plantes en période de croissance active.

• Plantes d'aspect délicat, à feuilles fines, comme les caladiums (*Caladium hortulanum* hybrides).

• Plantes situées dans une pièce très chaude, surtout près d'une fenêtre en été.

• Plantes à grandes feuilles qui transpirent abondamment.

• Plantes dont les racines ont envahi le pot.

• Plantes cultivées dans des pots relativement petits, comme les violettes du Cap (*Saintpaulia* hybrides).

• Plantes cultivées dans une atmosphère sèche.

• Plantes de milieu marécageux, comme le papyrus (*Cyperus* sp.).

• Plantes cultivées dans des mélanges très drainants, y compris les mélanges à base de tourbe.

• Plantes dans des pots en terre cuite.

• Plantes formant de nouvelles feuilles ou des boutons floraux.

Plantes demandant des arrosages plus modérés

• Plantes en période de repos, ou sans bourgeons ni fleurs en formation.

• Plantes cultivées dans une pièce fraîche, surtout en hiver.

• Plantes grasses et donc naturellement adaptées à stocker de l'eau, comme les cactées, transpirant beaucoup moins que les plantes à feuilles fines.

• Plantes récemment rempotées et dont les racines n'ont pas encore colonisé tout le pot.

• Plantes demandant une forte hygrométrie, comme les fougères, celles cultivées en exposition ombragée ou dans des jardins en bouteilles ou des serres d'appartement.

• Plantes cultivées dans un substrat retenant bien l'eau, y compris les mélanges à base de terre de jardin.

• Plantes cultivées dans des pots en plastique ou en grès vernissé.

• Plantes à racines épaisses, charnues, ou portant sur leurs racines des segments faisant office de réserve d'eau, comme le chlorophytum (*Chlorophytum comosum*) ou les asparagus (*Asparagus* sp.).

• ARROSAGE •

Différentes méthodes d'arrosage

Arrosage par le haut, *à gauche*
Versez l'eau en surface du mélange terreux ; on contrôle mieux ainsi la quantité d'eau versée et cela lessive les sels minéraux en excès qui peuvent s'être accumulés en surface.

Arrosage par le bas, *à droite*
Versez l'eau dans la soucoupe. Cette méthode fait remonter les sels minéraux en surface du mélange, mais ceux-ci peuvent être entraînés à nouveau vers le bas par un arrosage par le haut de temps à autre.

Arrosage des broméliacées
Versez l'eau dans la « coupe » au centre de la rosette, avec un arrosoir à bec fin.

Quelle quantité d'eau donner

Il est très important de donner aux plantes la bonne quantité d'eau car elles peuvent souffrir aussi bien d'un excès que d'un manque. L'excès est souvent pire que le manque d'eau (voir aussi pp. 250-251). Dans « Le choix des plantes », trois symboles sont utilisés pour schématiser la quantité d'eau nécessaire à chaque plante ; ils correspondent à des arrosages généreux, modérés, faibles. Vous trouverez ci-dessous des explications détaillées correspondant à chaque cas. Si les illustrations montrent un arrosage par le haut, il y a également des remarques spécifiques dans le cas par le bas.

Arrosages faibles

Arrosez de façon à juste humidifier le mélange sur toute sa hauteur. Procédez en plusieurs fois, en ajoutant un peu d'eau à chaque fois. N'arrosez pas en quantité telle que l'eau apparaisse aussitôt dans la soucoupe sous le pot. Lorsque vous arrosez par le bas, ne versez pas plus de 1 cm d'eau dans la soucoupe.

1. Vérifiez l'humidité du mélange avec un bâtonnet. Il est temps d'arroser quand les deux tiers environ du mélange sont desséchés.

2. Versez juste assez d'eau en surface du mélange pour que l'eau s'infiltre dans le pot sans couler par le trou de drainage dans la soucoupe.

3. Vérifiez avec le bâtonnet. Ajoutez encore un peu d'eau si des zones sèches demeurent. Ne laissez jamais d'eau dans la soucoupe.

Arrosages modérés

Cela consiste à bien mouiller le mélange terreux en profondeur, puis à le laisser sécher sur 2 à 3 cm en surface avant d'arroser à nouveau. Si vous arrosez par le bas, versez environ 1 cm d'eau dans la soucoupe et répétez l'opération jusqu'à ce que la surface du mélange soit humide au toucher.

1. Quand le mélange de rempotage est sec au toucher, arrosez la plante sans excès.

2. Versez suffisamment d'eau pour humidifier tout le mélange, mais sans le saturer en eau.

3. Cessez d'arroser lorsque des gouttes commencent à apparaître dans la soucoupe, sortant du trou de drainage. Videz l'eau de la soucoupe.

Arrosages généreux

Il s'agit de maintenir le mélange terreux humide en permanence, sans même le laisser sécher en surface. Arrosez suffisamment à chaque fois pour que de l'eau s'écoule par le trou de drainage. Si vous arrosez par le bas, remplissez la soucoupe jusqu'à ce que la terre n'absorbe plus l'eau. Une demi-heure suffit en général pour que la plante puise l'eau nécessaire.

1. Arrosez généreusement dès que le mélange commence à sécher en surface.

2. Versez de l'eau en surface du mélange jusqu'à ce que l'eau s'écoule par le trou de drainage dans la soucoupe.

3. Videz la soucoupe une fois que l'eau en excès s'est écoulée.

• ENTRETIEN DES PLANTES •

Arrosage 2

Votre départ en vacances peut être un problème pour votre collection de plantes d'intérieur, s'il n'y a personne pour les arroser. Vous pouvez sans crainte partir quelques jours : avec un bon arrosage avant le départ et en installant les plantes dans une pièce fraîche, elles attendront votre retour sans problème. Vous pouvez aussi avoir recours aux différents moyens permettant d'augmenter le degré d'humidité de la pièce (voir p. 247). Pour une plus longue absence, il faut prévoir une méthode d'auto-arrosage des pots, afin que les plantes ne souffrent pas.

Certaines des méthodes indiquées ci-dessous conviennent mieux aux plantes cultivées dans des pots en plastique, d'autres à celles en pot de terre cuite, qui demandent plus d'eau. Ces techniques d'arrosage « automatique » ne conviennent pas aux plantes dans des pots sans trous de drainage, car le mélange risque de se saturer en eau. Heureusement, ce type de pot est souvent vernissé et perd beaucoup moins d'eau que les pots en grès ordinaires. Arrosez-les bien avant de partir, placez-les loin des rayons directs du soleil ou d'une lumière intense et installez les pots sur un lit de gravillons humides ou une bonne couche de papier journal humidifié, cela afin d'accroître l'hygrométrie de l'air et d'aider la plante à supporter une période de sécheresse.

Matelas humide pour un arrosage par capillarité
Placez le matelas absorbant (par exemple en feutre) sur l'égouttoir de l'évier ou près du lavabo de la salle de bains, et laissez-en au moins la moitié tremper dans l'évier (ou la baignoire) rempli d'eau. Ces tapis étant généralement en feutrine épaisse, l'eau parvient aux plantes par capillarité. Utilisez ce système pour les plantes cultivées dans des pots en plastique ; la finesse du plastique et les nombreux trous de drainage à la base facilitent le passage de l'eau. Les pots en grès sont trop épais pour cet usage.

Capuchon de plastique transparent, *à droite*
Vous pouvez recouvrir les plantes de grands sacs en plastique transparent, en veillant à ce que le feuillage ne touche pas le plastique. N'utilisez pas cette méthode pour une longue absence, car la plante peut finir par pourrir.

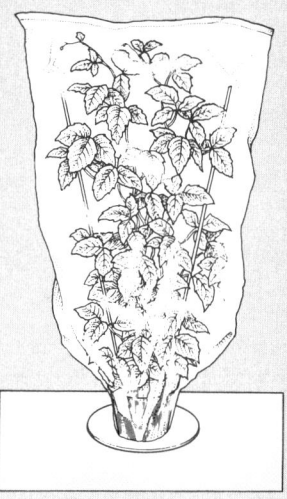

Mèches temporaires, *à gauche*
Pour une courte absence, vous pouvez réaliser des mèches absorbantes à partir de simples mèches de lampe à huile ou de lacets en coton. Placez-en une extrémité dans un réservoir rempli d'eau, l'autre extrémité dans le mélange de rempotage.

Préparation d'une mèche d'« auto-arrosage »

Ce type de mèche, similaire au système de mèche temporaire, est enfoncé dans le mélange de culture et convient à un usage plus durable. Certains horticulteurs utilisent ce système tout au long de l'année. Il faut cependant vérifier de temps à autre que la plante ne reçoit pas trop ou pas assez d'eau par ce système. Si c'est le cas, il faut alors supprimer la mèche aussitôt. Par ce moyen, les plantes puisent automatiquement l'eau dont elles ont besoin, par capillarité, ce qui permet aussi de gagner du temps pour l'entretien des plantes. Ces mèches conviennent aussi bien aux plantes dans des pots en plastique qu'en terre cuite. Le réservoir peut être n'importe quel récipient pouvant supporter le poids de la plante et du pot et doit être fermé par un couvercle (percé pour laisser passer la mèche), de façon que l'eau ne s'évapore pas.

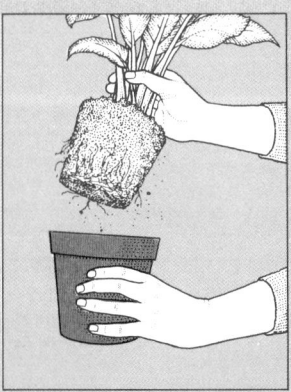   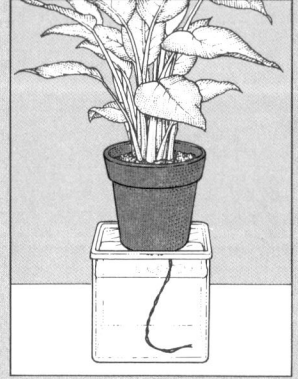

1. Sortez précautionneusement la plante de son pot, en veillant à ne pas abîmer la motte de racines.

2. Faites une mèche avec des brins de tissu en coton, par exemple. Faites-la passer par l'un des trous de drainage au fond du pot.

3. Faites pénétrer délicatement la mèche dans la motte de racines, à l'aide d'un bâtonnet ou d'un crayon.

4. Remettez la plante dans son pot. Placez le pot sur le réservoir, en veillant à ce que la plus grande partie de la mèche trempe dans l'eau.

Problèmes éventuels dus à l'arrosage

Si vous respectez les conseils d'arrosage donnés dans le chapitre précédent, vos plantes devraient avoir la quantité d'eau suffisante pour une croissance vigoureuse. Il est possible qu'apparaissent certains problèmes si les plantes sont insuffisamment ou trop arrosées, en particulier pendant la période de repos hivernal.

Arrosage en hiver

A un certain moment de l'année, la plupart des plantes ont besoin d'une période de repos. Beaucoup ont des besoins en eau et en engrais moindres que le reste de l'année, d'autres ne demandent ni eau ni engrais. La période de repos est naturellement provoquée par la diminution de l'intensité et de la durée de l'éclairement (qui coïncide avec l'hiver dans l'hémisphère Nord). Un arrosage excessif stimule alors le développement, alors que la lumière est insuffisante. Il en résulte une croissance faible, parfois un début de pourrissement, le brunissement des feuilles et leur chute.

Arrosage insuffisant

Même si vous arrosez « peu et souvent », il est possible que ce soit insuffisant, si la plante a besoin d'avoir ses racines bien mouillées à chaque arrosage. Lorsque le mélange terreux sèche beaucoup (ce qui est particulièrement fréquent avec les mélanges à base de tourbe), il se rétracte considérablement, laissant apparaître un espace entre les parois du pot et la motte de terre. L'eau d'arrosage coule alors directement sur les bords du pot. La seule solution est d'immerger le pot dans un seau d'eau jusqu'à ce que le mélange ait retrouvé son volume initial. Les symptômes d'arrosage insuffisant sont faciles à détecter et il est souvent encore possible d'intervenir pour sauver la plante. Les plantes particulièrement sensibles à un arrosage insuffisant sont celles à tiges succulentes comme les coleus (*Coleus blumei*), les impatiens (*Impatiens* sp.) et toutes les primevères et les sélaginelles.

Arrosage excessif

Les symptômes d'un excès d'eau mettent parfois beaucoup plus de temps à se manifester que dans le cas d'un manque d'eau. Une fois encore, des arrosages « peu et souvent » peuvent conduire à des excès. De nombreuses plantes doivent commencer à sécher avant d'être à nouveau arrosées, et si le mélange terreux est maintenu très humide en permanence, il sera vite saturé en eau. La présence de mousse verte en surface du pot est un signe car la mousse ne se développe que sur un milieu constamment humide. Un excès d'eau peut aller jusqu'à entraîner la mort de la plante. Les premières indications que quelque chose ne va pas sont données quand des feuilles jaunissent et tombent, ou que la croissance semble affectée. L'excès d'eau et le manque d'air dans le mélange de culture peuvent faire pourrir les racines et donc stopper les apports d'eau et d'éléments minéraux à la plante. Pour sauver un sujet qui a été trop arrosé, sortez-le délicatement de son pot et examinez les racines : si elles sont molles et se détachent facilement, c'est qu'elles sont pourries et il vaut mieux les éliminer. Remettez la plante dans son pot avec du mélange de rempotage frais, contenant au moins un quart de sable pour favoriser le drainage. On compte nombre de cactées et de plantes grasses parmi les espèces particulièrement sensibles à ce type de problème, leurs feuilles ou leurs tiges étant déjà adaptées pour stocker l'eau. Certaines plantes, cependant, se plaisent dans un milieu saturé en eau.

Comment sauver une plante desséchée

Si une plante est complètement desséchée, mieux vaut souvent la rabattre à la base et attendre qu'elle redémarre l'année suivante.

Motte desséchée

Problèmes de motte

La motte de racines s'est souvent détachée du pot, ce qui fait que l'eau d'arrosage coule aussitôt le long des parois sans humidifier le mélange. Il arrive aussi que le mélange soit tellement compacté que l'eau ne puisse plus pénétrer du tout.

Motte compactée

1. Cette plante est nettement flétrie, les pétioles et les tiges florales ne pouvant plus rester dressés.

2. Commencez par prendre une fourchette pour faire des ouvertures dans la motte de terre sans endommager les racines.

3. Immergez le pot dans un seau rempli d'eau jusqu'à ce qu'il n'y ait plus de bulles sortant du mélange de culture. Vaporisez de l'eau sur les feuilles.

4. Laissez s'égoutter l'eau en excès et placez la plante dans une pièce fraîche. En quelques heures, elle devrait commencer à avoir meilleure allure.

Signes de détresse

Manque d'eau
- Les feuilles flétrissent rapidement et sont molles.
- La croissance est ralentie.
- Les feuilles inférieures jaunissent ou s'enroulent.
- Les feuilles inférieures tombent prématurément.
- Le bord des feuilles brunit et sèche.
- Les fleurs se fanent et tombent rapidement.

Excès d'eau
- Des taches de pourriture apparaissent sur les feuilles.
- La croissance est ralentie.
- Le bout des feuilles brunit.
- Les feuilles jaunissent ou s'enroulent.
- Les fleurs ou les boutons floraux pourrissent.
- Jeunes feuilles et feuilles plus âgées tombent en même temps.
- Les racines pourrissent.

• ENTRETIEN DES PLANTES •

Apport d'engrais

Les plantes sont capables de fabriquer elles-mêmes les éléments nutritifs nécessaires à leur croissance, mais il leur faut pour cela de la lumière, des minéraux et de l'eau. Les éléments minéraux sont présents dans la terre de jardin et dans la plupart des mélanges de culture. Les engrais sont composés de minéraux nécessaires aux plantes pour mener à bien la photosynthèse. La plante convertit elle-même les matériaux bruts (eau, éléments minéraux) en substances énergétiques indispensables pour une croissance saine (voir p. 242). Lorsque vous achetez une plante en pot, le mélange de rempotage contient généralement assez d'éléments minéraux pour plusieurs semaines. Les mélanges à base de terre sont souvent riches en éléments nutritifs. Leur principal avantage est qu'ils libèrent ces éléments minéraux sur une période de plusieurs mois, de telle sorte que les plantes cultivées dans ce type de mélange n'ont pas besoin de fertilisation pendant un temps assez long, à la différence des mélanges à base de tourbe. La valeur nutritive des mélanges à base de terre de jardin est cependant très variable.

On a commencé à utiliser des mélanges à base de tourbe en raison de la difficulté à se procurer de la bonne terre végétale et de son coût croissant. Ils sont composés de tourbe et de sable, auxquels on ajoute de la perlite et de la vermiculite. Ce type de substrat n'a aucune valeur nutritive, mais certains fabricants ajoutent des engrais lors de la préparation du mélange. La composition sur le sac vous permet d'être fixé à ce sujet. On ajoute le plus souvent des engrais à action lente, qui suffisent aux besoins des plantes pendant près de deux mois. Certains éléments sont cependant rapidement lessivés par les arrosages réguliers, ou rapidement utilisés par la plante, aussi est-il préférable de commencer les apports d'engrais — pour les plantes cultivées dans un mélange à base de tourbe — six semaines environ après l'achat ou huit semaines après le rempotage.

Symptômes d'un manque d'engrais
Une plante « affamée » présente rapidement des signes d'épuisement. La croissance est très ralentie, les tiges faibles, les feuilles petites, pâles ou jaunies, les feuilles inférieures tombent tôt et il n'y a pas ou peu de fleurs.

A quelle fréquence fertiliser
Le chapitre « Le choix des plantes » vous indique quand faire les apports d'engrais pour chaque plante. Il ne faut fertiliser que durant la période de croissance active car, durant la période de repos, cela entraîne un étiolement des plantes.

Petit guide de la fertilisation

Pas assez d'engrais
- Croissance lente, faible résistance aux maladies ou aux parasites.
- Feuilles pâles, parfois tachées de jaune.
- Fleurs petites, peu colorées, voire absentes.
- Tiges faibles.
- Feuilles inférieures tombant précocement.

Trop d'engrais
- Feuilles flétries ou déformées.
- Croûte blanchâtre sur les pots en grès et en surface du mélange terreux.
- Croissance en longueur en hiver alors qu'en été, elle est parfois stoppée ou rabougrie.
- Feuilles parfois marbrées de brun, à bords abîmés.

De nombreux spécialistes apportent de l'engrais à chaque arrosage, avec une solution très diluée (demi-dose ou quart de dose). C'est une façon d'alimenter les plantes en continu, mais à petites doses, qui convient particulièrement aux plantes cultivées dans de petits pots et dans un mélange à base de tourbe. Cela permet aussi d'éviter des variations importantes de la teneur en éléments nutritifs du mélange, qui peuvent être dommageables pour la plante. Les jeunes plantes ou celles récemment rempotées n'ont pas besoin d'engrais avant un certain temps : trois mois environ pour celles cultivées dans un mélange à base de terre, six semaines pour celles cultivées dans un mélange sans terre de jardin.

Les conseils en matière de fertilisation donnés dans le chapitre précédent sont destinés à favoriser une croissance vigoureuse. Dans certains cas, on souhaite maintenir une plante en bonne santé, mais sans qu'elle se développe beaucoup. Vous pouvez alors vous contenter de trois apports d'engrais liquide durant la période de croissance active (vers mi-mars, mi-juin et mi-septembre) pour que la plante reste belle sans se développer beaucoup.

Quelques principes de fertilisation
- Un engrais n'est pas un médicament pour une plante malade ; dans ce cas, les apports d'engrais ne peuvent guère qu'aggraver la situation. Si une plante semble malade, recherchez d'abord les causes possibles, notamment maladies ou parasites, avant de donner de l'engrais.
- Un excès d'engrais peut être aussi dangereux que des apports insuffisants. Ne dépassez pas les doses indiquées sur l'emballage.
- Ne faites pas des apports d'engrais plus fréquents que ce qui est recommandé sur l'étiquette du produit ou dans le chapitre « Le choix des plantes ».

Rôle des différents fertilisants

Fertilisants	Sous forme de	Rôle	Utilisation
N Azote	Nitrates, N	Synthèse de la chlorophylle. Croissance active des feuilles et tiges.	Toutes les plantes d'intérieur à feuillage, surtout au début de la période de croissance.
P Phosphore	Phosphates, P_2O_5	Formation de racines vigoureuses et de boutons floraux.	Toutes les plantes d'intérieur, surtout celles qui fleurissent.
K Potassium	Potasse, K_2O	Formation de feuilles saines, de fleurs et de fruits.	Toutes les plantes d'intérieur à fleurs, les bulbes et les plantes donnant des fruits décoratifs.
Oligo-éléments	Fer, zinc, cuivre, manganèse, magnésium	Nécessaire dans les processus essentiels de la vie des plantes, comme photosynthèse et respiration.	Toutes les plantes d'intérieur.

• APPORT D'ENGRAIS •

Sous quelle forme

Les engrais existent sous différentes formes : liquides, poudres solubles ou cristallisées, granules, comprimés ou bâtonnets. Les engrais liquides, achetés en bouteille sous forme concentrée, sont pratiques à utiliser car ils n'ont qu'à être dilués. Les poudres solubles doivent simplement être mélangées à la quantité d'eau recommandée pour se dissoudre complètement. Les bâtonnets solides sont imprégnés de produits chimiques et libèrent lentement les éléments nutritifs à chaque arrosage. On les nomme souvent engrais à action lente, car ils libèrent les éléments minéraux qu'ils contiennent sur une période de trois à six mois. L'inconvénient est que la concentration en minéraux est particulièrement forte autour du comprimé ou du bâtonnet, ce qui peut entraîner des brûlures sur les racines proches. Outre les engrais appliqués sur le mélange terreux, il y a aussi les engrais foliaires : on les dilue dans de l'eau, puis on les pulvérise sur le feuillage des plantes qui n'absorbent pas bien les éléments minéraux par les racines. Ces engrais foliaires ont aussi un effet très rapide sur les plantes qui ont manqué d'engrais. Suivez toujours scrupuleusement les recommandations d'utilisation figurant sur les emballages, car un excès d'engrais peut abîmer racines et feuilles.

Ce que contiennent les engrais

Trois éléments essentiels contribuent à une croissance équilibrée des plantes. L'azote (appliqué généralement sous forme de nitrates) est indispensable à la synthèse de la chlorophylle et à une saine croissance des organes chlorophylliens, feuilles et tiges. Le phosphore (sous forme de phosphates) assure un bon développement du système racinaire. Enfin, le potassium (sous forme de potasse) est nécessaire pour une bonne vigueur, en particulier pour assurer floraison et fructification des plantes. Les emballages des produits indiquent toujours les proportions de ces éléments, sous forme de pourcentages, et peuvent mentionner également la présence d'oligo-éléments (en très petites quantités, mais indispensables aux plantes) tels que fer, cuivre et manganèse. Les trois principaux éléments minéraux sont mentionnés par leurs noms, azote, phosphore et potassium, ou leurs symboles chimiques, N, P, K. Parfois, seuls apparaissent les pourcentages, mais toujours dans le même ordre (N,P,K), pour éviter toute confusion.

Différents types d'engrais

Les engrais couramment utilisés pour les plantes d'intérieur ont en général une composition équilibrée, avec des doses égales des trois éléments principaux. On les appelle engrais standards ou équilibrés, et ils assurent une bonne croissance à la plupart des plantes. Il existe cependant des engrais de formule spécifique, destinés à des usages particuliers. Ainsi les engrais riches en azote favorisent le développement des feuilles et conviennent aux plantes à feuillage décoratif. Ceux riches en potasse (ou engrais à tomates) sont spécialement utilisés pour les tomates qui commencent à fleurir et à fructifier ; on les emploie aussi pour les plantes d'intérieur à fleurs ou à fruits décoratifs, au même stade. Enfin, les engrais riches en phosphates stimulent le développement du système racinaire et la formation des boutons floraux, tandis que la croissance du feuillage est ralentie.

Différentes méthodes de fertilisation

La méthode de fertilisation à retenir dépend du type de plante et de la forme d'engrais que vous voulez utiliser. Si vous employez un engrais liquide ou sous forme de poudre soluble dans l'eau, faites les apports d'engrais en même temps que les arrosages. Quel que soit le type d'engrais, veillez à ce que le mélange de culture soit humide avant de l'appliquer. En effet, un apport d'engrais sur un sol sec risque de « brûler » les racines par une trop forte concentration en minéraux. Appliquez l'engrais foliaire de préférence avec un vaporisateur, dehors ou dans la baignoire, pour éviter d'en respirer ou de tacher les meubles. Ce type d'engrais est très rapidement absorbé et agira vite sur une plante au feuillage affaibli. Les comprimés sont pratiques également, car on les enfonce dans le mélange et ils libèrent progressivement les éléments minéraux nécessaires à la plante. Les bâtonnets présentent l'avantage d'être faciles à retirer si la plante n'a plus besoin d'engrais pendant un certain temps.

Comprimés d'engrais à action lente
Il faut les enfoncer profondément dans le mélange, avec le bout d'un crayon, par exemple.

Engrais foliaire
Diluez le produit en respectant les concentrations indiquées avant de le pulvériser sur les deux faces du feuillage avec un vaporisateur manuel.

Engrais liquide
Ajoutez-le à l'eau que vous donneriez à la plante lors d'un arrosage ordinaire. Vous pouvez arroser sur le mélange ou dans la soucoupe.

Bâtonnets d'engrais à action lente
Enfoncez-les plutôt sur les bords de la motte de terre, si possible loin des racines. Arrosez copieusement.

• ENTRETIEN DES PLANTES •

Pots et mélanges de rempotage

Types de pots
La plupart des plantes d'intérieur sont vendues dans des pots en plastique, qui sont les moins chers, mais on en trouve de toutes sortes, des traditionnels pots en grès non vernissés aux pots spéciaux en céramique ou en faïence. On peut utiliser quasiment n'importe quel récipient comme cache-pot décoratif (voir pp. 28-31), mais ils n'offrent pas tous les conditions de culture idéales pour les plantes. Tous les pots classiques sont munis d'un ou plusieurs trous de drainage, pour permettre à l'eau en excès de s'écouler. Il est possible de cultiver directement des plantes dans une coupe profonde ou un autre type de récipient, à condition de prévoir une bonne couche de drainage et de prêter attention aux arrosages, afin d'éviter le pourrissement des racines.

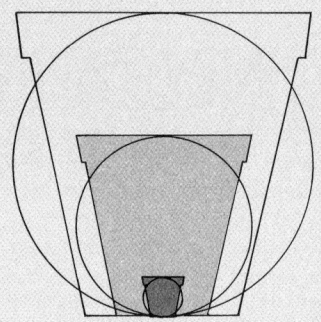

Forme du pot
Tous les pots, du plus petit, 3 cm de diamètre, au plus grand, 30 cm de diamètre ou plus, ont une profondeur égale au diamètre du bord supérieur.

Tessons et gravillons
Ils permettent de constituer une couche de drainage au fond du pot, ce qui est important lorsqu'il n'y a pas de trous de drainage.

Pots en plastique
Les plantes cultivées dans ces pots en plastique demandent des arrosages moins fréquents ; ils sont munis de trous de drainage.

Pots en grès
Les plantes cultivées dans des pots en grès sèchent plus rapidement ; les plus petits pots n'ont qu'un trou de drainage à la base.

Profondeur du pot
Mesurée du fond au rebord supérieur, elle est égale au diamètre supérieur.

Diamètre du pot
Mesuré au bord supérieur, il est égal à la profondeur.

Dimensions des pots usuels
Toujours plus larges au bord supérieur qu'à la base, et aussi profonds que larges en haut, les pots sont généralement de forme ronde, mais il en existe aussi de carrés, qui permettent de grouper plusieurs plantes.

Demi-pots, *ci-dessous*
Appelés aussi pots à bulbes, ils sont moins profonds que larges et existent dans différentes tailles, jusqu'à 30 cm de diamètre. Utilisez-les pour les semis, l'enracinement des boutures et les plantes à système racinaire peu développé.

Soucoupes d'égouttage, *ci-dessous*
En plastique ou en grès, elles sont un peu plus larges que la base du pot.

Pots avec soucoupe incorporée, *ci-dessous*
Ces pots en plastique, assez décoratifs, sont destinés aux paniers suspendus, avec une soucoupe d'égouttage incorporée.

• POTS ET MÉLANGES DE REMPOTAGE •

Mélanges de rempotage

La terre de jardin pure ne convient pas du tout à la culture en pot dans la maison. Elle n'est pas homogène, porte des germes, des graines de mauvaises herbes ; sa composition physique et chimique est très variable, impossible à connaître. Cultivez vos plantes d'intérieur dans des mélanges achetés tout préparés ou que vous préparerez vous-même, selon une composition déterminée. La composition des mélanges indiqués ici a été soigneusement testée pour s'assurer de leur intérêt pour les plantes. Les divers ingrédients sont stérilisés avant usage, pour éviter de transmettre maladies ou parasites.

La gamme des mélanges proposés peut paraître importante, mais quelques principaux mélanges de rempotage vous permettront de pourvoir aux besoins de toutes les plantes d'intérieur présentées dans ce livre.

Types de mélanges de culture

Les mélanges de culture sont généralement vendus dans des sacs en plastique de différentes tailles ; plus ils sont grands, plus ils sont économiques. On distingue essentiellement les mélanges à base de terre de jardin (stérilisée) et ceux à base de tourbe. Des mélanges spéciaux contiennent des ingrédients spécifiques. Pour préparer vous-même vos mélanges, vous pouvez acheter séparément les ingrédients nécessaires.

Mélange de rempotage pour broméliacées, *à droite*
Spongieux et très poreux, il convient bien au système racinaire superficiel des broméliacées.

Mélange fibreux pour bulbes, *ci-dessous.* Propre, léger et bien drainant. Un bon drainage est important pour éviter que les bulbes ne pourrissent.

Mélange de rempotage à base de terre, *à gauche.*
Un mélange lourd, qui convient aux grandes plantes et à celles à tête lourde.

Charbon de bois, *ci-dessous.* Absorbe les éléments minéraux en excès, et les résidus décomposés, assainissant ainsi le mélange.

Mélange de rempotage à base de tourbe, *à droite*
Un mélange léger, mais contenant peu d'éléments nutritifs.

Mélange de rempotage pour fougères, *ci-dessus.* Il contient notamment de la perlite ou du sable, et du charbon de bois pour assurer un bon drainage.

Perlite, *ci-dessous*
Allège le mélange de rempotage, permettant d'améliorer drainage et aération.

Vermiculite, *à gauche.* Elle absorbe et retient l'eau et les éléments nutritifs.

Argile expansée
Utilisés en particulier pour la culture hydroponique, ces agrégats ont un grand pouvoir de rétention d'eau.

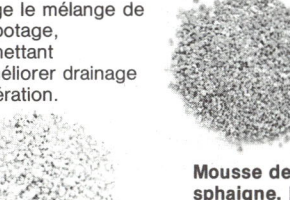

Mousse de sphaigne. Elle a un fort pouvoir de rétention d'eau.

Mélanges à préparer vous-même

Mélange à base de terre de jardin
Tout indiqué pour les grandes plantes, bien établies. Pour le préparer vous-même, mélangez un tiers de bonne terre de jardin fibreuse et stérilisée, un tiers de tourbe moyennement décomposée, terreau de feuilles ou écorce broyée, et un tiers de sable grossier ou de perlite fine.

Mélange à base de tourbe
Pour le préparer, mélangez un volume de tourbe, un volume de vermiculite de calibre moyen et un volume de sable grossier ou de petit calibre moyen.

Mélange spécial pour broméliacées
C'est un mélange très léger, riche en humus et presque dépourvu de calcaire. Mélangez moitié de sable grossier ou de perlite et moitié de tourbe. Les spécialistes ajoutent d'autres ingrédients à ce mélange, notamment de gros morceaux d'écorce et des aiguilles de pin.

Mélange spécial pour fougères
Un mélange riche en humus, mais qui doit être bien drainant. Pour le préparer, incorporez trois cinquièmes de mélange à base de tourbe à deux cinquièmes de sable grossier ou de perlite moyenne.

Mélange fibreux
A réserver aux bulbes d'intérieur. En effet, il ne contient pas assez d'éléments nutritifs pour d'autres plantes en pots. Mélangez six volumes de tourbe, deux volumes de calcaire broyé (coquilles d'œufs ou d'huîtres) et un volume de charbon de bois.

Autres matériaux

Terreau de feuilles
Il retient les éléments nutritifs et allège le mélange.

Fumier
Utilisé sous forme de poudre déshydratée pour les plantes en pots, il est très riche en éléments nutritifs.

Tourbe
Elle retient bien l'eau et les éléments nutritifs ajoutés.

Écorce d'arbre
Elle retient bien l'eau et les éléments nutritifs ajoutés.

Chaux dolomitique
Elle est utilisée pour réduire l'acidité des mélanges de culture.

Coquilles d'œufs ou d'huîtres
Elles réduisent l'acidité et facilitent le drainage des mélanges de culture.

Calcaire broyé
Il réduit l'acidité et facilite le drainage des mélanges de culture.

Sable grossier
Il permet d'alléger les mélanges utilisés, améliorant donc aération et drainage.

Laine de roche
Elle retient l'humidité tout en laissant pénétrer l'air.

• ENTRETIEN DES PLANTES •

Empotage et rempotage

Dans le jardin, les racines des plantes ne sont pas limitées dans leur extension pour aller puiser eau et éléments minéraux dans le sol. A quelques exceptions près (broméliacées et autres plantes épiphytes), la plupart des plantes dans la nature ont un système racinaire s'enfonçant sous la surface du sol, y trouvant en général fraîcheur et éléments nutritifs, ainsi qu'une température assez constante. Les racines des plantes d'intérieur sont au contraire limitées par un récipient assez petit. Les racines des jeunes plantes vigoureuses ont vite fait de coloniser tout le pot et ne trouvent finalement plus d'autre issue que de passer par les trous de drainage ou de s'étaler en surface du mélange terreux. Lorsque c'est le cas, le mélange sèche rapidement, demandant des arrosages et des apports d'engrais plus fréquents. Il est alors nécessaire de rempoter la plante dans un pot plus grand.

Vous ne verrez pas toujours au premier coup d'œil qu'une plante a besoin d'un rempotage, il vous faudra sans doute la sortir de son pot pour examiner la motte de racines. Voyez si elles ont colonisé tout le mélange terreux. Si c'est le cas, il est temps de rempoter, le plus souvent dans un pot de taille supérieure. Sinon, replacez la plante dans son pot. Certaines espèces se plaisent dans de petits pots. Dans ce cas, il suffit d'examiner les racines et de remettre la plante dans le même pot avec un peu de mélange frais. Même si l'on ne change pas la plante de pot, on parle toujours de rempotage.

Lorsque la plante est dans un très grand pot ou si vous ne voulez pas la changer de pot, vous pouvez « rafraîchir » le mélange terreux en enlevant la terre sur quelques centimètres en surface, pour la remplacer par du mélange frais contenant un engrais à action lente. C'est ce qu'on appelle le surfaçage.

Ces opérations de rempotage étant assez salissantes, mieux vaut procéder pour plusieurs plantes à la fois et protéger meubles ou sol avec du papier journal. Préparez tous les outils et matériaux dont vous aurez besoin : mélanges terreux, pots, engrais, matériaux de drainage. Assurez-vous que les récipients sont propres et plongez les pots en grès neufs dans l'eau, jusqu'à ce qu'ils ne fassent plus de bulles, cela afin qu'ils n'absorbent pas l'eau du mélange terreux.

Dépotage des plantes

C'est une opération délicate si la plante est grande, d'une forme inhabituelle ou couverte d'épines. Protégez votre plan de travail avec du papier journal et arrosez la plante une heure environ avant le dépotage. Vous la dégagerez plus facilement du pot si la motte est humide, évitant de casser les racines et de répandre de la terre sèche. Rempotez rapidement la plante pour éviter que les racines n'aient le temps de sécher.

Sortir une plante d'un petit pot

1 Placez la paume d'une main sur le mélange, en tenant la tige principale entre vos doigts.

2 Retournez le pot vers le bas et tapotez doucement le bord du pot contre une table.

3 La plante et sa motte de racines devraient ensuite glisser facilement dans votre main.

Sortir une plante d'un grand pot

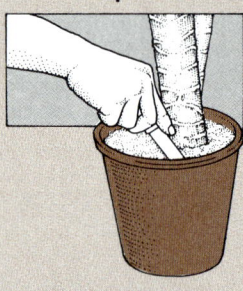 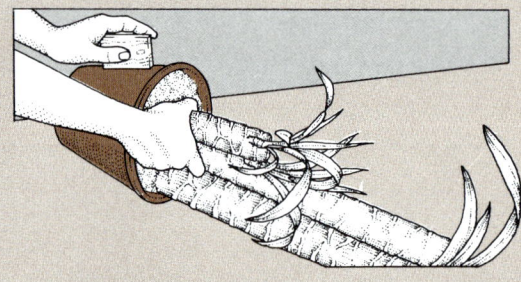

1 Passez délicatement la lame d'un couteau émoussé ou d'une spatule sur les bords de la motte de terre.

2 Couchez le pot sur le côté et tapotez-le avec un morceau de bois pour détacher la motte des bords. Faites tourner le pot doucement pour taper sur tous les côtés. Maintenez la plante d'une main pendant cette opération.

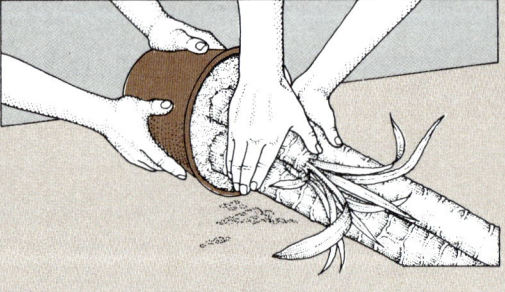

3 Assurez-vous que la motte est entièrement détachée avant de la sortir du pot. Si la plante est très grande, il vous faudra de l'aide, l'un attrapera la plante pendant que l'autre retiendra le pot.

Sortir un cactus de son pot

 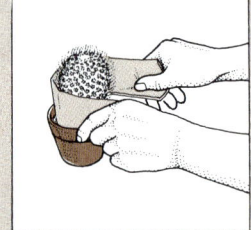 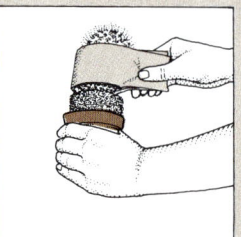

1 Préparez un morceau de papier d'emballage pour vous protéger les mains.

2 Entourez le cactus de papier, qui doit être assez grand, assez long pour former une « poignée ».

3 En tenant le papier d'une main, tirez le pot dans le sens inverse avec l'autre main.

• EMPOTAGE ET REMPOTAGE •

Changement de pot

On parle généralement d'empotage pour la mise en pot de plantules et boutures la première fois, alors qu'on parle plutôt de rempotage pour le transfert de plus grandes plantes d'un pot à un autre. C'est une opération à mener au début de la période de croissance. Ne rempotez pas pendant ou juste avant une période de repos, car la plante ne produirait pas de nouvelles racines pour remplir le pot. Le mélange risquerait alors d'être détrempé en permanence, entraînant le pourrissement des racines. Ne rempotez pas si la plante semble malade (sauf si c'est parce qu'elle est à l'étroit), afin de ne pas causer un traumatisme supplémentaire. Attendez quatre à six semaines pour faire des apports d'engrais à des plantes récemment rempotées, laissez-les plutôt étendre leurs racines pour trouver des éléments nutritifs dans le mélange terreux frais.

Plante à l'étroit

Le premier indice d'une plante à l'étroit dans son pot est l'apparition de nouvelles racines en surface de la motte. Les racines finissent par former un matelas épais et une spirale dense à la base du pot. Il est alors urgent de rempoter.

De nombreuses nouvelles racines apparaissent en surface de la motte.

Les racines commencent à spiraler à la base du pot.

Des racines enchevêtrées sortent du pot par le trou de drainage.

1 Éliminez la mousse ou toute matière végétale en surface du mélange.

2 Étalez une couche de drainage au fond du nouveau pot et assurez-vous que vous replacez la plante au même niveau.

3 Préparez un moule pour la motte en remplissant de mélange terreux l'espace entre le nouveau pot et le plus petit.

4 Mettez la plante en place, comblez les creux éventuels autour de la motte et tassez pour bien ancrer l'ensemble.

Rempotage dans le même pot

Les plantes ne demandent pas toujours à changer de pot. Si elles ne sont pas à l'étroit, ou si elles se plaisent dans un petit pot, il peut suffire de les sortir de leur pot pour les rempoter dans un pot propre de même taille (ou le même nettoyé) avec un peu de mélange terreux frais riche en éléments nutritifs. Si la plante est trop grande à votre goût ou pousse trop vite, vous pouvez rabattre les racines pour limiter son développement.

1 Sortez délicatement la plante de son pot. Un bon arrosage une heure avant facilitera cette opération.

2 Pour faire de la place pour du mélange frais, rabattez les racines en découpant la motte sur les côtés.

3 Placez la plante dans un pot propre de la même taille, comblez les espaces vides et tassez pour ancrer la plante.

Surfaçage

Les grandes plantes bien établies, qui ont déjà été rempotées plusieurs fois, sont de plus en plus difficiles à changer de pot. Il faut cependant trouver un moyen de leur apporter de nouvelles réserves nutritives. Un surfaçage chaque année, au printemps, est alors la meilleure solution. Cette technique convient aussi aux plantes d'intérieur comme les amaryllis (*Hippeastrum* hybrides), qui n'aiment pas voir leurs racines dérangées et se plaisent à l'étroit dans le même pot. Pour le surfaçage, utilisez toujours un mélange terreux frais enrichi avec un engrais à action lente.

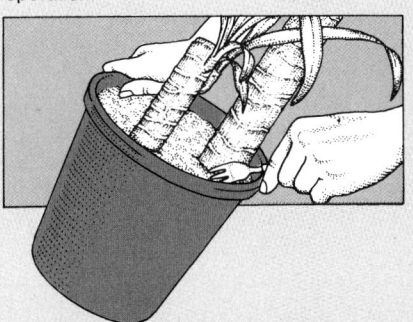
1 Grattez délicatement en surface quelques centimètres du mélange de culture, en prenant soin de ne pas abîmer les racines.

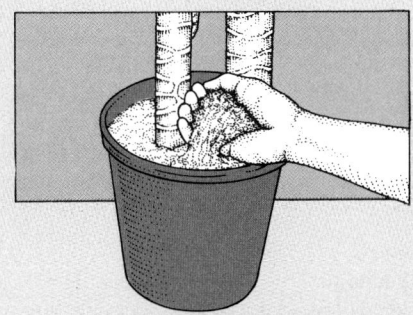
2 Remplissez le pot jusqu'au niveau initial avec du mélange frais de même type. Tassez bien pour que la plante reste ancrée dans son pot.

• ENTRETIEN DES PLANTES •
Culture des plantes sous lumière artificielle

L'utilisation de la lumière artificielle est de plus en plus fréquente pour les plantes d'intérieur, comme substitut ou en complément de la lumière naturelle, ou encore pour pouvoir cultiver des plantes à des emplacements où la lumière naturelle est insuffisante pour une bonne croissance ou une belle floraison.

Les lampes à incandescence peuvent brûler les plantes si elles sont trop près du feuillage, et elles ne donnent pas assez de lumière pour les besoins d'une plante lorsqu'elles sont placées assez loin pour éviter les brûlures. Les projecteurs sont préférables, car ils concentrent le faisceau lumineux grâce à des réflecteurs intégrés, mais ils ne suffisent qu'à la mise en valeur d'une composition.

Les tubes fluorescents sont le moyen le plus efficace et le moins coûteux d'apporter un éclairage artificiel aux plantes de la maison. Il en existe de différentes teintes. Le revêtement externe du tube détermine la couleur de la lumière. Si vous utilisez un système avec deux tubes accolés, une combinaison d'un « blanc naturel » et « lumière du jour » vous donnera la meilleure approche d'une véritable lumière naturelle. Les plantes préfèrent les longueurs d'onde dans le bleu/violet et le rouge. Les ampoules « lumière du jour » émettent beaucoup de lumière dans le bleu, mais peu dans le rouge ; « blanc chaud » et « blanc naturel », au contraire, sont plus fortes en lumière rouge que bleue. Le montage le plus simple consiste en un réflecteur portant un ou deux tubes, supporté par des montants permettant de placer les plantes sous les tubes. Il existe également des systèmes sur plusieurs niveaux, avec des tubes sous chaque étagère pour éclairer les plantes en dessous. Vous pouvez également installer des éclairages pour vos plantes dans une bibliothèque ou sur des étagères, ou dans la cuisine, entre un plan de travail et des éléments suspendus. Adressez-vous à un électricien compétent pour réaliser un montage que vous aurez préparé.

Les plantes ont des besoins différents en matière d'éclairage (voir pp. 244-245) dans leur environnement naturel, et il en va de même concernant la lumière artificielle. Si elles sont trop proches, le feuillage risque d'être brûlé ; trop éloignées, elles s'étioleront ou ne fleuriront pas bien. Les plantes cultivées pour leurs fleurs, comme les violettes du Cap (*Saintpaulia* hybrides), doivent être placées à 20-30 cm des tubes, celles à feuillage décoratif sont mieux à 30-40 cm seulement. Vous pouvez rapprocher les pots des tubes en les surélevant sur des morceaux de bois ou des pots vides retournés. Placez aux extrémités les plantes qui demandent moins de lumière. Les boutures s'enracinent très bien sous éclairage artificiel, si elles sont placées à la bonne distance.

Si les plantes ne reçoivent que cet éclairage artificiel, les tubes doivent être allumés 12 à 14 heures par jour pour les plantes à feuillage, 16 à 18 heures pour les plantes à fleurs — sauf celles de jours courts, comme les poinsettias qui demandent moins de lumière. Vous pouvez installer un programmateur pour que les tubes s'allument à une certaine heure. Si vous utilisez un tel système pour apporter un complément de lumière aux plantes en hiver, laissez-les profiter le plus possible de la lumière du jour, puis allumez les tubes durant 5 à 6 heures le soir.

Décoratif et fonctionnel, *à gauche*
Cette petite suspension est équipée d'une ampoule spéciale apportant la lumière nécessaire à cette fougère de Boston qui, sinon, ne pourrait survivre dans ce coin sombre. L'éclairage a également un but décoratif, dessinant des ombres gracieuses sur le mur derrière.

Types d'éclairage, *ci-dessous*
Les tubes fluorescents représentent le moyen le plus efficace d'éclairer artificiellement les plantes. Les ampoules à incandescence sont, en revanche, faciles à orienter mais ne peuvent servir qu'à mettre les plantes en valeur.

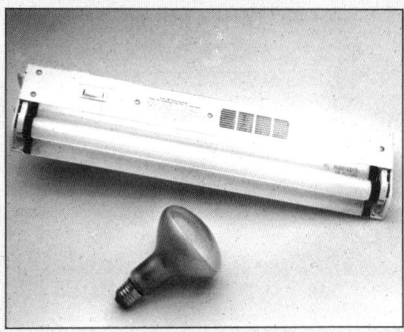

Simple, mais efficace, *à droite*
Un simple tube fluorescent de 2 m de longueur, suspendu au plafond, apporte un éclairage artificiel aux plantes placées dessous. Ce type d'éclairage dégage plus de lumière par watt que les autres types de tubes et perd également moins d'énergie sous forme de chaleur. Le feuillage décoratif est bien souligné par l'éclairage, qui répond en outre aux besoins des plantes en matière de lumière.

CULTURE DES PLANTES SOUS LUMIÈRE ARTIFICIELLE

Un éclairage complémentaire, *à droite*
Un système simple, comme celui-ci, suspendu à une poutre en bois, est rapide et facile à installer. Il peut éclairer plusieurs plantes dans des endroits qui seraient, sinon, trop sombres pour assurer une bonne croissance aux végétaux.

Unité de culture sous lumière artificielle, *ci-dessous*
Ce système utilisé pour des plantes fleuries peut être très apprécié en hiver. En effet, vous pouvez ainsi inciter les violettes du Cap (*Saintpaulia* hybrides) à s'épanouir tout au long de l'hiver.

• ENTRETIEN DES PLANTES •

Culture hydroponique

La culture hydroponique, ou hydroculture, est une technique qui consiste à cultiver les plantes dans des récipients remplis d'eau à laquelle on ajoute des éléments nutritifs. Sa forme la plus simple est celle, traditionnelle, de la culture des jacinthes (*Hyacinthus orientalis* hybrides), placées dans des vases spéciaux en verre, remplis d'eau. Le bulbe émet des racines dans l'eau.

Dans les années 70, des horticulteurs ont commencé à commercialiser des plantes d'intérieur cultivées dans des récipients spéciaux, étanches, remplis d'agrégats, servant à assurer l'ancrage des racines, et d'eau enrichie en éléments minéraux pour subvenir aux besoins nutritifs des plantes. La taille de ces récipients spéciaux variait du simple pot pour une plante de taille moyenne à de grands bacs à poser sur le sol, particulièrement appréciés pour décorer les grands bureaux, bibliothèques, hôpitaux... et ne demandant que peu d'entretien. L'intérêt essentiel de l'hydroculture est que les plantes demandent très peu de soins et aucun savoir-faire particulier pour aboutir à la réussite (voir pp. 72-73). Les autres avantages sont une croissance vigoureuse et rapide, l'absence de maladies ou de parasites transmis par le sol.

Les principaux matériaux nécessaires pour la culture hydroponique sont les agrégats, souvent vendus en sacs plastique, et les contenants, doubles ou simples. Les agrégats doivent être propres et inertes, qu'il s'agisse de graviers, gravillons, perlite, ou plus couramment de billes d'argile expansée, spécialement destinées à cet usage. Ce sont de petites billes légères, de différentes tailles, et de formes irrégulières, qui ont été cuites à très haute température dans un four tournant. Par ce traitement, l'essentiel de l'argile se dirige vers l'extérieur de la bille, laissant un centre comme alvéolé. Le principal avantage de ces billes d'argile expansée est qu'elles conduisent l'eau par leurs couches externes du fond du contenant vers le haut, s'humidifiant les unes après les autres, et l'air circule aisément entre les billes dans le haut du récipient, où se trouvent la plupart des racines.

Apports d'engrais

Pour apporter des éléments nutritifs aux plantes cultivées de cette façon, on ajoute l'engrais à l'eau, mais on peut le faire de plusieurs façons. La plus simple est d'utiliser un engrais liquide ordinaire dans l'eau destinée à remplir le réservoir. L'inconvénient de cette méthode est que les éléments nutritifs qui ne sont pas aussitôt utilisés par la plante ont tendance à se cristalliser sur les agrégats et les racines, et doivent être éliminés périodiquement, une opération qui n'est pas facile à mener. Il est beaucoup plus simple d'acheter un engrais spécialement destiné à la culture hydroponique, sous forme de disque ou de sachet que l'on place dans l'eau. L'avantage de ce système est que le sachet ou le disque ne libère pas en permanence tous les éléments minéraux qu'il contient, mais seulement l'élément nécessaire lorsqu'il manque dans l'eau, évitant ainsi toute accumulation indésirable.

Contenants utilisés

On distingue essentiellement deux types de récipients utilisés pour la culture hydroponique : les contenants simples et les contenants doubles. Un contenant simple peut être en n'importe quel matériau étanche (sauf un métal non traité dont le contact avec la solution nutritive pourrait être nocif pour les plantes et qui rouillerait), de

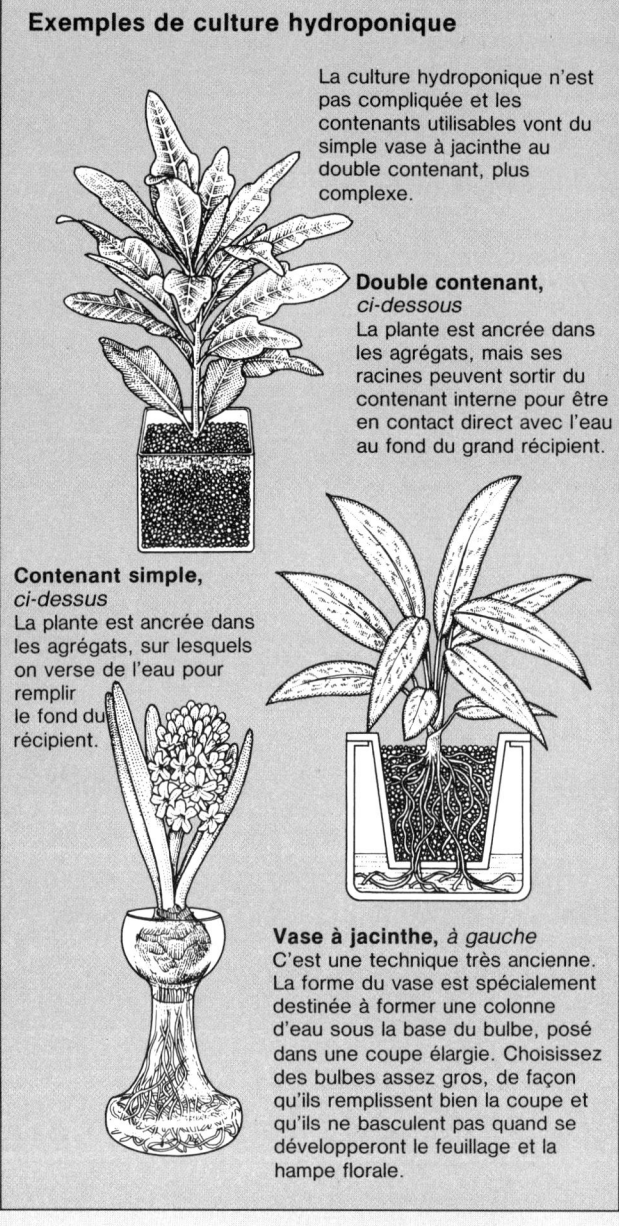

Exemples de culture hydroponique

La culture hydroponique n'est pas compliquée et les contenants utilisables vont du simple vase à jacinthe au double contenant, plus complexe.

Double contenant, *ci-dessous*
La plante est ancrée dans les agrégats, mais ses racines peuvent sortir du contenant interne pour être en contact direct avec l'eau au fond du grand récipient.

Contenant simple, *ci-dessus*
La plante est ancrée dans les agrégats, sur lesquels on verse de l'eau pour remplir le fond du récipient.

Vase à jacinthe, *à gauche*
C'est une technique très ancienne. La forme du vase est spécialement destinée à former une colonne d'eau sous la base du bulbe, posé dans une coupe élargie. Choisissez des bulbes assez gros, de façon qu'ils remplissent bien la coupe et qu'ils ne basculent pas quand se développeront le feuillage et la hampe florale.

préférence avec une base large pour plus de stabilité. Le verre est sans doute le matériau le plus indiqué. Outre son aspect décoratif, le verre permet de vérifier immédiatement le niveau d'eau et le développement des racines.

Un contenant double est constitué d'un récipient externe étanche dans lequel s'emboîte un deuxième récipient, plus petit. Ce dernier est suspendu par le rebord dans le plus grand et contient les agrégats et la plante. Le contenant interne est le plus souvent en plastique, muni de trous ou de larges fentes sur les côtés et à la base pour permettre à l'air et à l'eau de circuler autour des agrégats et des racines.

Dans les deux cas, l'eau ne doit parvenir que jusqu'aux couches inférieures des agrégats, pas jusqu'en haut. Dans le cas d'un contenant simple, un quart à un tiers des agrégats doivent être immergés ; dans le cas d'un contenant double, il suffit généralement que le contenant interne, rempli d'agrégats, soit en contact direct avec l'eau. Une jauge à flotteur permet de contrôler le niveau de l'eau.

• CULTURE HYDROPONIQUE •

Empotage des boutures enracinées

Les boutures qui ont formé des racines dans l'eau peuvent être empotées dans des contenants de culture hydroponique aussi bien que dans un mélange terreux ordinaire. Tenez les boutures bien droites et répartissez des agrégats autour des racines pour les ancrer, puis secouez doucement le pot pour niveler la surface. N'enterrez pas les boutures plus profondément que dans un mélange terreux normal et placez-les à l'ombre pour quelques jours, le temps qu'elles s'adaptent à ce nouveau milieu. Quand le développement racinaire aura bien repris, mettez les pots à leur emplacement définitif.

Préparation des boutures à la culture hydroponique, *à droite*
Les boutures de plantes comme le lierre et la misère peuvent s'enraciner directement dans de petits pots remplis d'agrégats et placés dans un plateau creux contenant de l'eau avec un engrais liquide ordinaire à quart de dose.

Rempotage dans les agrégats

Une plante cultivée de cette façon pousse rapidement, mais développe un système racinaire beaucoup plus compact que dans un mélange terreux, aussi un rempotage annuel est-il superflu. Le rempotage est cependant nécessaire de temps à autre, lorsque les racines ont colonisé tout le volume d'agrégats. Cette opération est très proche d'un rempotage ordinaire dans la terre, mais moins salissante et plus rapide. Rempotez toujours les plantes dans le même type de pot, qu'il soit simple ou double. S'il s'agit d'un contenant double, il faut que la taille du contenant externe s'accroisse dans les mêmes proportions que celle du contenant interne pour respecter l'équilibre.

1 Étalez une couche d'agrégats propres au fond du nouveau récipient. Sortez délicatement la plante de son pot, sans tirer car cela arracherait les racines.

2 Tenez la plante au-dessus du nouveau récipient de culture, en veillant à ce qu'elle soit au même niveau que dans le pot précédent. Étalez les racines et répartissez les agrégats.

3 Une fois que la plante est bien ancrée, versez de l'eau pour remplir jusqu'au tiers inférieur du récipient ou au niveau supérieur de la jauge.

Transfert de la culture classique à la culture hydroponique

Il est généralement peu recommandé de transférer une plante bien développée d'un mélange terreux classique à des agrégats et de l'eau, à cause du traumatisme qu'elle peut ainsi subir. Pour atténuer ce choc, il faut placer la plante dans un endroit chaud et humide pendant 10 à 12 semaines, pour l'aider à s'acclimater. Une mini-serre de multiplication est l'idéal, mais une grande serre chauffée convient également, si la température reste constante et que vous mainteniez l'air bien humide autour de la plante, en l'encapuchonnant de plastique. Pendant cette période, les vieilles racines adaptées au milieu terreux vont mourir et de nouvelles vont se développer, succulentes, adaptées à ce milieu semi-aquatique.

1 Des deux mains, sortez la plante de son pot, en veillant à ne pas abîmer la motte de racines. Mieux vaut ne pas choisir une plante précieuse pour ce type de transfert.

2 En tenant la plante d'une main, démêlez les racines de l'autre main, afin d'éliminer autant de terre que possible sans les arracher.

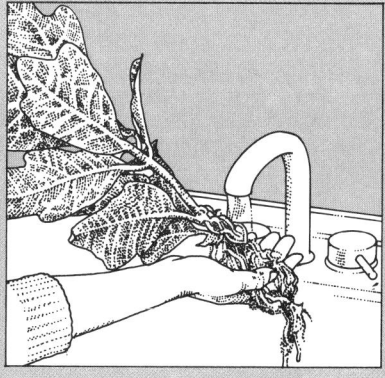

3 Pour enlever les dernières traces de mélange terreux, lavez bien les racines sous le robinet. L'eau ne doit pas être trop froide, afin que la plante ne subisse pas un choc supplémentaire.

• ENTRETIEN DES PLANTES •

Taille

La plupart des plantes d'intérieur demandent à être taillées ou palissées de temps à autre, pour garder ou prendre la forme souhaitée. Elles peuvent en effet devenir encombrantes ou leurs nouvelles tiges peuvent leur donner un aspect déséquilibré. Dans ce cas, il faut éclaircir ou pincer les tiges pour les inciter à pousser dans la direction voulue. Certaines plantes doivent être régulièrement pincées pour garder une forme touffue et buissonnante et ne pas développer de longues tiges qui se dénudent. Enfin, les jeunes tiges de certaines plantes grimpantes doivent être palissées si elles ne s'accrochent pas d'elles-mêmes.

Rabattage

Le rabattage est une méthode de taille assez sévère, mais elle permet d'améliorer considérablement l'aspect de la plante. On peut ainsi se débarrasser des tiges indésirables et garder dans une pièce des plantes même très envahissantes. En général, un rabattage sévère stimule la croissance de la plante, éliminant les tiges longues, faibles, pour favoriser le développement de nouvelles tiges vigoureuses, à entre-nœuds plus courts.

Comment tailler
Coupez toujours juste au-dessus du bourgeon que vous avez choisi pour qu'il émette une nouvelle pousse. Coupez en biseau, loin du bourgeon, et ne laissez pas une blessure qui pourrait pourrir.

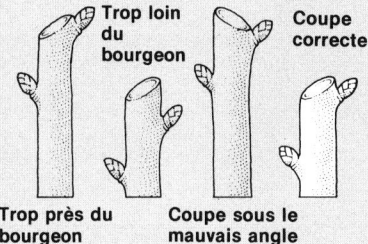
Trop loin du bourgeon — Coupe correcte — Trop près du bourgeon — Coupe sous le mauvais angle

Quand tailler
Le printemps est en général la saison qui convient à la plupart des plantes, lorsque démarre la nouvelle croissance, mais des tiges trop longues peuvent aussi être rabattues à l'automne si elles sont gênantes.

Certaines plantes ne fleurissent que sur les tiges de l'année, aussi pouvez-vous rabattre au printemps les vieilles tiges sans compromettre la floraison à venir. Lorsque vous rabattez des tiges ligneuses, mieux vaut cependant rabattre jusqu'au bois de l'année précédente, mais pas au-delà.

Quel que soit l'outil que vous utilisez, il doit être bien tranchant, pour éviter d'écraser et d'abîmer les tiges. Une lame de rasoir, un scalpel ou un couteau à lame fine conviennent pour les tiges molles et une paire de ciseaux à bouts pointus et fins vous permettra d'aller jusqu'à l'aisselle des feuilles dans le cas de plantes très touffues. Le sécateur est indispensable pour les tiges ligneuses.

Élimination des fleurs fanées
Cette opération consiste à couper et à rabattre les tiges des fleurs fanées sur la plante. Cela stimule la production de nouvelles fleurs plutôt que la formation de graines, qui serait le processus naturel.

Rabattage d'une plante à croissance désordonnée
Les espèces à croissance rapide, grimpantes ou palissées sur des arceaux ou treillages, peuvent avoir une silhouette confuse au bout de deux ou trois ans de culture. Le jasmin (*Jasminum* sp.) est un exemple d'espèce demandant à être sévèrement rabattue. N'ayez pas peur de rabattre à la base la plupart des tiges, sauf les nouvelles. Si vous rabattez au début du printemps, la plante sera couverte de nouvelles pousses en été.

1 Si les tiges se développent de manière désordonnée, rabattez-les pour stimuler une croissance plus touffue, la plante sera plus jolie.

Rabattage pour avoir un feuillage plus fourni
Les plantes à longues tiges, comme les lierres (*Hedera* sp.) ou les philodendrons, ont parfois en hiver des feuilles très espacées, laissant voir des tiges dénudées peu esthétiques. Cela peut être dû à un éclairage insuffisant ou à une perte de vigueur. Il faut rabattre les tiges longues et dénudées pour stimuler le développement de nouvelles tiges, vigoureuses et à entre-nœuds courts. Il faut ensuite trouver la cause du problème pour qu'il ne se reproduise pas.

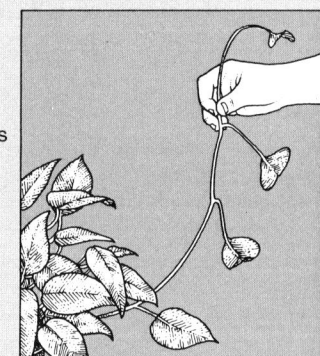
1 Les tiges présentant de longs intervalles entre les feuilles, surtout dans le cas de plantes grimpantes, demandent à être rabattues.

Rabattage d'une grande plante
Le rabattage stimulant généralement la croissance, si vous ne coupez que 10 à 15 cm de l'extrémité des tiges d'une grande plante, la solution ne sera que temporaire. Quand un caoutchouc (*Ficus elastica*) ou un dragonnier (*Dracaena marginata*) atteint presque le plafond, il faut le raccourcir d'environ 1 m si vous voulez pouvoir le garder dans cette pièce encore quelques années. La plante aura, certes, un drôle d'aspect pendant quelques semaines, mais l'opération se révélera utile quand se développeront de nouvelles feuilles.

1 Si l'une de vos plantes préférées prend trop d'ampleur, vous pouvez la rabattre sévèrement pour pouvoir la garder quelques années encore.

Fleurs à long pédoncule
Éliminez les fleurs des violettes du Cap (*Saintpaulia* hybrides) dont les pédoncules partent de la base de la plante, en tordant et en tirant toute la tige.

Fleurs à pédoncule court
Pour éliminer les fleurs groupées en inflorescences ou sur de courts pédoncules issus de la tige principale, pincez-les entre le pouce et l'index.

• TAILLE •

Pincement

Il faut fréquemment pincer l'extrémité des tiges des plantes qui ont tendance à donner de longues tiges non ramifiées, et qui ont meilleure allure avec un port plus compact. Le pincement permet aussi d'éviter que les plantes grimpantes ne prennent un aspect trop confus.

Comment pincer, *à droite*
Pincez le bourgeon terminal ou la tige entre le pouce et l'index.

2 Détachez les tiges de l'arceau et rabattez-les, avec des ciseaux bien aiguisés, pour ne laisser que deux des plus jeunes tiges.

3 Enroulez les tiges restantes autour de l'arceau et fixez-les avec des liens métalliques gainés de plastique.

2 Avec une paire de ciseaux bien aiguisés, rabattez la tige jusqu'à un nœud où la croissance est vigoureuse et le feuillage fourni.

3 Dans de bonnes conditions de culture, les nouvelles tiges auront des entre-nœuds plus courts.

2 Utilisez un sécateur pour rabattre les tiges d'une plante ligneuse. Vous pouvez rabattre jusqu'à la moitié de la taille initiale de la plante.

3 Au besoin, étanchez le latex qui s'écoule de la coupure en la saupoudrant de poudre de charbon de bois. Placez la plante dans des conditions qui lui conviennent et elle devrait former de nouvelles feuilles en quatre à six semaines.

Mise en forme d'une plante

On peut donner, à de nombreuses plantes d'intérieur, différentes formes bien définies par des méthodes de taille appropriées, pour obtenir par exemple une plante buissonnante ou une plante haute sur une tige nue (comme les rosiers sur tige), ou encore pour palisser une plante grimpante sur un support de forme donnée.

Formation d'une plante sur tige

1 Éliminez toutes les pousses latérales qui apparaissent sur la tige principale, mais laissez le feuillage.

2 A la hauteur voulue, pincez le bourgeon terminal. Éliminez le feuillage de la tige.

Formation d'une plante buissonnante

1 Pincez l'extrémité des pousses pour stimuler le développement de ramifications latérales.

2 Pincez l'extrémité des nouvelles pousses pour que la plante garde une forme bien touffue.

Plantes palissées sur un support

Le support peut être un fin tuteur, un tuteur en bambou, un arceau métallique ou un treillage, enfoncé dans le mélange de culture.
Vous pouvez utiliser des liens en ficelle, en raphia, en plastique, ou métalliques gainés de plastique. Placez-les de façon à bien maintenir les tiges mais sans trop serrer, afin qu'ils ne blessent pas la tige quand celle-ci s'épaissira.

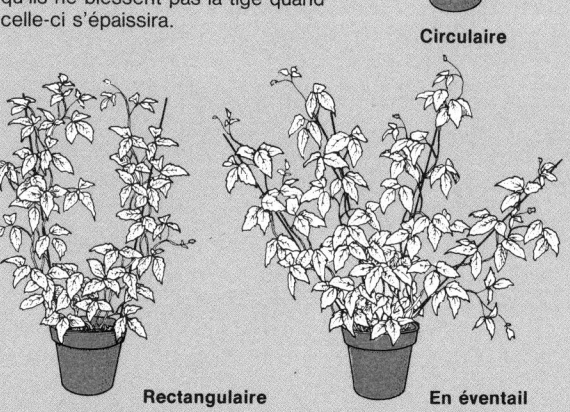

Circulaire

Rectangulaire   En éventail

• ENTRETIEN DES PLANTES •

Multiplication 1

Toutes les plantes finissent par atteindre un stade où elles sont moins décoratives qu'elles ne l'ont été et doivent être remplacées par des sujets plus jeunes et plus vigoureux. Multiplier vous-même vos plantes est un moyen à la fois agréable et économique de rajeunir votre collection.

On distingue deux grands types de multiplication ou reproduction des plantes, par semis (voir p. 269) ou par voie végétative.

Multiplication végétative

Cette technique de multiplication consiste à prélever une certaine partie de la plante et à lui faire émettre des racines, de façon qu'elle puisse donner naissance à une nouvelle plante. En général, mais pas toujours, les plantes multipliées de cette façon sont identiques à la plante mère. Selon les espèces, presque tous les organes d'une plante peuvent servir à la multiplication végétative : des plantules peuvent se développer à la surface des feuilles, à l'extrémité de stolons, à partir de rejets, de boutures de feuilles ou de tiges. La division des touffes et le marcottage de tiges ou le marcottage aérien sont d'autres méthodes de multiplication végétative. Une ou plusieurs méthodes peuvent être appliquées, selon les espèces. Dans tous les cas, un enracinement et une reprise rapides sont essentiels. Plus la section destinée à former la nouvelle plante s'enracine vite, plus la réussite est assurée. Des parties non enracinées risquent de flétrir ou de pourrir rapidement. On trouve dans le commerce des mélanges de culture spéciaux pour l'enracinement des boutures, légers et à fort pouvoir de rétention d'eau, mais pauvres en éléments nutritifs qui pourraient brûler les jeunes racines.

Le printemps est généralement la meilleure saison pour la multiplication végétative, quelle que soit la méthode employée.

Équipement nécessaire

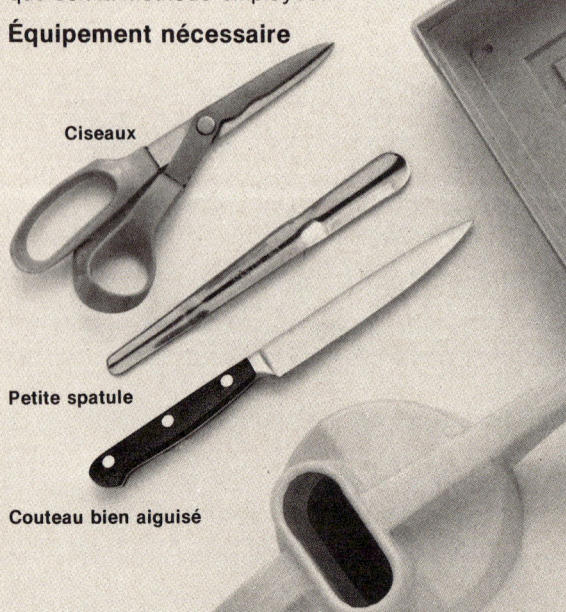

Pot à confiture, à renverser sur un petit pot

Pinceau

Bâche plastique pour la multiplication

Étiquettes pour plantes

Poudre à base d'hormones d'enracinement

Crayon pour les étiquettes

Caissette en tourbe

Godets en tourbe

Pastilles de tourbe

Ciseaux

Petite spatule

Couteau bien aiguisé

Caissette de multiplication à chauffage électrique

Arrosoir

Caissette de semis

• MULTIPLICATION •

Caissette de multiplication sans chauffage

Multiplication à partir de boutures de tige

La plupart des plantes d'intérieur peuvent être multipliées à partir de boutures de tige. Il faut prélever les boutures avec un couteau bien aiguisé ou une lame de rasoir, car les tiges arrachées ou écrasées risquent de pourrir rapidement. Si possible, arrosez la plante deux heures environ avant de prélever les boutures, pour que les tiges et les feuilles soient bien gonflées d'humidité. S'il s'agit d'une tige à fleurs, pincez d'abord délicatement les fleurs. Trempez la base de la bouture dans de la poudre à base d'hormones d'enracinement pour accélérer la reprise.

Enracinement dans l'eau d'une bouture de plante à tige molle

 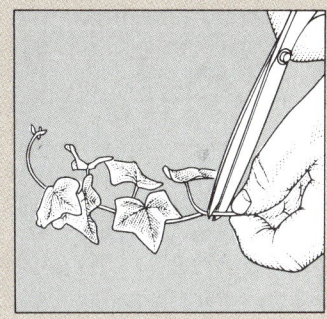 

1 Faites une coupe nette juste au-dessus d'un nœud, ou point d'attache d'une feuille. La plante mère émettra ensuite de nouvelles pousses à partir des bourgeons axillaires supérieurs.

2 Recoupez la bouture juste sous le nœud le plus bas de cette section et enlevez délicatement les feuilles inférieures.

3 Au bout de quatre semaines environ, des racines de 2 à 4 cm se seront développées dans l'eau et la bouture pourra être rempotée dans du mélange terreux.

Enracinement dans un mélange terreux d'une bouture de plante à tige molle

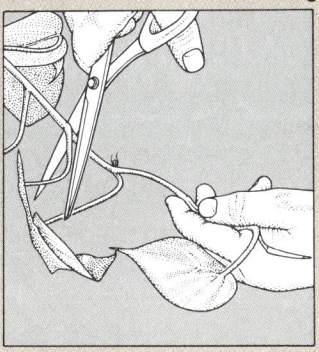 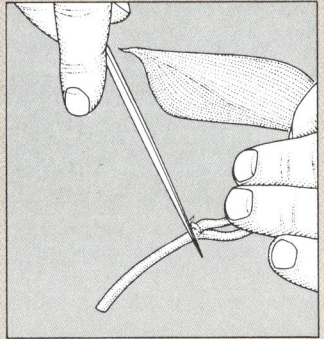 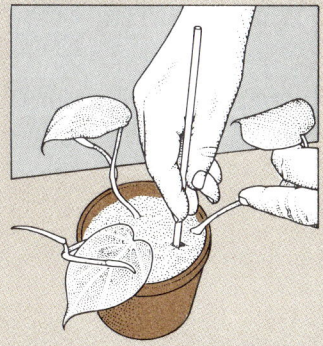

1 Sélectionnez une tige vigoureuse, avec environ trois nœuds assez rapprochés, et faites une coupe nette pour avoir une bouture terminale de 10 à 15 cm de longueur.

2 Retaillez la bouture juste sous le nœud inférieur et enlevez les feuilles inférieures, pour éviter qu'elles ne pourrissent au contact du mélange terreux.

3 Avec un bâtonnet ou un crayon, faites quelques trous et plantez plusieurs boutures dans le même pot, en tassant délicatement le mélange avec vos doigts.

Prélèvement de boutures de plante à tige ligneuse

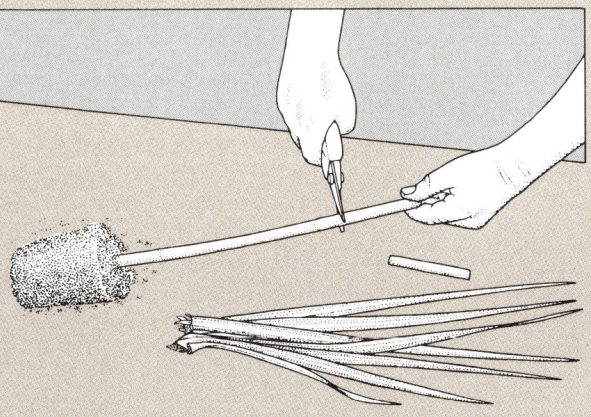 

1 Pour multiplier une plante à tige ligneuse, éliminez les feuilles basales si besoin est et coupez la tige en petits tronçons, chacun comprenant au moins un nœud. L'enracinement peut demander plusieurs semaines de plus que dans le cas d'une plante à tige molle.

2 Placez les boutures dans le mélange d'enracinement. Des racines se développeront à partir des nœuds enterrés et des feuilles apparaîtront à l'aisselle des nœuds restant à l'air.

• 265 •

• ENTRETIEN DES PLANTES •

Multiplication 2

Multiplication à partir de boutures de feuilles

Certaines plantes peuvent être multipliées à partir de boutures de feuilles. On détache une feuille complète, avec son pétiole, de la plante mère et on la place dans un mélange d'enracinement à peine humide, ou parfois dans l'eau. Les feuilles doivent être insérées dans le mélange à un angle de 45°, et peuvent être appuyées contre le bord du pot pour mieux tenir. L'extrémité coupée ne doit pas être enfoncée trop profondément. De nouvelles racines et pousses se développent à partir de la section de la bouture ou sur les bords de la feuille. Vous pouvez planter les boutures de feuilles séparément dans de petits pots, ou regroupées dans de grands pots ou des caissettes de multiplication. Encapuchonnez le pot dans un sac plastique pour maintenir une atmosphère humide, ce qui vous dispensera quasiment d'arroser. Les violettes du Cap (*Saintpaulia* hybrides) et les bégonias à rhizome sont deux exemples bien connus de plantes qui peuvent être multipliées de cette manière. Choisissez des feuilles ni trop jeunes ni trop vieilles, par exemple pas tout à fait à l'extérieur ni à l'intérieur de la rosette dans le cas de la violette du Cap. Ne coupez pas en tronçons les feuilles de bégonias. Les feuilles peuvent être utilisées entières si vous recoupez leurs bords externes afin de limiter les pertes d'eau par transpiration en diminuant la surface du limbe.

Enracinement de boutures de feuille dans un mélange terreux

 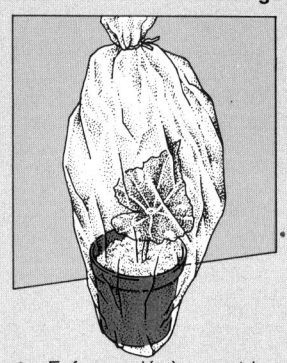 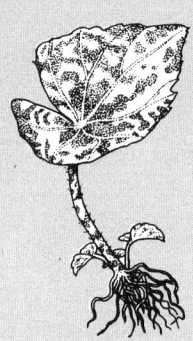

1 Prélevez une feuille complète avec une lame de rasoir ou un couteau bien aiguisé et recoupez le pétiole à 4-5 cm de longueur.

2 Enfoncez légèrement la feuille dans un mélange d'enracinement à peine humide et couvrez le pot d'un sachet de plastique.

3 Quand les nouvelles plantules apparaissent à la base de chaque feuille, coupez et enlevez la feuille mère.

Enracinement de boutures de feuille dans l'eau

1 Prélevez une feuille saine avec son pétiole et recoupez-la à 4-5 cm de longueur.

2 Couvrez d'un film plastique un pot à confiture rempli d'eau et insérez les feuilles dans des trous percés dans le plastique.

3 Des racines et de nouvelles plantules vont se former dans l'eau. Vous pouvez ensuite les séparer et les planter dans un mélange d'enracinement.

Enracinement de sections de feuilles dans un mélange terreux

Les feuilles de certaines plantes, comme la langue-de-belle-mère (*Sansevieria* sp.), la primevère du Cap (*Streptocarpus* hybrides) et *Peperomia caperata*, peuvent être découpées en sections qui s'enracinent séparément pour donner de nombreuses plantules. Une touffe de plantules se développera à partir d'une section de feuille de primevère du Cap, une seule plantule à partir de la base du tronçon de feuille de langue-de-belle-mère. Les segments de feuilles doivent être enfoncés la base vers le bas dans le mélange d'enracinement, sinon les racines ne se développeront pas.

Coupez transversalement des segments de 5 à 8 cm de longueur pour les deux premières espèces et enfoncez-les presque verticalement dans un mélange d'enracinement à base de sable, en enterrant un quart à la moitié du segment. Coupez en croix les feuilles de peperomia, obtenant ainsi quatre morceaux. Plantez-les avec un bord coupé juste en contact avec le mélange d'enracinement à peine humide. Si vous utilisez (comme ici) les feuilles d'une langue-de-belle-mère à feuillage panaché, les nouvelles feuilles qui se formeront alors seront d'un vert uni.

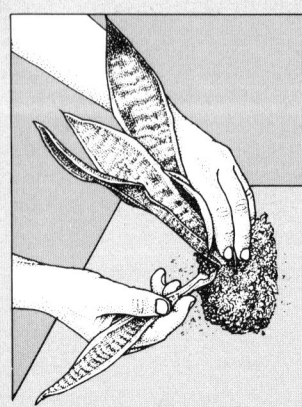 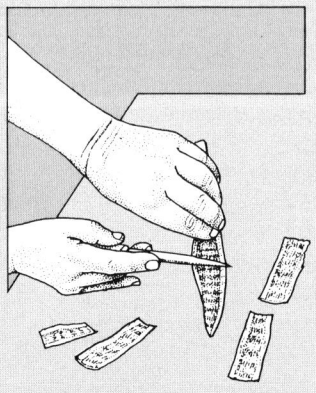  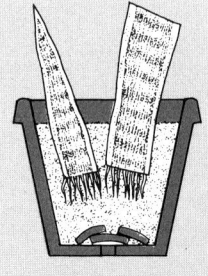

1 Sortez la plante mère de son pot et choisissez une belle feuille saine. Coupez ou cassez la feuille à la base.

2 Avec un couteau bien aiguisé, coupez la feuille transversalement, en segments de 5 à 8 cm de longueur. Chaque grande feuille permet de couper plusieurs segments.

3 Insérez les segments de feuilles, en les maintenant légèrement penchés, dans le mélange d'enracinement. Vous pouvez, au besoin, les faire reposer sur le bord du pot.

4 De nouvelles racines vont se développer à partir de la section inférieure de chaque tronçon. Quand les plantules sont bien développées, rempotez-les normalement.

• MULTIPLICATION •

Multiplication à partir de plantules

Un certain nombres de plantes d'intérieur émettent des plantules — fidèles répliques de la plante mère — sur leurs feuilles ou à l'extrémité des stolons ou des tiges arquées. Ainsi *Tolmeia menziesii* forme des plantules sur des feuilles, tandis que la saxifrage araignée (*Saxifraga stolonifera*) émet des stolons portant des plantules. Si on laisse les plantules sur la plante jusqu'à ce qu'elles soient bien développées, il est généralement facile de les détacher et de les rempoter dans un mélange d'enracinement, pour qu'elles forment leurs propres racines. On peut aussi marcotter la saxifrage araignée ou la phalangère (*Chlorophytum comosum*) (voir p. 268), mais les plantules s'enracinent souvent bien moins quand elles sont reliées par une tige à la plante mère.

1 Coupez une feuille ou un stolon (comme ci-dessus) portant une plantule bien développée. Laissez environ 2 à 3 cm du pétiole ou du stolon avec la plantule. Enfoncez cette tige dans un pot contenant du mélange d'enracinement, avec la plantule posée en surface.

2 Couvrez le pot d'un sac plastique pour augmenter l'humidité.

Multiplication à partir de rejets

Ce sont de petites plantes qui apparaissent autour de la base de plantes adultes. La plupart sont directement issues de la tige principale, mais certaines sont produites sur de longues tiges ou stolons. Broméliacées et plantes grasses portent souvent des rejets, ainsi que de nombreux cactus de forme sphérique. Pour isoler ces rejets et en faire de nouvelles plantes, il ne faut pas les détacher de la plante mère avant qu'ils soient bien établis et qu'ils aient toutes les caractéristiques de la plante mère. Les rejets bien développés ont souvent déjà des racines, ce qui rend plus facile leur reprise lors de la séparation.

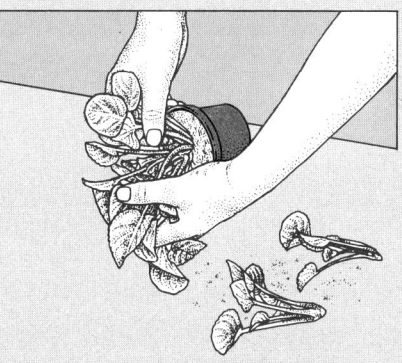

1 Choisissez un rejet, et détachez-le délicatement de la tige principale. Vous pouvez procéder à cette opération lors du rempotage de la plante mère.

2 Plantez les rejets dans des pots séparés, dans un mélange d'enracinement à peine humide. Placez le pot sous un sac plastique jusqu'à ce que l'enracinement soit assuré.

Multiplication par division de touffe

Les plantes comme la violette du Cap (*Saintpaulia* hybrides), la plupart des fougères et certaines cactées peuvent être divisées en les sortant de leur pot et en détachant délicatement mais fermement deux touffes visiblement distinctes, chacune comprenant une seule ou plusieurs plantes et un système racinaire bien développé. Il est parfois nécessaire de gratter (sous l'eau éventuellement) une partie du mélange terreux pour mieux distinguer chaque touffe. Les racines sont parfois étroitement enchevêtrées, et il faut un couteau bien aiguisé lors de la division. Les fougères, notamment, ont souvent des racines assez fines, difficiles à démêler.

1 Il vous faudra peut-être un couteau pour commencer la division des touffes, de façon à bien pouvoir enfoncer vos pouces dans la motte et à séparer les différentes touffes.

2 Rempotez les plantes ainsi divisées au même niveau que précédemment, dans un pot un peu plus grand que l'étalement des racines. Arrosez modérément jusqu'à ce que les nouvelles plantes aient repris.

Délais de multiplication

Boutures de tige molle dans l'eau : quatre à six semaines pour la formation des racines, puis rempotage dans du mélange terreux.

Boutures de tige molle dans un mélange terreux : trois à quatre semaines pour la formation des racines.

Boutures de tige ligneuse dans un mélange terreux : trois à quatre semaines pour la formation des racines, puis encore deux à cinq semaines pour que commence à se développer un nouveau système aérien.

Feuille entière dans l'eau : trois à quatre semaines pour la formation des racines, puis rempotage dans un mélange terreux.

Segment de feuille dans un mélange terreux : quatre à six semaines pour la formation des racines ; puis encore quatre à huit semaines pour que commence à se développer un nouveau système aérien.

Plantule dans un mélange terreux : trois à quatre semaines pour la formation des racines, puis encore deux à cinq semaines pour que la plante s'étoffe et soit bien développée.

Rejet dans un mélange terreux : trois à quatre semaines pour la formation des racines, puis encore deux ou trois semaines pour avoir une plante de taille intéressante.

Touffes divisées dans un mélange terreux : deux à trois semaines pour avoir une plante de taille intéressante.

• ENTRETIEN DES PLANTES •

Multiplication 3

Marcottage

C'est un procédé par lequel on encourage les racines à se former sur une tige rampante encore reliée à la plante mère. On utilise par exemple le marcottage au jardin, pour les arbustes à tiges semi-ligneuses dont on plaque les tiges au sol pour les encourager à s'enraciner. C'est une technique que l'on emploie peu pour des plantes d'intérieur, si ce n'est pour le philodendron grimpant *(Philodendron scandens)* et les lierres *(Hedera* sp.), deux plantes qui développent des racines aériennes au point d'attache des feuilles sur la tige. Comme pour la multiplication à partir de plantules (voir. p 267), les tiges sont posées sur un mélange de rempotage adapté dans un pot placé près de la plante mère. Les nouvelles plantes qui se développent et s'enracinent peuvent ensuite être séparées de la plante mère et rempotées séparément à n'importe quel moment.

1 Posez la tige en surface d'un pot rempli de mélange d'enracinement en la maintenant fermement en place avec une épingle à cheveux ou un fil de fer recourbé. Entourez bien de mélange terreux le point de contact, pour stimuler le développement des racines.

2 De nouvelles racines apparaissent en trois ou quatre semaines, au niveau d'un nœud, et une nouvelle plante commence à se développer. Quand c'est le cas, détachez la nouvelle plante en prenant soin de ne pas abîmer la plante mère. De cette façon, vous pouvez obtenir plusieurs nouvelles plantes à la fois.

Marcottage aérien

Par cette méthode, vous pouvez conserver l'une de vos plantes préférées mais qui devient trop grande ou qui a perdu ses feuilles inférieures, devenant moins belle. On l'utilise souvent pour les plantes à tige ligneuse, difficiles à multiplier par bouturage, et dont la tige est trop rigide pour être couchée et marcottée. On « blesse » intentionnellement la tige pour qu'elle émette des racines au niveau de la blessure, à la suite de quoi on détache la section supérieure de la plante pour la rempoter séparément. Vous pouvez faire une simple entaille verticale sur la tige, mais il y a un risque que la plante casse. La méthode décrite ci-dessous est plus sûre.

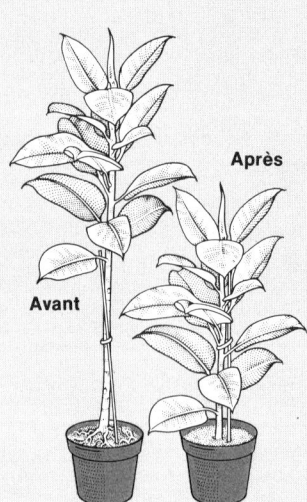

Avant / Après

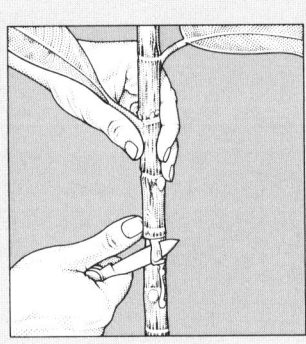

1 Entaillez l'écorce, en décrivant deux anneaux séparés de 1 à 2 cm, sous la feuille saine la plus basse de la tige. Enlevez l'écorce entre les deux anneaux.

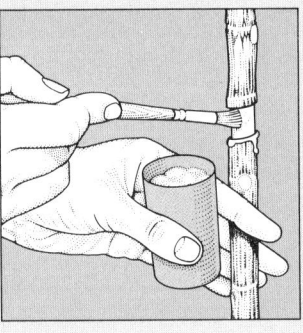

2 Avec un pinceau, passez de la poudre à base d'hormones d'enracinement sur la zone écorcée pour que les racines se développent plus rapidement.

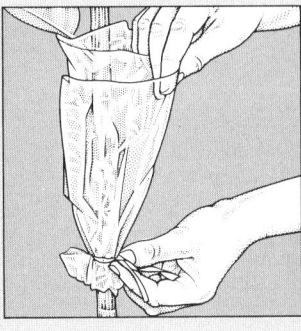

3 Avec du ruban adhésif ou de la ficelle, fixez la base d'un manchon en plastique autour de la tige, juste en dessous du point où la tige a été écorcée.

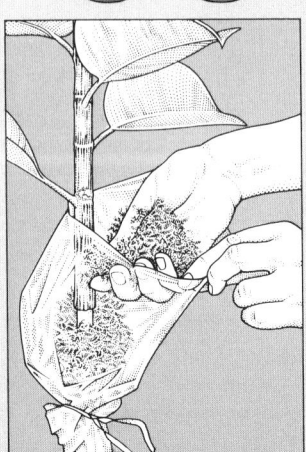

4 Remplissez le manchon ouvert de sphaigne humide. C'est le matériau le plus favorable à l'enracinement dans le cas du marcottage aérien.

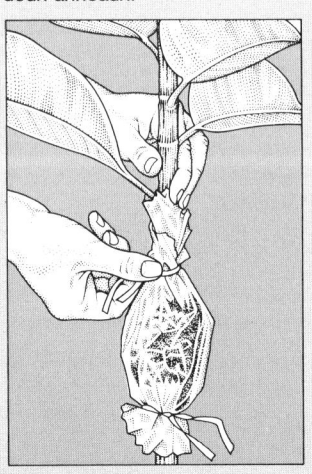

5 Refermez le haut du manchon de plastique entourant la mousse, de façon que la zone écorcée demeure dans une atmosphère humide.

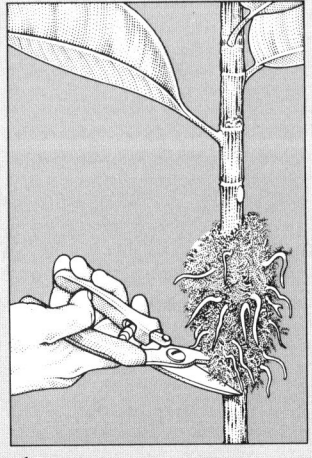

6 Au bout de quelques semaines, des racines apparaissent à travers la mousse. Enlevez le manchon en plastique et coupez la tige sous les racines.

7 Plantez cette nouvelle motte de racines entourée de mousse dans un pot, en prévoyant de laisser 5 cm tout autour pour le développement des racines.

Multiplication par semis

On trouve des graines de bonne qualité pour des plantes d'intérieur aussi courantes que certains bégonias (*Begonia semperflorens cultorum*) et les impatiens (*Impatiens* sp.). On peut de cette façon cultiver les plus beaux hybrides. Semez les graines de préférence dans un mélange d'enracinement à base de tourbe (voir p. 264). Utilisez comme récipients des demi-pots ou des caissettes de semis, selon la quantité de graines à semer. Pour les graines très petites, comme celles des bégonias (*Begonia* sp.) et des violettes du Cap (*Saintpaulia* sp.), fines comme la poussière, mieux vaut les saupoudrer en surface du mélange. Sur les graines légèrement plus grosses, répandez une fine couche de mélange tamisé. Enfin, enterrez les graines assez grosses, les plus courantes, à une profondeur égale à une fois et demie leur diamètre. Une fois que l'eau à pénétré les enveloppes externe de la graine, la croissance commence et la plantule demande alors une bonne humidité en permanence. Tout dessèchement peut être fatal, mais un excès d'eau peut aussi faire pourrir les plantules, aussi faut-il respecter un certain équilibre.

Pour une germination rapide, il faut une température supérieure à 15 °C, et certaines espèces subtropicales et tropicales demandent des températures bien supérieures. Certaines graines germent mieux à l'obscurité, d'autres ont besoin de lumière pour se développer ; suivez donc toujours les indications figurant sur les sachets de graines. Il est très important que les jeunes plantules reçoivent, dès les premiers stades de leur développement, la quantité de lumière dont elles ont besoin. Si une plantule commence à s'étioler par manque de lumière, elle ne donnera pas une plante par la suite. Placez les caissettes ou les pots près d'un source de lumière dès que germent les premières graines. Il faut cependant éviter les rayons brûlants du soleil, qui risquent de brûler les plantules et de dessécher le mélange terreux. Vérifiez chaque jour que les contenants sont suffisamment humides et bien éclairés.

Le semis

1 Étalez une fine couche de gravillons au fond de la terrine, pour assurer un bon drainage et éviter que le mélange ne soit gorgé d'eau. Recouvrez les gravillons d'un mélange pour semis.

2 Avant de semer, dessinez des sillons peu profonds. Si vous éparpillez les graines au hasard en surface du mélange, vous risquez d'avoir une densité de plantes trop importante.

3 Prenez de petites pincées de graines, par exemple dans un couvercle ou une soucoupe, et éparpillez-les dans les sillons. Dans le cas de grosses graines, alignez-les une à une et régulièrement.

4 Recouvrez les graines de mélange terreux si besoin est, et humidifiez bien le mélange avec un vaporisateur. Placez ensuite un panneau de verre ou une feuille de plastique sur la terrine et placez-la dans un endroit chaud.

Éclaircissage

1 Dès que les plantules commencent à pousser, éclaircissez en éliminant celles qui sont trop rapprochées. Les sujets restants auront ainsi de meilleures chances de bien se développer.

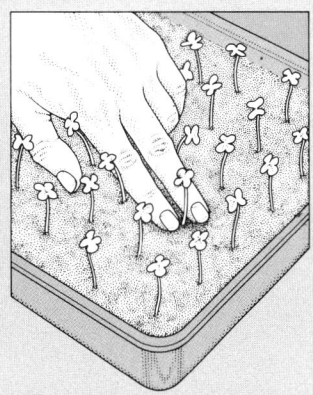

2 L'espace entre les plantules doit être à peu près égal à leur hauteur. Du bout des doigts, tassez bien le mélange autour de chaque plantule.

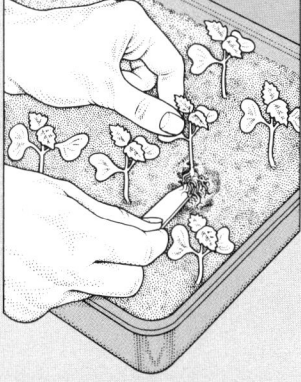

3 Quand les plantules ont au moins deux vraies feuilles, sortez-les délicatement du mélange, avec une étiquette rigide ou une petite spatule, pour permettre aux jeunes racines de se dégager.

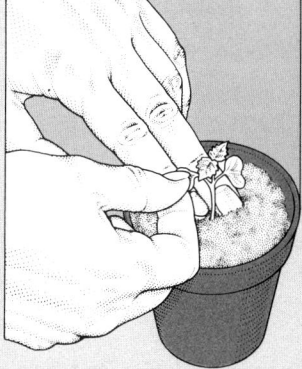

4 Transférez chaque plantule dans un pot rempli de mélange de rempotage adapté. Veillez à ne pas enterrer les feuilles basales.

• ENTRETIEN DES PLANTES •

Problèmes, parasites et maladies 1

Des plantes d'intérieur saines et bien entretenues sont vigoureuses et ont belle allure, et risquent moins d'avoir des problèmes de santé ou d'être attaquées par maladies, parasites ou ravageurs. Les plantes « à problèmes » sont le plus souvent des plantes qui ont été négligées ou ont subi des traitements inadéquats.

La première condition, pour avoir des plantes en forme, est de les choisir avec beaucoup de soin, en connaissant le temps que vous pourrez leur consacrer et les conditions d'environnement que vous pouvez leur offrir. Achetez un spécimen qui semble en bonne santé et transportez-le chez vous avec précaution. La plante aura besoin d'une période d'acclimatation à son nouvel environnement ; essayez de la mettre à un emplacement qui lui convienne et ne la déplacez pas pendant quelques jours. Il est peu recommandé d'associer une plante à d'autres spécimens avant de s'être assuré de sa bonne santé ; isolez-la un moment, pour être sûr qu'elle n'est pas malade.

Soins préventifs

La clé du succès, avec les plantes d'intérieur, est de ne leur donner ni trop ni pas assez de ce dont elles ont besoin pour vivre : eau, engrais, lumière, température et humidité. Mis à part les soins d'entretien courant, il est bon de consacrer quelques minutes toutes les semaines ou tous les quinze jours pour les nettoyer et les examiner. Retournez les feuilles et examinez attentivement la face inférieure, pour dépister rapidement d'éventuels problèmes phytosanitaires. Si vous constatez des signes de maladies ou de parasites, il faut agir tout de suite pour sauver la plante. Surveillez également attentivement les bourgeons et points de croissance : plus tendres, ils sont plus facilement attaqués par les pucerons que les feuilles plus âgées, coriaces. Chez plusieurs plantes à fleurs, comme la primevère du Cap (*Streptocarpus* hybrides), les feuilles sont rarement attaquées, ce sont les fleurs et les pédoncules qui constituent les parties sensibles. Certains parasites s'attaquent plus spécifiquement à certaines variétés, tandis que d'autres peuvent s'attaquer à quasiment toutes les plantes si les conditions sont favorables.

Entretien de routine

Le nettoyage d'une plante peut permettre de déloger le parasite ou d'éviter une véritable infestation. Dans la maison, la poussière rend les feuilles moins brillantes et, dans une certaine mesure, bouche les pores par lesquels elles respirent. Elle réduit également la quantité de lumière utilisable pour la photosynthèse. Veillez à ce que les plantes ne soient pas si serrées que l'air ne circule pas librement entre elles ou que certaines souffrent de l'ombre des autres. Éliminez les feuilles jaunes ou abîmées ainsi que les fleurs fanées. Il faut couper les tiges florales à la base lorsque toutes les fleurs qu'elles portent sont fanées. Sinon, les sections de tiges restantes risquent de pourrir au cœur de la plante.

Un nettoyage régulier

A l'intérieur, les plantes prennent la poussière, aussi faut-il les nettoyer régulièrement. Des feuilles propres rendront la plante plus décorative et seront plus efficaces pour la croissance de la plante. Vous trouverez ci-dessous différentes méthodes pour nettoyer les plantes, en fonction de la taille et de la texture des feuilles. Quelle que soit la forme ou la taille d'une plante, la méthode la plus efficace est de la placer dehors, dans un endroit abrité, sous une pluie fine, pendant les mois d'été. L'eau de pluie ne laisse pas de dépôt blanchâtre sur les feuilles.

Nettoyage avec une éponge humide
Les plantes à grandes feuilles lisses peuvent être nettoyées avec une éponge humide ou un chiffon doux. Utilisez une eau légèrement savonneuse et rincez bien à l'eau claire ensuite. Une douche sous faible pression fera du bien également à ce type de plante.

Fleurs et feuilles fanées
Éliminez les fleurs fanées ou les vieilles feuilles qui jaunissent, en les arrachant à la base. Coupez les extrémités brunes des feuilles avec des ciseaux bien aiguisés. Le brunissement étant en général dû à la sécheresse de l'air, augmentez le taux d'humidité ambiante.

Petit aide-mémoire pour l'entretien des plantes

Dans la majorité des cas, les troubles affectant les plantes d'intérieur ne sont pas dus aux maladies ou aux parasites. Il se peut simplement que l'un ou plusieurs des facteurs d'environnement ne conviennent pas à la plante. Cet aide-mémoire vous aidera à trouver la cause des troubles qui affectent telle ou telle plante. Si plusieurs conditions ne conviennent pas à la plante, il faut lui trouver un nouvel emplacement pour qu'elle reprenne une croissance vigoureuse. Si certains symptômes persistent, assurez-vous immédiatement qu'il ne s'agit pas alors d'une maladie ou d'un parasite.

- N'arrosez-vous pas trop ?
- N'arrosez-vous pas trop peu ?
- La plante reçoit-elle l'éclairage qui lui convient ?
- La température n'est-elle pas trop élevée ou trop faible ?
- Le degré d'hygrométrie convient-il à cette plante ?
- Avez-vous veillé à ce que la plante bénéficie d'une période de repos hivernal si elle en a besoin ?
- La plante est-elle en courant d'air ?
- La taille du pot est-elle correcte ?
- Les racines ont-elles complètement envahi le pot ?
- La plante est-elle dans un mélange de culture qui lui convient ?
- La plante gagnerait-elle à être associée à d'autres ?
- La plante est-elle poussiéreuse et aurait-elle besoin d'un nettoyage ?

• PROBLÈMES, PARASITES ET MALADIES •

Maladies physiologiques

Les problèmes les plus fréquents avec les plantes d'intérieur sont dus à l'arrosage, insuffisant ou excessif, à des variations de température trop importantes, aux courants d'air, à un soleil trop violent, à l'eau froide pouvant tacher les feuilles ou à une humidité ambiante insuffisante.

Trop d'eau ou pas assez

Il est très fréquent qu'on arrose trop, et les plantes peuvent en mourir. Les risques d'un arrosage insuffisant sont moindres, mais, dans les deux cas, les symptômes se ressemblent : la plante flétrit car elle n'absorbe pas assez d'eau. Dans le cas d'arrosages excessifs, quand le mélange terreux déjà détrempé est souvent arrosé, l'air ne peut plus atteindre les racines, leur croissance est stoppée et elles meurent. Les racines devenant moins efficaces, la plante ne peut plus assurer ses besoins en eau. Pour éviter cela, attendez que le mélange terreux commence à sécher avant chaque arrosage. S'il s'agit d'une plante qui se plaît dans un terreau humide, gardez celui-ci bien mouillé, mais jamais détrempé (voir p. 251).

Si la plante n'est pas assez arrosée, il est évident que le mélange est insuffisamment humide. Il se peut aussi que le mélange se rétracte en séchant, laissant un espace entre la motte et les bords du pot, et que la surface du substrat, dans le cas d'un mélange à base de terre, forme une croûte dure.

Variations de température

Quand les températures varient de plus de 7 à 10 °C, les feuilles peuvent tomber. Veillez à maintenir une température assez constante, avec seulement une faible chute nocturne. Évitez si possible les contrastes entre des journées froides, où le chauffage n'est pas allumé, et des soirées chaudes, où le chauffage marche. Mieux vaut garder en permanence toutes les plantes, sauf celles qui recherchent vraiment la chaleur, à une température fraîche.

Quand la température monte, les violettes du Cap (*Saintpaulia* sp.) et de nombreuses autres gesnériacées perdent leurs boutons floraux. En période de forte chaleur, essayez de maintenir des températures fraîches et augmentez le taux d'humidité.

Courants d'air

Les plantes ont horreur des courants d'air : les frondes fines et délicates des fougères noircissent, les feuilles des caladiums et des bégonias à feuillage décoratif pendent tristement, et les crotons perdent leurs feuilles. Évitez de placer les plantes près des fenêtres ouvertes ou laissant passer des courants d'air le soir et ne laissez pas les plantes derrière des rideaux tirés.

Brûlures par le soleil

Exposées à un soleil direct et intense, les feuilles des espèces qui apprécient une ombre légère se marquent souvent de parties brunes déshydratées. Les plantes qui supportent le soleil direct, mais qui n'y sont pas habituées, peuvent aussi subir les brûlures du soleil. Acclimatez toujours progressivement les plantes à une lumière plus vive.

Manque de lumière

Si une plante ne reçoit pas assez de lumière, elle a tendance à s'étioler. Les plantes fleuries ne s'épanouissent pas bien et les boutons floraux peuvent tomber. Les jeunes feuilles des plantes à feuillage panaché redeviennent d'un vert uni. Pour que l'ensemble de la plante reçoive un bon éclairage, tournez régulièrement les plantes ou placez-les devant une surface réfléchissante qui renverra la lumière sur la face opposée à la source lumineuse.

Taches d'eau froide

Les violettes du Cap (*Saintpaulia* sp.), les gloxinias (*Sinningia speciosa*) et de nombreuses autres gesnériacées ont souvent leurs feuilles tachées de vert plus pâle lorsqu'elles sont arrosées à l'eau froide ou que l'eau coule sur les feuilles au moment de l'arrosage. Utilisez de l'eau tiède et évitez de mouiller le feuillage.

Hygrométrie insuffisante

Si le niveau d'humidité ambiante est insuffisant, les extrémités et les bords des feuilles peuvent brunir et se dessécher. C'est particulièrement fréquent dans le cas de feuilles fines comme celles du calathea (*Calathea makoyana*), de la phalangère (*Chlorophytum comosum*) et de nombreuses fougères. Augmentez l'humidité en vaporisant régulièrement de l'eau sur les plantes et en plaçant les pots sur des soucoupes ou des plateaux remplis de gravillons trempant dans l'eau.

Plantes à feuilles velues
Les plantes à feuilles poilues seront abîmées si vous les essuyez avec un chiffon humide, car les poils retiennent l'eau, ce qui entraîne le pourrissement. Vous pouvez cependant chasser la poussière avec un pinceau doux et sec que vous passerez sur les feuilles.

Immersion d'une petite plante
Par temps chaud, vous pouvez laver le feuillage d'une petite plante en la renversant et en immergeant le feuillage dans un récipient d'eau tiède et légèrement savonneuse. Agitez doucement la plante dans l'eau pendant quelques secondes puis sortez-la et laissez-la égoutter.

Examen d'une plante
Il est bon d'examiner vos plantes pour surveiller l'apparition de maladies ou de parasites. Regardez tout particulièrement les extrémités en croissance et la face inférieure des feuilles : cochenilles et pucerons ont tendance à s'y installer. Voyez s'il n'y a pas un miellat collant comme ils en sécrètent, car c'est ensuite un terrain favorable pour la fumagine.

• ENTRETIEN DES PLANTES •

Problèmes, parasites et maladies 2

Parasites

Les plantes d'intérieur sont parfois attaquées par des insectes ou autres parasites, qui se nourrissent des feuilles, tiges et racines, ou sucent la sève. Une attaque peu importante passe souvent inaperçue et ne cause pas de grands dommages, mais, sans surveillance, les parasites se multiplient rapidement et peuvent alors faire des dégâts. La façon dont ils attaquent les plantes peut varier, et vous devez toujours surveiller de près vos nouvelles plantes, et séparer les sujets malades de ceux qui sont encore sains. Certains parasites s'attaquent à des plantes spécifiques et à elles seules, tandis que d'autres sont beaucoup moins sélectifs. Certains, comme pucerons et mouches blanches, sont connus de tous car ils existent dans le monde entier, s'adaptant à des conditions très différentes, et il est difficile de s'en débarrasser définitivement ; d'autres demandent des conditions particulières pour se développer, et sont donc plus faciles à éviter.

Pucerons

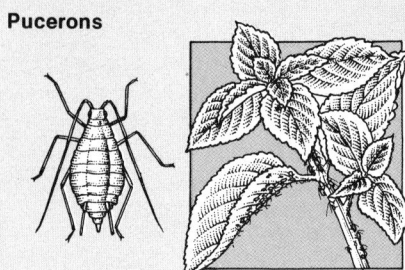

Les pucerons peuvent être verts, mais aussi noirs, bruns, gris ou jaune pâle. Ils sucent la sève des plantes et se multiplient à une vitesse alarmante. Ils perdent leur peau et on trouve sur les plantes attaquées leurs fourreaux blanchâtres.
Ce qu'ils font. Mis à part le fait qu'ils sucent la sève, ce qui affaiblit la plante et cause des déformations, les pucerons sont vecteurs de maladies à virus incurables et exsudent un miellat collant sur lequel peut se développer un champignon noir appelé fumagine.
Plantes attaquées. Toutes les plantes à tiges molles et feuilles non coriaces, notamment cyclamens (*Cyclamen persicum* hybrides), impatiens (*Impatiens* sp.) et *Exacum affine*.
Traitement. S'ils sont peu nombreux, vous pouvez les éliminer manuellement, mais il faut généralement avoir recours à un insecticide approprié.

Chenilles et tordeuses

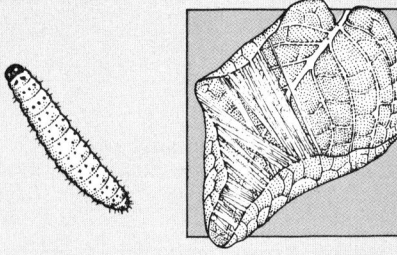

Les chenilles, comme celles qu'on trouve dans le jardin, attaquent rarement les plantes d'intérieur, mais elles peuvent apparaître à cause de mouches ou de papillons qui entrent dans la pièce et déposent leurs œufs sur les tiges et les feuilles — en général à la face inférieure. La plus courante est la fine chenille verte de la tordeuse qui mesure entre 1 et 2,5 cm de longueur.
Ce qu'elles font. Elles s'enroulent dans une jeune feuille, s'entourant de fils protecteurs et dévorant les jeunes tiges et les extrémités en croissance.
Plantes attaquées. Toutes les plantes à feuilles molles, comme le plectranthe (*Plectranthus australis*), les géraniums (*Pelargonium* sp.) et *Fittonia verschaffeltii*.
Traitement. Éliminez les chenilles une à une, dès que vous les repérez. Une attaque sérieuse demande un traitement avec un insecticide approprié.

Moucherons des champignonnières

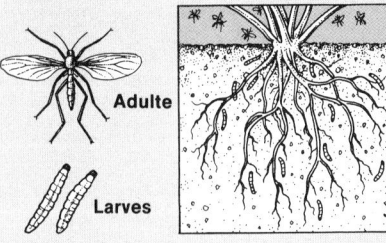

Adulte

Larves

Ce sont de minuscules moucherons qui tournent au-dessus du mélange de rempotage, mais ne sont pas vraiment nuisibles.
Ce qu'ils font. Ces moucherons pondent dans le mélange terreux et leurs larves se nourrissent de matière organique en décomposition, y compris des racines qui pourrissent. Les larves ne risquent guère d'endommager les racines saines des plantes adultes, mais peuvent parfois s'attaquer à celles de jeunes plantules.
Plantes attaquées. Les moucherons des champignonnières sont présents dans pratiquement tous les mélanges de culture non stérilisés à base de tourbe. Cela signifie que les plantes cultivées dans ce type de mélange, comme le figuier rampant, la violette du Cap et de nombreuses fougères, risquent d'en souffrir.
Traitement. On peut y remédier en arrosant copieusement le mélange avec un insecticide approprié, quand il est assez sec.

Cochenilles farineuses et des racines

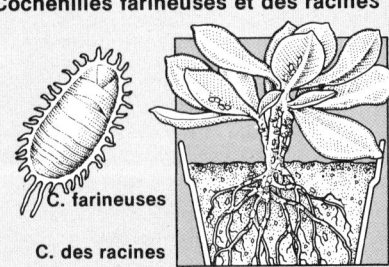

C. farineuses

C. des racines

Les cochenilles farineuses ont un corps ovale d'environ 5 mm de longueur. Elles s'entourent d'une « laine » blanchâtre et collante imperméable à l'eau (et aux insecticides).
Ce qu'elles font. Les cochenilles farineuses se nourrissent de sève et exsudent un miellat collant. Une attaque sévère peut causer la chute des feuilles. Les cochenilles des racines s'agglutinent sur les racines, formant de petits paquets laineux blancs.
Plantes attaquées. Les cochenilles farineuses s'attaquent plus particulièrement aux plantes grasses et aux cactées, mais elles peuvent aussi s'attaquer à toutes les autres plantes.
Traitement. Appliqués de façon répétée, les insecticides systémiques peuvent être efficaces contre les cochenilles farineuses. Contre les cochenilles des racines, mouillez bien le mélange terreux avec une solution d'insecticide, au moins trois fois de suite à quinze jours d'intervalle.

Araignées rouges

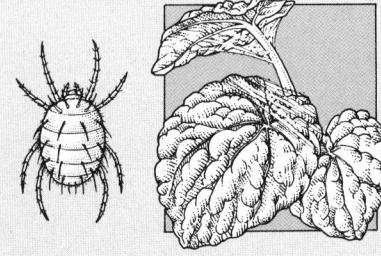

Ces minuscules acariens rougeâtres se plaisent en atmosphère chaude et sèche. On ne les distingue pas vraiment à l'œil nu, mais on repère leurs fines toiles sous les feuilles.
Ce qu'elles font. Les araignées rouges sucent la sève et tissent des toiles très fines à la face inférieure des feuilles. L'attaque se traduit par des feuilles tachetées, ternes, une croissance ralentie, et entraîne parfois la chute des feuilles.
Plantes attaquées. Les impatiens (*Impatiens* sp.) et les phalangères (*Chlorophytum comosum*) sont deux plantes d'intérieur très répandues particulièrement sujettes aux attaques d'araignées rouges.
Traitement. Ces acariens n'aimant pas l'humidité, un bassinage régulier du feuillage permet d'éviter une attaque sérieuse, mais il faut parfois avoir recours à un insecticide. Faites des applications hebdomadaires, en dirigeant le jet à la fois sur la face inférieure et sur la face supérieure des feuilles.

• PROBLÈMES, PARASITES ET MALADIES •

Cochenilles

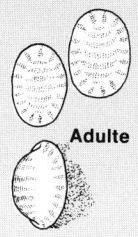
Adulte

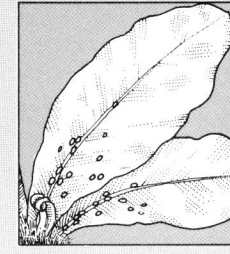

Les cochenilles sont des insectes bruns ou jaunâtres, qui apparaissent surtout à la face inférieure des feuilles, surtout le long des nervures. Les jeunes insectes sont actifs et se déplacent sur la plante. Au stade adulte, ils s'immobilisent sous une carapace cireuse, ovale ou circulaire.
Ce qu'elles font. Ces insectes sucent la sève des plantes et exsudent un miellat collant ; ce miellat remarqué sur les feuilles ou les meubles proches est souvent le premier symptôme de leur présence.

Plantes attaquées. Toutes les plantes peuvent être attaquées, mais certains types de cochenilles préfèrent certaines plantes. Tous les agrumes et les fougères, notamment la fougère nid-d'oiseau (*Asplenium nidus*), sont particulièrement sensibles.
Traitement. Les traitements par pulvérisation sont peu efficaces, car les insectes adultes sont protégés par leur carapace, aussi est-il préférable d'utiliser un insecticide systémique.

Charançons

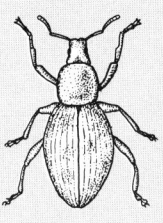

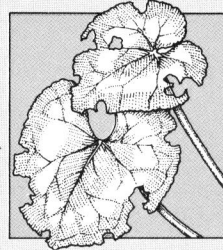

Ces insectes broyeurs peuvent causer de sérieux dégâts s'ils attaquent vos plantes d'intérieur. Les adultes sont presque noirs et les larves sont de couleur crème.
Ce qu'ils font. Les insectes adultes découpent le feuillage, laissant des cicatrices permanentes. Les larves se nourrissent de racines, bulbes ou tubercules. Le premier signe de leur présence est souvent le flétrissement de la plante, et l'examen montre parfois qu'il n'y a plus du tout de racines !

Plantes attaquées. Les plantes d'intérieur les plus couramment attaquées sont la langue-de-belle-mère, la violette du Cap et tous les types de plantes grasses à port en rosette.

Traitement. Vous pouvez éliminer manuellement et détruire les insectes adultes. Le mélange terreux doit être arrosé avec une solution insecticide appropriée. Si le système racinaire est très atteint, il n'est généralement plus possible de sauver la plante.

Mouches blanches

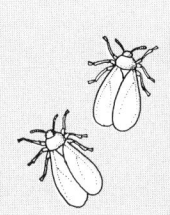

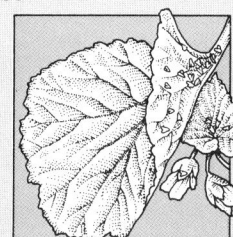

On trouve parfois ces minuscules mouches dans la maison, mais elles sont surtout fréquentes dans les serres et les vérandas. Quand elles se multiplient dans la maison, c'est généralement qu'elles sont venues avec une plante fleurie en pot.
Ce qu'elles font. Elles s'installent essentiellement à la face inférieure des feuilles, suçant la sève et déposant un miellat collant. On observe de nombreuses larves presque translucides à la face inférieure des feuilles.

Plantes attaquées. Elles s'attaquent plus spécifiquement à certaines plantes à fleurs, comme les géraniums (*Pelargonium* sp.) cultivés en été dans le jardin.

Traitement. Ce sont des insectes dont il est difficile de se débarrasser. Des applications répétées d'insecticide sur les larves et l'utilisation d'un produit systémique contre les adultes finiront par avoir raison d'eux.

Mineuses des feuilles

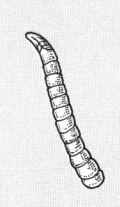

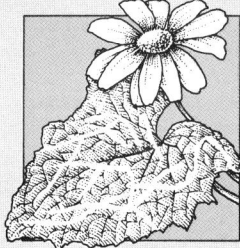

Les mineuses des feuilles sont les larves allongées, suceuses, d'une petite mouche. On les voit parfois en examinant les feuilles de près.
Ce qu'elles font. Les larves creusent des galeries dans le limbe des feuilles de certaines plantes, dessinant des sillons blancs irréguliers. Leur progression est généralement rapide et si l'on ne réagit pas rapidement, le feuillage est vite altéré.
Plantes attaquées. Les chrysanthèmes

(*Chrysanthemum* sp.) et les cinéraires (*Senecio cruentus* hybrides) sont les principales plantes d'intérieur qui risquent d'être attaquées. Il est rare que des plantes achetées soient atteintes, mais il y a un risque si vous cultivez des cinéraires de semis.
Traitement. Éliminez les feuilles atteintes et pulvérisez les autres avec un insecticide approprié. Vous pouvez également utiliser un insecticide systémique appliqué sur le mélange terreux.

Vers de terre

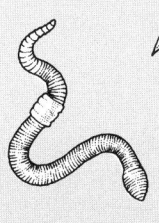

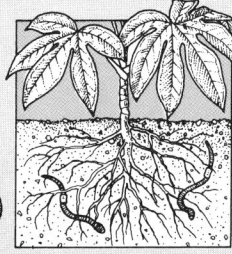

Si les vers de terre sont précieux dans le jardin, enrichissant et aérant le sol par leurs déplacements, ils peuvent être gênants lorsqu'ils sont dans le mélange de rempotage des plantes d'intérieur.
Ce qu'ils font. Leurs mouvements permanents autour des racines finissent par être néfastes et nuisent au bon ancrage de la plante. On repère leur présence par les petits monticules de terre qui apparaissent en surface du mélange. Les plantes semblent moins stables également.

Plantes attaquées. Les vers de terre peuvent s'attaquer à toute plante laissée dehors sous une petite pluie rafraîchissante. Ils entrent dans le pot par les trous de drainage.

Traitement. Arrosez les plantes envahies avec une solution de permanganate de potassium et ramassez les vers en surface. Si vous tapotez le pot, vous les ferez également remonter en surface.

Limaces et escargots

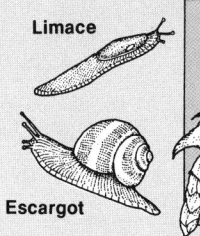
Limace

Escargot

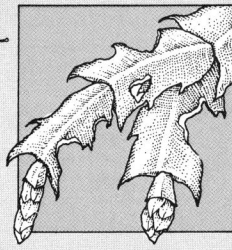

Limaces et escargots ne survivent généralement pas longtemps dans la maison, car on les repère vite et on peut facilement les ôter à la main. Ils peuvent cependant se révéler envahissants dans les serres et vérandas.
Ce qu'ils font. Limaces et escargots aiment les tiges pleines de sève et peuvent en dévorer rapidement des quantités non négligeables. Ils sont particulièrement actifs la nuit et pendant les périodes d'humidité.

Plantes attaquées. Les plantes qui restent dehors en été et en automne peuvent être endommagées par ces ravageurs. Le cactus de Noël (*Schlumbergera* sp.) est particulièrement exposé, avec ses tiges succulentes.
Traitement. Protégez les plantes d'intérieur pendant leur séjour dehors, en les entourant de granulés antilimaces. Renouvelez fréquemment ces granulés, car la pluie lessive rapidement les produits chimiques.

• ENTRETIEN DES PLANTES •

Problèmes, parasites et maladies 3
Maladies

Les maladies ne sont pas très fréquentes sur les plantes d'appartement, et celles qui se développent gagnent souvent du terrain parce que la plante a été trop arrosée ou parce que de l'eau a stagné sur les feuilles, offrant des conditions favorables à l'apparition de bactéries ou de champignons pathogènes. Les feuilles abîmées et les tiges cassées peuvent être le point de départ de maladies causées par des bactéries. Des plantes trop serrées, avec une mauvaise circulation de l'air, peuvent aussi être source de problèmes. Les parasites sont souvent également vecteurs de maladies et, de toute façon, affaiblissent les plantes, les rendant donc plus sensibles à une attaque. Éliminez les parties malades dès que vous les détectez et isolez la plante pendant le traitement.

Pied noir

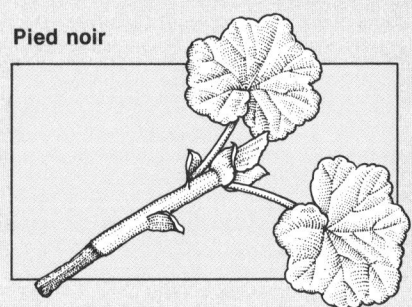

Cette maladie, appelée aussi pourriture noire, atteint les plantes au collet, au point de contact avec le mélange terreux, mais s'étend ensuite vers le haut et le bas, jusqu'aux racines. Cette maladie est assez rare, sauf si le mélange terreux est maintenu trop humide et trop longtemps, mais elle peut aussi se développer sur les boutures de tige durant la multiplication.
Plantes attaquées. C'est une maladie surtout fréquente chez les géraniums (*Pelargonium* sp.).

Traitement. Utilisez toujours un mélange de rempotage bien drainant et arrosez parcimonieusement durant la phase d'enracinement des boutures de géraniums. Évitez d'abîmer les tiges et éliminez les feuilles fanées au fur et à mesure. Il n'y a rien à faire contre cette maladie, mais vous pouvez bouturer les tiges non atteintes en trempant la base des boutures terminales dans un mélange à base d'hormones d'enracinement dans lequel vous aurez ajouté un fongicide.

Pourriture grise

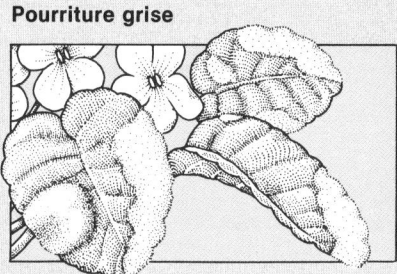

Ce champignon, appelé botrytis, commence le plus souvent à se développer sur feuilles et fleurs tombées, mais peut aussi se déclarer si de l'eau stagne à l'aisselle des feuilles. Il s'étend rapidement quand les températures sont basses et l'air humide, rarement par temps chaud et sec. Des feuilles et des tiges entières peuvent être touchées, prenant un aspect duveteux et grisâtre, peu esthétique.
Plantes attaquées. La pourriture grise atteint surtout les plantes à tiges et feuilles molles, comme les violettes du Cap (*Saintpaulia* hybrides), les cinéraires (*Senecio cruentus* hybrides), les caladiums (*Caladium hortulanum* hybrides) et les gynuras (*Gynura aurantiaca*).
Traitement. Éliminez les feuilles flétries ; arrosez et pulvérisez moins fréquemment. En cas d'attaque sérieuse, utilisez un fongicide approprié pour éviter l'extension de la maladie.

Fumagine

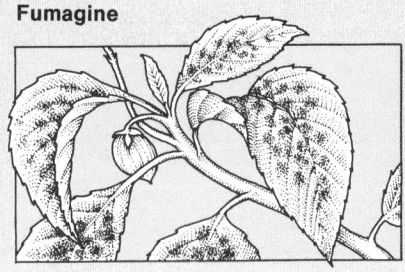

Cette pourriture noire se développe sur le miellat collant sécrété par les insectes comme pucerons et cochenilles. C'est donc un signe que la plante est attaquée par un insecte suceur. Si la présence de cette pourriture noire n'est pas directement néfaste pour les feuilles, elle nuit considérablement à l'aspect de la plante. Elle obstrue les pores des feuilles et diminue l'activité photosynthétique en obscurcissant la surface de la feuille.
Plantes attaquées. Les agrumes sont souvent sensibles à la fumagine.
Traitement. Lavez régulièrement les feuilles à l'eau savonneuse, à titre préventif. C'est aussi la seule façon de se débarrasser de la pourriture lorsqu'elle apparaît. Le meilleur traitement consiste à éliminer les parasites qui sécrètent le miellat collant.

Oïdium

Cette maladie apparaît sous forme de taches blanchâtres et poudreuses sur les feuilles et parfois sur les fleurs. Ces taches se distinguent de la pourriture grise car elles ne sont pas en relief. Les feuilles attaquées sont déformées et tombent. Des températures basses alliées à une humidité élevée, une mauvaise circulation de l'air et un arrosage excessif sont des conditions idéales pour le développement de cette maladie.

Plantes attaquées. Les plantes à feuilles molles et tiges succulentes, comme certains bégonias, sont particulièrement sensibles à l'oïdium ; d'autres types de bégonias, même proches des plantes malades, ne sont jamais atteints.

Traitement. Pour traiter les plantes atteintes, éliminez les feuilles malades et pulvérisez un fongicide sur la plante.

Pourriture de la tige et du collet

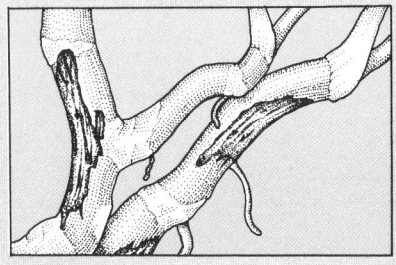

Si la tige d'une plante s'amincit et devient molle, elle est peut-être atteinte par cette maladie. Des températures basses et un mélange terreux imbibé d'eau sont des conditions favorables au développement de cette pourriture. Les rosettes de feuilles sont atteintes au centre et les feuilles flétrissent.
Plantes attaquées. Les plantes à tige molle, comme les impatiens (*Impatiens* sp.) et *Exacum affine,* sont souvent sujettes à la pourriture des tiges. Les cactées sont également des plantes qui peuvent pourrir à la base : si des taches molles, brun foncé ou noires, apparaissent près de la surface du mélange, il s'agit sans doute d'une pourriture de la tige. Les plantes en rosette, comme *Echeveria* sp. et les violettes du Cap (*Saintpaulia* sp.), sont plutôt sujettes à la pourriture du collet.
Traitement. La maladie est le plus souvent fatale, mais vous pouvez saupoudrer de soufre les parties non atteintes et les faire raciner, si vous tenez à ces plantes.

• PROBLÈMES, PARASITES ET MALADIES •

Petit guide de diagnostic

Ce tableau devrait vous permettre de déterminer ce qui ne va pas chez une plante qui semble malade. La plupart des problèmes sont dus à des conditions de culture ne convenant pas à la plante, mais, si les symptômes persistent, recherchez des signes de parasites ou de maladies et traitez la plante de la manière la plus appropriée.

Symptômes des parasites

Symptômes	Cause
• Tiges et feuilles déformées. • Fleurs abîmées. • Plante d'aspect terne. • Présence d'un miellat collant sur tiges et feuilles. *Apparaissent principalement au printemps, en été et en automne.*	Pucerons
• Feuilles tachetées ou finement trouées. • Bord des feuilles enroulé. • Fines toiles d'araignées à la face inférieure des feuilles et à l'aisselle des feuilles. *Apparaissent principalement au printemps, en été et en automne.*	Araignées rouges
• Présence d'un miellat collant sur les feuilles, qui peut devenir noirâtre. • Petites incrustations brunes ou jaunes à la face inférieure des feuilles. *Peuvent apparaître à tout moment.*	Cochenilles
• Feuilles qui jaunissent. • Affaiblissement général de la plante. • Touffes de laine blanche et cireuse à l'aisselle des feuilles et autour des aréoles des cactées. • Miellat collant sur les feuilles ou les tiges de cactus. *Peuvent apparaître à tout moment.*	Cochenilles farineuses
• Croissance ralentie et feuilles jaunies. • Paquets de petites taches blanches et cireuses sur les racines. *Peuvent apparaître à tout moment.*	Cochenilles des racines
• Feuilles découpées en croissant sur les bords, sur les plantes à feuilles épaisses et succulentes. *Apparaissent surtout au printemps et en été.*	Charançons (adultes)
• Flétrissement de la plante alors que le mélange est humide. • Racines ou tubercules dévorés. *Apparaissent principalement au printemps, en été et en automne.*	Charançons (larves)
• Miellat collant sur les feuilles. • Petits insectes blancs ressemblant à des mouches à la face inférieure des feuilles. *Apparaissent surtout en été et en automne.*	Mouches blanches
• Minuscules mouches brunes tournant au-dessus du mélange de rempotage. • Tortillons de « terre » produits par les larves apparaissant sous le pot. *Peuvent apparaître à tout moment.*	Moucherons des champignonnières
• Feuilles et tiges grignotées. • Feuilles enroulées réunies par une fine toile blanche collante. • Croissance déformée à cause des feuilles et pousses « collées » entre elles. *Peuvent apparaître à tout moment.*	Chenilles tordeuses

Symptômes des maladies

Symptômes	Cause
• Pourriture grise cotonneuse sur des feuilles qui moisissent. *Se développe de l'automne au printemps.*	Pourriture grise (botrytis)
• Tiges molles, amincies. • Zones brunies ou noircies. *Se développe de l'automne au printemps.*	Pourriture du collet ou de la tige
• Fin dépôt noir, comme de la suie, sur tiges et feuilles, se développant sur le miellat sécrété par les insectes suceurs. *Se développe en été et en automne.*	Fumagine
• Taches poudreuses blanches sur tiges et feuilles. • Feuilles tordues. • Chute des feuilles, éventuellement défoliation totale. *Se développe au printemps et en automne.*	Oïdium
• Parties de tige noircies juste au-dessus du mélange terreux. *Se développe à la fin de l'automne et en hiver.*	Pied noir

Autres symptômes inquiétants

Symptômes	Cause
• Croissance étiolée, avec de longs entre-nœuds. • Nouvelles feuilles petites, fleurs petites et peu nombreuses. • Feuilles panachées redevenant vertes. • Nouvelles pousses vertes au lieu d'être panachées.	Manque de lumière
• Grandes taches irrégulières, brun clair, sur les feuilles. • Feuilles et tiges retombantes. • Fleurs déformées et pédoncules trop courts ou déformés.	Trop de soleil ou exposition trop brutale ; lumière trop vive pour les plantes demandant un peu d'ombre
• Extrémités et bord des feuilles qui brunissent et sèchent. • Parfois, enroulement des feuilles.	Air trop sec et/ou mélange qui sèche trop entre deux arrosages
• Noircissement ou flétrissement de parties de feuilles. • Chute des feuilles des plantes à grandes feuilles.	Courants d'air ou emplacement trop froid pour la plante
• Mousse verte sur les pots en terre cuite. • Algues, mousses en surface du mélange de rempotage. • Feuilles qui jaunissent et tombent.	Arrosage excessif

• ENTRETIEN DES PLANTES •

Problèmes, parasites et maladies 4
Pesticides

Tous les types de pesticides portent une étiquette indiquant leur composition et les maladies ou parasites contre lesquels on peut les utiliser. Lisez toujours très attentivement ces informations et respectez scrupuleusement les instructions concernant par exemple le dosage de la solution et la méthode d'application.

Insecticides de contact. Les insecticides sont le plus souvent appliqués sous forme liquide, en fine pulvérisation, afin de toucher directement et de détruire les ravageurs si possible avant qu'ils puissent se multiplier. Ces produits agissent par contact, atteignant le système respiratoire de l'insecte ou le détruisant d'une autre façon.

La plupart de ces produits ont une odeur désagréable et ne doivent pas être inhalés. Sortez les plantes à traiter sur le balcon ou dans le jardin, car il faut une bonne ventilation pendant le traitement.

Certains insecticides sont toxiques pour les animaux, notamment les oiseaux et les poissons, et doivent être manipulés avec soin. D'autres ne conviennent pas à certaines plantes ou certaines familles de plantes car ils peuvent brûler leur feuillage et se révéler pires que les ravageurs eux-mêmes. Lisez attentivement ce qui figure sur l'étiquette à ce sujet.

Insecticides systémiques. Les insecticides systémiques agissent d'une autre façon. Ils sont transportés par la sève, à partir du mélange terreux ou depuis les feuilles, et l'insecte suceur ou broyeur est empoisonné. Certains produits forment un film fin en surface des feuilles, empoisonnant les insectes qui les mangent. Il y a différentes méthodes pour appliquer les insecticides systémiques : ils peuvent être mélangés à l'eau d'arrosage, éparpillés sous forme de granules en surface du mélange ou encore enfoncés dans le mélange lorsqu'ils sont sous forme de bâtonnets. On peut aussi les pulvériser sur le feuillage ; la matière active est absorbée par la sève et empoisonne l'insecte lorsqu'il se nourrit sur la plante. Tous les insecticides systémiques ont une action assez longue et peuvent ainsi détruire de nouveaux arrivants (des parasites apparaissant après le traitement), alors que les produits agissant par contact n'ont d'effet que sur le moment du traitement.

Certains insecticides combinent les deux effets à la fois, le traitement de choc et le traitement à long terme systémique. De nouveaux produits apparaissent tous les ans sur le marché, d'autant plus utiles que certains parasites peuvent développer des résistances à certains produits anciens. Changez d'insecticide de temps à autre pour éviter que ne se crée une telle résistance.

Fongicides et insecticides. La meilleure façon d'éviter les maladies consiste à offrir aux plantes des conditions d'environnement optimales. Les maladies étant moins fréquentes que les attaques de parasites, la gamme de produits chimiques permettant de les combattre est plus étroite également. Ce sont les fongicides, pour éliminer les champignons pathogènes, et les bactéricides, pour combattre les maladies causées par des bactéries. La plupart agissent de façon systémique et permettent donc de traiter la plante dans son ensemble. En outre, ils risquent peu de nuire à des plantes saines, ce qui peut être le cas avec des insecticides mal choisis, et ils sont en général non toxiques. Fongicides et bactéricides sont d'autant plus efficaces qu'ils sont appliqués à titre préventif. Certains sont absorbés et véhiculés par la sève, stoppant la progression de la maladie mais agissant aussi, pour un temps limité, à titre préventif contre une éventuelle attaque ultérieure.

Méthodes d'application

Insecticides, fongicides et bactéricides se présentent sous différentes formes et peuvent être appliqués selon différentes méthodes. Outre les bombes aérosol, poudres, granulés et bâtonnets, on peut utiliser un produit liquide dilué dans l'eau et qui permet de plonger les petites plantes dans la solution. Quand il est nécessaire de traiter contre des ravageurs présents dans le mélange, on peut utiliser un arrosoir pour bien mouiller le mélange avec la solution contenant l'insecticide. Dans tous les cas, il faut suivre à la lettre les instructions du fabricant pour l'application et procéder au traitement dans un endroit bien ventilé.

Pulvérisation
Pulvérisez uniformément toute la plante, tout particulièrement la face inférieure des feuilles. Si possible, traitez à l'extérieur avec les bombes aérosol afin de ne pas inhaler le produit.

Mouillage
Les solutions de produits de traitement peuvent être appliquées sur le mélange terreux avec un arrosoir ordinaire, mais évitez d'éclabousser les feuilles.

Saupoudrage
Les poudres sont particulièrement utiles dans le cas de feuilles découpées ou abîmées. Saupoudrez uniformément les faces inférieure et supérieure des feuilles.

Granulés
Répartissez uniformément les granulés en surface du mélange de culture. La matière active du produit est libérée progressivement.

Bâtonnet solide
Enfoncez le bâtonnet dans le mélange en le poussant avec un crayon ou avec le doigt. Cette méthode est simple et pratique.

• PROBLÈMES, PARASITES ET MALADIES •

Comment appliquer les pesticides

Légende des symboles : ● Mouillage ○ Pulvérisation ■ Saupoudrage ▬ Bâtonnets ▲ Granulés ⬤ Pastilles

	Bénomyl	Bromophos	Bupirimate et triforine	Dicofol	Diméthoate	Huile + roténone	Lindane	Malathion	Métaldéhyde	Permanganate de potassium	Pyréthrines	Pyrimicarbe	Soufre	Thirame	Observations
Araignées rouges		○		●○				●○							
Charançons		○		●		●■							▲■		
Chenilles				●○				●○							
Cochenilles				●○	○			●○							
Cochenilles des racines		○		○				●							
Cochenilles farineuses		○		○				●○							
Fumagine															Essuyer avec une éponge humide
Limaces et escargots									⬤▲						
Mineuses des feuilles		○		○											
Moucherons des champignonnières												●			
Mouches blanches				●				●○				○			
Oïdium	○		○										■●		
Pied noir															Pas de remède connu
Pourriture grise (botrytis)	○													○	
Pourriture de la tige et du collet	■														
Pucerons		●		○	○		●	●			○	○			
Tordeuses		○		○				●○							
Vers de terre							●								

• GLOSSAIRE •

Glossaire 1

Aisselle Angle entre la feuille ou le pétiole et la tige, d'où partent une nouvelle pousse ou feuille ou fleur. Les bourgeons situés à l'aisselle des feuilles sont appelés bourgeons axillaires. Les pousses latérales ne se développent pas si on les pince.

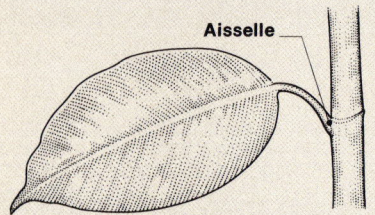

Akène Type de fruit consistant en une enveloppe externe dure ou coriace renfermant une graine souvent comestible. Voir aussi *Fruit*.

Annuelle Se dit d'une plante cultivée de semis et dont le cycle végétatif complet se déroule sur une année. De nombreuses plantes vivaces sont traitées comme des annuelles (et jetées au bout d'un an) car elles sont difficiles à garder dans la maison en hiver ou sont moins belles les années suivantes, comme *Exacum affine*. Voir aussi *Bisannuelle, Vivace*.

Anthère Organe mâle de la fleur, qui renferme le pollen.

Arbre Plante ligneuse caractérisée par un tronc nettement individualisé portant des branches dans sa partie supérieure. Voir aussi *Arbuste, Ligneux*.

Arbuste Plante buissonnante à tiges ligneuses, plus petite qu'un arbre et en général qui se ramifie dès le bas de la tige principale. Les limites sont cependant floues entre les grands arbustes et les petits arbres. La plupart des plantes d'intérieur de grandes tailles sont des arbustes plutôt que des arbres. Voir aussi *Arbre, Ligneux*.

Aréole Organe caractéristique des cactées ; en forme de coussinet ou de touffe portant des poils ou des épines et d'où naissent les fleurs.

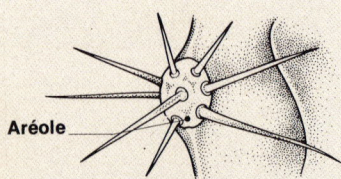

Bactéricide Produit de traitement utilisé contre les maladies causées par des bactéries.

Baie Fruit charnu renfermant en général des graines petites mais dures, entourées de pulpe. Cette pulpe est en général colorée, pour attirer les animaux, les oiseaux en particulier.

Bisannuelle Plante cultivée de semis et dont le cycle végétatif se déroule sur deux ans. Une rosette de feuilles se développe la première année et la plante fleurit la seconde. On se débarrasse en général des bisannuelles après la floraison car il est difficile de les faire refleurir, comme la digitale. Voir aussi *Annuelle, Vivace*.

Bourgeon Pousse, feuille ou fleur embryonnaire. Le bourgeon terminal est situé à l'extrémité de la tige ou d'une pousse latérale, les bourgeons axillaires à l'aisselle des feuilles. Les bourgeons sont en général protégés du froid et des intempéries par des écailles ou un gaine recouvrante. Voir aussi *Gaine, Aisselle*.

Bouture Terme utilisé en général pour les boutures de tige. Il s'agit d'une section de tige de 7-10 cm de longueur, le plus souvent terminale, destinée à former des racines et à donner une nouvelle plante. Il peut s'appliquer également au cas d'une feuille.

Bractée Feuille modifiée, souvent colorée, qui accompagne habituellement des fleurs insignifiantes et sert à attirer les insectes pollinisateurs et les oiseaux. C'est le cas des bractées pétaloïdes rouges du poinsettia et des bractées colorées de la bougainvillée.

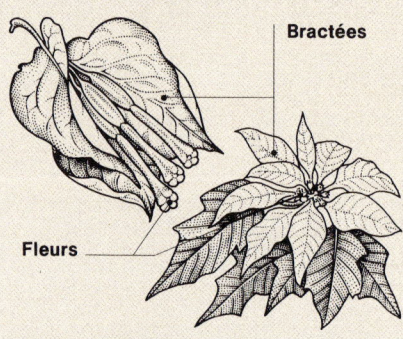

Bulbe Organe de réserve souterrain renfermant une plante à l'état embryonnaire. Le bulbe constitue des réserves en éléments nutritifs dans ses tissus pendant la période de repos et forme en général une plante complète, embryonnaire, comme par exemple chez la tulipe ou le narcisse. Voir aussi *Cormus, Tubercule*.

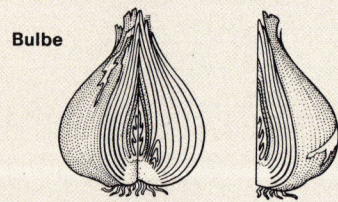

Bulbille Petit bulbe encore immature, attaché au bulbe principal, mais qui peut aussi parfois apparaître sur les tiges ou les feuilles de la plante mère, comme chez certains lis.

Caduc Se dit des feuilles qui tombent à la fin de la saison de végétation. Ces plantes ne font pas de bonnes plantes d'intérieur car elles ne sont pas décoratives durant la période de repos. De nouvelles feuilles se développent au printemps, pour remplacer celles perdues à l'automne. Voir aussi *Persistant*.

Calice Terme désignant l'ensemble des sépales verts qui entourent les pétales chez la plupart des fleurs. Le calice protège extérieurement le bouton floral. Voir aussi *Sépale*.

Capillarité Phénomène dû aux forces capillaires, par lesquelles l'eau monte le long d'une mèche. Ce terme est également utilisé pour décrire la façon dont le mélange de culture pompe l'eau lorsque le pot et le mélange sont en contact direct avec une soucoupe remplie d'eau.

Céréales Plantes de la famille des graminées, cultivées pour leurs graines utilisées pour l'alimentation, comme le blé ou l'orge. Voir aussi *Graminées*.

Chlorophylle Pigment vert présent dans les tiges et les feuilles des plantes.

Collet Partie basale d'une plante herbacée, là où se rejoignent racines et tiges.

Cormus Organe de réserve souterrain composé d'une tige renflée recouverte d'une enveloppe membraneuse. En haut du cormus, un bourgeon donne des racines et une tige. C'est le cas des crocus et des glaïeuls. Voir aussi *Bulbe, Tubercule*.

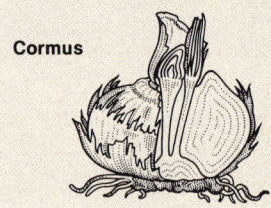

Corolle Terme désignant l'ensemble des pétales d'une fleur. La corolle peut être composée de pétales distincts ou de pétales soudés sur tout ou partie de leur longueur. Voir aussi *Fleur, Pétale*.

Couronne Appendice existant sur la corolle de certaines fleurs comme le narcisse, formant une petite couronne sur les pétales.

Cultivar Variété cultivée d'une plante qui a été sélectionnée et obtenue par l'homme. Le nom des cultivars s'inscrit entre guillemets, pour le distinguer du nom scientifique, en latin. Voir aussi *Variété*.

Cynorrhodon Fruit charnu caractéristique des rosiers. Il s'agit en réalité d'un faux fruit, constitué du réceptacle de la fleur et renfermant les akènes, qui sont les vrais fruits.

Digité Terme désignant une feuille composée dont les folioles sont disposées en éventail à partir d'un point central, comme les doigts de la main. Exemple : le fatsia. Voir aussi *Feuille composée*.

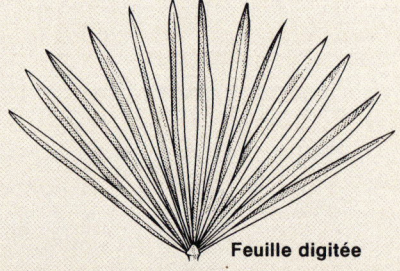

Épi Type d'inflorescence très allongée et non ramifiée, ressemblant à une grappe, mais dans laquelle les fleurs individuelles

• GLOSSAIRE •

sont sessiles, c'est-à-dire non pédonculées. Exemple : le glaïeul.

Épi

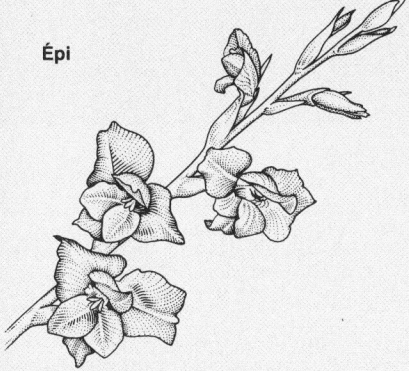

Épiphyte Plante qui se développe sur une autre plante, mais pas en parasite. Les plantes épiphytes utilisent la plante hôte comme ancrage mais ne prélèvent pas directement d'éléments nutritifs. De nombreuses broméliacées et fougères sont épiphytes, produisant des racines vigoureuses qui s'accrochent par exemple sur les branches et les troncs d'arbres.

Espèce Les membres d'un genre sont appelés espèces végétales. Une espèce se reproduit par semis en restant fidèle au type d'origine par ses principales caractéristiques. Le nom d'une plante est composé d'au moins deux mots : le nom de genre et le nom d'espèce, comme par exemple : *Coleus* (genre) *blumei* (espèce). Voir aussi *Genre, Famille*.

Étamine Organe mâle de la fleur portant le pollen, composé d'un filet et en général de deux anthères ou sacs polliniques. Voir aussi *Filet, Anthère, Fleur*.

Étiolement Terme technique désignant une croissance en longueur, avec un pâlissement de la plante. Les entre-nœuds s'allongent et les fleurs sont moins nombreuses. Cette croissance anormale est due à un manque de lumière et/ou à une trop forte densité de plantation.

Exotique Plante introduite, venant généralement de loin. Ce terme s'applique le plus souvent aux plantes originaires des zones tropicales et subtropicales du globe. C'est pourquoi la plupart des plantes d'intérieur sont des plantes exotiques.

Famille Terme utilisé pour décrire un ensemble de plantes ayant des caractéristiques communes. Une famille regroupe un certain nombre de genres, comme la famille des composées comprenant toutes les plantes à fleurs composées, du type de la marguerite. Voir aussi *Genre, Espèce*.

Feuille Organe de la plante servant à transformer l'énergie solaire en éléments nutritifs utilisables par les tissus. La lumière atteignant les parties vertes des feuilles déclenche le processus de photosynthèse. Sépales, pétales, vrilles et bractées semblent être anatomiquement des feuilles modifiées. Chez la plupart des cactées, ce sont les tiges qui remplissent les fonctions des feuilles.

Feuille composée Feuille divisée en deux segments ou plus, les folioles, comme le papyrus. Voir aussi *Penné, Digité*.

Filet Partie inférieure de l'étamine, portant l'anthère à son extrémité. Les filets des étamines sont le plus souvent groupés au centre de la fleur, comme chez la fleur de la Passion. Voir aussi *Étamine, Anthère*.

Fleur Cette partie en général très décorative chez les plantes à fleurs est un organe très spécialisé assurant la reproduction sexuée. Certaines plantes ont des fleurs ne comprenant que les organes mâles (étamines) ou femelles (pistil). Ces organes reproducteurs sont en général entourés d'un anneau de pétales colorés et sépales verts, mais ce schéma comprend de nombreuses exceptions. Certaines plantes présentent des fleurs mâles et des fleurs femelles distinctes mais présentes sur le même pied, mais, chez la plupart des plantes, organes mâle et femelle sont présents simultanément dans les fleurs. Les bégonias sont un exemple de fleur qui est soit mâle, lorsqu'il s'agit de pétales très colorés entourant des étamines, soit femelle, quand elles portent un ovaire ailé contenant les graines, à la base des pétales.

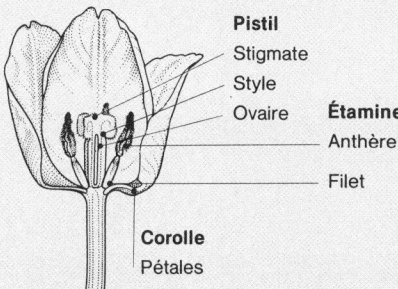

Fleur double Fleur présentant au moins deux rangées de pétales. Le plus souvent, étamines et pistil du centre de la fleur sont remplacés par d'autres pétales. Les formes à fleurs doubles sont en général des cultivars, comme les variétés modernes de roses. Voir aussi *Fleur simple, Fleur semi-double, Fleur double*.

Fleur double

Fleur semi-double Fleur ayant plus d'une rangée de pétales, mais moins de pétales qu'une fleur tout à fait double. C'est le cas de certaines violettes du Cap. Voir aussi *Fleur simple, Fleur double*.

Fleur semi-double

Fleur simple Fleur comportant le nombre normal de pétales, comme par exemple la marguerite. Voir aussi *Fleur double, Fleur semi-double*.

Fleur simple

Fleuron Petite fleur associée à de nombreuses autres groupées en inflorescence. Ainsi les composées ont des fleurs composées de nombreux fleurons.

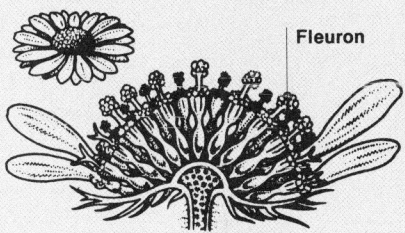

Foliole Division, ou petite feuille, d'une feuille composée. Voir aussi *Feuille composée, Penné, Digité*.

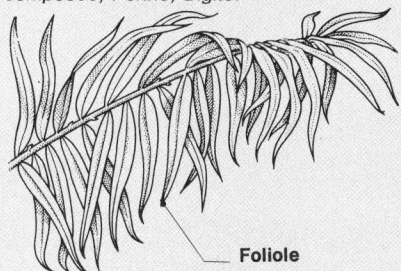

Fongicide Produit de traitement utilisé contre les maladies cryptogamiques, causées par des champignons pathogènes.

Forçage Technique culturale visant à induire la floraison d'une plante en dehors de sa période habituelle de floraison. On emploie en général ce terme pour les bulbes de printemps qu'on fait fleurir plus tôt. On peut également forcer cyclamens et azalées.

Fronde Terme botanique utilisé pour décrire les feuilles en général profondément découpées des fougères, portant des spores et se développant à partir d'un rhizome souterrain. On l'emploie par extension pour les feuilles des palmiers.

Fruit Terme très large concernant tout ovaire parvenu à maturité et renfermant des graines. L'enveloppe externe du fruit peut être charnue, comme chez le pommier d'amour, ou constituer une gousse sèche contenant des graines dures, comme les gousses de la primevère du Cap. Voir aussi *Akène, Baie*.

Gaine Enveloppe protectrice d'un bourgeon, comme chez le caoutchouc.

Genre Groupe d'espèces proches. Il s'agit en général d'un groupe de plantes (parfois une seule) de structure botanique proche et qui sont sans doute issues d'un ancêtre commun. Le nom de genre, en latin, commence toujours par une lettre majuscule. Par exemple, tous les lierres

Glossaire 2

font partie du genre *Hedera*. Voir aussi *Espèce, Famille*.

Germination Premier stade du développement de la graine en plante. Le premier stade visible est la sortie de la nouvelle pousse. La germination peut être rapide (quatre à six jours) ou demander des semaines ou des mois. C'est une période difficile pour la plante, car la graine n'est plus protégée par ses enveloppes externes dures et qu'il n'y a pas encore de feuilles et de racines bien développées.

Glabre Se dit d'une feuille ou d'une tige totalement dépourvue de poils.

Graine Partie fertilisée et parvenue à maturité d'une plante à fleur (qui se développe à partir d'un ovule), capable de germer et de donner une nouvelle plante. Les graines varient en taille de moins de 1 mm à près de 20 cm de diamètre ; la plupart sont cependant à peu près de la taille d'un pois.

Graminées Grande famille de plantes annuelles ou vivaces. Leurs tiges fines et leurs panicules décoratifs peuvent entrer dans la composition de bouquets frais ou secs dans la maison. Voir aussi *Céréales*.

Grappe Type d'inflorescence allongée, non ramifiée, chaque fleur étant courtement pédonculée. En général, les fleurs se développent et s'ouvrent progressivement du bas de la grappe vers le haut, les plus hautes s'ouvrant lorsque les plus basses fanent, comme chez la jacinthe. Voir aussi *Inflorescence*.

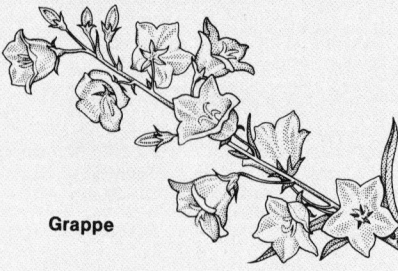
Grappe

Hampe Pédoncule ou queue d'une fleur ou d'une inflorescence.

Herbacé Terme concernant en général les plantes vivaces dont les parties aériennes meurent à la fin de l'automne et sont remplacées au printemps suivant par une nouvelle croissance. La plante passe l'hiver sous forme de bulbe, cormus, rhizome ou tubercule, comme les bégonias ou les narcisses. Les plantes herbacées n'ont jamais de tiges ligneuses. Voir aussi *Ligneux*.

Hiverner Terme utilisé pour décrire la simulation de conditions hivernales à l'intérieur, pour inciter les bulbes d'hiver et de printemps à s'enraciner correctement avant que ne commence le développement des parties aériennes.

Humus Matière organique de teinte noirâtre résultant de la décomposition de débris animaux et végétaux, constituant un élément précieux pour la préparation des mélanges de culture, car riche en éléments nutritifs, améliorant la capacité de rétention d'eau et l'aération du mélange.

Hybride Plante obtenue à partir de deux parents génétiquement différents. La fertilisation croisée est possible entre plantes de genres différents — ainsi le *Fatshedera* est un hybride de *Fatsia* et du lierre *Hedera* — ou entre plantes d'espèces différentes. Les hybrides apparaissant spontanément dans la nature sont stériles, donc incapables de se reproduire.

Inflorescence Groupe de deux fleurs ou plus sur une même tige. Les inflorescences varient considérablement par leur forme et leur taille, des longs épis étroits de la lavande et du glaïeul aux grandes inflorescences arrondies des hortensias ou des agapanthes. Voir aussi *Panicule, Épi, Ombelle, Grappe*.

Juvénile Terme en général utilisé pour décrire les feuilles d'une jeune plante lorsqu'elles sont différentes par leur forme ou leur teinte des feuilles de la plante adulte, comme par exemple le feuillage d'eucalyptus, arrondi sur les jeunes plantes, fin et pointu sur les plantes plus âgées. Les feuilles des jeunes philodendrons sont parfois aussi différentes des feuilles de la plante parvenue à maturité.

Latex Suc laiteux, blanchâtre, exsudé par les tiges de certaines plantes, comme les euphorbes ou les figuiers, lorsqu'elles sont coupées ou blessées.

Ligneux Se dit des plantes à tiges dures qui demeurent sur la plante tout au long de l'année sans mourir. Voir aussi *Herbacé*.

Motte de racines Masse de mélange terreux entourant les racines lorsqu'on sort une plante de son pot. L'examen de la motte de racines est le meilleur moyen de voir si la plante a besoin d'être rempotée ou non.

Nervures Lignes en relief qui forment la charpente de la feuille. On parle aussi de veines.

Nœud Point de la tige qui porte une ou plusieurs feuilles. Cette portion de la tige peut être renflée ou au contraire rétrécie. C'est à cet endroit que des plantes comme le lierre ou les philodendrons produisent de nouvelles racines aériennes.

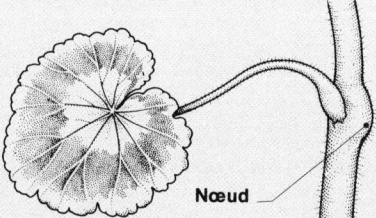
Nœud

Œil Se dit du centre d'une fleur de forme ronde, de couleur différente du reste de la fleur, comme chez certaines primevères.

Ombelle Type d'inflorescence dans laquelle tous les pédoncules floraux sont issus du même point, rayonnants. C'est le cas des hortensias et des géraniums des balcons. Voir aussi *Inflorescence*.

Ombelle

Ondulé Décrit le bord d'une feuille ou d'un pétale, irrégulier mais non incisé.

Ovaire Partie basale de la fleur, dans laquelle se forment les graines après fécondation. Les enveloppes des parois de l'ovaire deviennent les enveloppes du fruit. Voir aussi *Fleur*.

Panaché Terme s'appliquant aux feuilles (ou aux fleurs) rayées ou tachées d'une autre couleur (le plus souvent crème ou jaune sur du vert). C'est en général le résultat d'une mutation ou d'une maladie à virus, rarement un phénomène naturel. Les plantes à feuillage panaché sont particulièrement décoratives dans les appartements mais ont besoin de beaucoup de lumière pour que le feuillage demeure bien panaché. Les boutures de plantes à feuillage panaché donnent des plantes à feuillage vert uni.

Panicule Type d'inflorescence ramifiée avec de nombreuses fleurs individuellement pédonculées. C'est le cas du lilas, de la plupart des graminées. Voir aussi *Inflorescence*.

Pédoncule Tige supportant une fleur.

Penné Se dit d'une feuille composée divisée en plusieurs (parfois de nombreuses) paires de folioles opposées, comme chez le palmier nain. Voir aussi *Feuille composée, Foliole*.

Périanthe Ensemble composé du calice et de la corolle, enveloppes externes de la fleur, protégeant les organes reproducteurs centraux.

Période de repos Une période, au cours des douze mois de l'année, durant laquelle la plante présente une croissance ralentie, ou stoppée, des parties aériennes comme souterraines.

Persistant Se dit des feuilles d'une plante restant toute l'année, par opposition aux feuilles caduques. Voir aussi *Caduc*.

Pesticide Produit de traitement utilisé contre les parasites des plantes, essentiellement des insectes.

Pétale En général la partie la plus colorée de la fleur. Les pétales, divisions de la corolle, protègent le centre de la fleur et, lorsqu'ils sont colorés, ont pour rôle d'attirer les insectes pollinisateurs vers les étamines et le pistil. Les sépales sont parfois identiques aux pétales. Ces pétales peuvent être plus (comme chez les roses à fleurs doubles) ou moins (la misère à trois pétales) nombreux. Voir aussi *Sépale, Étamine, Pistil, Fleur, Corolle*.

Pétiole Tige ou queue d'une feuille.

Photosynthèse Procédé par lequel le gaz carbonique est transformé en hydrates de carbone dans la feuille. Il est possible grâce à l'énergie lumineuse captée par les pigments verts chlorophylliens présents dans les tiges et les feuilles. Voir aussi *Chlorophylle, Feuille*.

Pincement Forme de taille qui consiste à pincer délicatement entre le pouce et l'index l'extrémité non ligneuse des tiges, pour stimuler le développement de ramifications.

Pistil Partie femelle de la fleur, comprenant l'ovaire, le style et le stigmate. Voir aussi *Style, Stigmate, Ovaire, Fleur*.

GLOSSAIRE

Plantule Jeune plante. Stade suivant la germination, mais utilisé également pour parler des nouvelles plantes produites par multiplication végétative par certaines plantes comme *Tolmeia menziesii*.

Point de croissance Extrémité d'une pousse en croissance.

Pruine Pellicule fine, en écailles, pouvant recouvrir feuilles ou tiges et leur donnant un aspect gris ou argenté.

Racine Partie inférieure de la plante, en général souterraine, ayant un rôle d'ancrage dans le sol et de prélèvement d'eau et d'éléments nutritifs. Il y a deux types de racines : de fines racines fibreuses et des racines plus grosses et pivotantes. La plupart des plantes ont l'un ou l'autre type de système racinaire, parfois les deux.

Racines adventives Racines qui apparaissent à des endroits inhabituels, sur tiges ou feuilles, par exemple sur les tiges des boutures placées dans l'eau ou sur les feuilles de certaines plantes grasses.

Racines aériennes Racines qui apparaissent au niveau des nœuds. Elles servent surtout à la plante pour s'accrocher, mais peuvent aussi absorber l'humidité de l'air. Le plus souvent, elles ne se développent correctement que si elles disposent d'un milieu favorable, comme la mousse de sphaigne. C'est le cas chez les philodendrons, le monstera, le pothos.

Rejet Terme désignant une nouvelle plante produite près de la plante mère, à la base ou à l'extrémité de stolons courts, et détachable de la plante mère pour donner une nouvelle plante. Voir aussi *Stolon*.

Rhizome Tige rampante, en général horizontale et souvent souterraine, à partir de laquelle se développent des racines, des feuilles et des tiges latérales. Il sert souvent d'organe de réserve pour permettre aux plantes de survivre pendant une période de sécheresse.

Rosette Ensemble de feuilles disposées en cercle à partir d'un même point, comme chez la violette du Cap.

Rustique Se dit d'une plante pouvant rester dehors toute l'année dans une région donnée, même s'il y a des risques de gelées hivernales. L'aralia est un exemple de plante d'intérieur rustique dans les régions à climat assez doux, jusqu'en région parisienne.

Sépale Partie externe de la fleur, souvent verte, qui protège le centre de la fleur et les pétales, plus délicats. L'ensemble des sépales forme le calice. Les fleurs comme l'anémone sont constituées de sépales et non de pétales. Voir aussi *Calice, Pétale, Fleur*.

Sessile Se dit d'une fleur ou d'une feuille naissant directement sur la tige, sans pédoncule ni pétiole propre.

Spadice Petit épi charnu couvert de fleurs minuscules enfoncées dans le réceptacle, en général entouré d'une spathe, dans la famille des aracées. Voir aussi *Spathe*.

Spathe Feuille modifiée ou bractée entourant le spadice, en général charnue, blanche ou colorée, comme chez l'anthurium. Voir aussi *Spadice*.

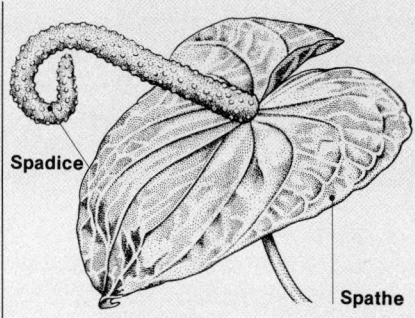

Spore Minuscule organe de reproduction des fougères et des mousses — l'équivalent des graines des plantes à fleurs. Les spores sont groupées dans des sacs, les sporanges, à la face inférieure de certaines frondes (stériles et ne portant pas de spores), qui peuvent être disposés selon des motifs spécifiques, chevrons ou autres.

Stigmate Extrémité de l'organe reproducteur femelle (pistil) sur laquelle est déposé le pollen. Voir aussi *Fleur, Pistil*.

Stolon Appelé aussi parfois rejet, il s'agit d'une tige rampant en surface du mélange terreux, qui s'enracine au niveau des nœuds et développe à cet endroit une nouvelle plantule.

Stomate Ce sont les pores par lesquels ont lieu les échanges gazeux entre la plante et le milieu extérieur. Ils sont en général situés à la face inférieure des feuilles.

Style Partie du pistil qui supporte le stigmate, au-dessus de l'ovaire. Voir aussi *Stigmate, Fleur, Pistil*.

Succulent Se dit d'une plante qui a des feuilles ou des tiges charnues capables de stocker des réserves d'eau. Il s'agit en général de plantes des régions arides, comme le dollar d'argent (*Crassula arbosescens*).

Surfaçage Procédé qui consiste à remplacer la couche supérieure du mélange terreux dans le pot par du mélange frais, plus riche, au lieu de rempoter la plante. Le surfaçage est surtout utile pour les plantes devenues trop grandes pour être rempotées dans un pot plus grand. Il s'agit de gratter délicatement le mélange en surface au printemps, en évitant d'endommager les racines, pour compléter avec un mélange frais que l'on tasse bien.

Terreau de feuilles Feuilles partiellement décomposées entrant dans la composition de certains mélanges de culture ; intéressant pour ses éléments nutritifs, ses micro-organismes, sa texture légère et drainante. Appelé également humus, il est souvent difficile de s'en procurer dans le commerce, mais on en trouve en forêt ou on peut le préparer soi-même à partir de feuilles mortes. Voir aussi *Humus*.

Transpiration Perte d'eau continue et naturelle, par les feuilles de la plante. Selon la saison et le type de plante, c'est un phénomène que l'on remarque plus ou moins. Une transpiration importante par temps chaud peut faire flétrir la plante, aussi faut-il augmenter le degré d'humidité relative.

Tubercule Tige ou racine épaisse et charnue servant d'organe de réserve.

Certaines plantes à racines tubérisées perdent leurs feuilles et leurs tiges à l'automne, et le tubercule stocke des éléments nutritifs pour assurer le démarrage de la croissance au printemps suivant. C'est le cas de certains bégonias. Voir aussi *Cormus, Bulbe*.

Tunique Fine membrane qui enveloppe souvent les bulbes ou les cormus.

Turgescent Terme s'appliquant aux plantes bien rigides et vigoureuses dont les cellules sont remplies d'eau. On l'emploie également pour parler des boutures qui ont visiblement développé des racines adventives et absorbent suffisamment d'eau pour leurs besoins.

Variété Terme utilisé pour décrire les variations d'une espèce dans la nature, mais souvent utilisé par extension pour parler de l'ensemble des variations d'une espèce, naturelles ou obtenues par l'homme (cultivars, en réalité). Les noms des variétés naturelles s'écrivent en latin et sans guillemets. Voir aussi *Cultivar*.

Verticille Groupe d'au moins trois feuilles ou fleurs produites sur les nœuds d'une tige, comme c'est le cas pour *Plumbago auriculata*.

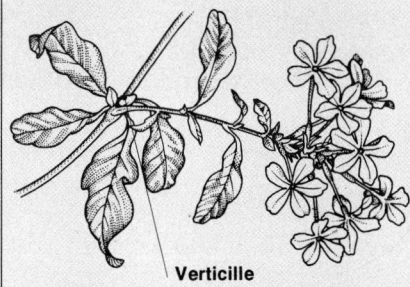

Vivace Se dit d'une plante qui vit au moins trois ans, par opposition aux plantes annuelles et bisannuelles. Les plantes vivaces peuvent être herbacées ou ligneuses. Voir aussi *Annuelle, Bisannuelle*.

Vrille Organe filiforme issu de la tige, qui s'enroule autour d'un support et permet à la plante de s'accrocher. Les vrilles peuvent être spiralées, comme celles de la fleur de la Passion, ou fourchues.

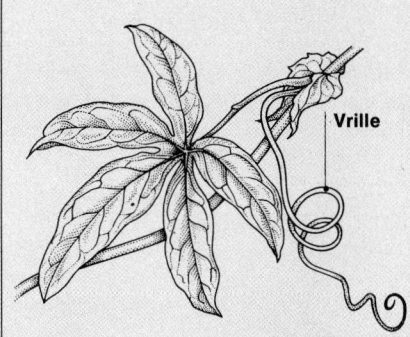

Index

Les numéros de pages en *italique* renvoient aux illustrations et aux légendes.

• A •

Abutilon, description et culture, 162, *162* ; description et préparation, 218, *218* ; guide en couleurs, *203, 205*
Abutilon pictum, 162
Acanthe, description et préparation, 220, *220*
Achillée, *88* ; description et préparation, 216, *216* ; séchée, 41, *231*
Achillée blanche, *88*
Achillée jaune, *88* ; séchée, 105, *108,* 231
Achimenes grandiflora, 63 ; description et culture, 181, *181*
Aconit d'hiver, description et préparation, 223
Acrolinium séché, *104, 230, 231, 233*
Adiantum hispidulum, 66, 183
Adiantum raddianum microphyllum, 183
Aechmea fasciata, 46 ; description et culture, 172, *172* ; guide en couleurs, *207*
Agapanthe, *88, 144* ; description et préparation, 217, *217*
Agave, *34, 35, 70* ; description et culture, 200, *200*
Agave victoriae-reginae, 70 ; description et culture, 200, *200*
Aglaonema crispa, 19 ; description et culture, 164, *164*
Agrostis, 237
Agrostis curtisii séché, *236*
Ail d'ornement, description et préparation, 216 ; séché, *233*
Ail sauvage séché, *103, 156*
Alchémille, *157* ; description et préparation, 214, *214* ; séché, 100, *230*
Allamanda cathartica, description et culture, 186, *186*
Aloe cristata, description et culture, 199, *199*
Aloès, description et culture, 199, *199*
Alstroemère du Chili, *25, 84* ; description et préparation, 213, *213*
Amaranthe séchée, *108, 230*
Amarantoïde violette séchée, *233, 235*
Amaryllis, *59, 60, 118, 257* ; description et culture, 194, *194*
Amour-en-cage, *142* ; séché, *232*
Amourette séchée, *236*
Ananas, description et culture, 174, *174*
Ananas bracteatus striatus, 174
Ananas nanus, 174
Anaphalis margaritacea séchée, *231*
Anémone de Caen, description et préparation, 222, *222*
Anémone du Japon, *40*
Anthémis, *7, 42, 62, 88*
Anthemis tinctoria séchée, *231*
Anthurium, *33, 44* ; description et culture, 182, *182* ; guide en couleurs, *206*
Aphélandra, *47* ; description et culture, 182, *182*
Araignées rouges, 272, *272*
Aporocactus mallisonii, 201
Arabis alpina séché, 233
Aralia, *12, 29, 36, 121, 151, 269* ; description et culture, 181, *181*
Aralia chinensis, feuillage, 224, *224*
Arbre aux papillons, *88*
Armoise, feuillage, 227, *227*
Armoise d'Amérique, feuillage, 227, *227*
Arrosage, 248-251, *249-251* ; excessif, 251 ; insuffisant, 251 ; conseils, 250, *250* ; auto-arrosage, 250, *250*
Artichaut, description et préparation, 219, *219*
Arum, 92
Arum d'Éthiopie, description et préparation, 213
Arum grimpant, description et culture, 188, *188*
Asparagus, *16, 51, 56, 58* ; description et culture, 183, *183, 191, 191*
Asparagus asparagoides, 183
Asparagus falcatus, 183
Aster, *41* ; description et préparation, 219, *219*
Astilbe séché, *234*
Aucuba du Japon, description et culture, 182, *182*
Avoine séchée, *100, 108, 237*
Azalée, *244* ; description et culture, 179, *179*

• B •

Bactéricides, 276-277
Baies de genévrier séchées, *99*
Ballote, 227, *227*
Balsamine, description et culture, 177, *177*
Bambou, *118*
Bananier, *152*
Banksia séché, *238*
Barbe-de-vieillard, description et culture, 187, *187*
Bégonia, 269
Bégonia Élatior, *35* ; description et culture, 176, *176* ; guide en couleurs, *202, 203, 204, 205, 206*
Begonia fuchsioides, description et culture, 168, *168*
Begonia masoniana, 183
Bégonia Rex, *20, 30, 46, 272* ; description et culture, 183, *183*
Begonia semperflorens cultorum, 62, 269 ; description et culture, 176, *176* ; guide en couleurs, *202*
Begonia « Tiger Paws », *49, 68* ; description et culture, 193, *193*
Begonia tuberhybrida, 25, 176 ; guide en couleurs, *203*
Billbergia, description et culture, 173, *173*
Blé séché, *100, 108, 110*
Bleuet, *23*
Bonsaï, 74-75, *74-75*
Botrytis, 274, *274*
Bougainvillée, description et culture, 187, *187*
Boule bleue, *88* ; séchée, *235*
Boule-de-neige, *90* ; description et préparation, 221, *221*
Boutures, feuilles, 266, *266* ; hydroculture 261 ; tiges, 265, *265*
Brome séchée, *237*
Browalia viscosa, 176
Brûlures par le soleil, 271
Bruyère séchée, *100*

• C •

Cabaret des oiseaux séché, *239*
Cactées, 70-71, *70-71, 126* ; dépotage, *257* ; description et culture, 196-201, *196-201* ; humidité, 247
Cactus de Noël, *155, 244,* 273 ; description et culture, 200, *200*
Cactus raquette ; 29 ; description et culture, 197, *197*
Caladium hortulanum, 18, 19, 29, 271 ; description et culture, 182, *182*
Calla, description et préparation, 213
Caoutchouc, description et culture, 163, *163*
Capillaire, *21, 34, 39, 56, 58, 66,* 247 ; description et culture, 183, *183*
Caractères décoratifs

• 282 •

• INDEX •

des plantes, 11-25, *11-25*
Cardon séché, *239*
Carthame séché, *232*
Catalpa, feuillage, 225, *225*
Célosie séchée, *232*
Cerisier d'automne, *92*
Chaîne-des-cœurs, *15, 45* ; description et culture, 201, *201*
Chaleur dans la maison, 114-115
Chamaedorea erumpens, 171
Chambres à coucher, 140-143, *140-143*
Charançons, 273, *273*
Cheminées, 126, *126,* 127, *127, 131*
Chenilles, 272, *272*
Cheveu de Vénus, description et culture, 183, *183*
Chèvrefeuille, feuillage, 225, *225*
Chèvrefeuille à fleurs orangées, *134*
Chlorophytum, *54, 121, 152, 152,* 247, 267, 271, 272 ; description et culture, 190, *190*
Choux d'ornement, *48*
Chrysanthème, *23, 83, 84,* 244, 273 ; description et préparation, 223, *223* ; séché, *230*
Chrysanthème des fleuristes, *62, 64* ; description et culture, 181, *181* ; guide en couleurs, *203,* 204
Chrysanthème tokyo, *43, 151*
Cierge, *44* ; description et culture, 197, *197*
Cinéraire, description et culture, 179, *179* ; feuillage, 227, *227*
Citrus limon, 162
Citrus sinensis, 162
Climats dans la maison, 114-115, *114-115*
Clivia, *156*
Clochette d'Irlande, *24* ; séchée, *104*
Cochenilles, 273, *273*
Cochenilles des racines, 272, *272*
Cochenilles farineuses, 272, *272*

Cocotier, *12* ; description et culture, 169, *169,* 170, *170*
Coleus, description et culture, 177, *177*
Coloquinte, *148* ; séchée, *238*
Columnea, 21 ; description et culture, 189, *189*
Composition florale, 77-93, *77-93* ; contrastive, 34, *34-35* ; disposition asymétrique, 32 ; groupée, 32, *32-34* ; principes, 32-35, *32-35* ; symétrique, 32
Composition florale d'automne, 90-91, *90-91* ; estivale, 88-89, *88-89* ; hivernale, 92-93, *92-93* ; printanière, 86-87, *86-87*
Cônes de pin séchés, *108,* 111
Corne-de-cerf, *21, 44, 54, 148* ; description et culture, 191, *191*
Cornouiller, *84* ; feuillage, 226, *226*
Coton séché, *238*
Cotoneaster, description et préparation, 223, *223* ; feuillage, 224, *224*
Cotylédon, description et culture, 196, *196*
Cotyledon orbiculata, 196
Courants d'air, 271
Couronne d'épines, description et culture, 196, *196*
Couronne de fleurs séchées, 108-109, *108-109,* 127, *127*
Coussin de belle-mère, description et culture, 199, *199*
Crambe maritima, feuillage, 227, *227*
Crassula ovata, 197
Crinole, 81 ; description et préparation, 218, *218*
Crocus, description et culture, 195, *195*
Croton, *18, 30, 132,* 271 ; description et culture, 164, *164*

Cryptanthe, description et culture, 174, *174*
Cuisines, 136-139, *136-139*
Cyclamen des fleuristes, description et culture, 180, *180*
Cynorrhodon, description et préparation, 221, *221*
Cyprès, 92

• D •

Dahlia, *81, 90* ; description et préparation, 220, *220*
Dame peinte, description et culture, 200, *200*
Décorations de Noël, *105*
Delphinium, description et préparation, 216, *216* ; séché, *234*
Dépotage, 256
Dessiccatifs, 97, *97*
Dieffenbachia, *17, 155* ; description et culture, 163, *163*
Digitale, *98* ; description et préparation, 216, *216*
Dioxyde de carbone, 242, *242*
Disposition symétrique et asymétrique, 32
Division, 267, *267*
Dollar d'argent, description et culture, 197, *197*
Dormeuse, 21 ; description et culture, 178, *178*
Doum d'Afrique du Nord, *117* ; description et culture, 167, *167*
Dracaena, *8, 150* ; description et culture, 167, *167*
Dragonnier, *8, 19,* 245 ; description et culture, 163, *163*

• E •

Échelle, 35
Echeveria agavoides, description et culture, 200, *200*

Éclairage des plantes, 36-39, *36-39,* 114-115 ; artificiel, 258-259, *258-259* ; devant, 37-38 ; latéral, 39 ; naturel, 36 ; par l'arrière, 37-38 ; sur un appui de fenêtre, 36 ; vers le haut, 37
Élimination des fleurs fanées, 262
Empotage, 256, *256-257*
Engrais, 252-253, *253* ; à action lente, 253 ; foliaire, 253 ; hydroculture, 263 ; insuffisant, 252 ; liquide, 253
Entrées, 148-151, *148-151*
Entretien des plantes, 241-277, *241-277* ; arrosage, 248-251 ; éclairage artificiel, 258-259, *258-259* ; empotage, 256, *256-257* ; engrais, 252-253, *253* ; en vacances, 250, *250* ; humidité, 247, *247* ; hydroculture, 260-261, *260-261* ; lumière, 244-245, *244-245* ; maladies, 274-275, *274* ; mélanges de rempotage, 255, *255* ; mise en forme, 262-263, *262-263* ; multiplication, 264-269, *264-269* ; parasites, 272-273, *272-273* ; pots, 254, *254* ; problèmes, 270-277 ; rempotage, 256-257, *257* ; signes de mauvaise santé, 243 ; surfaçage, 256-257, *257* ; taille, 262-263, *262-263* ; température, 246, *246*
Épine-vinette, feuillage, 228, *228*
Érable, 37
Érable du Japon, *74* ; feuillage, 225, *225*
Érable plane, feuillage, 228, *228*
Éranthe, description et

• INDEX •

préparation, 223
Érémurus, description et préparation, 214
Escaliers décorés avec des plantes, 152-153, *152-153*
Escargot, 273, *273*
Étoile de Bethléem, *55* ; description et culture, 191, *191* ; guide en couleurs, *202*, *207*
Eucalyptus, feuillage, 227, *227* ; séché, *236*
Eupatoire à feuilles de chanvre séchée, *233*
Euphorbe, description et préparation, 212, *212*
Exacum affine, *25*, *62*, *272*, 274 ; description et culture, 178, *178* ; guide en couleurs, *207*

• F •

Fausse vigne, *16*, *51*, *54*, *150*, *152* ; description et culture, 184, *184*
Faux aralia, *17*, *29*, 245 ; description et culture, 165, *165*
Fenêtres-jardins, 62-66, *62-66*
Fenouil, *150*, *157*
Ferocactus latispinus, description et culture, 198, *198*
Fertilisants, 252-253, *253*
Feuillage, 224-228, *224-228* ; séché, *236-237*
Feuillages pressés, 98, *98*
Feuilles, adaptation des plantes, 243 ; conservées par la glycérine, 98, *98* ; couleurs, 18, *18-19* ; forme, 16, *16-17* ; pressées, 98, *98* ; signes de mauvaise santé, 243 ; taille, 14, *14-15* ; texture, 20, *20-21* ; voir aussi Feuillage
Ficus lyrata, *122*, 163
Figuier lyre, *122*
Figuier nain ou rampant, *12*, *32*, *53*, 272 ; description et culture, 193, *193*
Figuier pleureur, *9*, *17*, *134*, *141* ; description et culture, 171, *171*
Fittonia, 66
Fittonia verschaffeltii, *18*, 272 ; description et culture, 193, *193*
Flamant rose, description et culture, 182, *182* ; guide en couleurs, *206*
Flétrissement, 66
Fleur de la Passion, *16*, *52* ; description et culture, 185, *185* ; guide en couleurs, *207*
Fleur de porcelaine, description et culture, 189, *189*
Fleurs artificielles, *142*
Fleurs coupées, composition 77-93, *77-93* ; composition florale d'automne, 90-91, *90-91* ; composition florale estivale, 88-89, *88-89* ; composition florale hivernale, 92-93, *92-93* ; composition florale printanière, 86-87, *86-87* ; cueillette, 80-81, *80-81* ; description et préparation, 209-223, *209-223* ; feuillage, 224-228, *224-228* ; préparation, 80-81, *80-81* ; principes, 83-85 ; supports, 82, *82*
Fleurs d'automne, 218-231, *218-231*
Fleurs d'hiver, 222-223, *222-223*
Fleurs des champs, 126
Fleurs estivales, 214-217, *214-217*
Fleurs printanières, 210-213, *210-213*
Fleurs séchées, 96-97, *96-97* ; boules de fleurs, 110 ; composition, 95-111, *95-111* ; dans un panier, 100-102, *100-102* ; conservation par la glycérine, 98, *98* ; couronnes, 108-109, *108-109* ; décoration, 110-111, *110-111* ; dessiccatifs, 97, *97* ; étoiles, 110 ; guide, 229-239, *229-239* ; guirlandes, 111 ; pot-pourri, 99, *99* ; pressage, 98, *98* ; séchage, 96-99, *96-99*
Fongicides, 276-277
Forme des fleurs, 24, *24-25* ; taille, 22, *22-23* ; voir aussi Fleurs coupées, Fleurs séchées
Fougère aigle séchée, *237*
Fougère de Boston, *17*, *28*, *56*, *138* ; description et culture, 170, *170*
Fougère nid d'oiseau, *20*, *56*, *58*, *146* ; description et culture, 173, *173*
Fougère patte-de-lièvre, description et culture, 169, *169*
Fraisier, *53*
Freesia, description et préparation, 212, *212*
Fritillaire, description et préparation, 210
Fruits séchés, 238-239, *238-239*
Fumagine, 274, *274*
Fusain, description et préparation, 219, *219*
Fusain du Japon, feuillage, 225, *225*

• G •

Gazon d'Espagne séché, *235*
Géranium, *24*, *40*, *41*, *62*, *272*, *273*, 274 ; description et culture, 178, *178* ; guide en couleurs, *205*
Géranium odorant séché, *99*
Gerbera, description et préparation, 217, *217*
Giroflée, *40*, *81* ; description et préparation, 212, *212*
Glaïeul, *25* ; description et préparation, 215, *215*
Gloxinia, *6*, 271 ; description et culture, 175, *175* ; guide en couleurs, *205*, *207*
Glycérine, 98, *98*
Graminées séchées, 236-237, *236-237*
Grande pervenche, feuillage, 226, *226*
Grevillea, *236*
Grevillea robusta, *17* ; description et culture, 166, *166*
Guzmania, *28*, *56*, *58*, 245 ; description et culture, 174, *174* ; guide en couleurs, *205*
Gynura orangé, *21*, 274 ; description et culture, 191, *191*
Gypsophile, *24*, *40*, *83*, *84*, *131* ; description et préparation, 213, *213* ; séché, *96*, *100*, *104*, *231*

• H •

Hamamélis, *92*
Helicotrochon sempervirens, feuillage, 227, *227*
Hellébore, *92*
Hémérocalle, *150*
Herbe de la pampa séchée, *152*, *236*
Herbes, 136-137, *157*
Hêtre, *108* ; séché, *237*, *239*
Hêtre pourpre, feuillage, 228, *228*
Hibiscus, description et culture, 178, *178*
Histoire des plantes d'intérieur, 8-9
Hortensia, *96*, *120* ; séché, *103*, *234*
Hosta, feuillage, 224, *224*, *226*, 227
Houx, *83* ; description et préparation, 222, *222* ; feuillage, 226, *226*
Humidité, 247, *247* ; à la maison, 114-115 ; hygrométrie insuffisante, 271
Hydroculture, 72-73,

• INDEX •

72-73, 260-261, *260-261*
Howea forsterana, 170

• I •

Immortelle, description et préparation, 219, *219* ; séchée, *96, 100, 104, 108, 110, 111, 231, 232, 233, 235*
Impatiens, *54, 62, 156,* 269, 272, 274 ; description et culture, 177, *177* ; guide en couleurs, *205, 206, 207*
Insecticides, 276-277, *276*
Iris miniature, description et culture, 194, *194*
Iris, *85, 92* ; description et préparation, 212

• J •

Jacinthe, *61* ; description et culture, 195, *195*
Jardins en bouteille, 66-67, *66-67*
Jasmin d'appartement, description et culture, 186, *186*
Jasmin d'hiver, *151* ; description et préparation, 223
Jasmin de Madagascar, description et culture, 185, *185*
Jonc des chaisiers, *59*
Jonquille, *59, 60, 61* ; arrêt des pertes de sève, 81, *81* ; description et culture, 194, *194* ; fleurs coupées, *7, 86, 151* ; description et préparation, 210, *210*

• K •

Kalanchoé de Blossfeld, *24* ; description et culture, 197, *197* ;
guide en couleurs, *204*
Kentia, *6, 8, 14, 119, 122* ; description et culture, 170, *170*
Kniphofia, description et préparation, 221, *221*

• L •

Lagurus ovatus séché, *236*
Langue de belle-mère, *148,* 244, *266,* 273 ; description et culture, 167, *167*
Laurier-tin, *92*
Lavande de mer séchée, *100, 103, 104, 108*
Lavande séchée, *99, 235*
Leca coccinea, description et culture, 171, *171*
Leucospermum nutans, 25 ; description et préparation, *221*
Liane, 113
Limonium suworowii séché, *232*
Liatris séché, *234*
Lierre, *19, 28, 40, 64, 92, 121, 134, 151, 156,* 261 ; entrées décorées, 148-151, *148-151* ; description et culture, 190, *190* ; feuillage, *226, 226*
Lierre arborescent, description et culture, 165, *165*
Lierre des Canaries, *13, 138* ; description et culture, 184, *184* : feuillages, *226,* 227
Ligulaire, *90*
Lilas, *83, 84, 112* ; description et préparation, 210, *210*
Limace, 273, *273*
Lin de Nouvelle-Zélande, feuillage, 228, *228*
Lis, *45, 60, 128, 134, 156* ; description et préparation, 211, *211*
Lonas séché, *108*
Lucarne, 152, *152*
Lumière, 244-245, *244-245* ; artificielle, 258-259, *258-259*

• M •

Magnolia, feuillage, 224, *224*
Mahonia, *92* ; séché, *100*
Maïs séché, *239*
Maladies, 274-275, *274*
Mamillaire, *70*
Mammillaria hahniana, description et culture, 199, *199*
Mammillaria rhodantha, description et culture, 198, *198*
Mammillaria zeilmanniana, description et culture, 199, *199*
Marcottage, 268, *268* ; aérien, 268, *268*
Marguerites, *41, 88* ; séchées, *231*
Marrons séchés, *108*
Massette séchée, *236*
Mélange de rempotage, 255, *255*
Mélange fibreux pour bulbes, 255, *255* ; des bulbes à l'intérieur, 59-61, *59-61* ; guide, 194-195, *194-195*
Mélèze séché, *108*
Microclimats, 114-115, *114-115*
Mikania ternata, description et culture, 185, *185*
Millepertuis, *88* ; description et préparation, 218
Mimosa, *22* ; description et préparation, 212, 222, *222*
Mineuse des feuilles, 273, *273*
Mini-pièces d'eau, 72-73, *72-73*
Miroirs, *145,* 148, 150
Misère, *18,* 261 ; description et culture, 189, *189*
Mitre d'évêque, *70* ; description et culture, 198, *198*
Molène, feuillage, 227, *227*
Monstera, *16, 124, 144,* 269 ; description et culture, 187, *187*
Moucherons, 272, *272*
Mouches blanches, 273, *273*
Mousse de sphaigne, 255
Mousse synthétique, 82
Muguet, description et préparation, 210, *210*
Multiplication, 264-269, *264-269* ; bouture de feuilles, 266, *266* ; bouture de tiges, 265, *265* ; division, 267, *267* ; marcottage, 268, *268* ; plantules, 267, *267* ; rejets, 267, *267* ; par semis, 269, *269* ; végétative, 264-268, *264-268*
Muscari, description et culture, 195, *195* ; séché, *99*

• N •

Narcisse, description et culture, 194, *194* ; description et préparation, 210, *210*
Neoregelia carolinae, 18 ; description et culture, 174, *174*
Nephrolepis cordifolia, 152, 170
Nertera granadensis, description et culture, 192, *192* ; guide en couleurs, *204*
Nidularium fulgens, 175
Nidularium innocentii, 13 ; description et culture, 175, *175*
Nigelle, *41* ; séchée, *100, 103, 108, 239*
Noisetier pourpre, feuillage, 228, *228*
Notocactus, *34* ; description et culture, 199, *199*

• O •

Oeillet de poète, description et préparation, 215, *215*
Oeillet des fleuristes, *25, 37* ; description et préparation, 214, *214, 215*
Oïdium, 274, *274*

• INDEX •

Oiseau de paradis, *24* ; description et culture, 164, *164*
Ombre, *115*, 245, *245*
Oranger calamondin, description et culture, 162, *162*
Orchidée, *25, 77, 84, 117* ; description et préparation, 223, *223*
Oreille-de-lapin, description et culture, 197, *197*
Orge séchée, *100*, 237
Ornithogale, 83 ; description et préparation, 222
Orpin, feuillage, 228, *228*
Orpin de Morgan, description et préparation, 201, *201*
Oseille des prés séchée, *235*

• P •

Paliers décorés, 152, *152-153*
Palmier d'Arec, *120*
Palmier nain, *68, 120* ; description et culture, 171, *171*
Panicaut géant, *88, 99* ; séché, *100, 104, 108,* 235
Paniers suspendus, 54-58, *54-58* ; vannerie, 56-58, *56-58*
Papyrus, *43, 44, 73, 122, 144* ; description et culture, 166, *166*
Parasites, 272-273, *272-273*
Passiflore, description et culture, 185, *185* ; guide en couleurs, *207*
Patate douce, *73*
Pavot, description et préparation, 215 ; séché, *100, 103, 104,* 238
Pelargonium crispum, description et culture, 177, *177*
Pelargonium hortorum, 24, 178 ; guide en couleurs, *205*
Pellaea rotundifolia, 28 ; description et culture, 168, *168*

Pensée, *24* ; description et préparation, 213
Pentas lanceolata, description et culture, 177, *177*
Peperomia caperata, 20, 266 ; description et culture, 180, *180*
Pervenche de Madagascar, guide en couleurs, *202*
Pesticides, 276-277
Phalangère, description et culture, 190, *190*
Philodendron, description et culture, 169, *169*
Philodendron Burgundy, description et culture, 187, *187*
Philodendron grimpant, *13, 15, 50, 136* ; description et culture, 188, *188*
Philodendron hastatum 15, 187
Philodendron oreille d'éléphant, *15*
Photosynthèse, 242, *242,* 244
Pièces décorées, 113-157, *113-157* ; chambres à coucher, 140-143, *140-143* ; cuisines, 136-139, *136-139* ; entrées et vestibules, 148-151, *148-151* ; escaliers et paliers, 152-153, *152-153* ; microclimats, 114-115, *114-115* ; pièces de séjour, 116-129, *116-129* ; salles à manger, 130-135, *130-135* ; salles de bains, 144-147, *144-147* ; serres, 68-69, *68-69* ; vérandas, 154-157, *154-157*
Pied-d'alouette, *122* ; séchés, 96, 99, *100,* 104, 106, *233,* 234
Pied-d'éléphant, *13, 28, 45, 122* ; description et culture, 171, *171*
Pied noir, 274, *274*
Pilea, description et culture, 162, *162*
Pilea spruceana, 162
Piment annuel séché, *239*

Piment commun, description et culture, 180, *180* ; guide en couleurs, *203,* 204
Pittosporum, feuillage, 224, *224,* 226, 227
Pivoine, description et préparation, 214, *214*
Plante à ruban, 245 ; description et culture, 163, *163*
Plante aluminium, 162, *162*
Plante aux éphélides, *19,* 30, *65, 68* ; description et culture, 179, *179*
Plante crevette, guide en couleurs, *206*
Plante de belle-mère, *20, 44, 148* ; description et culture, 165, *165*
Plante paon, *19, 271* ; description et culture, 165, *165*
Plante qui prie, description et culture, 178, *178*
Plante zèbre, description et culture, 182, *182*
Plantes à fleurs d'intérieur, 202-207, *202-207* ; arrangements, 34 ; feuilles, 18, *18-19* ; saison par saison, 208
Plantes arquées, 168-171, *168-171*
Plantes buissonnantes, 176-183, *176-183*
Plantes dressées, 162-167, *162-167*
Plantes en rosette, 172-175, *172-175*
Plantes épiphytes, 147, *147*
Plantes grasses, 70-71, *70-71* ; guide, 196-201, *196-201* ; humidité, 247
Plantes grimpantes, 184-187, *184-187*
Plantes groupées, 32-35, *32-35,* 46-49, *46-49* ; composition séchée, 100-102, *100-102* ; corbeille grillagée, 54-55, *54-55* ; dans un panier, 48-49, *48-49* ; humidité, 247 ; paniers suspendus, 54-58,

54-58 ; pot-pourri, 106-107, *106-107* ; vannerie, 56-58, *56-58*
Plantes retombantes, 188-191, *188-191*
Platylobium angulare séché, *236*
Plectranthe, *152, 272* ; description et culture, 193, *193*
Plecthrantus oertendahlii, 193
Plumbago auriculata, 29 ; description et culture, 186, *186* ; guide en couleurs, *206*
Poinsettia, *23, 155, 244* ; description et culture, 179, *179*
Pois de senteur, description et préparation, 217, *217*
Poivron du Chili, *42*
Polystic, feuillage, 224, *224*
Pomme d'ambre, *107*
Pommier d'amour, *65* ; description et culture, 180, *180*
Pommier d'ornement, *90, 151* ; description et préparation, 183, *183*
Pommier sauvage, description et préparation, 218, *218*
Pot-pourri, 106-107, *106-107* ; préparation, 99, *99*
Pothos, *16, 28,* 30, *72* ; description et culture, 188, *188*
Pots, 254, *254* ; hydroculture, 260, *260*
Pourriture grise, 274, *274*
Pourriture de la tige et du collet, 274, *274*
Primevère, *25, 49, 62* ; description et culture, 181, *181* ; guide en couleurs, *202*
Primevère à grandes fleurs, description et préparation, 213
Primevère du Cap, *36, 266,* 269 ; description et culture, 175, *175*
Primula malacoides, 181
Problèmes, 270-277
Protée séchée, *238*

• INDEX •

Ptéride, *56, 58* ; description et culture, 183, *183*
Pteris tremula, 183
Pucerons, 272, *272*

• Q •

Queue-de-rat, description et culture, 201, *201*

• R •

Rebutia minuscula, description et culture, 198, *198*
Récipients, 254, *254* ; assortissement de plantes et de cache-pot, 28-31, *28-31* ; cache-pot originaux, 31, *31* : hydroculture, 260, *260* ; plantes en pot groupées, 30, *30* ; plantes groupées, 46-49, *46-49*
Rejets, 267, *267*
Rempotage, 256-257, *257* ; dans des agrégats, 261
Rhapide, description et culture, 170, *170*
Rhododendron, description et préparation, 211, *211*
Rhoeo spathacea, description et culture, 166, *166*
Rince-bouteilles séché, *233*
Robinier faux acacia, feuillage, 225, *225*
Rose, description et préparation, 216, *216* ; séchée, *232*
Rose de Chine, description et culture, 178, *178* ; guide en couleurs, *204*
Rose-thé hybrides, description et préparation, 216, *216*
Roue des couleurs, 78-79, *78-79*
Rudbeckia, *90* ; description et préparation, 218

• S •

Salles à manger, 130-135, *130-135*
Salles de bains, 144-147, *144-147*
Salles de séjour, 116-129, *116-129*
Sapin de Norfolk, *20, 32* ; description et culture, 166, *166*
Saule blanc, feuillage, 227, *227*
Saxifrage araignée, *19,* 267 ; description et culture, 190, *190*
Saxifrage de Sibérie, feuillage, 224, *224*
Scabieuse séchée, *239*
Schlumbergera truncata, 200
Séchage à l'air des fleurs, 96-97, *96-97*
Sélaginelle, *68* ; description et culture, 192, *192*
Selaginella apoda, 192
Selaginella emmeliana, 192
Semis, 269, *269*
Séneçon, feuillage, 227, *227*
Séneçon-lierre, description et culture, 184, *184*
Serres, 68-69, *68-69*
Seringa, feuillage, 225, *225*
Sève, 81, *81*
Silhouette des plantes, 12, *12-13*
Sinningia pusilla, 175
Soins des plantes en vacances, 250, *250*
Soleil tamisé dans la maison, 114-115, *114-115*
Soleirolia soleirolii, 29, 30, 37, 124, 131 ; description et culture, 192, *192*
Spatiphyllum, *122, 156* ; description et culture, 169, *169* ; guide en couleurs, *202*
Statice séché, *96, 100, 104, 230, 233, 234*
Style par les plantes, 45, *45* ; folklorique, 42, *42* : high tech, 44; *44* ; oriental, 43, *43* ;

rustique, 40, *40-41*
Sumac, feuillage, 228, *228*
Sureau, *90* ; feuillage, 225, *225*
Sureau noir, feuillage, 226, *226*
Supports pour arrangements floraux, 82, *82*
Suzanne-aux-yeux-noirs, description et culture, 185, *185* ; guide en couleurs, *203*
Syngonium podophyllum, description et culture, 187, *187*

• T •

Tabac d'ornement, description et préparation, 221
Tableaux, 128, *128-129*
Taches d'eau froide, 271
Taille, 262-263, *262-263*
Tanaisie, *41* ; séchée, *96,* 230
Température, 24, 246 ; variations, 271
Texture des feuilles, 20, *20-21* ; disposition des plantes, 34
Thym, *40*
Tiges, 80, *80,* 81, *81* ; pourries, 274, *274*
Tillandsia, 147 ; description et culture, 173, *173*
Tilleul, *119, 133* ; description et culture, 164, *164*
Tolmiea menziesii, description et culture, 190, *190*
Tordeuse, 272, *272*
Tournesol, description et préparation, 220, *220*
Tradescantia fluminensis, 63, 189
Tradescantia sillamontana, 189
Trèfle jaune séché, *99*
Troène, feuillage, 225, *225, 226,* 227
Tulipe, description et culture 195, *195* ; description et préparation, 211,

211 ; fleurs coupées, *81, 124, 131, 136, 140,* 146

• V •

Vacquois, description et culture, 173, *173*
Vaporisation d'eau, 247, *247*
Vérandas, 154-157, *154-157,*
Ver de terre, 273, *273*
Vestibules, 148-151, *148-151*
Vigne d'ornement, feuillage, 228, *228*
Vigne des kangourous, description et culture, 186, *186*
Vigne marronnier, 155
Violette bleue, description et culture, 176, *176*
Violette du Cap, *25, 244, 258, 259, 266, 267, 269, 271, 272, 273* ; description et culture, 175, *175* ; guide en couleurs, *203, 207*
Viorne, feuillage, 224, *224*
Vriesea fenestralis, 172
Vriesea psittacina, 172
Vriesea saundersii, 172
Vriesea splendens, 245 ; description et culture, 172, *172*

• Y •

Yucca, *13, 17, 29, 34, 35, 145, 148, 245* ; description et culture, 167, *167*

• 287 •

Dessins et schémas

David Ashby, Will Giles, Tony Graham, Nicholas Hall, Coral Mula, Sandra Pond, James Robins et Loma Turpin.

Photographies

h = haut ; b = bas ; c = centre ; d = droite ; g = gauche.

1, 2, 3, 4, 5 Philip Dowell/DK ; **6g** Ken Kirkwood/English Style ; **6c** Michael Boys ; **6d, 7g, 8d** Michael Dunne/EWA ; **7c** Lucinda Lambton/Arcaid ; **8g** Andreas Einsiedel/EWA ; **8c** Richard Bryant/Arcaid ; **8d** Michael Boys ; **9g** Richard Bryant/Arcaid ; **9c** John Hollingshead ; **9d** Michael Dunne ; 10, 11 Linda Burgess ; 12, 13, 14, 15, 16, 17, 18, 19, 20, 21, 22, 23, 24, 25 Philip Dowell/DK ; 26, 27 Linda Burgess ; 28, 29 Dave King/DK ; **30cg** Fuer Sie/CP ; **30h, cd et b** Dave King/DK ; **31h** Mon Jardin et Ma Maison/CP ; **31bg** Schöner Wohnen/CP ; **31bd** Michael Boys/SG ; **32hg et hd** Dave King/DK ; **32b** Michael Nicholson/EWA ; 33 Jean Durand/The World of Interiors ; **34h** Tom Dobbie/DK ; **34b** Dave King/DK ; 35 Tom Dobbie/DK ; **35b** Dave King/DK ; **36h** Michael Boys/SG ; **36b** John Vere Brown/The World of Interiors ; **37g** Dave King/DK ; **37hd** Michael Nicholson/EWA ; **37bg et bd, 38h et b** Tom Dobbie/DK ; **39h** Dave King/DK ; **39b** IMS/CP ; **40h** Fuer Sie/CP ; **40b** Dave King/DK ; **41hg et hd** Linda Burgess ; **41b** Dave King/DK ; **42hg** Michael Boys/SG ; **42hd** Linda Burgess ; **42b** Dave King/DK ; **43g** Tom Dobbie/DK ; **43d** Michael Boys/SG ; **43b** Dave King/DK ; **44hd** Linda Burgess ; **44hg** Richard Bryant/Arcaid ; **44b** Dave King/DK ; **45hg** IMS/CP ; **45hd** Schöner Wohnen/CP ; **45b, 46, 47h et c** Dave King/DK ; **47b** Geoff Dann/DK ; 48, 49, 50 Dave King/DK ; **51g** Michael Dunne/EWA ; **51hd** Jessica Strang ; **51b, 52, 53h et bd** Dave King/DK ; **53bg** Hus Modem/CP ; 54 Spike Powell/EWA ; 55 Dave King/DK ; 56, 57, 58 Trevor Melton/DK ; **59h** Linda Burgess ; **59b** Schöner Wohnen/CP ; 60 Dave King/DK ; **61bg** Pamla Toler/Impact Photos ; **61bd** K-D Buhler/EWA ; **62hg** John Moss/Colorific ; **62hd et b** Pamla Toler/Impact Photos ; 63, 64 Dave King/DK ; **65h et b** Linda Burgess ; 66, 67, **68h** Dave King/DK ; **68bg** Michael Boys/DK ; **68bd** Geoff Dann/DK ; 69, 70, **71hg et d** Dave King/DK ; **71bg et d** Tom Dobbie/DK ; 72, **73h et bd** Dave King/DK ; **73bd** Michael Boys ; **74h et bd** Dave King/DK ; **74bg** Schöner Wohnen/CP ; 75 Dave King/DK ; 76, 77 Linda Burgess ; 78, 79 Philip Dowell/DK ; 80, 81, 82, 83, 84, 85, 86, 87, 88, 89, 90, 91, 92, 93 Dave King/DK ; 94, 95 Linda Burgess ; 96, 97, 98, **99h** Dave King/DK ; **99b** Linda Burgess ; 100, 101, 102 Trevor Melton/DK ; **103 hg** Jessica Strang ; **103hd et b** Linda Burgess ; 104, **105h et bg** Dave King/DK ; **105bd** Tom Dobbie/DK ; 106, 107, **108h** Dave King/DK ; **108b** Zuhause/CP ; 109, 110, 111 Dave King/DK ; 112, 113 Schöner Wohnen/CP ; **114hg** Michael Dunne ; **114hd** Bill McLaughlin ; **114bg** Ron Sutherland ; **114bd** Schöner Wohnen/CP ; **115hg** Jessica Strang ; **115bg** John Vaughan/The World of Interiors ; **115c** Jacques Dirand/The World of Interiors ; **115hd** Dave King/DK ; **115bd** Femina/CP ; 116 John Hollingshead ; **117h** Schöner Wohnen/CP ; **117b** Tim Street-Porter/The World of Interiors ; **118h** Ken Kirkwood/English Style ; **118b** John Vaughan/The World of Interiors ; **119hg** Michael Boys ; **119hd** Schöner Wohnen/CP ; **119b** Michael Boys ; **120g** Schöner Wohnen/CP ; **120d** Clive Helm/EWA ; **120b** IMS/CP ; 121 Dave King/DK ; **122h** IMS/CP ; **122c** Michael Boys ; **122bg** Michael Dunne ; **122b** Ken Kirkwood/English Style ; 123 John Vaughan/The World of Interiors ; **124hg** Ken Kirkwood/English Style ; **124 hd** Michael Boys ; **124cg** Ken Kirkwood/English Style ; **124cd et b** Michael Boys ; 125 John Vaughan/The World of Interiors ; **126hg** Ken Kirkwood/English Style ; **126hd** Schöner Wohnen/CP ; **126b** Peter Woloszynski/The World of Interiors ; 127 Dave King/DK ; **128hg et hd** Michael Boys ; **128hd** Michael Boys/SG ; **128b** Jessica Strang ; 129 Schöner Wohnen/CP ; 130 Peter Woloszynski/The World of Interiors ; **131hg** Michael Boys ; **131hd** Ken Kirkwood/English Style ; **131b** Schöner Wohnen/CP ; **132h** M. Deneux/Agence Top ; **132b** Neil Lorimer/EWA ; **133h** Hussenot/Agence Top ; **133b** Schöner Wohnen/CP ; **134h** Michael Boys ; **134b** Kent Billequist/CP ; 135 Tim Street-Porter/The World of Interiors ; **136h** Richard Bryant/Arcaid ; **136cg** Michael Dunne ; **136cd** Jessica Strang ; **136b** Ken Kirkwood/English Style ; **137h** Schöner Wohnen/CP ; **137b** Bill McLaughlin ; **138hg** Suomen/CP ; **138d** Schöner Wohnen/CP ; **138bg** Michael Dunne ; 139 Dave King/DK ; **140h** Spike Powell/EWA ; **140b** Femina/CP ; **141h** Lucinda Lambton/Arcaid ; **141d** Schöner Wohnen/CP ; **142hg** Lucinda Lambton/Arcaid ; **142hd** Mon Jardin et Ma Maison/CP ; **142c** Linda Burgess ; **142b** Lucinda Lambton/Arcaid ; 143 James Wedge/The World of Interiors ; **144h** Jessica Strang ; **144bg et bd** Schöner Wohnen/CP ; **145hg** Lucinda Lambton/Arcaid ; **145hd** Bill McLaughlin ; **145b** Clive Frost/The World of Interiors ; **146hg** Lucinda Lambton/Arcaid ; **146hd** Michael Boys/SG ; **146bg et bd** Lucinda Lambton/Arcaid ; 147 Dave King/DK ; **148h et b** Michael Boys ; 149 John Vaughan/The World of Interiors ; **150hg** Bill McLaughlin ; **150hd** Ken Kirkwood/English Style ; **150b** Jessica Strang ; 151 Dave King/DK ; **152h** Ken Kirkwood/English Style ; **152bg** Richard Bryant/Arcaid ; **152bc** Michael Dunne ; **152bd** Spike Powell/EWA ; 153 Jacques Dirand/The World of Interiors ; 154 Ron Sutherland ; **155hg** Tim Soar/Arcaid ; **155hd** Bill McLaughlin ; **155b, 156hg** Linda Burgess ; **156hd** Jessica Strang ; **156b** Ken Kirkwood/English Style ; **157hg** Linda Burgess ; **157hd** Michael Boys ; **157b** IMS/CP ; 158, 159 Andreas Einsiedel/DK ; 162, 163, 164, 165, 166, 167, 168, 169, 170, 171, 172, 173 Tom Dobbie/DK ; **173hg** Dave King/DK ; 174, 175, 176, 177 Tom Dobbie/DK ; **177hg** Dave King/DK ; 178, 179, 180, 181, 182, 183, 184, 185, 186, 187, 188, 189, 190, 191, 192, 193 Tom Dobbie/DK ; 194, 195 Dave King/DK ; 196, 197, 198, 199, 200, **201g** Tom Dobbie/DK ; **201d** Dave King/DK ; 202, 203, 204, 205, 206, 207 Ian O'Leary/DK ; 209 Dave King/DK ; 210, 211, 212, 213, 214, 215, 216, 217, 218, 219, 220, 221, 222, 223, 224, 225, 226, 227, 228 Trevor Melton/DK ; 229 Dave King/DK ; 230, 231, 232, 233, 234, 235, 236, 237, 238, 239 Philip Dowell/DK ; 240, 241 The Design Group ; 242, 246, 254, 255 Dave King/DK ; **258g** IMS/CP ; **258d, 259g** Dave King/DK ; **259d et b** Femina/CP ; 264 Dave King/DK.

EWA : Elizabeth Whiting and Associates ; CP : Camera Press ; SG : Susan Griggs Agency ; DK : Dorling Kindersley.

Photo de couverture : Dave King.